21世纪教师教育系列教材

初等教育系列

小学教育学

田友谊 等编著

图书在版编目(CIP)数据

小学教育学／田友谊等编著. —北京：北京大学出版社，2016.1
（21世纪教师教育系列教材·初等教育系列）
ISBN 978-7-301-26346-4

Ⅰ.①小… Ⅱ.①田… Ⅲ.①小学教育-教育学-小学教师-师范大学-教材 Ⅳ.①G620

中国版本图书馆CIP数据核字(2015)第236930号

书　　　名	小学教育学 Xiaoxue Jiaoyu xue
著作责任者	田友谊　等编著
丛 书 主 持	李淑方
责 任 编 辑	李淑方
标 准 书 号	ISBN 978-7-301-26346-4
出 版 发 行	北京大学出版社
地　　　址	北京市海淀区成府路205号　100871
网　　　址	http://www.pup.cn　新浪微博：@北京大学出版社
电 子 信 箱	zyl@pup.pku.edu.cn
电　　　话	邮购部62752015　发行部62750672　编辑部62767857
印 刷 者	河北涿县鑫华书刊印刷厂
经 销 者	新华书店
	787毫米×1092毫米　16开本　18.25印张　350千字 2016年1月第1版　2022年6月第4次印刷
定　　　价	55.00元

未经许可，不得以任何方式复制或抄袭本书之部分或全部内容。
版权所有，侵权必究
举报电话：010-62752024　电子信箱：fd@pup.pku.edu.cn
图书如有印装质量问题，请与出版部联系，电话：010-62756370

目 录

第一章 小学教育论 … 1
第一节 小学教育的产生与发展 … 1
第二节 小学教育的性质 … 5
第三节 小学教育的变革与理想 … 13

第二章 小学学校论 … 23
第一节 学校性质 … 23
第二节 学校文化 … 28
第三节 学校管理 … 32
第四节 学校变革 … 38

第三章 小学学生论 … 45
第一节 儿童观的演进与内涵 … 45
第二节 小学生的权利与义务 … 51
第三节 小学生的发展与教育 … 62

第四章 小学教师论 … 77
第一节 小学教师的角色与素养 … 77
第二节 小学教师的权利与义务 … 89
第三节 小学教师的专业成长 … 101

第五章 小学教育目标论 … 113
第一节 小学教育目标的概念与结构 … 113
第二节 小学教育目标的设计与表述 … 119
第三节 我国小学教育目标 … 128

第六章 小学教育内容论 … 136
第一节 小学教育内容的概念与发展趋势 … 136

  第二节 小学教育内容的组成 …………………………………… 143
  第三节 小学教育内容的组织 …………………………………… 157

第七章 小学教育途径论 …………………………………………… 172
  第一节 小学教育途径的内涵与意义 …………………………… 172
  第二节 小学教育的基本途径 …………………………………… 176
  第三节 小学教育的辅助途径 …………………………………… 189

第八章 小学教育评价论 …………………………………………… 204
  第一节 小学教育评价的内涵与类型 …………………………… 204
  第二节 小学教育评价的理念与原则 …………………………… 212
  第三节 小学教育评价的基本方法 ……………………………… 218

第九章 小学班主任论 ……………………………………………… 228
  第一节 小学班主任的地位与职责 ……………………………… 228
  第二节 小学班主任工作的内容与方法 ………………………… 233
  第三节 走向专业化的小学班主任 ……………………………… 246

第十章 小学教育研究论 …………………………………………… 255
  第一节 小学教育研究的意义与特点 …………………………… 255
  第二节 小学教育研究的基本环节 ……………………………… 263
  第三节 小学教育研究的常用方法 ……………………………… 268

后 记 ………………………………………………………………… 289

第一章 小学教育论

学习目标

1. 了解小学教育产生与发展的基本历程。
2. 认识近代小学教育发展的共同特点。
3. 深度理解小学教育的基础性、全体性与全面性。
4. 把握小学教育变革的趋势与理想。

小学教育的产生,是社会生产力发展推动的结果。但是,人类最初的教育与社会生活和生产实践是交织在一起的,没有划分出具体的教育阶段,也就没有现代意义上的小学教育。学校的产生,是教育走向专门化的标志。伴随着小学的出现,小学教育逐渐从社会生活和生产实践中脱离出来,并逐步获得发展。

第一节 小学教育的产生与发展

人类原始的生活状态是浑然一体的。但在这种原始生活状态里,蕴涵着教育萌芽阶段的一些教育活动。这些以生活为主要内容的教育可称之为"生活化"的小学教育。人类进入原始社会末期、奴隶社会初期,随着学校的出现,"学校化"的小学教育逐步形成。

一、生活化的小学教育

在人类社会的早期,存在着一种原始形态的教育,它没有与人类的社会生活和生产实践相区分,也没有划分成不同的层次,故而不是现代意义上的小学教育。但从性质上说,那时也有类似当前小学教育中的一些特定的儿童活动与生活。作为与小学教育具有同样性质的儿童早期的教育实践,它是与整个氏族生活相融合的,也是与个体整个教育历程相融合的。生活化,成为这种教育形态的基本特征与表现。[1]

---

[1] 黄甫全.小学教育学[M].北京:高等教育出版社,2007:5—6.

(一) 教育内容的生活化

人类早期的原始生活包括两个重要方面：一是满足生理需要的衣、食、住等外在的生产活动，二是为了威慑、抚慰、控制和躲避灵魂世界的敌人以满足精神需求的礼拜和原始宗教活动。与之相应，最初的人类教育就存在于这两个过程之中：一是为了满足生产生活实践需要的教育，使每个社会成员都学会如何制作必要的工具和按照明确规定的方式做好每件事情，从而取得所期望的结果；二是为了熟悉礼拜步骤和宗教仪式的教育，使每个社会成员都通过礼拜或宗教，尽力抚慰灵魂世界、培养伦理行为准则与善良勇敢之心。

这两个过程，都蕴涵着针对儿童的基本的技能训练和原始的理论教育。基本的技能训练，是为了使儿童适应生产劳动、日常生活、宗教活动等方面的实践要求，形成符合规范的实践行为技能。原始的理论教育，则通过与技能训练紧密结合在一起，力图使年轻人获得对自然界和社会生活的解释，对物质世界和非物质世界关系的说明，从而有效地应对环境的挑战。这两个方面实际涉及三个层面的教育内容，亦即关于人与人、人与自然、人与神灵之间关系的知识与经验。在西方，主要以人与自然关系的知识与经验为主；在中国，则主要是以人与人之间关系的知识与经验为主。

(二) 教育形式的生活化

对于早期的人类教育来说，无论是基本的技能训练或是原始的理论教育，由于早期人类很少有个体意识，群体习惯与习俗所造就的群体幸福才是人们追求的目标，所以就教育组织形式来讲，精心设计和经营的教育结构是不需要的。作为基本社会机构的氏族或者家庭也就成为早期的教育场所。生活化的教育形式使得儿童的"教育过程从这里开始，而且教育过程最一般的各阶段的最终职责也必须寄托于此"[①]。人们获取生活必需品的过程以及宗教仪式、礼拜或巫术活动的过程也就是教育过程，在这一过程中，儿童是在观察和参与家庭和族群的各种活动中，习得基本的技能和必要的观念。生活化的教育，成为人类关于儿童与年轻人教育的最初形式。

教育史表明，没有充分的证据显示那时出现了明确的教育层次的划分，因此，也就没有形成小学教育这一特定的教育阶段。但这不妨碍我们清晰地看到，现代意义上的小学教育中的某些活动与原始社会早期关于儿童的教育在形式上有着相似的地方，只是后者完全是与生活相融合的。这说明，小学教育注定是在原始的生活化的教育中萌芽而生，当然这是一个漫长的历史孕育时期，要到人类历史上出现学校这一专门机构才开始得以催生。

---

① 夏之莲.外国教育发展史料选粹(上)[C].北京：北京师范大学出版社，1999：9.

二、学校化的小学教育

随着社会生产力的发展,人类社会生活、生产经验的日益丰富以及文字的出现,学校这一专门教育机构得以产生,催生着小学教育超越浑然一体的原始生活化形态,开始成为人类有意识规划的、有制度保障的、由专门人员在学校这样的专门场所展开的具有特定形态的活动。学校化的小学教育,作为一种比较成熟的教育形态,又大致呈现出两个基本阶段:早期学校化小学教育和近代小学教育。

(一) 早期学校化小学教育

早期学校化小学教育,无论是中国还是西方,在教育目的、内容、方法与权利等方面都具有共同的特点。[1]

1. 教育目的的形式性

在教育目的上,象征性的形式目的占据着主导地位,而功用性的实用目的不被重视。学生接受教育的主要目的不是为了获得实用知识,而是为了塑造和谐的身心,养成完美的品德和行为规范,成为社会的楷模。因此能不能接受教育和接受什么教育,也就成为区别社会地位的标志和象征。在孔子那里,基本的教育目的是为了培养能志道、宏道和行道的士与君子,教育就是为了宣传自己的政治主张和促进儿童品行的成长。在苏格拉底(Socrates)那里,教育是为了帮助学生寻找人类的善与勇敢的品质;对柏拉图(Plato)来说,教育是为了追求永恒的理念。在中世纪,培养侍奉上帝的仆人,则是教育最为重大的目标。

2. 教育内容的"艺""术"性

在教育内容上,经过精心编排和组织的典籍以及宗教的经典成为主要的课程。在孔子那里,儿童需要学习的是《诗》《书》《礼》《乐》《易》《春秋》,内容涉及礼、乐、射、御、书、数,核心是文、行、忠、信。后来,随着大一统的专制帝国的形成,以及科举考试制度的确立,四书五经和二十四正史成为基本的教材,核心思想是灌输仁、义、礼、智、信。在西方,则形成以"七艺"为核心的结构比较完美的课程,即以文法学、修辞学、辩证法(逻辑学)构成的"三艺"和以音乐、算术、几何学、天文学构成的"四艺"。学生所学习的经典不仅仅是作为学生的教材,而且负担起了整理、保留和传播古代人类文化的职责,并在此基础上形成了"艺""术"课程范式,包含着的教育目的是培养和谐发展的人。

3. 教育方法的刻板性和专制性

在教育方法上,格外重视识记和背诵,具有刻板性和专制性。对经典的识记和背诵成为主要的学习形式,因此死记硬背、机械模仿成为小学教育或初等教育最基本的

---

[1] 黄甫全.小学教育学[M].北京:高等教育出版社,2007:11—12.

方法。与机械记忆联系在一起的必然是专制的教育教学形式。教育过程是对儿童的管制、灌输,体罚成为一种重要的手段以便保证教师的威严与经典的至高无上地位。

4. 教育权利的等级性

在教育权利上,统治阶级大权在握,形成了严格的等级制度。在教育者方面,由于统治阶级的政治思想、伦理道德以及宗教的思想成为社会普遍信奉的真理,使得教师并不是特定的专业人士,教师往往要么是国家官吏,要么由宗教神职人员兼任。在受教育者方面,也存在着鲜明的等级性。不同的社会阶级和社会阶层具有入读不同学校等不同的教育权利。贵族与平民、主人与仆人具有不可逾越的鸿沟。而且,许多社会底层人民的子弟没有进入小学学习的机会。

(二) 近代小学教育

近代以来,小学教育得到了进一步的发展,既展现为近代意义上学校化的基本进程,也不断分化、变革,出现新的性质和特点。在西方,文艺复兴运动、资产阶级革命、工业革命为近代小学教育的发展奠定了基础。与之相应,小学教育也出现了革命性的变革,出现了一些新的特点。在中国,具有近代意义的小学教育是在19世纪末从西方引进的,至今已有100余年的历史,其间有三次比较大的变革,分别是:第一次,变革旧学制,创立了近代小学;第二次,改造普通教育及其课程体系,建立起小学教育体系;第三次,建立了中华人民共和国小学教育体系。中国小学教育发展的百年历程所表现出来的特点与世界小学教育发展是基本一致的,基础性、公立化和法制化、普及化以及课程设置学科化的进程都在不断地得到发展。①

1. 小学教育的基础性

小学教育,属于具有基础性的初等教育。小学教育的基础性通过两个方面表现出来:

(1) 为接受更高级的中等教育和高等教育提供必要的智力与文化知识的支持,而不仅仅是启蒙性质的宗教观念的普及与简单读写算知识的教学。

(2) 承接传统初等教育的职能,结合当时工业发展对劳动力的素质要求,为广大平民子弟儿童进入社会、适应近代工业化生产,提供必要的知识与技能的准备。

2. 小学教育的公立化和法制化

近代小学教育的一个重要的特征就是举办权的公立化。随着国家政府的确立,小学教育的举办权也就从教会的手中逐渐转移到世俗政府手中。小学教育举办权的转移,标志着国民公共教育制度和体系的确立。教育作为一项公共事业,教育制度作为一项公共制度,强化了国家对教育的干预。小学教育公立化成为近代小学教育发展的

---

① 黄甫全.小学教育学[M].北京:高等教育出版社,2007:12—14.

重要趋势,当然这种公立化是通过教育法制化来强力推进的。

3. 小学教育对象的普及化

随着政治经济文化的发展,教育对象扩大,普及小学义务教育成为潮流。小学教育对象迅速扩大到所有适龄儿童,而不分等级和性别。普及教育成为近代各国小学教育发展的重要特征,它极大地满足了各个国家经济政治和社会发展的需要,同时也确立了受教育机会和权利平等的基本原则。而小学义务教育普及的推进是通过教育公立化和法制化,特别是国家法律的强大力量实现的。

4. 小学课程设置的学科化

传统的小学教育课程是一种艺术化的课程,但是随着近代小学教育的展开,小学课程设置出现了学科化的趋势。学科化的小学教育课程发轫于15世纪,并一直持续到今天,以赫尔巴特(J. F. Herbart)的"教材"课程为典型代表。学校里使用的不再是原著,而是经过专门编写的教材课本,先是夸美纽斯(J. A. Comenius)的"百科全书"式教材,继而是分科编写的教科书。

学校化小学教育的产生,是教育走向专门化的第一个标志,蕴涵着人类教育的基本价值理念。但与此同时,近代学校化的小学教育从诞生之初就呈现出各种问题并面临着多重挑战:第一,学校成为社会分层的工具,成为"台阶""资源""身份"或"资本"的象征,逐渐丧失了价值方向。第二,面对日益多元的社会利益,以及社会政治经济文化发展水平的差异,如何保持小学的公共特性,有效地促进教育机会均等和教育公正的实现。第三,随着传统科层管理体制逐渐向民主化领导体制的转换,学校传统教学模式受到新的挑战,代代相承的教育观念、同辈文化影响以及学生本身的创新特性如何协调。第四,在文化多元日益突出、文化冲突日益严重、文化帝国主义日益猖獗的情况下,小学的文化身份和文化功能如何有效加以界定和实现。第五,随着学习社会化和社会学习化,作为文化富集高地的传统学校怎样重新界定自己的角色,协调与社会、家庭文化的关系。①

第二节 小学教育的性质

作为现代学校教育制度的重要组成部分,小学教育是与学前教育、中等教育、高等教育并列的教育阶段。在教育发展与变革的过程中,小学教育显示出与一般教育共同的特征,同时显示出自身的独特性。

---

① 黄甫全.小学教育学[M].北京:高等教育出版社,2007:18.

一、基础性

小学教育是一个国家学校教育制度的重要阶段,也是儿童接受正式学校教育的开始阶段,所以无论从文化发展、教育发展或是儿童个体发展来说,小学教育都具有基础性。

(一)对于文化发展而言,小学教育具有基础性

小学教育基础性的文化发展意义,主要体现在"教育文化历程""人类发展历程"和"教育内容结构"等三个方面[①]。

1. 对于特殊的教育文化来说,小学教育是整个个体教育历程和学习生命历程的基础

在早期,小学教育并没有考虑到与中等教育和高等教育的衔接问题,小学教育在那时是一个独立教育阶段。但是随着社会的发展和义务教育年限的延长,也随着社会整体受教育程度的提升,特别是终身教育和学习社会化的来临,个体教育历程和学习生命历程应当被视作一个完整的过程来对待,小学教育理所当然就应该起到一个奠基的作用。与此相应,小学教育与中等教育、中等教育与高等教育的连贯性,在当代教育发展中始终是人们关注的一个重要问题。当代教育在阶段性的基础上所追求的连续性和连贯性,使得小学教育的基础性地位得到前所未有的增强。所以我国在义务教育阶段提出了九年一贯制,强化小学教育和初中教育的衔接与连贯。正是在这个意义上,小学教育是基础教育的基础。

2. 从整个人类发展来看,小学教育起着奠基作用

对于一个国家和一个民族来说,无论是物质文明的建设或是精神文明的建设,都依赖于全体人民文化素养的提升,这主要借助于教育特别是学校教育的发展。近代以来,西方各国综合实力的提升、政治的发展、经济的腾飞、社会的发展无不与基础教育的普及紧密联系在一起。例如德国进入19世纪后,初等教育加速发展,实行义务教育,到19世纪末德国初等教育的入学率已经达到100%,初等教育的发展使德国的国民素养得以整体提高,国家实力得以显著增强。而日本在明治维新之后国家的强盛,也与初等教育的迅速发展密不可分。正是在这个意义上,我国启动普及九年义务教育的浩大工程,普及小学教育,实际上就是要为学生的全面发展打下基础,为培养具有较高文化素养的公民打下基础,从而为全民族文化素养的提高奠定基础。

3. 从教育内容结构上看,小学教育具有基础性

小学教育在解决小学生发展与文化发展之间的矛盾的过程中,主要选用人类文化中相对成熟的知识与价值观念去武装人。但是一个人的发展是终身持续的过程,尽管

---

① 黄甫全.小学教育学[M].北京:高等教育出版社,2007:42—44.

我们强调个体终身发展的连续性和连贯性,但是不可否认的是个体的发展还具有阶段性,并且每一个阶段还具有相对稳定性。所以在个体发展历程中,每一个阶段都有自己相对稳定的任务和要求。此外,对于小学生而言,由于一方面他们的学习要为未来的发展和进一步学习奠定基础,另一方面受制于身心的水平和局限,不可能任何知识与价值观念形态对他们都是适合的、都是可以理解和接受的。所以小学教育内容必须经过相关的选择与处理。小学生学习的内容基本上都是基础的价值观念、基础的科学文化知识、基本社会活动技能与基本生活行为规范,这一切在整个教育内容体系结构中,成为了基础部分。

(二)对于教育发展而言,小学教育具有基础性

小学教育的基础性,决定了小学教育在整个教育体系中的基础地位。邓小平同志曾指出:"现在小学一年级的娃娃,经过十几年的学校教育,将成为开创21世纪大业的生力军。中央提出要以极大的努力抓教育,并且从中小学抓起,这是有战略眼光的一着。如果现在不向全党提出这样的任务,就会误大事,就要负历史的责任。"[①]

1. 小学教育在义务教育中居于基础地位

2006年修订的《中华人民共和国义务教育法》(以下简称《义务教育法》)明确规定,"国家实行九年义务教育制度"。义务教育是"国家统一实施的所有适龄儿童、少年必须接受的教育,是国家必须予以保障的公益性事业"。义务教育"必须贯彻国家的教育方针,实施素质教育,提高教育质量,使适龄儿童、少年在品德、智力、体质等方面全面发展,为培养有理想、有道德、有文化、有纪律的社会主义建设者和接班人奠定基础"。义务教育的普及程度与质量优劣,直接关系到我国经济和社会发展所需的劳动者的素质和各级各类人才的质量,关系到社会全面进步的程度。小学教育是九年义务教育的第一阶段,在义务教育中责任重大。

2. 小学教育在整个教育体系中处于基础地位

学校教育体系大都分为若干层次。我国的学校教育体系,一般包括学前教育—初等教育—中等教育—高等教育四大层次。其中,初等教育(小学教育)和中等教育(中学教育)都属于普通基础教育,其连贯性很强,但又有其独立性。小学教育是各级各类教育的基础。从个体意义而言,小学教育为其身心健康、和谐、全面发展奠定基础,为其进一步接受中等教育提供了前提。从国家层面而言,小学教育的普及和提高,能够为中等教育和高等教育的普及和提高奠定基础。从这个意义上讲,小学教育具有为中等和高等教育打基础、为培养各级各类人才打基础的性质。

---

① 中共中央文献研究室.邓小平论教育[M].北京:人民教育出版社,1995:171.

（三）对于儿童个体发展而言，小学教育具有基础性

小学教育是个人一生发展中的基础阶段，因此要为个体终身教育、终身学习、可持续发展奠定基础。长期以来，我们对基础性的理解：一是强调它是整个教育制度的基础，小学教育是为学生升入中学做准备；二是强调培养目标上的"双基"，即基础知识、基本技能。但在终身教育和学习化社会的时代，仅有传统上的"双基"是不够的，我们还要激发儿童积极的学习情感和态度，促进每个学生潜能的开发，健康个性的发展，以形成适应未来社会发展变化所必需的终身学习的愿望和能力。

具体而言，小学教育对个体发展具有基础性主要体现在[①]：

（1）道德品质发展的基础。进入小学的少年儿童，随着生活范围的不断扩大，会遇到越来越多的道德问题，小学教育工作者应引导学生认识、了解与他们的生活经验相联系的道德观念，并养成相应的道德习惯。

（2）智慧品质发展的基础。小学时期的少年儿童，正是智慧潜力逐步显现并迅速发展的时期，小学教育的一个重要的任务应当放在启迪儿童智慧发展上，知识教学应为智慧发展服务，智慧发展应促进知识教学。

（3）个性品质形成的基础。小学时期是少年儿童的个性倾向开始显露的时期，小学教育应当维护、尊重、发现并培养小学生的个性，使他们养成良好的个性品质。

（4）身体发展的基础。小学是少年儿童身体迅速发展的时期，应当使少年儿童养成锻炼身体的良好习惯，掌握锻炼的基本技能、技巧，以保证少年儿童的健康发展。

二、全体性

小学教育的全体性，从广义上说，是指小学教育必须面向全体人民；从狭义上讲，是指小学教育必须面向全体适龄儿童。

小学教育的全体性是世界各国教育改革的共同趋势，几乎所有国家的教育都在努力创造条件，确保每个人接受初等教育的权利。1989年11月，联合国教科文组织第25届大会确定"争取全民基础教育"计划，要求最大限度地扫除文盲和普及初等教育。1990年3月5日至9日由联合国教科文组织、儿童基金会、开发计划署和世界银行发起和赞助的"世界全民教育大会"（World Conference on Education for All）在泰国宗迪恩（Jomtien）举行，来自世界150多个国家和地区，以及联合国系统各机构、政府间国际组织、非政府组织的约1500名代表、观察员及专家出席了会议。大会讨论并通过了《世界全民教育宣言》（World Declaration on Education for All）和实施宣言的《满足基本学习需要的行动纲领》（Frame Work for Action to Meet Basic Learning Needs），从

[①] 朱小蔓.认识小学儿童 认识小学教育[J].中国教育学刊,2003(8).

而正式提出"全民教育"这一概念,全民教育运动由此展开。1993年12月,由联合国教科文组织、儿童基金会和人口基金会倡导的"九个人口大国全民教育首脑会议"在印度新德里召开,把国际社会对全民教育运动的关注推向一个高潮。《世界全民教育宣言》重申"人人享有受教育的权利",强调"每一个人——儿童、青年和成人——都应能获得旨在满足其基本学习需要的受教育机会。基本学习需要包括基本的学习手段(如读、写、口头表达、演算和问题解决)和基本的学习内容(如知识、技能、价值观念和态度)。这些内容和手段是人们为能生存下去、充分发展自己的能力、有尊严地生活和工作、充分参与发展、改善自己的生活质量、作出有见识的决策并能继续学习所需要的。"

全民教育要求教育面向全体国民,实现教育对象的全民化,即"人人享有受教育的权利",其内涵包括教育的民主化和教育的普及化。教育的民主化是国家必须从法律上保证全体公民——不论种族、性别和社会地位——都享有均等的受教育权;教育的普及化是教育民主化的基本保证,是保证人人享有受教育权利的现实基础。小学教育作为全民教育,应当将教育对象扩展,成为面向所有儿童、青年和成人的基础教育,其基本目的是为了满足全体儿童、青年和成人的"基本学习需要"。

三、全面性

对于每一个特定的小学生而言,小学教育都应该促进他们在各个方面的充分发展。这就要求小学教育必须对每一个小学生都实施全面发展的教育,保证他们在体、智、德、美等诸方面都得到最大程度的和谐发展。

小学教育对象是6～7到12～13岁的儿童,既不是青少年,也不是成人。因此,小学教育是一种面向全体儿童实施的基础教育,既不是针对每个人就业定向的职业技术教育,也不是培养高层次专门人才的专业教育,而是旨在为儿童进一步的终身学习和可持续发展奠定基础。它的知识、技能不是为了选拔、升学、择业,而是尽可能为人的身心全面发展提供最有利的条件。所有这些都决定了小学教育是促进学生全面发展的教育而不是促进学生片面发展的教育。相对于职业技术教育和高等教育来讲,小学教育的核心是儿童整体素养的提升,包括基本知识的获得、基本能力的形成、基本技能的习得、基本行为规范和价值标准的建立等,为其学习、生活和进一步发展奠定坚实的基础。

具体而言,小学教育的全面性主要体现在帮助每个儿童达到以下的目标:(1)具有爱国主义、集体主义精神,热爱社会主义,继承和发扬中华民族的优良传统和革命传统;(2)具有社会主义法制意识,遵守国家法律和社会公德;(3)逐步形成正确的世界观、人生观、价值观,具有社会责任感,努力为人民服务;(4)具有初步的创新精神、实践能力、科学与人文素养以及环境意识;(5)具有适应终身学习的基础知识、基本技能和方法;(6)具有健壮的体魄和良好的心理素质,养成健康的审美情趣和生活方式,成为有理想、有道德、有文化、有纪律的一代新人。① 这些最基本的要求实际上考虑到两个基本标准问题,一是学生自身的身心发展特点、发展规律、发展水平与可能的发展空间,二是作为中国当代合格公民所应该具备的基本素养。

小学教育的基础性、全体性、全面性主要通过义务教育的形式来实现。这里的"义务"一词包括:(1) 国家有设立学校以使人民享受教育的义务;(2) 父母或监护人有使学龄子女或被监护者就学的义务;(3) 全社会有排除适龄儿童和青少年入学受教育的种种不良影响和障碍的义务。② 因此,义务教育要求国家、社会、家庭必须给予保障,对受教育者来讲既是应享受的权利,又是应尽的义务。小学教育是义务教育,根据《义务教育法》的规定,它又是强制的和免费的:"实施义务教育,不收学费、杂费。""适龄儿童、少年的父母或者其他法定监护人应当依法保证其按时入学接受并完成义务教育。"义务教育的提出,为小学教育发展和改革提供了制度上的保证。

对于我国小学义务教育来讲,意味着这样一些基本的要求:(1) 办学目标从选拔性的精英教育转向普及性的国民教育;(2) 小学课程计划坚持面向全体学生和每一所学校,立足于大面积提高义务教育的质量;(3) 充分体现教育应该适应社会发展需要和促进人的发展完善,根据儿童身心发展规律,合理安排课程,注意教学要求和课业负担适当,在为学生全面打好基础的前提下,为学生提供兴趣、爱好、特长发展的时间和空间;(4) 从偏重智育转向德智体美等多育并举,加强德育;(5) 从教学要求上的死记硬背模式转变为因材施教,培养学生健康个性、促进他们主动、生动、活泼的发展;(6) 初等义务教育的目标、任务和基础课程尽管具有统一性,但不能一刀切和统得过死,要给地方、学校留下因地制宜调整的余地;(7) 教育评价从筛选模式向达标模式转变,使小学基础教育真正成为全面发展的教育。③

知识小卡片 1-1

小学教育:为生命发展奠基

生命是丰富多彩的;生命是有尊严、有活力的,是自由的;生命是属于个人的,是富有个性的。为生命的发展奠基的小学教育,必须促进生命全面地、和谐地、自由地、创造性地成长。

1. 小学教育:促进生命的和谐发展

当哲学家把人定义为"理性的动物"时,情绪作为非理性的代名词,注定被

---

① 教育部.基础教育课程改革纲要(试行)[Z].教基〔2001〕17 号,2001-06-08.
② 田本娜.论小学教育的性质和任务[J].天津师大学报,1994(4).
③ 柳斌.中国教师新百科·小学教育卷[Z].北京:中国大百科全书出版社,2002:52—53.

排斥在教育之外。所以,教育长期以来就成了理智的教育、认知的教育。小学教育的任务从掌握知识和技能到发展智力,培养能力,都没有能力跳出这一窠臼。人的完整的、丰富多彩的生命世界,在近代科学主义遮蔽下,成为只有理性而无人性的"单面人"。把人的情感排除在教育之外,势必造成教育的畸形,从而扭曲人的生命发展。日本的教育家井深大认为,唯智的教育是"丢掉了另一半的教育"。

实际上,完整的生命不仅包括知识、智力、智慧等认知因素,而且包括情感因素。生命是知情的统一体。皮亚杰认为,认知和情感是交叉的,某种认知结构总要有与之相应的情感水平,反之亦然。因此,情感是人的生命重要组成部分,有情感伴随的生命是有活力、有朝气,也是光彩夺目的。小学教育要为生命的发展奠基,就首先要促进生命中认知和情感的和谐发展,使生命中的知与情相互作用、相互提升。

知识的掌握、认知的发展需要情感的催化,情感是认知发展的手段,实际上只是把它作为服务引发学习兴趣,调动学习热情,使学生乐学、好学。但科学研究表明,情感是人的发展的重要组成部分,它是大脑对世界的一种不同于认知的反映方式——情感的反映方式是整体的、弥散的、非线性的,指向于内心体验的;认知的反映方式是分析的、逻辑的、线性的,指向外部客体的判断。因此,情感对人的发展不只是手段,而是人的发展的重要领域。情感的发展是人的发展的一个本原性、根基性问题,而不仅是人的发展不可缺少的组成部分,它还主宰着人的发展方向,提供发展的动力,促进认知的发展。

在新一轮基础教育课程改革中,各科的课程标准,在强调具有适应终身学习的基础知识、基本技能和方法的同时,把情感和态度作为儿童发展最重要的目标列在前位。

2. 小学教育:促进生命的自主成长

人的生命不仅是全面的,而且是自由的。自由是生命的灵魂,而自主是自由的第一要求。儿童发展的自主性,要求我们高度尊重儿童,遵循他们身心发展的内在本性。"大自然希望儿童在成人之前就要像儿童的样子。如果我们打乱了这个次序,我们就会造成一些早熟的果实,它们长得既不丰满也不甜美,而且很快就会腐烂;我们将会造成一些年纪轻轻的博士和老态龙钟的儿童。"卢梭近两个半世纪之前说的这些话,至今还令我们无数教师读来汗颜。家长和教师总以"考试要考的""将来用得着的"等为理由,逼迫儿童学这学那,而从来不问他们对此感不感兴趣,他们真正的兴趣是什么,一味地把教育当成儿童未来的准备,当成成人生活的模仿,使今日的儿童没有成为儿童就成为大人,这是教育的悲哀。

其实,儿童不只是一个未来的存在,更是一个当下的存在。我们的老师,不仅要为儿童的未来作准备,更要关心他们的现在。关心儿童的现实,就要关心儿童的兴趣、需要,从他们的需要兴趣出发,造就一种适合他们的教育,而不是削足适履,使他们适合教育。

为此,我们现在要做的就是把儿童身上失落的东西——"自主"还给儿童,把精神生命发展主动权还给儿童,使他们拥有自我选择和自我决定的权利,使教育凸显生命的灵动,使课堂充满生命的活力,使班级充满成长的气息。我们的老师要牢记并做到陶行知先生的"六大解放":解放儿童的头脑,使之能想;解放儿童的双手,使之能干;解放儿童的眼睛,使之能看;解放儿童的嘴巴,使之能说;解放儿童的空间,使之能接触大自然和大社会;解放儿童的时间,使之能学习自己渴望学习的东西。

3. 小学教育:促进儿童创造性地、富有个性地发展

儿童创造性的发展有赖于学校教育。"教育既有培养创造精神的力量,也有压抑创造精神的力量。"关键是看有无创造性生长的土壤和环境。适应创造性生长的环境也是一个有助于生命的舒展、生命涌动的环境,是一个崇尚开放、多元、个性的环境。

然而,我们的教育太缺少这种环境。以学科知识为核心的课程计划和以规范管理为目标的课堂生活制度,非但没有孕育儿童的创造性,反而把儿童天生具有的创造潜能扼杀在萌芽状态。儿童成了被动的学习者,学习书本知识,是他们的天职,他们不需要形成和提出自己的"问题",不需要就某个问题发表自己的"意见",因为"老师是这样说的""书本上是这样写的"。教学是统一的,统一的教材、进度、要求,按年龄统一地组成一个班级,而不管这个班级中的个性差异。在使每个学生有"轨"可循之时,也使他们失去了个性化"选择"的自由。课堂的管理严厉,鲜活的生命被异化为一个安静的环境和井井有条的秩序。标准化的考试,如同温柔的陷阱,对客观化、规范化的刻意追求,而束缚了学生的想象力和创造性。

科学家的发明创造,来自他们儿童时期创造精神的精心培育。为此,我们一要改"教师讲学生听"的"注入式教学"为启发引导,为学生创设问题情境,

让他们发散式地思考,培养他们乐于探索的积极态度,掌握科学探索的方法,培养发现问题、分析问题、解决问题的能力。二要为学生创造一个敢于发表意见、敢于质疑问难的宽松环境。对于学生提出的各种观点,哪怕是不成熟的点滴想法,教师都要给予充分的尊重和鼓励,用积极的语言消除学生的恐惧心理,使创造性的火花迸发出来。

教育是基于生命的事业。生命的潜能是无限的,教育要创造条件,去激活、去展示生命的灵动与飞扬,促进每个儿童创造性地、富有个性地发展。

资料来源:冯建军,朱小蔓.小学教育:为生命发展奠基[J].教育参考,2002(10).

第三节 小学教育的变革与理想

小学教育在整个人生的教育阶段发挥着重要的奠基作用。儿童,尤其是小学儿童接受良好的教育,直接关乎其成长和发展,甚至关系到国家的前途和民族的命运。因此,小学教育必须进行变革,必须追求理想的小学教育。

一、小学教育的变革

21世纪不仅是知识经济的时代,而且是信息时代、全球化的时代。在全球一体化的今天,小学教育的发展面临着共同的背景、目标和任务。因此,在小学教育变革中,也呈现出许多共同的趋势。[①]

(一)加强基础学科教学,注重提高儿童的基础学力

终身教育、终身学习是20世纪90年代以来国际教育改革的核心理念,为适应学习化社会的需要,提高儿童的基础学力成为各国小学教育改革首要的关注点。

基础知识的掌握和基本技能的养成、乐于学习的态度是基础学力的核心,各国在提高儿童的基础学力方面的共同趋势是精选终身学习必备的基础知识和技能,以使新一代国民具有适应21世纪社会、科技、经济发展所必备的素质。读、写、算能力是未来公民所不可或缺的。英国从1999年开始在小学推行"国家读写战略"和"国家计算战略",统称为"国家基础学力战略",在相应的国家课程标准中强调六项基本技能,即交流、数的处理、信息技术、共同操作、改进学习和解决问题。美国以"回到基础"为提高教育质量之方略,强调为使全体美国人受到世界上最好的教育,必须提高基础学科的

---

① 冯建军.小学教育:新世纪·新定位·新发展[J].新乡教育学院学报,2002(2).

教学水平,提出"美国学生在4、8、12年级毕业时有能力在英语、数学、自然科学、历史和地理学科内容方面应付挑战"。1999年,美国教师联盟指出,各州课程标准必须包括四门核心课程:英语、数学、科学和社会科学。2001年,布什政府向国会提交了《不让一个孩子掉队》(No Child Left Behind,简称 NCLB)的教育改革计划,要求加强中小学数学和科学教学。从2007年到2013年,美国国家科学委员会先后发表了《国家行动计划:应对美国科学、技术、工程和数学教育系统的紧急需要》的报告、《成功的 K-12 阶段 STEM 教育:确认科学、技术、工程和数学的有效途径》的报告,并由国家科学技术委员会 STEM(Science,Technology,Engineering,& Mathematics)教育委员会向国会提交了《联邦科学、技术、工程和数学(STEM)教育战略五年计划》。不仅标志着美国新一轮科学教育改革的初战告捷,而且明确了未来五年 STEM 教育领域的发展方向(详见(五)中相关部分)。日本小学教改则一贯重视儿童基础学力,认为"切实教给儿童终身自主学习所必需的能力和人格形成的基础知识、基本技能,这些丝毫不容忽视"。中国政府始于2001年的中国基础教育课程改革,把培养学生"具有适应终身学习的基础知识、基本技能和方法"作为新课程培养目标的重要内容。2010年颁布的《国家中长期教育改革和发展规划纲要(2010—2020年)》(以下简称《教育规划纲要(2010—2020年)》)强调"着力提高学生的学习能力、实践能力、创新能力,教育学生学会知识技能,学会动手动脑,学会生存生活,学会做人做事"。

(二)加强道德教育,注重培育儿童的价值观

当代社会的一个显著特征是经济发展和科技进步的同时,伴随着普遍的社会道德危机。因此,重视公民道德教育成为普遍的趋势。公民道德要从小培养,小学加强道德教育,成为公民道德培养的关键。各国小学教育改革普遍重视价值观教育和儿童精神、道德的发展,主要表现为:重新强调传统的价值观念;重视公民教育并扩充新的时代内涵,如国际理解教育和环境教育;加强网络道德建设,保护儿童免受有害信息的侵害;加强心理教育,塑造良好个性;改革道德教育的方法,提高道德教育的实效性等。美国素来具有个性解放传统,20世纪80—90年代重新强调了在学校中要强化传统价值观念,培养美国公民应具有的共同品德,如诚实、勇敢、正直、慷慨、忠诚、善良、守法、爱国、勤奋、公正和自我修养等。英国在1999年新国家课程标准中强调现代公民要形成四个方面共同的价值观,包括自我:养成自尊心和自制力;人际关系:尊重他人,诚实可信自信;社会:追求自由与正义,尊重宗教和文化的多样性,积极参与民主生活;环境:对可持续发展抱有责任感,理解人在自然中的位置,努力保持自然的平衡性和多样性。日本在小学道德教育上,特别注重通过丰富的体验,充实学生的内心世界,强调提高学生的道德实践能力,将尊重人的精神贯穿到家庭、学校和具体的社会生活中去。中国素有重视德育的传统,1999年6月由中共中央、国务院颁发的《关于深化教育改革全面推进素质教育的决定》中把德育作为实施素质教育的核心。2001年中共中央又颁布了《公民道德建设实施纲要》,提出了"爱国守法、明礼诚信、团结友善、勤俭自强、敬业奉献"的公民基本道德规范。2002年2月,由全国妇联联合团中央、教育部等单位开展"小公民道德建设计划",使公民道德从儿童抓起,落实到小学教育之中。2010年颁布的《教育规划纲要(2010—2020年)》明确要求"把社会主义核心价值体系融入国民教育全过程","把德育渗透于教育教学的各个环节","构建大中小学有效衔接的德育体系,创新德育形式,丰富德育内容,不断提高德育工作的吸引力和感染力,增强德育工作的针对性和实效性"。

(三)加强信息技术教育,注重养成儿童的信息素养

随着信息技术与教育的深度融合,一个新兴的群体——创客(maker)悄然出现,迅速引发全球范围内的创客运动(maker movement)。2012年年初,美国政府推出一个新项目,计划在未来四年内在1000所美国学校引入"创客空间"(makerspace),配备3D打印机和激光切割机等数字制造工具。2014年6月17日,美国总统奥巴马在白宫举办了"创客博览会"(Maker Faire),并将每年的6月18日定为"国家创客日"。中国颁布的《教育信息化十年发展规划(2011—2020年)》明确要求"到2020年,全面完成《教育规划纲要》所提出的教育信息化目标任务,形成与国家教育现代化发展目标相适应的教育信息化体系,基本建成人人可享有优质教育资源的信息化学习环境,基本形成学习型社会的信息化支撑服务体系,基本实现所有地区和各级各类学校宽带网络的全面覆盖,教育管理信息化水平显著提高,信息技术与教育融合发展的水平显著提升"。

培养儿童的信息素养,包括对待信息技术的观念,获取和处理信息的能力,防止儿童成为信息和媒体的不加鉴别的被动接受者等。英国在新的国家课程中,将以前的"信息技术"改为"信息和交流技术",旨在为儿童有能力参与快速变化的世界生活做准备,侧重学生创造性地发现、探究、分析、交换、提供信息。中国在基础教育课程改革中也强调"加强信息技术教育,培养学生利用信息技术的意识和能力"。

(四)加强个别化教育,注重发展儿童的个性

20世纪70年代以来,在联合国教科文组织的推动下,教育民主化成为影响世界教育改革的主要观念。处于儒家文化圈的国家,如韩国和日本尤为鲜明地提出把重视儿童的个性发展作为教育改革的基本指导思想。

在课程改革方面,教育内容的生活化、关注儿童的经验是许多国家面向21世纪课程改革的要点。在教学方式方面,加强个别化教育,以适应儿童学习方式的差异。如法国规定所有小学必须对学习上遇到困难的学生进行个别辅导,打破年级教学组织形式,把初等教育分成三个学习阶段,按学生的发展水平和学习能力进行小组教学。在班级规模方面,倡导小班教学。在教育目标上,韩、日两国都对压抑学生的创造力和个性的应试教育进行反思,认为教育要尊重学习者的多样化、重视儿童个性发展。日本提出建立能"伸展个性,提供多样性选择的学校制度",在大致每10年修改一次的中小学《学习指导要领》(2008年)中,力求留给学生更多自由发展的空间,创设"儿童梦想基金"、发放"心灵笔记",通过多样的服务、体验活动,培育心灵丰富的日本人。进入21世纪以后,日本大力培养学生的生存能力,在强调基础知识的重要性的同时注重因材施教,发展学生独特的个性。中国20世纪90年代开始的素质教育运动,把培养人的主体性、促进儿童生动活泼的发展作为素质教育的重要目标,围绕此目标,展开了新一轮基础教育的课程改革,进而引发教和学的方式的变革。2010年颁布的《教育规划纲要(2010—2020年)》明确要求"关注学生不同特点和个性差异,发展每一个学生的优势潜能",促进学生"全面发展与个性发展的统一"。

(五)加强科学启蒙教育,注重培养儿童的创造性

20世纪90年代,知识经济开始逐步替代工业经济,各国政府调整科技与教育政策,强化教育在国家创新体系中的作用。重视智力发展,培养儿童的创造性是各国小学教育共同关注的问题。近年来,随着制造业走向数字化,新材料、新工艺和在线合作制造服务的运用,制造变得更加灵活,成本更低。这种制造业以数字技术与个人制造的结合为特征,由此带来制造业结构的巨大变化,引发第三次工业革命,推动了美国"创客运动"的兴起与发展,催生并推动着创客教育(maker education)的萌芽与发展。1985年,美国促进科学协会拟订的"2061计划"旨在通过具有实效的科学、数学和技术教育的课程,增强美国公民以科学理解力为核心的文化能力。2011年,美国国家研究理事会发布了《K-12科学教育框架:实践、跨领域概念和核心概念》(A Framework for K-12 Science Education: Practices, Crosscutting Concepts, and Core Ideas),标志着美国新一轮科学教育改革已初步完成。2013年,美国《新一代K-12科学教育标准》(Next Generation Science Standards)的发布,是该轮科学教育改革的标志性成果。自2013年以来,美国越来越多的中小学开始加入"创客运动",实施"创客教育",将"基于创造的学习"(learning by making)视作学生真正需要的学习方式。美国中小学创客教育旨在为所有中小学生提供适宜的用于创造的环境、资源与机会,尤其是借助技术工具与资源让学生能够将学习过程融于创造过程,实现基于创造的学习;能够在创造过程中提升学科学习质量,尤其是提升科学、技术、工程、数学、艺术等学科学习中的自信、创造力与兴趣;能够全身心投入基于创造的学习过程中,培养自己的批判性思维、创新思维与问题解决能力,实现全人发展。① 中国的课程改革中,从小学三年级开始开设以综合、探究为主的"科学"课程。各国在小学科学教育中的共同趋势是注重儿童科学探究的欲望、过程和方法,强调体验性和过程性目标,把"科学"作为综合课程以融通不同的学科领域,从而保证科技教育的智慧启蒙价值。

二、小学教育的理想

我们所说的"理想的教育",经常是指"良好的教育"。只有良好的教育,才能使我们秉有渊深的学识、清明的才智、通达的性情、宽广的胸怀和高贵的教养。理想总是高于且先于现实而存在的。没有对于什么是良好教育的理想,没有某种关于受过教育的人的理想,我们就无法从事教育。那么,什么是良好的教育呢?也许我们很难给予它一个周全的描述,但我们可以非常肯定地说:如果一个人从来没有感受过人性光辉的沐浴,从来没有走进一个丰富而美好的精神世界;如果一个人从来没有读到一本令他(她)激动不已、百读不厌的读物,从来没有苦苦思索过某个问题;如果一个人从来没有一个令他(她)乐此不疲、废寝忘食的活动领域,从来没有一次刻骨铭心的经历和体验;如果从来没有对自然界的多样与和谐产生过深深的敬畏,从来没有对人类创造的灿烂文化发出过由衷的赞叹……那么,他(她)就没有受到过真正的、良好的教育。②

理想的小学教育究竟是什么样的?概而言之,应该具备以下几个基本特征。③

(一)关注生活:教育的现实关怀

教育的现实关怀在于回归生活世界,培养在生活世界中会生活的人。"生活世界"是直观的、具体的、现实的和历史的,因而也是丰满的,它给人以感性的生存基础。人们在"生活世界"中进行着生动的、充满"人格主义态度"的交往,因而也是目的、意义和价值的源泉。在生活世界中,人通过对现实世界的直接感知获得关于这个世界的知识,这种直接的知识逐步典型化,就形成了生活世界的观念,这些观念经概念化和体系化,产生科学理论。

强调回归生活,是因为在现代人(尤其是学生)的生长家园中,"生活世界"被严重地剥离了,"科学世界"成了人唯一的生长家园。学校教育重返生活世界,找回失落的主体意识,确立一种新的教育生态观,是当代教育发展的一个重要理念,它关系到世纪教育的成败与人类自身的命运。科学世界是我们进修理性的"营地",是我们建在异乡

---

① 郑燕林,李卢一.技术支持的基于创造的学习——美国中小学创客教育的内涵、特征与实施路径[J].开放教育研究,2014(6).
② 肖川.教育的理想与信念[M].长沙:岳麓书社,2002:33.
③ 余文森.新课程背景下的公共教育学教程[M].北京:高等教育出版社,2004:26—28.

的家园;生活世界才是我们故乡的家园,我们最根本意义上的"家",我们生命的根。远离自然、远离社会、远离生活的教育,自然也就远离教育的本来轨道。教育,应该让生活更美好。

(二)关注发展:教育的未来关怀

教育的对象是人,因此教育应立足于人的立场,构建有利于人的发展的教育。教育可持续发展的基本目标就是要培养学生可持续发展的精神整体,使之具有高尚的道德品质、科学的实践经验、丰富的文化修养,成为一个可持续发展的人,为可持续发展的社会所接纳,并能够参与到可持续发展的社会实践中去。这就要求教育必须从学生可持续发展的角度组织教学内容、改革教学方法。

具体而言:一是在教学观念上,真正确立以学生为主体的意识。要充分发挥学生的主观能动性,要充分挖掘学生的内在潜力,要充分尊重学生的情感因素,要充分认识学生间存在着差异性,真正将学生培养成具有主动选择、能动适应客观世界的能力以及具有积极创新精神的人。二是将培养学生具有全面、和谐发展的素质作为教学目标,要达到传授知识与发展智能的协调、达到认知因素和非认知因素发展的协调、达到身体与心理发展的协调。三是在教学内容上,着眼于课程的综合化。综合化的学科内容应反映现代科学技术发展的最新成就,反映社会变化和社会问题,并保持科技、人文和社会科学内容的合理分配。四是在教学过程上,要着力于奠定学生终身发展的基础。充分调动学生学习的内驱力,使学生变"被动学"为"主动学",变"学会"为"会学",变"模式化"为"个性化"。

(三)关注生命:教育的终极关怀

人只有一次生命,生命的重要性在于它的不可重复性。人有了生命并不意味着一定有生命的质量。人的生命意义在于提升其生命的质量。人类发展史已经表明,生命质量的提升与优质教育成正比。优质教育是对每一个生命个体充满终极关爱的教育,是"目中有人"的教育。

教育,不仅要使我们的教育对象认识生活的意义,而且要教会他们如何设计生活,使自己的生活更有意义;不仅要使我们的教育对象理解生命的价值,而且要教会他们如何珍惜生命,使自己的生命更有价值。理想的教育关注人的生命质量;理想的教育立足人的真实的生存状态;理想的教育实现人的真实的生命成长。

从这种意义上说,理想的教育应该是:所有的学生都有受教育机会;所有的教师都有教育热忱;所有的设施都有教育内涵;所有的活动都有教育意义。

知识小卡片 1-2

我们需要什么样的小学教育

小学教育是当下基础教育体系中可以偏隅一方、可以宁静地思考、可以仰望教育理想天空的地方。在这里,我们可以追寻理想教育的"桃花源",可以营造幸福教育的"终南胜境",可以建设捍卫童年的"巴学园"。

一、我们需要的小学教育,应该成为儿童的一段快乐旅程

我们今天的小学教育能给学生快乐吗?为什么孩子上学时步履沉重,而放学时却脚步轻松?我们学校所施予给学生的教育行为,有多少能撩动学生快乐的神经?

1. 让学生过一段快乐的小学生活,应该还他们以自由

儿童存在的本质是自由的。如何给学生自由,我们有很多的实践和思考的空间,如:班干部是学生自己选还是老师指定?班级规章、学校纪律是学生们共同制定还是教师或校长规定?学校的图书室(馆)有没有实现开架借书?在追求规范化管理的现实背景下,面对成千上万的孩子,我们特别渴望秩序,这是可以理解的,而且也是十分必要。但是,有时恰恰是过度的秩序毁掉了"童年"。我们应该知道,一个靠权威钳制学生的学校,是无法培养出具有独立精神的学生的。

2. 让学生过一段快乐的小学生活,应该还他们以自信

智慧的教师,给予学生最好的礼物是面向未来的自信。还学生以自信,最重要的是带着"欣赏"的目光看待学生。任何一个孩子都像小树一样,具有向光性,要朝着光明、美好的方向发展,我们无法苛求每位学生都成为杰出人才,但我们有责任让每位学生尽可能获得最大的发展。泰州市姜堰区推进完美教室的建设,其根本目的就是要为更多孩子成长营造一个找回自信的"发展场":在教室布置上,留出更多的空间让学生随时随地陈列自己的"得意之作";在师生交往中,我们期待着师生之间少一份挑剔,多一份欣赏。

3. 让学生过一段快乐的小学生活,应该还他们以自强

自强,包括精神的强大与身体的强健。帮助学生建立起强大的精神世界,这就需要我们有勇气、有智慧办好基于分数又超越分数的教育,这也就是我们喊了多年的素质教育。儿童精神世界的生长,是需要独立空间的。孩子的生长空间有时是需要安静的,没有同学的打扰、父母的唠叨、老师的要求,只有自己的心跳,这个空间是偏于一隅的,一窗阳光、一本书、一杯水、一段舒

缓的音乐,便是整个世界。这个时间段里,缓慢、懒散,也许没有知识的产出,也没有分数的增加,但就在这看似无所事事的状态中,儿童的生命内涵悄然地丰富着。

二、我们需要的小学教育,应该能为儿童的人生之路点亮几盏灯

我们终究要把这些孩子送上人生的轨道,每个孩子都要带着自己的人生使命去远行。我们的小学教育就应该为他们的远行之路点亮几盏灯。

1. 好习惯这盏灯,可以让学生的人生之路更从容

习惯养成不仅要养"好",更要养"早",错过孩子习惯养成的"黄金期",终生再难弥补。小学阶段无疑是习惯养成的"黄金期",我们有责任按年龄差异排出在小学阶段应该养成的习惯"菜单"。在众多学习习惯中,我们要特别关注的是阅读习惯的养成。我们可以让学生每天上学带一本课外书,每天一次在学校集中阅读,每天和父母交流一次读书收获,每天记一点读书笔记,每周背一首古诗,每月上一次书店,每学期写一篇高质量的读书感悟。

2. 好德性这盏灯,可以让学生的人生之路更完美

"育德"与"增智"彼此交融、不可分割,只有同步才能互相促进。德性教育,关键要从小事情做起,从学习、生活的细节入手,培养学生善良的心。如感恩父母的教育,可以从记住父母的生日、帮妈妈做一些家务等做起;尊重他人的教育,可以从改"绰号"为"雅号"、夸夸自己的同伴等活动做起;礼仪教育,可以从推广文明用语、组织礼仪之星评比等做起。小学教育,分数绝不是最重要的事,一种美好德性的培养才是最重要的。

3. 好体质这盏灯,可以让学生的人生之路更轻松

活动为儿童的自由生长提供了可能,儿童渴望运动,生命在于运动,人在运动中舒展身体乃至灵魂。儿童更要在身体舒展中生长机体,在身体律动中协调成长,在汗水挥洒中成为意志坚定的人。玩耍和游戏是儿童的一项权利,只有这种权利得到尊重和呵护,学校才有可能成为孩子向往与留恋的精神家园,它弥散的魅力才会成为萦绕在孩子们心头永远温馨的回忆。

三、我们需要的小学教育,应该留给儿童最美好的回忆

如果能够让每一个孩子在未来的日子里,回忆起今天的小学生活时,心中仍然充满恋意,这就是对我们所施予教育最好的评价。

1. 给儿童最美好的回忆,要从建立良好的师生关系做起

关于"好教师"的标准有太多的版本,其中"爱心""公平""责任""风趣"等要

素是学生最认可的。师生之间良好的关系的建立,有很多的工作要做,也需要老师自觉实践。如果能让更多的教师注意用一个信任的微笑,一个肯定的点头,一个鼓励的眼神,一句激励的话语,驱散学生积聚在心底的阴影,唤醒学生尘封的潜能,师生关系也就"阳光灿烂"。

2. 给儿童最美好的回忆,要从建设有品位的校园文化做起

我们要着力推进"文化改造学校"工程,唤醒学校层面依靠文化提升办学品位的意识,用有品位的文化给生活在校园里的师生烙上鲜明的"学校印记"。当前学校文化建设要做好三个方面工作:第一,要提出自己独特的核心价值观,并据此架构自己的理念文化体系;第二,要营造校园环境,要用诗化的校园带给学生文明的体验与追求,千万不要用成年人眼光去设计它;第三,要设计丰富多彩的让学生喜欢的活动,促成儿童的自由生长。

3. 给儿童最美好的回忆,要从改造家长的教育方式做起

作为有专业素养的教育行业,我们有责任"改造家长",让家长成为学校教育的同盟者、同路人、"当事人"。家长走进教室,意味着家长资源开始融入学校的核心地带。学校的家长会应该结束学校人员"一言堂"的局面,变成优秀家长介绍经验的交流会,让家长来分享孩子成长的展示会,请高层次专家给家长作讲座的报告会,以及教师、学生、家长一起表演互动的联谊会。这样的家长会,一定能带给儿童更多快乐的回忆。

资料来源:林忠玲.我们需要什么样的小学教育[J].基础教育参考,2014(9).

本章小结

随着社会生产力的发展,学校的产生,小学教育逐渐从社会生活和生产实践中脱离出来,并逐步获得发展。小学教育的产生与发展,可以划分为生活化的小学教育和学校化的小学教育。生活化的小学教育,无论是教育内容还是教育形式,都表现出生活化的特征。学校化的小学教育是一种比较成熟的教育形态,大致呈现出两个基本阶段:早期学校化小学教育和近代小学教育。早期学校化小学教育具有以下共同特点:教育目的的形式性,教育内容的"艺""术"性,教育方法的刻板性和专制性,以及教育权利的等级性。近代小学教育则表现出基础性、公立化、法制化、普及化和学科化等特征。作为现代学校教育制度的重要组成部分,小学教育是与学前教育、中等教育、高等教育并列的教育阶段,除了具有一般教育共同的特征外,还显示出自身的独特性,即基础性、全体性和全面性。小学教育,在整个人生的教育阶段发挥着重要的奠基作用。

随着信息时代、全球化时代的到来,小学教育的发展面临着机遇与挑战。因此,在小学教育变革中,也呈现出许多共同的趋势,具体表现为:加强基础学科教学,注重提高儿童的基础学力;加强道德教育,注重培育儿童的价值观;加强信息技术教育,注重养成儿童的信息素养;加强个别化教育,注重发展儿童的个性;加强科学启蒙教育,注重培养儿童的创造性。为了迎接时代的挑战,小学教育必须进行变革,追求理想的小学教育。理想的小学教育应该具备以下几个基本特征:关注生活是教育的现实关怀,关注发展是教育的未来关怀,关注生命是教育的终极关怀。

思考与练习

1. 早期学校化小学教育有什么特点?
2. 如何正确认识和处理小学教育中基础与创新的关系?
3. 小学教育为什么要关注生命?
4. 如何有效促进我国小学教育的均衡发展?
5. 理想的小学教育是什么样的?

参考文献

[1] 余文森.新课程背景下的公共教育学教程[M].北京:高等教育出版社,2004.

[2] 黄甫全.小学教育学[M].北京:高等教育出版社,2007.

[3] 黄济,劳凯声,檀传宝.小学教育学[M].北京:人民教育出版社,2007.

[4] 阮成武.小学教育概论[M].上海:华东师范大学出版社,2011.

[5] 张永明,曾碧.小学教育学基础[M].北京:北京大学出版社,2013.

第二章　小学学校论

学习目标

1. 了解学校的产生与发展。
2. 认识作为社会组织的学校的性质。
3. 理解学校文化的内涵、特性与结构。
4. 正确把握学校管理体制、目标,熟悉我国小学管理的基本内容。
5. 理解学校变革的目标,了解学校变革的实践。

学校是"社会经济和人类生活发展到一定社会历史阶段的产物,也是人类活动所形成的聚落的重要组成部分之一"①。学校是有目的、有计划、有组织地专门进行教育的场所。

第一节　学校性质

一般认为,学校这种特殊的教育机构是在奴隶社会时期产生的。② 但是,若追溯其根源的话,可以在原始社会后期见到其萌芽。③

一、学校的产生与发展

在我国,古籍中传说虞舜时代便已经有了"庠"这种教育机构。例如,《礼记·王制》说,"有虞氏养国老于上庠,养庶老于下庠";《明堂位》说,"米廪,有虞氏之庠也";《三礼义宗》说,"虞氏之学名庠",都认为虞舜时代有"庠"。但那时的"庠"并不能算是一种学校,而是一种带有教育作用的养老机构。进入奴隶社会以后,逐渐产生了学校。《孟子》说:"夏曰校,殷曰序,周曰庠。"《说文》及《汉书·儒林传序》说:"夏曰校,殷曰庠,周曰序。"《王制》及《明堂位》都说夏朝的学校叫做"序"。郑玄注《仪礼》又说夏后氏之学叫做"庠"。"庠"是从虞舜时代继承下来的,"序"和"校"是新增加的。"序"是习射

---

① 范国睿.教育生态学[M].北京:人民教育出版社,2000:154.
② 叶澜.教育概论[M].北京:人民教育出版社,1991:44—46.
③ 南京师范大学教育系.教育学[M].北京:人民教育出版社,1984:42—44.

的地方,《孟子》说,"序者,射也。""校"同样是根据军事训练的需要而产生的角力比武的场所。这表明我国奴隶社会已经有了"庠""序""校"等教育机构。

在西方,原始社会后期也曾出现过公共教育机构的一种萌芽形式——"青年之家"——原始社会全体成员中的儿童都在里面受教育的一种特殊机构。随着文字的产生,阶级的逐步形成,脑力劳动与体力劳动逐渐分离,造成了僧侣和官吏对文字的垄断,往日的"青年之家"分解为两种机构:"一种是捷尔普切卡拉,它是给予一般训练的'青年之家';一种是卡尔梅卡克,在这里培养儿童履行僧侣的义务。第一种学校是为了通晓公民的义务、技艺、手工艺及掌握武器的,在这里也讲授历史和初步的宗教知识。第二种学校是专门培养担任僧侣和领袖职务的人的。"① 很明显,第一种是为大多数儿童设立的;另一种则是为贵族(僧侣、皇室官吏)的儿童设立的。学校逐渐从"青年之家"中分化出来,发展成为一种独特的教育机构。当然,此时的学校仍然是原始状态的教育组织,还不是真正意义上的学校。

目前,世界上所发现的、有较丰富的文字记载的最早的学校,是位于现在伊拉克卡迪西亚省尼善尔以南的苏美尔学校(Sumerian School)。1902—1903年,挖掘出了大量的、大约公元前2500年的学校"教科书"。这些"教科书"实际上是几百块刻有象形文字的小泥板,上面是供学习和练习用的词汇表,也有一些是写满各种作业的练习泥板,这些泥板上写的实际上就是学生每天做的作业的一部分。② 依据这些考古发掘的材料,我们不难勾勒出一幅苏美尔学校的图画。

17世纪,由于文科中学的出现,现代意义上的学校已经形成,它作为一种有组织、有计划的特定的教育机构,专注于传递知识经验、教育儿童,其先前的其他功用已逐渐削弱了。此时的学校虽已日趋完善,但是学校系统尚未发展起来。学校形成一个相对完整的系统,是在18世纪与文科中学相应的实科中学出现以后。大体是在19世纪下半期,严格意义上的学校教育系统在西方已逐步形成。

我国的学校虽历经数代,形式日趋多样化,层次也日益多样,但是,近代以前的学校,还只是学校的雏形。直到19世纪末,也就是仿照西方的样式设立"学堂"之前,我国在学校的组织上,始终是不完备的,或者说尚没有出现真正意义上的学校教育。清末"废科举,兴学校"以后所建立的一些"学校",才向真正意义上的学校靠近。

学校将零散的、片段的教育活动组织起来,形成一个具有普遍使命、结构坚固而权力集中的完整体系,这无疑是教育发展史上的一大进步。但是,人类学校教育演变到

---

① [苏]沙巴耶娃.论教育起源和学校产生的问题[A].马骥雄,译.瞿葆奎主编,瞿葆奎、沈剑平选编.教育学文集·教育与教育学[C].北京:人民教育出版社,1993:142.
② [美]克雷默.最早的学校[A].崔允漷,沈剑平,译.瞿葆奎主编,瞿葆奎、沈剑平选编.教育学文集·教育与教育学[C].北京:人民教育出版社,1993:256—262.

现代,形成"制度化教育",既显示出它的成熟,也暴露出它的弊端,甚至连学校本身的存在也成为争议的问题。"看来,在一个空前要求教育的时代,人们所需要的不是一个体系,而是'无体系'。"①这种激进的"废除(学校)体系"的呼喊,是 20 世纪 60 年代中期产生于美国的"非学校化"教育思潮。其主要代表人物有伊里奇(I. Illich)、赖默(E. Reimer)等。伊里奇认为,长期以来,人们企图通过提供越来越多的学校教育,使这个世界变得更加美好。可是迄今为止,这种努力失败了。相反,人们已懂得:驱使所有儿童去爬没有尽头的教育阶梯,非但无助于增进平等,反而必然会导致偏袒那些启蒙较早、更为健壮或有较好准备的人;强制性的教学消灭了多数人独立学习的愿望;知识被看成是一种商品,成包批发出售,一旦购得,便被视作私有财产,并且总是那么稀奇。②"我相信:学校的废除已不可避免,并且这样一种幻想的结局使我们充满希望。"③在伊里奇看来,理想的教育形式是"教育网络"。一个理想的教育网络应该具有三种目的:第一,向所有希望学习的人提供其一生中任何时候皆可利用的资源;第二,使所有希望与他人分享自己的知识的人都能找到想从他们那里学到这些知识的人;第三,向所有希望向公众提出问题的人提供相应的机会。④儿童有四种可资利用的资源,即事物、模范、伙伴与长者。这四种资源要求不同类型的网络以保证每个人都可以充分地获得教育。伊里奇提出了四种学习网络:教育用品的参考服务、技能交换、伙伴选配和面向一般教育工作者的参考服务。⑤

  国际教育舆论界尽管对"非学校化社会"之说持审慎态度,却对激进派关于"制度化教育"的批评颇有同感。

  如今,"教育中最没有人怀疑的教条是有关学校的说法:即教育等于学校……学校和其他各代之间的教育手段和通信工具比较来说,它所具有的重要性不是正在增加而是正在减少。"⑥如果说人们对"非学校化社会"概念持保留态度,那么对"学习化社会"的概念一般都表示赞同。"事实上,学校和教育之间的这个等式将继续存在下去,一直到我们建成了这样一个社会为止,在这个社会里面,人们将长时间地或在一定间隔的时间内或多或少地连续地接受教育。我们必须清晰地把教育想象为一个为整个社会

---

① 联合国教科文组织国际教育发展委员会.学会生存——教育世界的今天和明天[R].华东师范大学比较教育研究所,译.北京:教育科学出版社,1996:200.
② [美]伊里奇.学校教育的抉择[A].柳平,罗黎辉,译.瞿葆奎主编,陈桂生等选编.教育学文集·教育与社会发展[C].北京:人民教育出版社,1989:650.
③ [美]伊里奇.学校教育的抉择[A].柳平,罗黎辉,译.瞿葆奎主编,陈桂生等选编.教育学文集·教育与社会发展[C].北京:人民教育出版社,1989:651.
④ [美]伊万·伊里奇.非学校化社会[M].吴康宁,译.台北:桂冠图书股份有限公司,1994:107.
⑤ [美]伊万·伊里奇.非学校化社会[M].吴康宁,译.台北:桂冠图书股份有限公司,1994:111.
⑥ 联合国教科文组织国际教育发展委员会.学会生存——教育世界的今天和明天[R].华东师范大学比较教育研究所,译.北京:教育科学出版社,1996:112.

所设计的连续过程,这个连续过程不仅包括学校,而且还包括它的传递系统和通信系统、它的各种通信工具以及自由公民之间有组织的多样化的相互影响。"①

在学习化社会中,教育是与社会、政治与经济组织密切交织在一起的,每一个公民享有在任何情况之下都可以自由取得学习、训练和培养自己的各种手段,教育不再是一种义务,而是一种责任了。② 在这种情形中,"未来的学校必须把教育的对象变成自己教育自己的主体。受教育的人必须成为教育他自己的人;别人的教育必须成为这个人自己的教育。这种个人同他自己的关系的根本转变,是今后几十年内科学与技术革命中教育所面临的最困难的一个问题。"③

二、作为社会组织的学校

学校自其诞生起,即是一种组织化了的社会单位,而且是一个正式的社会组织。这种组织既是规范-功利性组织,也是规范-强制性组织。④

(一) 规范-功利性组织

对教师而言,学校是兼具规范性与功利性的组织。之所以说学校组织对教师而言具有规范性,原因在于学校对教师的育人活动无法像工厂对于工人的产品制造活动或公司对于经销人员的商品推销活动那样进行简单的定量评价,也不可能像工厂或公司那样主要通过物质的刺激手段来寻求教师的服从和参与,而是不得不主要诉诸精神的监督手段,即规范的约束、道德的反省、良心的驱使。

而且,作为教育者,教师不得不时刻注意自己的言行举止,这便使其言行往往具有"自重"的特征;作为社会代表者,教师必然要在学生面前运用自己的权威并在校内其他成员面前也竭力维护这一权威,这便导致其言行常常伴有"自尊"的特征;作为"文化人",教师一般都比其他社会成员更多地持有言行自由、责任自咎的意识,兼之"文人相轻"之类的传统倾向的影响,结果使得教师言行多半带有"自律"的特征。显然,对于以自重、自尊、自律为言行重要特征的教师而言,最有效的控制手段是精神的监督手段。因此,从根本上来说,学校对教师而言是规范性组织。

与此同时,学校组织对于教师而言又具有一定的功利性,原因在于学校毕竟是教师获得经济来源的职业场所。教师在学校工作,不只是为了教育儿童,奉献社会,而且

---

① 联合国教科文组织国际教育发展委员会.学会生存——教育世界的今天和明天[R].华东师范大学比较教育研究所,译.北京:教育科学出版社,1996:112—113.
② 联合国教科文组织国际教育发展委员会.学会生存——教育世界的今天和明天[R].华东师范大学比较教育研究所,译.北京:教育科学出版社,1996:203.
③ 联合国教科文组织国际教育发展委员会.学会生存——教育世界的今天和明天[R].华东师范大学比较教育研究所,译.北京:教育科学出版社,1996:200.
④ 吴康宁.教育社会学[M].北京:人民教育出版社,1998:252—256.

也是为了获取必要的经济收入,满足自身乃至家庭的生活需要。教师在学校从事的教育工作是有偿劳动,而不是无偿服务(尽管在不少情况下并不能完全用报酬来衡量)。一个人可能会因其特别喜欢与儿童交往、特别喜爱教育工作而选择教师职业,但这也是以在学校当教师同样能获得劳动报酬为前提的,唯此前提通常只是滞留于教师的潜意识层而已。

既然如此,教师与学生之间便存在着经济联系。这种经济联系自然也会成为学校管理教师的重要手段,学校可以通过增加或扣发工资、津贴、奖金及各种奖品等物质的刺激手段来显示组织的威力,促使教师服从学校。同理,这种经济联系往往也会成为教师调节自己对学校组织的行为的重要原因,教师可以通过对学校的服从来争取较多的肯定评价,以谋取更多的物质利益;在即便服从学校也不能获得所需物质利益,且存在着向其他物质待遇相对较高的职业场所流动的客观可能性与主观能力时,教师便可能作出脱离学校组织的"跳槽"选择。因此,对教师而言,无论在积极的意义上还是消极的意义上,都可将学校视为一种功利性组织。

至于规范性与功利性这两种特征在学校组织的总体性质中占有何种地位,则取决于学校所承担的对于教师个人经济职能的强度。若社会要求学校更多地承担对于教师个人的经济职能,赋予学校更多的经济利益分配权,则教师与学校之间的经济联系便会增强,学校作为功利性组织的性质便相对突出,而作为规范性组织的性质则相对减弱。反之亦然。

(二) 规范-强制性组织

对于学生而言,学校是兼具规范性与强制性的组织。之所以说学校组织对学生而言具有规范性,首先在于教育活动有效机制的要求。学校是教育组织,是受社会委托并按一定目的和计划进行教育活动的组织。由于教育活动的产品是受教育者(学生)的变化,因此教育活动的有效机制在于内化,其中就包括学生对于活动的目的、内容和要求的内化。没有内化,教育活动难以展开,且即便展开也不可能取得预期效果。因此,学校(教师)在寻求学生的服从和参与时,至少在原则上都力图以说服或感化为本,动之以情,晓之以理。

而且,学生也是一个特殊的阶层,他们具有较强的生理与心理可塑性,并因此也具有较强的社会可塑性。学生与成年人不同,成年人一般能将交往对象作用于自己的手段与目的区分开来,而学生则容易将两者混同起来。学生的这种心理倾向也决定了教师或学校领导在与学生交往时不得不更多地采取说服与感化的方法。学校组织对于学生而言是规范性组织,正是从这个意义上来说的。

不过,学校组织的上述规范性不是无条件的,而是以一定的强制性作为不言自明之前提的。在现代社会中,学校是借助于"义务教育制度"而将学生强行纳入自己的组织结构之中的。学生在学校组织中被制度地规定为教师成人权威的服从者,且这一低地位状态持续不变;若非经过特别批准,学生绝无可能"脱离"学校组织。即是说,学生既无"不加入"学校组织的权利,也无改变其在学校组织中的服从地位的权利,且无自由"退出"学校组织的权利。这种"三无"状况在客观上成为学校组织对学生采取强制性手段的有利条件。由于学生与学校之间并无密切的经济联系,且教师对学生并无有效的物质刺激手段,因而,当教师采用精神的监督手段来说服学生服从和参与而未能收到应有效果时,往往会自觉地或不自觉地辅之以乃至完全转而采用命令与训斥等强制的手段。这时,学校组织对于学生的强制性便从潜在形态变为显在形态。师生冲突大抵发生于此时。因此,学校组织对于学生而言同时又是一种强制性色彩较浓的组织。规范性与强制性这两种矛盾甚至相互对立的属性同时对学生发生作用,此可谓学校组织的首要特征。

第二节 学校文化

学校作为一个社会机构,有其独特的组织文化。何谓学校文化?这是我们正确认识学校,做好学校教育工作的重要内容。

一、学校文化的内涵

何谓学校文化?这是我们研究学校文化所无法回避的问题。"虽然对于学校文化的存在几乎没有不同的意见,但对于如何界定学校文化,却有着诸如下述一些大相径庭的见解。"[①]关于"学校文化"的界定,比较有代表性的观点有:(1)学校文化即"学校群体成员的做事方式";(2)学校文化即由信仰、价值和传统组成的"内在实体";(3)学校文化表征一个学校群体成员的价值取向、信仰、态度和行为;(4)学校文化即共享的经验、集体感、归属感和团队意识;(5)学校文化即学校个体价值和标准的积聚和融合。[②] 虽然目前尚没有为大家所普遍接受的定义,但可以达成共识的是:学校文化的核心是学校各个群体所具有的思想观念和行为方式,其中起着决定作用的是思想观念。然而,上述界定也有值得商榷的地方:一是这一界定没有包括学校物质层面的文化;二是没有体现文化的动态性。

事实上,在"学校文化"的范畴中包含学校物质层面的文化,或者说能体现学校全体成员或部分成员习得且共同具有的思想观念的物质层面的文化,不但可以使学校文化的内涵更全面,也更符合我国教育工作者对学校文化的一贯理解。学校文化首先是一种文化,它应该具有文化的一般特征。荷兰哲学家冯·皮尔森(C. A. Van Peursen)

[①] 郑金洲.教育文化学[J].北京:人民教育出版社,2000:237.
[②] 谢翌.关于学校文化的几个基本问题[J].外国教育研究,2005(4).

致力于拓展文化这一概念内涵并使之动态化的见解颇有创意,可供我们在界定学校文化时作重要的参考。

皮尔森指出,目前人们正在经历加速发展步伐的历史时期,文化的研究应"着眼于未来的文化策略",他进而把文化概念拓展为"人对周围力量施加影响的方式","文化"成了人的生存方式的同义语。这个改造改变了对文化下定义的视角,不从历史积淀的角度,而从人与周围世界相互作用关系的角度,对人类所特有的文化现象作了普适性概括。皮尔森进一步分析文化的动态性,他强调,文化更应该理解成动词,"文化是人的活动,它从不停止在历史或自然过程所给定的东西上,而是坚持寻求增进、变化和改革。人不是单纯地问事物是怎样的,而是问它应该是怎样的。以这种方式,它能够通过确立超过实际状况的规范(超越性),而突破自然过程中或历史过程中所产生的确定条件(固有性)。""提出标准和运用标准的活动形成了一个超越的方面,它要求个人和集体不断地采取主动行为,建立新的起点,从而以这种方式突破自然的固有性。正是这种活动为人类历史提供了动态因素。"在皮尔森看来,文化具有自身和对于社会双重意义的动态性和超越性。①

我们认为,学校文化是学校在长期的教育实践和与各种环境要素的互动过程中创造和积淀下来的,并为其成员认同和共同遵循的价值观念、行为规范以及物质风貌。

二、学校文化的结构

文化是一种结构性的存在。因此,对文化的分析应该运用结构方法。以结构的方法来研究文化,其出发点和着眼点不再是文化的某些分散因素,而是因素之间的内在相关性以及他们之间稳定的结合方式。就是说,把文化视为一个整体体系,即互相依存的诸因素的总和,或与总体发生关系时才有意义。而阐明存在于诸因素之间的关系,也就是揭示这一体系的结构。在文化研究中,只有把文化视为一种结构,才能深刻地了解文化的本质和发展规律。

知识小卡片 2-1

学校文化的类型

斯坦霍夫和欧文斯(C. R. Steinhoff & R. G. Owens)在自己长期调查研究的基础上,以隐喻的方式,提出了在公立学校中存在的四种有特色的学校文化类型。

---

① 转引自叶澜."新基础教育"论:关于当代中国学校变革的探究与认识[M].北京:教育科学出版社,2006:373—374.

家庭文化(family culture)：这类学校可以用诸如家庭或小组之类的隐喻来表示。学校中的校长和教师常被描写成家长、保育员、朋友、伙伴或教练。在这样的学校中，相互间的关心是至关重要的，每个人都乐于成为大家庭的一分子并为之尽力。既然学校即家庭，那么，在这种学校中，无论是对待听话的学生，还是对待具有反抗性的学生，都应该是相互关怀、充满友善与合作精神的。

　　机器文化(machine culture)：这类学校可以用机器的隐喻来表示，如加好油的机器、政治机器、忙碌的蜂房或生锈的机器等。在这里，把学校比做机器是从学校所具有的工具性意义上来说的。机器的驱动力来自组织严密的结构，这类学校的结构严密。对校长的比喻包括工作狂、伐木工人、将军等。与家庭式文化的学校不同，这类学校的宗旨是为成员提供保护而非爱心，学校只不过是教师用来完成工作的机器。

　　表演文化(cabaret culture)：这类学校可以用由深受人们喜爱的艺术家表演的马戏、百老汇歌舞、宴会或编排精美的芭蕾舞演出的隐喻来表示。校长被看做司仪、走钢丝的演员或马戏演出的领班等。如同家庭文化学校中的教师一样，这类学校中的教师也经历着群体间互相约束的社会活动。两者之间的根本差别就在于这种文化主要是表演者的表演和观众反馈间的关系。在教学中对艺术质量和智慧的要求较高。教学处于大师的关注之下。

　　恐怖场所的文化(little shop of horrors culture)：这类学校可以用具有战争与革命特征噩梦的隐喻来表示，学校中的活动难以预料、充满紧张。"永远不知道下一个要倒霉的人是谁。"教师把他们的学校称为封闭的盒子或监狱。校长好比是一座可以自动清洗的雕像，随时准备保住自己的位置。一般说来，这类学校中的管理者的主要作用就是有能力摆平各种事情。另外就是像拿破仑式的，有着强烈的支配欲和控制欲，员工要像跑龙套一样去适应他们。与家庭式和表演文化不同，这类学校中的教师过着孤独的生活，社会活动很少，例如，常常是举办任何社会活动都需要书面的请求——甚至是为了庆祝感恩节这样的特殊情况。学校希望每个人都遵守规矩，在适当的时候才可以微笑。员工间经常互相讲粗话，似乎没有什么亲密的关系。这种文化是冷漠的、敌意的和多疑的。"几乎任何事情都可能发生——而且常常如此。"

　　资料来源：郑金洲.教育文化学[M].北京：人民教育出版社，2000：249—250；[美]F. C. Lunenburg & A. C. Ornstein 教育管理学：理论与实践[M].孙志军，等译.北京：中国轻工业出版社，2003：63—64.

在学校文化研究中,关于学校文化的结构,目前基本上有两种代表性的观点:"三层次说"和"四层次说"。① "三层次说"按照学校文化的表现结构,将学校文化分为物质文化(外显层或器物层)、制度文化(中间层或规范层)和精神文化(内隐层或观念层)。② "四层次说"是在"三层次说"的基础上发展而来的,按照由内到外、由深层到浅层的变化过程,学校文化的结构应该包括学校精神文化、学校制度文化、学校行为文化和学校物质文化③。其中,学校精神文化是学校文化的深层表现形式,是学校文化的集中体现;学校制度文化、学校行为文化和学校物质文化则是学校精神文化的基础和载体,并对学校精神文化起反作用。

学校精神文化是学校文化的观念层,是学校文化的核心和灵魂,是学校发展的精神动力。它是指学校在长期的教育实践过程中,受一定的社会文化背景、意识形态影响而形成的为其全部或部分师生员工所认同和遵循的精神成果与文化观念,表现为学校风气、学校传统以及学校教职员工的思维方式等,可以说是学校整体精神风貌的集中体现。具体来看,学校精神文化主要包括学校价值观、学校精神、学校形象等方面的内容。

学校制度文化是学校文化的规范层,它包括学校的组织机构及其相应规范、纪律、制度和约定俗成系统。它规定了的师生的工作、学习、生活等各方面的具体要求。它把学校的精神文化、行为文化和物质文化有机结合成一个整体,是学校文化的制度保证。它包括学校对人、财、物、时间、空间、信息等的管理制度,如教师管理制度、学生管理制度、会议管理制度、作息管理制度、校园管理制度、专用教室管理制度、财务管理制度、档案管理制度、网络管理制度等。当这些制度内化为师生的行为习惯时,不但能保证学校正常的工作、学习、生活秩序,而且对师生道德品质的养成、遵纪守法意识等的形成,具有重大意义。

学校行为文化是学校文化的活动层,是指学校教职员工在教育实践过程中产生的活动文化,是学校作风、精神风貌、人际关系的动态体现,也是学校精神、学校价值观的折射。它包括师生以教育活动为中心的各种行为方式、业余生活方式和文化实践活动等。它既培养学校师生,又展示着师生的风貌、行为、情操等。

学校物质文化是学校文化的表象层,是学校文化的物质基础,是学校文化的有机载体。它是指由全校师生员工在教育实践过程中创造的各种物质设施,它们能够迅速为人们提供感觉刺激,给人一种有意义的感情熏陶和启迪,是一种以物质形态为主要

---

① 此外,有学者对学校文化作了比较丰富的补充和更为细致的划分,将学校文化分为:主流文化、校园文化、班级文化、教师文化和学生文化等五种表现形式。参见李学农.广义学校文化论[J].江苏教育学院学报(社会科学报),1994(1).

② 关于"三层次说",也有将学校文化划分为物质文化、规范文化和精神文化的;还有把学校文化比喻为三个同心圈:一是表层的实体文化;二是中间层的制度文化;三是内层的观念文化。

③ 参见杨全印.学校文化的结构[A].赵中建.学校文化[C].上海:华东师范大学出版社,2004:299—333.

研究对象的表层学校文化。它包括学校建筑文化、设施设备文化、环境文化等。

第三节 学校管理

学校产生以后,就有了对学校进行管理的问题。学校管理是学校活动的一个重要领域。

一、学校管理的含义

学校管理是学校管理者在一定社会环境条件下,遵循教育规律,通过一定的组织机构和制度,运用一定的管理方法和手段,带领和引导师生员工,充分利用学校人、财、物、时间、空间和信息等资源和条件,有效实现学校工作目标而进行的一种组织活动。要而言之,学校管理是学校管理者通过一定的组织形式和管理方式实现学校教育目标的活动。

学校管理是以学校为管理对象的活动,与企业管理、政府管理等社会组织机构的管理不同,它有自身的独特性。具体表现在以下几个方面[①]:

(1) 教育性。学校是一个育人的场所,其基本功能就是根据一定社会政治、经济和文化发展的需要,遵循人的身心发展规律,把受教育者培养成体、智、德、美等方面全面发展的人才。为实现学校的育人职能,学校管理过程应该与学校教育过程相结合,使学校管理工作的每一步都朝着有利于促进受教育者健康成长的方向发展,体现其教育性,实现管理育人。

(2) 服务性。学校管理正在从传统的管制走向现代的服务,"学校管理就是服务"的理念也日益被接受。学校管理的实质是为学校的教育、教学的有效运行创造良好的环境和条件,也就是为师生服务。只有寓管理于服务之中,在服务中进行管理,才能最大限度地发挥师生员工的积极性、创造力,才能全面实现学校的管理目标。

(3) 文化性。"管理不只是一门学问,还应是一种'文化',它有自己的价值观、信仰、工具和语言。"[②]可见,学校管理具有文化性。学校管理的文化性,意味着学校管理一方面要考虑社会文化对学校的影响;另一方面又要重视学校管理文化的建设,用学校文化来打造学校的品牌,提高学校办学的质量和效益。

(4) 创造性。学校管理是一门科学,也是一种艺术。它既有规律可循,又因人、因时、因地、因事而千变万化,是一种充满创造性的活动。学校管理是对人、财、物、时间、空间和信息等资源的合理组合,是一种动态的开放性系统。因此,学校管理者要具备

---

① 王道俊,郭文安.教育学[M].北京:人民教育出版社,2009:465—466.
② 转引自黄济,王策三.现代教育论[M].北京:人民教育出版社,1996:308.

权变管理的理念,扬长避短、因地制宜、创造性地开展工作。

学校管理同其他领域的管理一样,也是由管理者、管理对象和管理手段三个基本要素组成的。学校管理者是在学校管理活动中处于领导地位的人,主要是指学校的正副校长以及各个职能部门的负责人员。学校管理者是学校管理的主体,在学校管理中处于主导地位。学校的教职员工和学生在一定意义上也是学校的管理者,因为他们都是学校的主人,不仅接受管理,而且也积极参与学校管理。学校的管理对象是学校管理者认识和实践的对象,主要包括学校的人、财、物、时间、空间和信息等。这里的"人"主要是指学校的教职员工和学生;"财"主要指学校办学所需经费的筹措与有效使用,包括国家拨款、学生缴费、自筹资金和勤工俭学等方面的办学经费;"物"主要指学校办学所必需的物质设备,包括校舍、教具、仪器、图书资料等;"时间""空间"和"信息"是学校管理的特殊资源,学校管理者必须科学地支配时间,合理地利用学校空间,有效地利用各种信息,这样才能提高管理效能。学校管理手段主要包括学校的组织机构和规章制度。学校组织机构是根据一定的组织原理和工作需要建立起来的,中小学校的管理机构一般设有教导处、总务处、校长办公室、教研室(组)、年级组、教育科学研究室等。规章制度是学校全体成员日常工作的基本行为规范、规定,一般包括学校领导制度、教育教学管理制度、学生管理制度、校园管理制度、财务管理制度、后勤管理制度等。

二、学校管理体制:校长负责制

学校管理体制是学校管理组织机构和管理制度的结合体,包括学校组织机构体制和学校领导体制两个方面。前者规定了学校管理机构的设置、各机构的职、责、权划分及相互关系,后者规定了学校由谁领导和负责。学校领导体制是办学、管校的根本制度,是使学校管理活动有序运行和实现学校效能最大化的重要保证。新中国成立以来,我国中小学领导体制发生了多次变革。1985年至今,中小学校实行的是校长负责制。

校长负责制即学校工作由校长全面负责的一种制度,校长全面领导学校的教学、科研、行政管理等各项工作,有权按照章程自主管理学校,有权组织实施教育教学活动,有权聘任教师及其他教育人员,有权管理本校的设施和经费,对教育行政部门和学校师生负责。在具体的实践过程中,应该做好以下几方面的工作[①]:

1. 理顺各方面的关系

一是与学校外部系统的关系,重点是与教育行政部门的关系。包括教育行政部门对学校应发挥的作用、应下放的权力、应承担的责任,对学校的管理方式以及学校的管理自主权。教育行政部门要承担起为办学提供条件的全部责任和宏观管理的职能,把

---

① 涂艳国.教育学导论[M].武汉:华中师范大学出版社,2011:319—321.

具体办学的权力还给学校。二是校内各种关系,主要是学校行政与教代会、党支部、校务委员会的关系。要明确各自的地位、职能,特别是党组织的保证监督与政治核心的关系问题、校长与书记的关系问题,教代会的性质与权力问题、教代会的领导权问题,党支部与教代会对校长的支持与监督问题。

2. 保证校长的责、权、利

校长负责制强调负责,责是职务上所对应的应承担的义务,是分内应做的事情。校长负责制是学校工作由校长全面负责的制度,校长不仅要对委托人负责,也要对工作对象负责,还要对教师负责。有责必有权,责任靠权力来履行和落实,权力靠责任来制约,权力是实现职责的必要手段,实现职责是行使权力的目的。不承担任何责任或者权力大于责任,就会导致特权或权力滥用;同样不赋予任何权力或权力赋予不适当,也会导致责任消减或责任推诿。负有什么样的责任,就应该拥有相应的权力,并取得相对称的利益。利益有物质的也有精神的,是校长付出努力取得成就之后应得的报酬。责任者既是责任的承担者,也是权力的拥有者和利益的享受者。责、权、利对等,才能调动校长工作积极性。

3. 校长权力需要有效制约

作为一种制度设计,任何权力都需得到制约。制约是为了防止权力失控而采取的一种措施。一是对权力进行制约是建立权力运行机制不可缺少的一部分。二是校长权力没有到位的现象的确存在,但滥用权力的现象也同样存在。合理的做法是既要采取措施保证校长权力到位,也要采取措施保证权力不被滥用,不能因为权力不到位就不加以制约。三是对校长权力的制约事实上普遍存在,甚至有过滥的倾向。明确提出权力制约问题,不仅可以使暗制约变为明制约,还可以减少不正当制约,使制约规范化。四是权力大小不同,制约力度也不一样,大权力大制约,小权力小制约,不能因为权力小而不制约。五是合理的权力制约可以消除教职工对校长滥用权力的担心以及对推行校长负责制的抵触情绪。

三、学校管理目标:学校效能

学校管理目标是学校管理者对管理活动的要求和期望,也就是通过管理活动所要达到的状态、标准和结果。学校管理目标有向量性、集合量性和预计量性等特性。向量性是指目标方向正确,有具体的描述和评价的数量指标及对管理活动结果的判定。集合量性是指目标不是单个孤立的量,而是由多个子目标构成的体系,可进行分解和综合。预计量性指目标是一种期望值,是未来达到的期望成果,计划达到的预计量。[①]

---

① 顾明远.教育大辞典[Z].上海:上海教育出版社,1997:483.

学校管理是一项复杂的系统工程,因此其目标也是复杂多样的。但是,学校管理目标无论多么复杂多样,其最终目的就是通过科学而规范的管理,最大限度地利用学校的各种资源和条件,最大限度地发挥学校的效能,从而有效地提高学校的教育教学质量。要而言之,学校效能是现代学校管理的目标。

>
> **知识小卡片 2-2**
> ### 学校效能分析模式
>
> 我们如何来评价一所小学的效能呢?国内外学者对此有着不同的看法,大致有以下几种不同的理论观点。
>
> 1. 目标模式。这是一种分析学校绩效的较普遍和传统的方法,由教育主管机关制定一套学校绩效的指标体系,通过学校工作的最后结果来检验学校的绩效,达到标准就是绩效高,反之就是绩效低。
>
> 2. 投入-产出模式。这种模式注重效率,认为绩效应以较少的资源投入培养数量较多、质量较好的人才为标志。因此把社会各方对学校的投入(包括资金、师资水平、学生原有水平、学生的家庭经济背景、学校领导能力和作风等)进行统计学的处理后作为基础,预测学生未来在校期间的学习成绩,并把它与学生的实际成绩相比较,其结果就是学校绩效的标度。
>
> 3. 需求满足模式。这种模式注重需求的满足程度,认为学校绩效的高低取决于学校工作能在多大程度上满足各主要的相关群体的正当需求,如学校的上级主管部门、校长、教师、家长、学生等,因为学校的活动要受到这些群体的支配或影响。
>
> 4. 环境适应模式。它强调学校应不断变换自己,适应环境,主动迎接环境的挑战,获得外界的认可,并求得功能的有效发挥。这一模式注重社会的政治、经济和文化要求,注重学校对外部环境变化的适应能力,并以此为依据来衡量学校的绩效。
>
> 5. 学校内质优化模式。它侧重学校本身的因素对于学校绩效的影响,认为学校功能的发挥取决于学校的办学思想、组织的健全程度、制度的完备程度以及领导机构的决策领导能力等。
>
> 以上几种不同的模式代表了对于学校绩效的不同价值取向,各有各的优点和不足。把这些模式的合理方面加以综合,就能对学校绩效产生更全面的理解。
>
> 资料来源:陈孝彬.教育管理学[M].北京:北京师范大学出版社,1999:318—319.

发挥学校效能,促进学生发展,是学校管理的目标追求。为了实现这一追求,学校管理者应该做好如下工作[①]:

1. 保持各种目标的协调一致

学校管理目标是一个多维度、多层次、多结构、多序列的复杂系统,一所学校要健康有序的运转,必须使各种目标保持和谐一致。这主要体现在三个方面:第一,学校管理目标与学校教育目标的一致;第二,学校管理总目标和部门管理具体目标一致;第三,学校管理者和被管理者的目标一致。

2. 建立高效率的管理组织系统

从静态上看,一个高效率的管理组织系统应该机构健全、职责明确、权责对称,学校的各管理部门既要明确上下层次的关系,又要清楚平行部门之间的关系,还要理顺本部门的内部关系,从而分工合作、各司其职。从动态上看,学校的各种组织结构在活动过程中应该运转有序,各管理部门不仅要能够按照常规解决日常性管理工作,还要能够根据变化创造性地解决各种管理问题。只有这样,才能发挥最佳的整体效能。

3. 组建一支高水平的学校管理队伍

在干部的选拔方面,应考虑管理队伍的年龄结构、专业结构和学历结构配置是否合理,是否适合学校的长远发展;在干部的任用方面,要用人之长、避人之短,不要强迫一些干部去做自己不擅长或不喜欢的工作;在干部的培养方面,要注重年轻干部的选拔与培养,"吐故纳新",永葆组织的勃勃生机。

4. 采取科学的管理方法和手段

对人而言,学校管理要贯彻以人为本的原则,要充分尊重脑力劳动者的特点,为发挥他们的自主性和创造性积极创造条件,让他们在工作中有一种愉悦、幸福与成就体验。对财、物而言,要用现代化的技术手段进行系统管理,当然,也要考虑学校自身的特殊性。

四、我国小学管理的基本内容

学校管理是一项复杂的工作,涉及面广、政策性强。对于小学而言,管理的基本内容包括思想品德教育管理、教学工作管理、教务行政管理和总务工作管理等几个方面。[②]

(一)思想品德教育管理

思想品德教育管理的任务是加强和改善对品德教育工作的领导,组织和提高品德教育师资队伍,强化和规范品德教育工作,保证实现小学思想品德教育的目标。

---

① 王道俊,郭文安.教育学[M].北京:人民教育出版社,2009:475.
② 黄济,劳凯声,檀传宝.小学教育学[M].北京:人民教育出版社,2007:47—48.

小学应成立思想品德教育领导小组,健全德育工作的职能机构和少先队组织,分析研究思想品德教育工作的形势和问题,统一布置、统一指挥、协调校内各部门之间的德育工作,协调学校、家庭和社会的力量做好对小学生的德育工作。

小学应健全德育工作制度,制定德育标准,提高德育质量。学校应按照《小学德育纲要》(1993)、《中小学德育工作规程》(1998)、《全日制义务教育品德与生活课程标准》(实验稿)《全日制义务教育品德与社会课程标准》(实验稿)(2002)、《全日制义务教育思想品德课程标准》(实验稿)(2003)、《中小学生守则》《小学生日常行为规范》(2004)等的要求,制定切实可行的具体规章制度,如《小学生一日生活常规》《课堂常规》《爱护公物规则》《班队活动制度》《三好学生评选与表彰办法》《优秀学生干部评选与表彰办法》等。应使德育工作有明确的目标,并定期或不定期地进行检查和评比。

(二)教学工作管理

教学工作是学校的中心工作,以教学为主是办好学校的基本规律,学校领导必须以主要精力和时间抓好教学。

教学工作管理应坚持正确的教学方向,贯彻执行国家的教育方针和小学的培养目标,促进儿童在体、智、德、美等方面全面发展。

小学管理应严格教学常规、教学程序、教学环节和教学评价的管理,应建立权责分明的规章制度,强化备课、授课、实验、作业,以至于批改、辅导、考试考核、课外活动等各环节的管理。重视课外活动和课堂教学的有机结合,组织好课外活动。重视教学评价,建立完善的包括评价模式、评价方法以及评价结果处理的教学评价管理体系。

(三)教务行政管理

小学的教务行政包括招生、编班、报到注册、填报有关报表、制定与执行各种规章制度、检查各部门工作计划的执行情况、检查各科教学进度、组织期中和期末考试、统计师生出勤和参加各种教学活动的情况、组织教学评价工作、组织教材的预订和发放、协助校长安排和落实教学任务、安排调课、代课、听课、检查学生课业负担、管理和充实教学仪器设备、办理学生转学、休学手续、整理和保管教学档案和学籍档案等。

(四)总务工作管理

小学的总务工作是一项复杂、细致而又具体的工作,对学校开展教育教学活动,提高学校工作效率,创造和谐有序的学校工作环境起着重要的保证作用。总务工作管理包括财务管理、生活管理、校产管理和环境管理等方面。财务管理就是对资金的筹措、计划、使用、分配、调节、监督以及由此而发生的各种财务关系的管理;生活管理包括伙食管理、水电煤气管理、住房管理、医疗保健等方面;校产管理就是计划购置、妥善保管、有效使用各种教学设备、实验仪器、生活服务设施和音响图书资料等学校资产;环境管理包括校园规划、建筑设计、道路建设、环境改造、卫生整治等方面的工作。总务工作管理应为教育教学服务,为师生生活服务,努力改善办学条件,提供必要的教学条件和生活设施。

>   **知识小卡片 2-3**
>
> ### 我国小学管理的基本方法
>
> 为了实现学校的教育目标和任务,学校管理必须采用一定的方式和手段。方法是管理理论转化为管理活动的必要中介和桥梁。管理方法是指各种能够实现管理职能,达到管理目标,确保管理活动顺利进行的手段、途径和措施。一般来说,学校的管理方法可以分为以下几类。
>
> 1. 行政方法。这是指依靠行政组织和领导者的权力,通过强制性的行政指令等手段直接对管理对象施加影响,按行政系统进行管理的方法。
>
> 2. 法律方法。这是指运用法律这种由国家机关制定或认可并受国家强制力保证实施的行为规范来进行管理的方法。
>
> 3. 教育方法。这是指通过对正确的精神观念的宣传教育,从真理性方面启发人们的理想,使之成为人们行动的动机,从而为实现学校目标而自觉努力的方法。
>
> 4. 经济方法。即物质效益的方法,是指把物质作为激励动力,按照经济规律的要求,运用经济手段来实施管理。
>
> 5. 学术方法。这是对学校中的教学研究等学术工作进行管理时运用的方法。对这类工作的管理不应使用简单的行政命令手段,而应贯彻"百花齐放,百家争鸣"的方针。
>
> 资料来源:黄济,劳凯声,檀传宝.小学教育学[M].北京:人民教育出版社,2007:49.

第四节 学校变革

学校变革,又称学校组织变革,是指学校组织根据其外部环境和内部情况的变化,为了适应不断变化的环境,及时改变自身的内部结构(包括组织内成员的态度、行为、价值观和各自的需要等)的更新过程。

学校变革的目标是成为"学习型学校"。学习型学校是指能够充分发挥每个学校成员创造性的能力,努力形成一种弥漫于学校的学习气氛,凭借学习,个体价值得以体现,组织绩效得以大幅提高的学校。具体而言,作为学习型组织的学校理应具备以下特点[①]:学校组织成员拥有共同的愿景;学校领导作用有新阐释;学校组织结构的高效能与团队建设的创造性;学校组织建立起适当的学习机制;学校组织拥有自主管理机制;学校组织的开放性。

在学校变革实践中,为了优化学校变革,许多国家纷纷进行有益的探索,推出了一系列特色学校。这里,重点介绍磁石学校(magnet school)、蓝带学校(blue ribbon school)、特许学校(charter school)、契约学校(contract school)以及灯塔学校(beacon school)。

一、磁石学校

磁石学校是20世纪70年代在美国产生的,其初衷是为了打破学区限制,加速取消种族隔离的进程,并通过开设地方公立学校所不具备的专门课程方案或课程,以吸引更多的学区以外的学生前来就读。[②] 如今,磁石学校特别追求严格的、高质量的教学,注重培养学生切实的、适合市场需求的职业技能,在招生上实行开放的入学制度,推行并坚持生源的多样性。目前,磁石学校是美国公立学校改革和发展的一个方向。

在教学内容和教学方法上,磁石学校的课程与其他学校同年级(年龄)有很大差异,除了训练读、写、算等基本技能的课程外,往往开设一些专长课程,如音乐、戏剧、计算机、法律及其视觉艺术等,可以满足有特殊兴趣和特殊能力学生的发展需要;学校形式也极为多样,如高智天才学校、外语学校、蒙台梭利学校、科技学校、艺术学校等。磁石学校没有学区和入学条件的限制,学生可以自愿申请入学,由电脑编班入学。

磁石学校的办学特色体现为如下几点[③]:(1)以学校特色,尤其以特色课程和灵活教学吸引学生和家长;(2)学校在课程改进计划和教师培训方面能得到政府的专项资助;(3)学生入学不受学区限制,可以跨学区入学;(4)学生的入学要经过特殊考试,不同社会背景、不同种族的人可以就读同一所学校;(5)教师可以自行根据学生的特点和自身经历开发新课程;(6)成员对学校具有很高的认同感。

二、蓝带学校

蓝带学校是指在行政领导、课程、教学、学生成就和家长参与等方面具有杰出表现而接受表扬的卓越学校。蓝带学校起源于1982年联邦教育部所提出的蓝带学校计划,其目的是:(1)选拔在一定时间内达到较高学业标准或取得显著学业进步、社会公认的优秀学校;(2)引导所有学校开展教育科研,提高办学水平,确立自我评价、自我

---

① 范国睿.多元与融合:多维视野中的学校发展[M].北京:教育科学出版社,2002:317—320.
② 邱清,侯静.磁石学校:美国的特色学校[J].世界教育信息,2009(10).
③ 罗建河,徐锋.英、美特色学校建设的经验与启示[J].教育导刊,2011(2).

发展的目标,明确前进的方向和步骤;(3)促进优秀学校之间和学校内部更多的学习和交流。① 其认可的重要标准之一是学校在培养和促进所有学生的智力和道德发展方面是成功的。学校必须承诺为所有学生提供优质教育并尽量使其在教育上获得好的成绩,同时要不断努力以保持最佳面貌,使所有符合标准的学生都能得到奖励和认可。

在美国被选为蓝带学校的学校,必须在追求所有学生卓越成就上具有强烈的使命感,而美国前总统小布什推动的"不让一个孩子掉队"的计划(NCLB),更是强调了蓝带学校计划的重要性。蓝带学校遴选标准需要满足两个条件:一是学校里至少有40%的学生来自于低收入家庭;二是学校里学生的成绩位于本州组织的考试的前10名位置,注重学生的成绩是蓝带学校的最大特点。②

蓝带学校有如下特色:(1)重视儿童的全面发展,发展公民意识、品性教育和自我决策的教育;(2)教学方法灵活,注重学生成绩的提高;(3)学校重视学生评价和学校改进计划;(4)注重教师的专业化发展;(5)学校重视问题的解决,并视问题为改进的机会;(6)学习环境有利于所有的学生,学校气氛有助于教学和教师的专业成长;(7)充分利用社会资源并与家长密切合作;(8)要与周边的学校共享本学校的成功办学经验,以发挥学校的辐射作用。③

三、特许学校

特许学校是当代美国兴起的公办民营学校中的一种类型。1991年,美国明尼苏达州第一个通过《特许学校法》。1992年,圣保罗市立中学(St. Paul City Academy)成为全美第一所特许学校。

特许学校是经由州政府立法通过,特别允许教师、家长、教育专业团体或其他非营利机构等私人经营而由公家负担经费的学校,不受例行性教育行政规定约束。这类学校虽然由政府负担教育经费,但却交给私人经营,除了必须达到双方预定的教育成效之外,不受一般教育行政法规的限制,为例外特别许可的学校,所以称之为"特许"学校。特许学校与政府之间是一种契约的关系(通常三至五年),学校必须在契约规定期间保证达成双方认可的经营目标。这种目标通常是以改进学校教学现状为主,因此,多数属于教育革新的实验学校。也因为是教育实验性质,所以特许学校通常可以免除例行性教育行政法规的限制,如各学科授课时数、教学进度、教师工作准则、薪资规定以及例行性的报表等。

---

① 罗建河,徐锋. 英、美特色学校建设的经验与启示[J]. 教育导刊,2011(2).
② 郝俊英. 美国"蓝带学校"的品性教育[J]. 世界教育信息,2005(9).
③ [美]玛多娜·墨菲. 美国"蓝带学校"的品性教育——应对挑战的最佳实践[M]. 周玲,张学文,译. 北京:中国轻工业出版社,2001:40.

特许学校有以下特色:(1)教师有极大的教学热情,对学生更有信心,并具有强烈的责任感;(2)重视课程内容、教学活动和方法或设备的创新;(3)学校规模小,实行小班化教学,更适合开展富有特色的教学活动;(4)学校享有更大的自主权,主要体现在课程开发、教学方法、人员聘用和行政管理上;(5)重视教育目标及教育计划的达成;(6)重视教师的自主与授权,鼓励教师发展专业;(7)家长被赋予更多的教育责任。[①]

四、契约学校

契约学校是美国公办民营学校中的又一类型,产生于20世纪90年代初。20世纪80年代以来,美国的学校教育改革经历了传统意义上的改革、校本管理、磁石学校、学券制、特许学校等多种形式,契约学校是当前的制度以及前面所施行策略的"混合物"。2002年1月,小布什总统正式批准通过冠以"不让一个孩子掉队"(NCLB)的《初等及中等教育修正法案》。该法案要求大力发展契约学校,如"补助2亿元帮助新成立的700所新契约学校,并提供额外的协助给现有超过1000所的契约学校"。契约学校如今在美国发展迅速,合同制被认为是为公立学校提供了一种全新的治理模式。

契约学校是公共资金投资运作的学校,教师组织、家长团体、社会服务组织和私人公司等都可以成为可能的办学者,要成为真正的办学者,他们还必须参与竞标,中标者才最终与公共代理人签订合同,从而取得经营、管理学校的权力。所有合同必须得到州的核准,每一份合同要大致勾勒出学校的目标和基本教学计划,达到学生毕业的基本要求。合同要求所有学校的课程必须达到州所制定的课程标准,要求所有的学生必须通过州范围内的最低标准的水平考试。然而,学校委员会不能具体规划学校所要开设的课程,不能强迫学校开设完全相同的课程,不能通过合同条款来重新操纵学校的运作。

契约学校是独立的法人实体(大多数情况下是非营利性组织)而不是行政部门单位,这意味着学校能协商合同,自主使用公共资金,聘用和解雇教职员工。像其他公共投资的机构一样,契约学校接受公共权威部门的监督和检查,但是学校也有合法的权利通过法庭来保护他们的利益,这是当前实践中的一个主要变化。政府将资金不再直接拨给所有的学校,而是通过公开招标的方式,允许多个供应商之间公平竞争,最后择优选取中标者。中标者学校由此获得政府资金,并与政府签订合同,政府通过合同对学校进行监督、管理,并有权终止合同。契约学校虽然也是针对"需求方"和"供应方"的一种策略,但它是一种更好的选择。

[①] 曹大辉,周谊.英美两国特色学校初探[J].外国中小学教育,2006(4).

五、灯塔学校

灯塔学校是英国的一种特色学校,试办于1998年。灯塔学校是指经过某种认定具有某种特色,并且这种特色能够成为其他学校的典范进行推广,同时也愿意把自己的特色和经验提供给其他学校的学校。灯塔学校由英国教育及技能部认定,要成为灯塔学校必须连续三到四年经英国皇家督学评定为杰出学校,并有明确的证据显示学校的某些教育措施有极为突出的表现,提供了优质的教育环境与活动,并且有助于提升学生的学业成就。所谓的突出表现,包括课程发展、行政领导与管理、资赋优异教育、增进家长参与、欺凌行为防止教育、新进教师辅导等项,可说兼顾学校改进实务与教师专业成长两方面。

灯塔学校于1998年开始试办,从试办时的75所已发展到2002年拥有量高达1150所。灯塔学校的推广是英国首相布莱尔上任之后实施的教育改革措施之一,目的在于提升中小学学校教育质量,提高中小学学生的学业成绩。该项改革措施已于2005年完成。

在努力争创灯塔学校过程中,学校要举办校际教师研讨会,提供教学导师的服务,提供其他学校人员现场观察、观摩的机会,办理校际教师在职研习进修活动,提供辅导咨询服务。一旦获此殊荣,还需在地方教育行政单位协助下建立校际之间的学习网络,将本校的特色介绍给其他学校,以帮助他们进行革新,提高教学质量。其特色表现在以下几个方面:(1)与其他学校或组织机构有较紧密的联系,易于分享观念和经验,相互激励,共同提高教学水准;(2)协助教师专业发展,提升教师的自尊与自信,增强其荣誉感;(3)为教师提供专业成长的机会,并能赞扬且珍视教师的工作;(4)能吸引教职员任教与留任;(5)鼓励反思;(6)较弹性化的运作管理,不仅有利于创造的发展,也较能符合个别的需要;(7)开设具有特色的学科课程;(8)对学生的管教比较好。①

本章小结

学校是人类社会发展到一定历史阶段的产物,是有目的、有计划、有组织地专门进行教育的场所。一般认为,学校萌芽于原始社会后期,产生于奴隶社会时期。直到19世纪,严格意义上的学校教育系统才逐渐形成。学校教育演变到现代,形成了"制度化教育"。随着制度化教育弊端的逐步暴露,对其批判越来越多,"非学校化"教育思潮开

---

① 曹大辉,周谊.英美两国特色学校初探[J].外国中小学教育,2006(4).

始出现,"学习化社会"的理念逐渐被人们所接受。

学校自其诞生起,即是一种组织化了的社会单位,而且是一个正式的社会组织。这种组织既是规范—功利性组织,也是规范—强制性组织,有其独特的组织文化,即学校文化。按照由内到外、由深层到浅层的变化过程,学校文化的结构应该包括学校精神文化、学校制度文化、学校行为文化和学校物质文化。

学校产生以后,就有了对学校进行管理的问题。学校管理是学校管理者通过一定的组织形式和管理方式实现学校教育目标的活动。这种活动具有教育性、服务性、文化性和创造性。当前,我国中小学校实行的是校长负责制。学校管理是一项复杂的系统工程,内容涉及思想品德教育管理、教学工作管理、教务行政管理和总务工作管理等,其最终目的就是最大限度地发挥学校效能,从而有效地提高学校的教育教学质量。

为了适应外部环境和内部情况的不断变化,学校必然需要进行变革。学校变革的目标是成为"学习型学校",在学校变革实践中,出现了一系列特色学校,如磁石学校、蓝带学校、特许学校、契约学校、灯塔学校。

思考与练习

1. 未来新型学校可能是什么样的?如何看待"非学校化"教育思潮?
2. 学校文化有何特性?怎样重建学校文化?
3. 如何完善校长负责制?
4. 如何建设学习型学校?
5. 制度视野下的学校变革有哪些路径?如何认识英美等国的学校变革实践?

参考文献

[1] 瞿葆奎主编,陈桂生等选编.教育学文集·教育与社会发展[C].北京:人民教育出版社,1989.

[2] 瞿葆奎主编,瞿葆奎、沈剑平选编.教育学文集·教育与教育学[C].北京:人民教育出版社,1993.

[3] 联合国教科文组织国际教育发展委员会.学会生存——教育世界的今天和明天[R].华东师范大学比较教育研究所,译.北京:教育科学出版社,1996.

[4] 吴康宁.教育社会学[M].北京:人民教育出版社,1998.

[5] 郑金洲.教育文化学[M].北京:人民教育出版社,2000.

[6] 范国睿.多元与融合:多维视野中的学校发展[M].北京:教育科学出版社,2002.

[7] 王道俊,郭文安.教育学[M].北京:人民教育出版社,2009.

[8] 涂艳国.教育学导论[M].武汉:华中师范大学出版社,2011.

[9] 黄济,劳凯声,檀传宝.小学教育学[M].北京:人民教育出版社,2007.

[10] [美]伊万·伊里奇.非学校化社会[M].吴康宁,译.台北:桂冠图书股份有限公司,1994.

[11] [挪威]波·达林.理论与战略:国际视野中的学校发展[M].范国睿,主译.北京:教育科学出版社,2002.

第三章 小学学生论

学习目标

1. 比较传统儿童观与现代儿童观的不同,理解现代儿童观的内涵。
2. 认识小学生的权利和义务,理解权利的法律保护。
3. 理解小学生的本质属性和发展结构,并联系教育教学实际分析小学生身心发展。

小学儿童是指处在小学阶段的儿童,年龄一般在6~7到12~13岁。小学具有极强的可塑性,学生潜能的开发对其发展有不可估量的作用,帮助学生开发潜能,教师首先需要树立正确的儿童观。从正确的儿童观出发,了解、认识儿童,保护儿童应有的权利,督促儿童履行相应的义务。同时,小学教育也肩负着为学生的终身发展奠定坚实基础的重任。因此,学生兴趣的培养、良好习惯的建立、道德质量的形成以及创造力的开发具有特殊的意义。

第一节 儿童观的演进与内涵

小学阶段是儿童身心发展的基础阶段,是个体未来发展的奠基石。因此,首先要认识与了解儿童观。儿童观就是指人们对小学儿童身心发展的基本观点和看法。它直接影响着教育目的、教育内容、教育方法以及教育结果。

一、儿童观的历史演进

儿童观随着历史的发展而发展,并受历史条件以及人们观念的影响。纵观历史,我们可以从传统儿童观和现代儿童观这两个维度来分析儿童观的发展变化。

(一)传统儿童观的演变及特点

传统儿童观的演进,或多或少都包含了对于儿童天性的探讨。在中国教育史上,出现了许多由人性观衍生出来的教育观,比如孔子提出的"性相近也,习相远也"的著名论断,而最具有代表性的就是"性善论""性恶论"。持"性善论"的孟子认为人性表现为"四心",即恻隐之心、羞恶之心、恭敬之心、是非之心。这"四心"分别是仁、义、礼、智的起端,因此也被称为"四端"。人性是善的,而人性中所具有的"四心"包含了向道德发展的倾向和可能,教育的作用就在于扩充"四心",使发展的可能性从萌芽状态发展为成熟状态。① 与孟子相反,荀子提出了"性恶论""人之性恶,其善者伪也",人性虽恶,但是通过教育是可以转变的,教育的作用就是"化性起伪",也就是通过教育和学习来改变自己的本性。② 因此,荀子特别重视教育的外铄作用。

在西方,柏拉图提出的"人性等级论"认为,上帝造人的时候用了金、银、铁这三种不同的材质,因此儿童生来就是有差别的,对于儿童的培养也需要按照不同的等级施以不同的教育。③ 基督教的"原罪说"认为,人生来是有罪的,人类存活的目的就是赎罪,教育可以起到帮助人类尽快赎罪的作用。这些儿童观忽视了儿童主观意识的存在,完全"物化"了儿童。与此不同的是,约翰·洛克(J. Locke)提出了"白板说",认为人的心灵原来就像一块白板,一切思想、观念都是从后天经验获得的。

德国教育家赫尔巴特认为儿童天生有一种"烈性",如果在儿童小时候不约束这种"烈性"的话,长大后有可能就会发展到与社会背道而驰的方向。因此赫尔巴特认为儿童管理在学校教育中应占据重要位置,儿童管理是进行教学和道德教育的前提条件。至于管理方法主要是依靠学校必要的规章守则、丰富的活动以及教学人员"严慈相济"的态度。④

由此可见,对天性的解读不同,所持的儿童观念也大相径庭。性善论者强调儿童内在力量的挖掘,性恶论者则重视外在力量的规范作用。总之,传统儿童观都忽视了学生的主体性,一味地把学生当做被动的客体,压抑儿童的天性。虽然传统教育观是历史发展的必然结果,有其一定的价值和意义,但在某种程度上,它还是阻碍了教育的发展。

(二)现代儿童观的产生和发展

现代儿童观的产生可以追溯至中世纪,针对当时盛行的"原罪说",神学家佩拉纠(Pelagius)提出过"反原罪说",认为每个人都有主动性,自身行为受自我意识的支配。文艺复兴时期,人文主义教育注重人的个性发展,主张尊重儿童天性,充分肯定人的价值。夸美纽斯提出了教育适应自然的原则,认为对儿童的教育要遵循儿童自身发展的规律。并且,第一次提出要考虑儿童的接受能力,实行"量力性原则",反对成人强迫儿童学习。

18世纪卢梭(J. J. Rousseau)提出了"自然教育"思想,提倡对儿童进行自然教育,培养"自然人",让儿童按其自然天性发展,关注儿童的身心发展特点。并明确提出了

---

① 孙培青.中国教育史[M].上海:华东师范大学出版社,2009:67—68.
② 孙培青.中国教育史[M].上海:华东师范大学出版社,2009:73—74.
③ 吴式颖.外国教育史教程[M].北京:人民教育出版社,1999:61—62.
④ 吴式颖.外国教育史教程[M].北京:人民教育出版社,1999:314—332.

"在人生中儿童期有儿童期的地位,所以必须把儿童当儿童看待"①的观点。卢梭认为教育要重视儿童身心发展的自然形成,教育的一切措施都应该根据儿童的需要、能力与兴趣等。而学习的方法主要是在生活中或者通过参加活动获取直接的经验,并做到学以致用。教师的主要任务是要引导学生能够主动地从身边的环境和生活中获取知识。

19世纪末20世纪初,欧美国家相继掀起了一场教育改革运动,主要有欧洲的"新教育"运动和美国的"进步教育"运动。在这场运动中出现了"儿童本位"的教育思潮,也孕育了不少教育思想家。典型代表有实用主义教育家约翰·杜威(J. Dewey),幼儿教育家蒙台梭利(M. Montessori)等。他们都强调以儿童为中心实施教育,注重活动在教育中的重要作用以及儿童个人的自由发展,打破传统教育以教师、教材为中心的观念,使儿童成为教育活动的主体。

进步教育家从儿童本位的观念出发,提出"教育要适应儿童本性",强调儿童的兴趣及自主学习的重要性。第二次世界大战之后,尽管进步教育运动充分认识到了自由、本性、兴趣等问题,但是也否定了社会和文化发展对教育的制约作用,导致教育理论与实践出现分裂。另外,进步教育运动与美国社会变化的不同步性,促使西方出现了新传统教育思潮。新传统教育思想主要由要素主义、永恒主义和新托马斯主义三大教育流派组成,其中影响最大的是要素主义。

新传统教育思想是综合时代的要求和社会发展的需要,结合当前状况,既考虑传统教育观念又发展现代教育观念的基础上提出新观点、新思想、新看法的一种教育思想。新传统教育思想认为进步教育运动忽视了学校传统文化知识的作用,导致美国教育质量的整体滑坡。新传统教育思想认为恢复美国的教育需要恢复基础课程,重视学生的心智训练,但又不否定从学生兴趣出发,进行感官训练等教育方法。总之,新传统教育思想重新树立了以教师、教材为中心的教育观念,这些思想在根本上是与进步教育思想是对立的。

到了20世纪六七十年代,新传统教育思想遭到了冷落,但是到80年代又恢复了原有的地位,新传统教育影响深远,直到现在,我们也能够在各种的教育理念及改革中找到新传统教育的影子。

随着后现代主义的兴起,教育观、人才观、评价观等都发生了变化。1983年,霍华德·加德纳(H. Gardner)提出的多元智能理论(theory of multiple intelligences),更是轰动了教育界。多元智能理论认为,智能不是单一存在的,而是多组整合而成的,这些智能主要有语言智能(linguistic intelligence)、逻辑-数学智能(logical-mathematical in-

---

① [法]卢梭.爱弥儿[M].李平沤,译.北京:人民教育出版社,2001:74.

telligence)、音乐智能(musical intelligence)、身体-动觉智能(body-kinesthetic intelligence)、空间智能(spatial intelligence)、人际智能(interpersonal intelligence)、自我认知智能(intrapersonal intelligence)和博物学家智能(naturalist intelligence)。每个人都拥有程度不等的这几种智能,只是它们的排列组合不同罢了。① 教育的作用就在于使人怎样变得聪明,在哪个方面变得聪明。并且判断学生智能的标准不再是传统的智能测试,因为人与人之间的差异只是由于智能特点的排列不同,所以每个人都有自己的特长和短缺处,对智能的判断并没有统一的标准,只是根据个体解决实际问题的能力或者创造出的社会价值来断定。因此,多元智能理论的提出让人们重新审视了儿童观。

 知识小卡片 3-1

迄今为止,我们仍然支持这样一种假设:即每个成年人只有一种智能可以达到辉煌的境界。但事实上几乎具有任何程度的文化背景的人,都需要运用多种智能的组合来解决问题。因此,即使看起来很简单的一件事,如拉小提琴,也并非孤立地单纯依靠音乐智能就能完成。要想成为一名优秀的小提琴家,除了音乐智能外,还需要身体-动觉的高难度技巧。对他来说,还需要人际智能以便和听众沟通,直至选择合适的经纪人,说不定还需要自我认知智能。舞蹈需要不同程度的身体-动觉智能、音乐智能、人际智能和空间智能。政治则需要人际智能、语言智能,也许还需要一些逻辑方面的能力。几乎具有任何文化背景的人,都如上述,需要多种智能。因此,承认每个人都是具有多种能力组合的个体,而不是只拥有单一的、用纸和笔可以测试出来的解答问题能力的生命个体,显得十分重要。虽然我们所定义的智能种类并不是很多,但正是通过这些智能的不同组合,创造出了人类能力的多样性,也许就是"整体大于部分相加之和"的原因吧!一个人可能在任何一种智能上都没有特殊的天赋,但如果他所拥有的各种智能和技巧被巧妙地组合在一起,说不定在担任某一个角色时就会很出色。因此,当前要做的重要事情就是评估众多技能的特定组合,以便指出被评估者最适合的职业和副业是什么。

资料来源:[美]霍华德·加德纳.多元智能新视野[M].沈致隆,译.北京:中国人民大学出版社,2008:24—25.

---

① [美]霍华德·加德纳.多元智能新视野[M].沈致隆,译.北京:中国人民大学出版社,2008:3—19.

二、现代儿童观的基本内涵

虽然对于儿童观的论述各有不同,但我们应该综合教育各个学科的观点来考虑,树立现代儿童观。现代儿童观的基本内涵具体表现为:儿童是未成熟的人,儿童是有主体性的人,儿童是有独特性的人,儿童是有特定权责的人。

(一)儿童是未成熟的人

人是未完成的动物。对于儿童来说,这种未完成性表现为未成熟状态。那么,未成熟状态有什么特点呢?对儿童发展早有研究的杜威认为,"未成熟状态这个词的前缀的'未'却有某种积极的意义,不仅仅是一无所有或缺乏的意思。……并不是指现在没有能力,到了后来才会有;我们表示现在就有一种确实存在的势力——即发展的能力。"[①]他还指出,"未成熟的人为生长而有的特殊适应能力,构成他的可塑性。……可塑性乃是以从前经验的结果为基础,改变自己行为的力量,就是发展各种倾向的力量。"[②]由此,我们可以说未成熟性意味着可发展性和可塑性。

(1)儿童具有无限发展可能性。儿童的成长过程就是发展过程,并具有一定的发展规律。卢梭在《爱弥儿》中曾言:"大自然希望儿童在成人之前,就要像儿童的样子。如果我们打乱了这个次序,就会造成一些果实早熟,它们长得既不丰满也不甜美,而且很快就会腐烂;我们将造成一些年纪轻轻的博士和老态龙钟的儿童。"[③]作为儿童成长道路上的引导者,正确的价值观需要教师根据儿童身心发展规律来处理教学及生活问题。

(2)儿童具有极大的可塑性。可塑性也可称为可教性,指受教育者的心理、社会意识等方面,在一定条件下,可以按照教育者所需要的方向发展的可能性。小学生是一群心理和生理还没有达到成人状态的儿童,其发展过程中有极大的可塑性,但这种可塑性也不是无限的。儿童潜在的能力由隐性状态发展成显性状态需要一定的自觉性和条件,因此教师不能夸大儿童的可塑性。

教师对学生的观点和态度,对学生的成长发展有着很大的影响,意识到儿童是有着极大发展性和可塑性,是树立正确儿童观的关键点。当然,处在未成熟状态的小学生难免犯错误,这是儿童未成熟的表现,教师应理解学生的错误和不足,帮助孩子完善不足,促进孩子更好地成长。

(二)儿童是有主体性的人

主体性是指人在实践活动中表现出来的能力、作用以及地位。它主要表现为主体

---

① [美]约翰·杜威.民主主义与教育[M].王承绪,译.北京:人民教育出版社,2001:49.
② [美]约翰·杜威.民主主义与教育[M].王承绪,译.北京:人民教育出版社,2001:52.
③ [法]卢梭.爱弥儿[M].李平沤,译.北京:商务印书馆,1999:91.

的独立性、能动性和创造性。

（1）小学儿童具有独立性。每个儿童都是独立的生命体，有着独立的生命、意识、人格和情感。独立性也表明他们是具有社会属性的小学儿童，是社会发展必不可少的一分子。

（2）小学儿童具有能动性。"人必须自我完成，必须自我决定进入某种特殊的事物，必须凭借自身努力力图解决自身出现的问题。"[1]小学儿童是有独立意识的人，具有自觉发展倾向性，在其发展过程中需要教师的引导而非强制。小学生对世界充满好奇和憧憬，他们有自己感知世界、认识世界的方式。教师能做的就是调动小学生的积极性和主动性，让学生尽情发挥其主动性。

（3）小学儿童具有创造性。创造性基于独立性和能动性之上，只有独立的个体用独立的方式能动地思考问题，才会有创造的可能性。小学生的创造就在于用自己独特的视角看待已存在的事物、思考已经有结果的问题，这些创造性的外在表现往往与人们正常的习惯不大一样，因此常常遭到老师的批评或责怪。老师需要耐心地观察儿童，并且用谨慎的态度评价儿童的行为表现，积极反馈其有创造性的表现。这样，才是把儿童当做儿童，尊重儿童的天性，让儿童做自己发展的主人。

儿童只有充分发挥自身的主体性，才能主动积极、有选择性地吸收外在的经验，形成自己的认知结构。儿童有自己的精神世界，教师切不可做孩子认知的指挥者。而且"儿童是成人之父"，每个成人都经历过儿童期，不存在未经历儿童创造时期的成人。"人一旦获得生命，在人最初创造时所发生的事情在所有人身上都会展现出来，成人所有的力量都来自那委托儿童完成使命的潜能。"[2]由此可看，儿童期的创造性具有很重要的意义，而要树立正确的儿童观就要重视儿童主体性的发挥。

（三）儿童是有独特性的人

独特性最本质的特征是个性。个性是个体具有心理倾向性的各种心理特征的总称。这种心理倾向性包括兴趣、理想、动机等方面，而心理特征主要表现为个体的性格、气质等。小学儿童尽管未成熟，但是每个儿童的兴趣、性格、动机是不尽相同的。这些不同是儿童形成和完善个性的内在要素，也是教育过程中需要着重注意的关键点。

（1）独特性意味着差异性。儿童不是"小大人"，不仅与成人有差异，每个儿童之间也存在差异。儿童身心发展具有阶段性和连续性，不同阶段需要进行不同的教育。儿童的发展是共性与个性并存的关系，因此需要针对不同儿童表现出来的不同特性实施有差异的教育，努力做到因材施教。

---

[1] [德]米切尔·兰德曼.哲学人类学[M].彭富春，译.北京：工人出版社，1988：246.
[2] [意]蒙台梭利.童年的秘密[M].马荣根，译.北京：人民教育出版社，1990：27.

(2) 独特性还意味着完整性。每个小学儿童都是完整的自我,自我包括内在自我和外在自我,内在自我是儿童本来的样子,外在自我是儿童迫于外界压力表现出来的样子。比如,小学儿童天性好动,喜欢玩游戏,这是儿童的内在自我,而教师或者说外界权威力量要求儿童全身心投入学习,儿童就乖乖地学习,这是儿童的外在自我。小学生需要基础知识的学习,更需要精神生活的开拓以及健康人格的培养。而健康人格的培养又离不开完整的自我,因此,在日常教学中,教育者要把儿童当做完整的人来看待,全面关注学生成长,给学生搭建一个施展个性的平台。

(四) 儿童是有特定权责的人

小学儿童是有一定权责关系的群体。意识到并确信儿童的权利和责任是发展性儿童观的重要表现,也是教育民主化的标志。从法律的角度来看,《义务教育法》《中华人民共和国未成年人保护法》(以下简称《未成年人保护法》)等相关法律明确规定了儿童享有生存权、受教育权、安全权等。以往的儿童观忽视儿童的独立性,因此不可能意识到儿童是享有一定权利的社会公民。现代儿童观需要老师做到正视并保护儿童的权利,避免其权利受到侵害。当然,小学儿童在享有特定权利的同时,也需要承担一定的责任,比如学习的责任、争取不断进步的责任、为集体服务的责任等。权利与责任是分不开的,责任感也是当代教育衡量人才的一个重要标准。然而,在错误儿童观的引导下,成人已经无意识地侵犯了许多儿童的责任。所谓儿童责任侵犯,就是"本该由儿童承担的、儿童也有兴趣和能力承担的责任,却由成人(家长、教师及其监护人等)承担了。"[①]比如,教师或家长只注重学生的学习,认为儿童只需履行学习的责任,把学习成绩提上去就可以了,除了学习之外的责任则由家长或教师承担,那么教育者就侵犯了儿童自我服务的责任以及生活自理的责任。正确的儿童观是确保儿童身心全面健康发展的儿童观,认识小学儿童的权利和义务是现代儿童观的重要部分。教育者要合理地处理学生权利与责任的关系,既要保护小学儿童的权利,又要善于引导学生承担责任,树立权责观念,为小学生全面发展奠定坚实的基础。

第二节 小学生的权利与义务

小学生是特殊的公民群体,享有公民的基本权利。作为权利的主体,小学生应该享有自己的权利,同时履行相应的义务。其权利和义务的实现不仅关系着学生自身的健康成长与发展,也关系着我国依法治教的全面开展。

---

① 燕良轼,王小凤,卞军凤.儿童教育中的责任侵犯与儿童责任心的培养[J].学前教育研究,2013(1).

一、学生是权利主体

在权利关系中,存在着权利主体和权利客体对立的两极。"法律关系主体,又称权利主体或权义主体,是法律关系中权利的享受者和义务的承担者。权义主体,指参加法律关系而享有法律权利和承担法律义务的人。"[①]众所周知,法律明确规定小学生作为权利的主体,享受一定的权利。但是学生的权利主体地位并非一直存在,而是在社会政治、经济和文化的发展过程中,逐渐形成并经过法律确定下来的。

1. 社会的进步促进学生权利地位的变迁

在古代社会,师生关系强调"师道尊严",教师是权威的掌握者,学生是权威的服从者。"一日为师,终身为父",在教师的眼里,学生只有义务可讲,没有权利可言。但是随着社会及教育的发展,尤其改革开放之后,师生关系逐渐由以前的尊卑贵贱发展为民主平等的关系,学生不再被看做是教育者的附庸,而是成为了学习的主体。到了现当代社会,人们的生活水平提高,法律意识增强,国家的法制建设日益完善,个体的独立性愈发受到重视,这就为尊重学生权利,实现学生主体地位,提高学生在师生关系乃至在整个社会生活中的地位奠定了基础。因此,确立学生的权利主体地位,明确规定学生的权利和义务是国家发展、社会进步的需要,也是其发展的必然结果。

2. 儿童观念的改变推动学生权利地位的改变

我国传统教育的目标是促进社会的发展,教育方式是教师向学生机械地传授对未来发展有用的科学文化知识,而小学生这个独特的群体,具有较强的依赖心理,这就导致学生的主体意识一直被忽视。"儿童是小大人"这样的儿童观念延续无数年,直到民主的师生关系逐渐建立以后,学生才慢慢地被视为是有独特个性和主体性的个体,并在法律上对学生的权利和义务作了明确的界定。对小学生来说,其权利主体地位的确立意味着成人要认真地对待小学生的权利,确立儿童是有内在价值和一定独立意识的个体,尊重小学生的独立人格和主体意识。当然,在学校这个特殊环境中,学生作为受教育者,教师不得对未成年学生和儿童实施体罚、变相体罚或者其他侮辱人格尊严的行为。

3. 法律的颁布确立了学生的权利地位

20世纪80年代以来,我国颁布了一系列的法律和法规,如《中华人民共和国宪法》(以下简称《宪法》)《中华人民共和国教育法》(以下简称《教育法》)《未成年人保护法》《义务教育法》。这些法律和法规都对学生的权利和义务作了相关规定,确立了学生的权利主体地位。

---

① 李步云.法理学[M].北京:经济科学出版社,2000:194.

二、小学生的权利

小学生虽然是心智尚未成熟的未成年人,但是他们也拥有属于自己的基本权利。这些权利,受到国际上相关的"宣言""公约"(如《世界人权宣言》《儿童权利宣言》《儿童权利公约》)以及我国相关法律法规的保护。

(一)小学生的基本权利

小学阶段,学生最重要的任务是学习。因此,小学生的权利主要是围绕小学生学习的需要而形成的。根据其权利与学习活动的关系,我们可以将小学生的权利分为与学习活动直接相关的权利、与学习活动间接相关的权利这两种类型。

1. 与学习活动直接相关的权利

与学习活动直接相关的权利的产生主要是为了满足直接相关因素的需要,这些因素与学生学习活动有着直接的联系,直接影响着学习活动的进行。

(1)上课及参加课外活动的权利。我国实行九年义务教育制度,适龄儿童都需进入学校接受教育,这也是21世纪的公民所享有的学习权利的重要体现。小学生拥有学习权并且是学习权利的主体,而小学生在学校学习的最好方法就是上课以及参加课外活动。课上能在课堂听课、课下能参加课外活动是小学生学习权利的重要组成部分,也是小学生权利的核心内容。既然小学生是权利的主体,也就意味着小学生有选择的自由,他们可以选择自我思考、自我学习、自我发展的空间,可以根据自己的兴趣和爱好选择课外活动的类型。学校必须为小学生提供自由空间,为学生提供上课以及参加课外活动的必要条件,不得随意干涉其参加课外活动的自由,更不能随便剥夺学生上课的权利。

案例 3-1

绿地小学:学生被停课 只因暑假作业没完成

开学的第一天,别的孩子都到教室去上课了,而绿地小学二年级的小立同学却被撵回了家。原来,小立的暑假作业没有按时完成,老师一怒之下,将小立撵回了家。小立的父亲(张师傅)赶紧给老师打电话,却被告知,就是补完作业,就是在这个学校上二年级,也不能给发书,不能考试。在对老师的态度感到不满之余,张师傅对自己没有监督好孩子也深感自责。次日,赶紧让小立补作业,一直忙到夜里十二点。第二天,当张师傅把小立送到学校,却被拒之门外。没有完成暑假作业而被停课,老师的做法是否合理呢?

资料来源:李惠.绿地小学:学生被停课 只因暑假作业没完成[N/OL].http://news.huaihai.tv/folder3161/2013/09/2013-09-04310004.html,2013-09-04.

上述案例中,老师的做法是不合理的,受教育权是学生最基本的权利,而上课又是实现受教育权的主要表现方式之一,理应受到老师的尊重和保护。对于学习有困难的学生,教师应当帮助,这些是我国《未成年人保护法》第十八条明文规定的。而这位老师非但没有保护学生,还剥夺学生的上课权,即使是出于为学生着想,这种处理方式也是极为不妥的。

(2)获得公正评价和学业证书的权利。评价是对学生学业成绩的一种判断,作为一种重要的教育手段,评价对于学生的发展有着重要的作用,也是影响学生学习积极性的一股强大力量。在学习过程中,教师对于学生的评价直接反映的是学生的学习情况。公正的评价可以让学生正确地认识自己的学习情况或品行状况,好的方面继续发扬,欠缺的地方及时查漏补缺。评价也是小学生家长或者监护人了解学生学业或者品行的重要参考,对于学生的健康发展有重要影响。因此学校教育者应当对学生的学习或行为作出公正的评价。学业证书是小学生完成小学学习目标的证明,是小学生学业成就的标志。学生按照学校要求完成了小学阶段的学习任务,学校就必须给学生颁发小学学业证书。

(3)表达个人意愿的权利。在校学生表达意愿主要表现在两个方面:一是在课堂上的发言,二是在参与学校管理方面表达自己的想法。小学生的学习活动主要是通过课堂这种方式开展的,在课堂上学习并不仅是小学生出现在课堂上,而是需要参与到课堂活动中去。发言是指学生针对课堂活动发表自己的观点和看法,这是学生参与课堂最典型的表现方式。教师应当尊重小学生的话语权,给学生表达自己想法的机会,正确对待小学生发言中出现的错误。学校管理是学校为了保障教学活动的顺利开展以及学校的和谐发展而实施的干涉性行为。小学生对于管理不当的行为可以提出异议,也可以为学校的管理出谋划策。小学生参与学校管理,也是对学校教育教学进行监督的一个重要方面。

2. 与学习活动间接相关的权利

与学习活动间接相关的权利的产生是为了满足间接相关因素的需要,这些因素与学习活动虽没有直接的联系,但却会间接地对学习活动产生影响。

(1)人身自由的权利。人身自由是指法律规定范围内的行动上的自由。在法律允许的范围内,公民可以自由地行动、自由地居住。人身自由权是公民最基本的权利,是为了满足公民的安全需要。如果公民没有触犯法律,任何人都无权非法扣押、拘留或者限制公民的人身自由,不得非法搜查公民的身体。同样的,小学生也享有人身自由。因此在学校里,教育者不能因为学生犯了错误而采取禁闭、延长在校时间等措施侵犯学生的人身自由权。但是,在学校里却经常发生类似侵犯小学生人身自由权的事件。不论教师出于什么样的动机,这样的行为都是不合法的。

(2) 人格尊严的权利。人格尊严权是一项神圣的权利。人之所以为人,就是因为人具有人格。受到传统儿童观的影响,有些教育者即使在理论上明白小学生是有独立人格的个体,但在实际上却依旧没有按照理论的指导行事。小学生人格尊严权利主要表现在不受歧视、不受语言或行为上的侮辱、获得教育者平等对待等一些方面。《儿童权利公约》第十九条、《未成年人保护法》第十八条及第二十一条对尊重学生人格尊严的问题有明确规定,教育者不得以任何理由对小学生在语言上进行挖苦、讽刺或者打击,不得做出侮辱学生的行为。比如,有些老师称呼反应慢或者成绩差的学生为"猪",这是不合法的。教育者要用对待人的方式对小学生实行教育活动,任何侵犯小学生尊严权利的做法都是与法律相悖的。

(3) 生命健康的权利。生命健康权是公民最主要也是最基本的权利,主要包括生命权和健康权。小学生享有生命安全和身体健康的权利,任何组织和个人都不得有侵犯小学生基本权利的行为。生命权是以生命安全为基础的,只有保证生命的安全才能有进行其他活动的可能。健康权是以身体的各项机能及其完整性为基础的,良好的身体是学习和工作的物质前提,也是个体长期发展的重要保证。小学生在学校生活中,身体健康乃至生命受到侵害的现象主要表现为体罚、变相体罚、学校建筑设施出现故障等。在我国传统教育观念里,"不打不成才"是至上的真理。现实教育活动中,老师掌掴学生、暴打学生之类的报道仍然层出不穷,这些行为造成学生身体受到不同程度的伤害,甚至会导致学生的死亡,都违反了《未成年人保护法》和《义务教育法》中关于"不得体罚、变相体罚学生"的规定。

> **案例 3-2**
> **小学生写字难看常被老师打 小指陈旧性骨折难再发育**
> 因为做作业写错字,字又写得不好,小王同学被老师打了。小王的父亲王师傅带着女儿去几家大医院就诊,医生诊断说,左手小拇指陈旧性骨折,已经没有办法发育了。据王师傅说,早在去年10月,小王的一个牙齿也被老师打掉了。
> 打小王的是李老师,小王他们那个班是李老师的第一批学生。小王同学说,因为写错了作业,老师用"扫把柄"打她。小王所说的扫把柄,就是学校里面常用的软鬃毛扫把。李老师承认自己是打了小王同学,不过不是扫把柄打的,而是"教鞭"。李老师的"教鞭",其实是一根竹竿,很像拿掉鬃毛后的扫把柄。对于把小王牙齿打掉的事,李老师的解释是:"她那时正好在换

> 牙,牙齿会摇晃了,我是碰了她一下,结果牙齿就掉下来了。这可能是原因吧。"
>
> 资料来源:胡昊.小学生写字难看常被老师打小指陈旧性骨折难再发育[N/OL]. http://edu.zjol.com.cn/05edu/system/2015/01/05/020447414.shtml,2015-01-05.

此案例中,李老师的做法是违法行为。我国《未成年人保护法》第二十一条规定教师不得做出体罚、变相体罚学生等行为。李老师因为小王写字不好看对其进行体罚,并导致小指致残,这种行为不仅危害了小王的身体,更摧残了她的心灵。

(4)隐私的权利。尽管法律并没有对个人隐私作出明确的规定,但是一般我们认为凡是对社会无害的,并且个人不愿意公之于众的信息就属于个人隐私的范畴。一个人的隐私权是与人格尊严权息息相关的。侵犯人格尊严不一定就能侵犯到隐私,但是侵犯了隐私也就间接地涉及了人格尊严。小学生的隐私包括家庭背景信息、个人成绩、身体方面的欠缺或者是小学生的日记等多个方面。即使小学生在学校是受教育的对象,也不能因此而丧失这种权利,教育者不得随便把这些信息公布于众或者泄露出去。

(二)小学生权利的法律保护

权利的法律保护是指通过法律条文明确规定公民所享有的权利以及必须要履行的义务。《世界人权宣言》《儿童权利公约》以及我国的《宪法》《教育法》《未成年人保护法》等都有相关的法律条文明确指出儿童所拥有的权利。具体来说,对小学生权利的法律保护主要有学校保护、家庭保护以及社会保护三个方面。

1. 家庭保护

家庭是小学生成长的主要环境,家长承担着抚养教育儿童、保护儿童合法权益的责任。小学生的父母或者其他监护人有责任将适龄儿童送进学校,并且要为受教育的儿童提供一定的条件,配合学校或其他教育机构对小学生进行教育指导。《世界人权宣言》第二十六条明确指出受教育权是每个人所拥有的权利,"人人都有受教育的权利,教育应当免费,至少在初级和基本阶段应如此。"《儿童权利公约》第二十八条也规定:"缔约国确认儿童有受教育的权利,为在机会均等的基础上逐步实现此项权利,缔约国尤应:(A)实现全面的免费义务小学教育。"我国《宪法》第四十六条规定:"中华人民共和国公民有受教育的权利和义务。国家培养青年、少年、儿童在品德、智力、体质等方面全面发展。"保护小学生的受教育权是其父母或者法定监护人不可推卸的责任,我国相关法律也明文规定了父母的这项义务。比如,《义务教育法》第十一条规定:"凡年满六周岁的儿童,其父母或者其他法定监护人应当送其入学接受并完成义务教育,条件不具备的地区的儿童,可以推迟到七周岁。适龄儿童、少年因身体状况需要延迟入学或者休学的,其父母或者其他法定监护人应当提出申请,由当地乡镇人民政府或者县级人民政府教育行政部门批准。"《未成年人保护法》第十三条规定:"父母或者其他监护人应当尊重未成年人受教育的权利,必须使适龄未成年人依法入学接受并完成义务教育,不得使接受义务教育的未成年人辍学。"

在人身权方面,《儿童权利公约》第十九条规定:"缔约国应采取一切适当的立法、行政、社会和教育措施,保护儿童在受父母、法定监护人或其他任何负责照管儿童的人的照料时,不致受到任何形式的身心摧残、伤害或凌辱,忽视或照料不周,虐待或剥削,包括性侵犯。"《宪法》第四十九条在规定婚姻、家庭、母亲和儿童受国家保护时也涉及儿童人身权的问题,"禁止破坏婚姻自由,禁止虐待老人、妇女和儿童。"《未成年人保护法》第十条规定:"父母或者其他监护人应当创造良好、和睦的家庭环境,依法履行对未成年人的监护职责和抚养义务。禁止对未成年人实施家庭暴力,禁止虐待、遗弃未成年人,禁止溺婴和其他残害婴儿的行为,不得歧视女性未成年人或者有残疾的未成年人。"

2. 学校保护

学校是学生接受教育的专门场所,学校保护主要体现在保护儿童人身权以及接受教育的权利等。我国《未成年人保护法》第十八条规定:"学校应当尊重未成年学生受教育的权利,关心、爱护学生,对品行有缺点、学习有困难的学生,应当耐心教育、帮助,不得歧视,不得违反法律和国家规定开除未成年学生。"第二十五条规定:"对于在学校接受教育的有严重不良行为的未成年学生,学校和父母或者其他监护人应当互相配合加以管教;无力管教或者管教无效的,可以按照有关规定将其送专门学校继续接受教育。"第二十一条规定:"学校、幼儿园的教职员应当尊重未成年人的人格尊严,不得对未成年学生和儿童实施体罚、变相体罚或者侮辱人格尊严的行为。"第二十二条规定:"学校、幼儿园、托儿所应当建立安全制度,加强对未成年人的安全教育,采取措施保障未成年人的人身安全。学校、幼儿园、托儿所不得在危及未成年人人身安全、健康的校舍和其他设施、场所中进行教育教学活动。"

3. 社会保护

社会对小学生权利的保护是涉及多个方面的,如企业组织、非企业组织、社会个人等对小学生的保护。这些保护主要是通过法律颁布的授权性规范以及禁止性规范来实现的。从授权性规范来说,法律规定政府、社会团体以及社会公民要做到向儿童提供活动场所和活动设施并且开展各种有利于儿童健康成长的社会活动。《儿童权利公约》第十七条规定:"缔约国确认大众传播媒介的重要作用,并应确保儿童能够从多种的国家和国际来源获得信息和资料,尤其是旨在促进其社会、精神和道德福祉和身心健康的信息和资料。为此目的,缔约国应:(A)鼓励大众传播媒介本着第二十九条的精神①散播在社会和文化方面有益于儿童的信息和资料;(B)鼓励在编制、交流和散播来自不同文化、国家和国际来源的这类信息和资料方面进行国际合作;(C)鼓励儿童读物的著作和普及;……"《未成年人保护法》第二十九条规定:"各级人民政府应当建立和改善适合未成年人文化生活需要的活动场所和设施,鼓励社会力量兴办适合未成年人的活动场所,并加强管理。"第三十条规定:"爱国主义教育基地、图书馆、青少年宫、儿童活动中心应当对未成年人免费开放;博物馆、纪念馆、科技馆、展览馆、美术馆、文化馆以及影剧院、体育场馆、动物园、公园等场所,应当按照有关规定对未成年人免费或者优惠开放。"禁止性规范则是法律规定的社会组织或社会个人等力量不能对未成年人实施的行为。《未成年人保护法》第三十四条规定:"禁止任何组织、个人制作或者向未成年人出售、出租或者以其他方式传播淫秽、暴力、凶杀、恐怖、赌博等毒害未成年人的图书、报刊、音像制品、电子出版物以及网络信息等。"

三、小学生的义务

权利与义务是统一体,享有权利就要承担义务。根据是否与学习活动直接相关这个标准,可以把小学生的义务分为与学习活动直接相关的义务和与学习活动间接相关的义务。

(一)与学习活动直接相关的义务

权利与义务是相辅相成的,在小学生享有与学习活动直接相关的权利时,与学习活动直接相关的义务是应运而生的,这些义务是保证小学生学习活动顺利进行以及小学生身心健康发展的基础。

1. 上课及参加课外活动的义务

对于接受义务教育的小学生来说,上课和参加课外活动既是他们重要的权利,同时也是必要的义务。小学生是接触学校系统知识的初级阶段,其主要任务就是学习。在我国教育体制下,接受义务教育是小学生的义务,而小学生的教育活动主要是通过课堂开展的,那么上课也就理所当然的是小学生的义务,也是小学生迅速成长和发展的主要途径。当然,课外活动也不容忽视。课外活动可以培养儿童的综合素质和各方

---

① 第二十九条:1.缔约国一致认为教育儿童的目的应是:(A)最充分地发展儿童的个性、才智和身心能力;(B)培养对人权和基本自由以及《联合国宪章》所载各项原则的尊重;(C)培养对儿童的父母、儿童自身的文化认同、语言和价值观、儿童所居住国家的民族价值观,其原籍国以及不同于其本国的文明的尊重;(D)培养儿童本着各国人民、族裔、民族和宗教群体以及原为土著居民的人之间谅解、和平、宽容、男女平等和友好的精神,在自由社会里过有责任感的生活;(E)培养对自然环境的尊重。2.对本条或第二十八条任何部分的解释均不得干涉个人和团体建立和指导教育机构的自由,但须始终遵守本条第一款载列的原则,并遵守在这类机构中实行的教育应符合国家可能规定的最低限度标准的要求。

面的能力。只有积极地参加课外活动,小学生的体、智、德、美的全面发展才能得以保证。

2. 遵守学校的作息制度和学习纪律的义务

学校的作息制度和纪律是维持教育教学秩序的重要手段。当前我国的小学教育仍以班级授课制为主,为促进教学活动的有序开展,保证每个学生都能够有效合理地学习,学校都制定了统一的作息时间,比如上学、放学、课间休息时间等。小学生要根据学校的作息时间表合理安排时间,遵守学校的作息时间。这对于小学生来说,是最基本的纪律要求。遵守学习纪律不仅要遵守课堂纪律,也要遵守各种考试纪律。俗话说"国有国法,家有家规",每个集体的存在都要有纪律做保障,学校是各具特色的学生群集的地方,遵守学校纪律是小学生必要的义务。

3. 完成规定学习任务的义务

我国教育体制下,每个教育阶段都有相应的学习目标,每个学习目标都有相应的学习任务。小学生的学习任务就是为了完成小学阶段的学习目标而制定的,完成学习目标的过程也是小学生参与学习、自我发展的过程。学生的这一义务是与学生获得公正评价和学业证书的权利相对应的。要想获得一定的权利就需先履行一定的义务,小学生认真努力学习,积极妥善的完成学习任务是取得学业证书的前提条件。小学生只有完成了小学阶段的发展目标,通过考核才能取得学业证书。权利与义务是相辅相成的,国家保障小学生获得学业证书的权利,学生也应当履行完成学习任务的义务。

4. 遵守中小学生守则和日常行为规范的义务

中小学生守则是根据中小学生的特点,综合多方面考虑制定出来的,是中小学生在学习和日常生活中应当遵守的基本准则。小学生日常行为规范是在中小学生守则的基础上制定出来的,是对小学生日常行为的最基本的要求。按照《中小学生守则》以及《小学生日常行为规范》的要求行事,不仅能够督促小学生养成良好的学习习惯和行为习惯,还能够从小培养学生的规则意识和守法意识。"不以规矩,不成方圆",没有规章制度,没有大家统一认可的行为规范,学校就不会有完整有序的教学,学生也不能全面健康地发展。不管是从小学生短期成长还是长远发展来看,遵守中小学生守则以及小学生日常行为规范都是义不容辞的义务,同时也是小学生更好地保障自己的权利所必须做的。

知识小卡片 3-2

《中小学生守则》(征求意见稿,2014年)

1. 爱祖国。尊敬国旗国徽,奏唱国歌肃立,升降国旗行礼,了解国情历史。
2. 爱学习。勤思好问,乐于探究,上课专心听讲,勇于发表见解,按时完成作业,养成阅读习惯。
3. 爱劳动。自己事自己做,积极承担家务,主动清洁校园,参与社会实践,热心志愿服务,体验劳动创造。
4. 讲文明。尊敬父母师长,平等友善待人,言行礼貌得体,自觉礼让排队,保持公共卫生,爱护公共财物。
5. 讲诚信。守时履约,言行一致,知错就改,有责任心,不抄袭不作弊,不擅动他人物品,借东西及时归还。
6. 讲法治。遵守校纪校规,参与班级管理,养成规则意识,了解法律法规,不做违法之事。
7. 护安全。红灯停绿灯行,防溺水不玩火,会自护懂求救,远离毒品,珍惜生命。
8. 护健康。养成卫生习惯,不吸烟不喝酒,控制上网时间,抵制不良信息,坚持锻炼身体,保持阳光心态。
9. 护家园。节粮节水节电,践行垃圾分类,爱护花草树木,低碳环保生活,保护生态环境。

小学生日常行为规范(修订2004年)

1. 尊敬国旗、国徽,会唱国歌,升降国旗、奏唱国歌时肃立、脱帽、行注目礼,少先队员行队礼。
2. 尊敬父母,关心父母身体健康,主动为家庭做力所能及的事。听从父母和长辈的教导,外出或回到家要主动打招呼。
3. 尊敬老师,见面行礼,主动问好,接受老师的教导,与老师交流。
4. 尊老爱幼,平等待人。同学之间友好相处,互相关心,互相帮助。不欺负弱小,不讥笑、戏弄他人。尊重残疾人。尊重他人的民族习惯。
5. 待人有礼貌,说话文明,讲普通话,会用礼貌用语。不骂人,不打架。到他人房间先敲门,经允许再进入,不随意翻动别人的物品,不打扰别人的工作、学习和休息。

6. 诚实守信,不说谎话,知错就改,不随意拿别人的东西,借东西及时归还,答应别人的事努力做到,做不到时表示歉意。考试不作弊。

7. 虚心学习别人的长处和优点,不嫉妒别人。遇到挫折和失败不灰心,不气馁,遇到困难努力克服。

8. 爱惜粮食和学习、生活用品。节约水电,不比吃穿,不乱花钱。

9. 衣着整洁,经常洗澡,勤剪指甲,勤洗头,早晚刷牙,饭前便后要洗手。自己能做的事自己做,衣物用品摆放整齐,学会收拾房间、洗衣服、洗餐具等家务劳动。

10. 按时上学,不迟到,不早退,不逃学,有病有事要请假,放学后按时回家。参加活动守时,不能参加事先请假。

11. 课前准备好学习用品,上课专心听讲,积极思考,大胆提问,回答问题声音清楚,不随意打断他人发言。课间活动有秩序。

12. 课前预习,课后认真复习,按时完成作业,书写工整,卷面整洁。

13. 坚持锻炼身体,认真做广播体操和眼保健操,坐、立、行、读书、写字姿势正确。积极参加有益的文体活动。

14. 认真做值日,保持教室、校园整洁。保护环境,爱护花草树木、庄稼和有益动物,不随地吐痰,不乱扔果皮纸屑等废弃物。

15. 爱护公物,不在课桌椅、建筑物和文物古迹上涂抹刻画。损坏公物要赔偿。拾到东西归还失主或交公。

16. 积极参加集体活动,认真完成集体交给的任务,少先队员服从队的决议,不做有损集体荣誉的事,集体成员之间相互尊重,学会合作。积极参加学校组织的各种劳动和社会实践活动,多观察,勤动手。

17. 遵守交通法规,过马路走人行横道,不乱穿马路,不在公路、铁路、码头玩耍和追逐打闹。

18. 遵守公共秩序,在公共场所不拥挤,不喧哗,礼让他人。乘公共车、船等主动购票,主动给老幼病残孕让座。不做法律禁止的事。

19. 珍爱生命,注意安全,防火、防溺水、防触电、防盗、防中毒,不做有危险的游戏。

20. 阅读、观看健康有益的图书、报刊、音像和网上信息,收听、收看内容健康的广播电视节目。不吸烟、不喝酒、不赌博,远离毒品,不参加封建迷信活动,不进入网吧等未成年人不宜入内的场所。敢于斗争,遇到坏人坏事主动报告。

（二）与学习活动间接相关的义务

与学习活动间接相关的义务是指针对不直接作用于学习活动，但又对学习有影响的因素所产生的义务关系。履行这些义务也是保证小学生健康成长的必然要求。

1. 遵守国家法律、法规的义务

遵守国家法律、法规是中华人民共和国的每个公民必须履行的义务，小学生作为公民也不例外。这些法律、法规主要包括全国人民代表大会制定的宪法、法律，国务院制定的行政法规，地方人民代表大会制定的地方性法规以及其他根据法律、法规制定的行政规章。对于小学生来说，要特别强调遵守与其学习活动直接相关的教育法律和法规，比如《教育法》《义务教育法》，以及其他涉及小学生义务的相关法律规定，努力做一个知法、懂法、守法的好学生。

2. 尊重同学和尊敬师长的义务

法律赋予每个学生的权利是平等的。这种平等性就隐含着尊重的意思，平等是以互相尊重为起点的。小学生之间相互尊重，也是履行法律义务的应有之义。在教育活动中，教师作为小学生学习和生活的引导者，在其成长发展过程中起着至关重要的作用。因此，尊敬老师也是小学生必须做到的。但是在日常教学中，小学生不尊敬老师的行为时有发生。传统教育中"师尊生卑"的师生观是错误的，我们批判教师权威至上的观念，但那也并不意味着学生就不需要尊敬老师。

3. 爱护学校财产的义务

学校财产是所有学生和教师共同所有的财产，它是学校开展教育教学活动的物质基础，也是学校教育资源的重要组成部分。爱护公物是每个公民的基本美德，也是每个公民应尽的义务。在学校这个场所，每个物品都是公物，比如教室、桌椅、教学设备等。学生可以享用学校公物，但不能侵占它们，更不能破坏。爱护公物，人人有责。爱护学校财产是每个小学生应尽的义务。

第三节　小学生的发展与教育

学生的发展是指在遗传、环境以及学校教育这些外部因素与学生自身内部矛盾的相互作用下，学生在身体和心理两个方面发生综合变化的过程。毋庸置疑，学生的发展会受学生自身内部因素的影响，但是外部因素的影响也不可忽视。教育是对学生发展影响最大的外部因素，对于处在人生发展关键期的小学生来说，教育的作用更是显著。

一、小学生的本质属性与发展结构

小学生首先是人,具有人的一般本质属性,但是作为特殊的群体,又具有其特定的本质属性。因此,小学生拥有一般人的身心发展规律,同时又具有独特的心理发展特点和社会化发展需要。

(一) 小学生是具有一般身心发展规律的人

著名心理学家皮亚杰(J. Piaget)把儿童认知发展分为感知运动阶段(sensorimotor stage)、前运算阶段(preoperational stage)、具体运算阶段(concrete operational stage)和形式运算阶段(formal operational stage)四个阶段。(1)感知运动阶段(0~2岁)。相当于儿童的婴幼儿期,这一阶段尚未形成语言和表象,主要是通过探索感知觉与运动之间的关系来获得动作经验。(2)前运算阶段(2~7岁)。相当于学前期,这个时期儿童头脑里已经有了事物的表象,语言得到飞速发展,并且能用手势或者语言来传达头脑中的表象,可以进行一些直觉思维的运算。(3)具体运算阶段(7~11岁)。相当于小学阶段,儿童认知结构中具有了抽象的概念,可以借助具体事物的支持进行一些逻辑推理运算。(4)形式运算阶段(11岁以后)。儿童的思维活动已经接近成人,思维不再具有依赖性,针对问题可以提出合理的假设,并进行验证。[①] 总体而言,儿童发展都表现出了顺序性、阶段性、整体性、个别差异性等特点。

1. 儿童发展具有顺序性

儿童的发展都是按照一定的先后顺序向前发展的,这种顺序既不能逾越,也不能逆向发展。儿童整体的发展具有顺序性,身体发展、心理发展以及每个心理特征的发展也是有一定顺序的。比如,儿童的动作总是从简单到复杂,从总体到部分;儿童的记忆总是从机械记忆向意义记忆发展。

2. 儿童发展具有阶段性

在儿童身心发展的过程中,前后阶段是有序更替的。个体在不同的阶段都表现出不同的特征,面临着不同的发展任务。上一个阶段任务完成的效果直接影响着下一个阶段的发展,因此每个阶段不仅有自己独特的意义,并且对人生发展的整个过程也是有巨大影响的。

3. 儿童发展具有整体性

教育面对的是一个整体的人,每个儿童既有生物性又有社会性,还有自己的精神独特性。人的生理、心理和社会性等各个方面是一个整体。每个部分的变化都会引起整体的变化,相应地,整体的变化也同样会影响各个方面的变化。儿童的各个部分都

---

① 彭聃龄.普通心理学[M].北京:北京师范大学出版社,2004:516—519.

有自己的发展规律和特点,因此整体并不是意味着每个部分的简单相加,人的整体内部也有一定秩序和发展结构,儿童整体的发展能够呈现出各个部分单独发展时所没有的功能。

4. 儿童发展具有个别差异性

由于每个儿童的遗传素质以及所受到的教育和外部环境的影响不同,因此其发展过程和发展结果也是千差万别的。尽管每个儿童的发展都会经历共同的发展阶段,但是每个人发展的方向、速度、高度等方面往往各有不同。比如,即使年龄相同的孩子,其身高、体重、兴趣爱好以及接受事物的能力也不相同。

(二) 小学生是具有独特心理发展特点的人

学生的身心发展规律决定了不同阶段的孩子具有不同的发展特点。在受到环境变化以及身体发育的影响下,小学生在认知发展、人格发展等方面都会出现很大的转折。

1. 小学生认知发展的特点

认知,也称为认识,是一个人对于传达给自己感觉器官的外界信息进行加工处理的过程。主要包括注意、记忆、思维等。

注意是一个人在心理或者思想上对于一定对象的指向和集中。注意的特征主要表现为指向性和集中性。指向性是指人的心理活动具有一定的选择性,儿童选择某种活动或对象,并且对它们表现出较长时间的心理停留。集中性是人的心理活动离开与活动对象无关的一切东西,并且抑制对其干扰的刺激的一种表现。小学阶段,学生的注意开始从无意注意向有意注意转变,他们的注意具有一定的情绪色彩,往往跟自己的兴趣爱好有很大的关系,并且不稳定、时间较短。

记忆是人类储备和使用思维信息的过程,是人脑对之前经历过的事物的反应。记忆在学生的智力结构中占重要的地位,离开记忆,观察、想象以及思维活动都无法进行。因此,可以说,记忆是学生进行学习活动、发展智力的重要前提之一。小学生的记忆特点表现为:有意识记慢慢超越无意识记,并逐渐占优势(见表3-1[①]);抽象记忆得到迅速发展(见表3-2[②])。

表3-1 小学儿童有意识记与无意识记正确回忆百分比的比较(%)

年 级	有意识记	无意识记
小学二年级	43.0	42.8
小学四年级	51.5	43.8

---

① 朱智贤.中国儿童青少年心理发展与教育[M].北京:中国卓越出版公司,1990:64—65.
② 沈德立.发展与教育心理学[M].沈阳:辽宁大学出版社,1999:157—158.

由表 3-1 可以看出,小学二年级的学生有意识记和无意识记得出的成绩基本一样,相差甚微。但是,小学四年级的学生,有意识记的成绩与无意识记的成绩之间的差距有明显增大。因此,随着年级的增长,小学生的有意识记逐渐占优势。

表 3-2　三种不同性质材料重现的平均百分数(%)

年　级	及时重现			延时重现		
	形象	具体词	抽象词	形象	具体词	抽象词
一年级	51.9	41.7	26.4	45.4	17.0	6.4
三年级	72.6	68.2	52.6	67.3	64.6	34.4
五年级	82.6	70.0	64.6	81.3	71.0	65.4

从表 3-2 可以看出,无论哪个年级,抽象词的记忆难度都是最大的,并且随着年级的增长,无论是及时重现还是延时重现,小学生的成绩均在大幅上升。

思维是人脑能动地反应客观现实、认识世界的过程。思维是智力的核心部分,思维的发展在某种程度上标志着智力的发展。我们一般把思维分为直观动作思维、具体形象思维、抽象逻辑思维这三种类型。其中,抽象逻辑思维的发展要经历初步逻辑思维、经验逻辑思维、理论逻辑思维(包括辩证逻辑思维)这三个阶段。小学生的思维发展特点是:逐渐从具体形象思维为主向抽象逻辑思维为主转变,并且存在转变"关键期"。"一般认为这个年龄在小学四年级(约 10～11 岁)。如教育适当,这个关键年龄可以提前。反之,如果没有良好的教育条件,这个'关键年龄'也可能推迟。"[①]在整个小学期间,他们的抽象逻辑思维水平不断提高,思维中的抽象成分逐渐增加,但仍处于初步逻辑思维阶段,并且小学生已经出现了辩证逻辑思维的萌芽。

2. 小学生人格发展的特点

人格是一个人所具有的区别于其他人的独特稳定的思维方式和行为风格。小学生的人格发展就是除了认知之外的其他综合性的心理质量,主要包括需要与动机、意志与自我意识等方面的发展。

需要是人机体内部一种不平衡的状态的体现,是机体在自身发展过程中对某一事物既缺乏又渴望的一种心理状态。人本主义心理学家马斯洛(A. H. Maslow),提出了"需要层次理论"(hierarchical theory of needs)。他认为,人的需要从低到高依次为:生理需要(physiological need)、安全需要(safety need)、归属与爱的需要(belongingness and love need)、尊重的需要(esteem need)、自我实现的需要(self actualization need)。[②]

[①] 林崇德.发展心理学[M].台北:东华书局,1998:314.
[②] 彭聃龄.普通心理学[M].北京:北京师范大学出版社,2004:328—330.

这些需要是与生俱来的,并激励和引导个体向前发展。小学生的需要是产生其动机的基础,小学生的动机主要是指学习动机,受需要的支配,不同的需要导致不同的学习动机。一般来说,小学生的学习动机是从比较短浅的动机逐渐发展为自觉的、有远见的动机,从具体的学习动机向抽象的学习动机发展。比如,低年级的小学生学习动机主要是为了考好分数,得到老师和家长的表扬;而高年级的小学生则更多的是为了个人前途、为了升学而学习。

意志是一个人支配、调节行动,克服种种困难以达到预定目的的一种心理状态。小学低年级学生,分辨是非、善恶、美丑的能力不强,并且小学生好动的特性往往驱使他们盲目行动,遇到事情不能很好地作出选择,学生意志力比较薄弱,易模仿他人。因此,低年级的小学生更加需要教师及时地引导和教育。到了高年级阶段,小学生的意志力有较大的发展,独立性和自主性日益凸显出来。小学阶段是培养学生意志力的关键时期,尽管高年级的小学生意志力有所增强,但是小学生整体的意志力仍是较为薄弱的。因此,教育者积极的教育行为以及正确的教育方法是必不可少的。

自我意识的发展过程是个体不断社会化的过程。小学儿童的自我意识正处在社会自我阶段,其发展是随着年龄的不断增长从低水平向高水平发展的,但并非是直线、等速的发展。首先,自我概念方面,小学生对自我的认识从简单到抽象发展,言语表达由浅显词汇向专业术语转变。其次,自我评价方面。从依靠他人标准的评价逐渐发展为依靠自我评价标准,渐渐发展了自我意识的独立性。

(三) 小学生是具有社会化发展需要的人

社会化是指"自然人成长为社会人,并逐步适应社会生活的过程,经由这一过程,社会化得以积累和延续,社会结构得以维持和发展,人的个性得以形成和完善"[①]。社会化是贯穿人一生的过程,而小学阶段的社会化对人的发展起了定向作用。

小学生的社会化受其接受的教育及参与的社会实践活动影响。首先,学校教育是小学生社会化的主要途径和主要形式。从学习内容来说,小学生接受的主要是前人在实践基础上总结出来的认识成果,这些内容是人和社会发展所必需的历史文化遗产。小学生通过学习人类文化的精华,大大加快了社会化的进程。从学习方法来说,小学生的学习主要是在教师有目的、有计划、有系统地教育引导下进行的。这种教育引导最主要的表现方式就是教学,教师把间接经验传授给学生,学生不断地内化到自己的知识结构中,同时又提出新的需要,而学生的发展需要与社会的发展需要是相辅相成的,因此,学生的发展需要是其社会化的推动力。其次,社会实践活动是小学生社会化的必备途径。学龄前儿童的社会化主要是通过与社会的非正式交往来实现的,小学阶

---

① 郑杭生.社会学概论新修[M].北京:中国人民大学出版社,2000:105.

段的学生,最主要的活动场所是学校。学校集体和班级集体作为一种正式的社会组织,具有明确的行为准则和规范标准,学生通过参与集体活动,在不断与周围同伴交互的过程中,逐渐形成集体关系,培养集体意识,开始在这个大集体中扮演一定的社会角色。

一般而言,"个体社会化从社会化本身的性质与水平来说,可以划分为初级社会化和次级社会化两个不同而又相连的阶段。"[①]初级社会化主要是向儿童传授一定的语言和其他认知本领,让其内化社会标准,使儿童能够了解社会对不同角色的期望和要求。次级社会化是个体在初级社会化的基础上继续社会化的过程,在这个阶段,个体会对社会某个特殊角色或专门化的活动产生认同,并且会逐渐形成某个特殊角色的自我意识。小学儿童的社会化过程主要是次级社会化,但是次级社会化也并不能解决个体所有的社会化问题,社会以及教育的发展向我们提出了终身教育的新要求,终身教育贯穿人的一生,是个体实现一生的社会化的必然选择。

二、数字化时代小学生的新特点

每个时代的人都有每个时代的特点。数字化时代是在20世纪下半叶世界范围内兴起的以网络技术、信息技术为主要特征的第三次科技革命带来的新时代。与以往学生相比,生活在数字化时代的小学生在生理和心理上呈现出新的时代特点。同时,这些时代特点也带来了独特的心理问题。

(一)生理特征变化大,部分健康问题严重化

生理特征是年龄特征的一个重要方面。所谓年龄特征是指"个体发展的每一阶段中都存在的,区别于其他阶段的,而又是同一年龄段个体普遍具有的一般的、富有典型性的特征。"[②]从生理特征来看,当代小学生的身高、体重、体内机能等方面都较之前有很大的变化。"我国城乡学生的身高、体重和胸围等生长发育水平继续呈现增长趋势;反映人体生理机能水平的重要指标——肺活量,在连续20年下降的情况下,出现上升拐点。"[③]学生的整体体质和健康水平有所改善,但是也有部分是存在问题的。当今时代,最常见的两种健康问题就是近视和肥胖。"视力不良检出率继续上升,并出现低龄化倾向:7~12岁小学生为40.89%(其中城市为48.81%,农村为32.98%)。"[④]在数字化时代,iPad、iPhone等各种电子产品充斥在小学生生活和学习中,长期用眼过度,是

---

① 谢维和.教育活动的社会学分析——一种教育社会学的研究[M].北京:教育科学出版社,1999:144.
② 叶澜.教育概论[M].北京:人民教育出版社,1991:251.
③ 教育部关于2010年全国学生体质与健康调研结果公告[EB/OL]. http://www.moe.gov.cn/publicfiles/business/htmlfiles/moe/s5948/201109/124202.html,2014-01-23.
④ 教育部关于2010年全国学生体质与健康调研结果公告[EB/OL]. http://www.moe.gov.cn/publicfiles/business/htmlfiles/moe/s5948/201109/124202.html,2014-01-23.

造成小学生近视多发的主要原因。在物质条件优越的数字化时代,儿童的体重问题也越来越凸显,学生肥胖和超重检出率继续增加。"湖南省7~12岁年龄段学生中,城市男生、城市女生、乡村男生、乡村女生超重、肥胖检出率均比2000—2005年的统计数据有所增长,是各年龄段学生中增幅最大的群体。"[①]另外,儿童的性早熟问题也是当前需要人们高度关注的。"性早熟在儿童群体中发病率已达1%。"[②]不当饮食是引发儿童性早熟的最主要原因,但是媒体或者是网络等对不良信息的放纵也会刺激儿童神经,造成人体下丘脑—垂体—性腺轴变化启动的提前,导致儿童的性早熟。

> **案例3-3**
>
> **9岁女孩用眼过度双眼"暴盲"**
>
> 9岁的萌萌在寄宿学校上学,平时学校学习抓得挺紧,双休时间也不轻松。妈妈给她报了五个培训班。
>
> 长期的高压学习,让萌萌的眼睛出现了问题:坐在第一排都看不清楚黑板上的字。经医院检查发现,孩子的视力只剩下0.1了,矫正视力仅为0.2。详细检查后,找到了"偷走"视力的祸首:球后视神经炎。遗憾的是,由于拖的时间太长,已经"丢失"的视力不可逆转,医生也无力回天。医生提醒,小学4年级以前,正是眼睛发育的关键阶段,这个时候家长千万不要用繁重的学习来"透支"孩子的视力。
>
> 资料来源:刘璇.9岁女孩用眼过度双眼"暴盲"[N/OL]. http://whwb.cjn.cn/html/2014-11/16/content_5389045.htm,2014-11-16.

(二)心理受影响深,心理问题多样化

心理特征是年龄特征的另一个组成部分。在数字化时代,学生的思维较之前更加活跃,创新能力得到进一步的提高。但是,学生身心发展不平衡、心理困惑以及矛盾冲突等问题也显而易见。调查表明,"小学生、初中生、高中生有心理和行为问题的分别占10%、15%和19%。"[③]这些问题具体表现在以下几个方面:(1)厌学。据有关"减负"情况调查报告显示,"有超过50%的小学一二年级学生需要完成家庭作业。79%的小学生要参加课外培训。没有出现厌学情绪的小学生占比为6%,有很强烈厌学情绪的

[①] 沈颢,姜应满.10年来湖南学生平均身高增长视力低下增多[N/OL]. http://news.rednet.cn/c/2011/11/10/2426269.htm,2011-11-10.

[②] 刘润田.四因素揭秘儿童性早熟[J].中国保健营养,2007(12).

[③] 叶澜.教师角色与教师发展新探[M].北京:教育科学出版社,2001:276—321.

占比为43%。"①(2)网瘾现象严重。网络的普及,小学生上网成瘾成为难以避免的问题。"在本次调查的上网小学生中,有7.1%是网瘾用户。另外,有网瘾倾向的约占5%。"②(3)孤独。一方面,数字化时代的人际交往往往是以高科技产品为依托进行的虚拟交流。另一方面,当前独生子女是我国儿童的重要构成。据《国家人口发展战略研究报告》显示,"自实行计划生育以来全国累计有近1亿独生子女。"③父母终日忙于工作,经常造成孩子在家无人照顾的情况。在农村,年轻父母多选择外出打工,留下孩子与祖辈在一起。有报告指出,"平均每4位留守儿童中就有1位存在心理孤独问题,而在非留守儿童的对比样本中,也有12.8%的儿童存在心理孤独问题。在四至六年级的留守学生群体中,孤独感比例分别为24.1%、27.2%、38.2%。"④

(三)生活信息化明显,网络成为必要组成部分

人类步入信息时代,网络成了人们生活必不可少的一部分,也越来越贴近小学生。近几年,学生逐渐成为我国网民构成的主力军。"截至2014年6月,10岁以下网民的比例为2.1%,比2013年12月增长了0.2%。"⑤由此可以看出,儿童是我国网民中的重要群体。从学历结构来看,"小学及以下学历人群的占比为12.1%,较2013年年底上升0.2个百分点。"从城乡新增学生网民年龄结构来看,"城镇新增学生网民中10岁以下人群占比为16.1%,城市新增学生网民占比为54.2%。"⑥数据显示,不管是在农村还是在城市,小学生上网人数都在飞速增长。不管是对哪个群体来说,网络都是有利有弊。小学生上网人数增多,是符合了时代的要求。但是,小学生作为心智尚未成熟的儿童,还欠缺辨别美丑善恶的能力,也没有很强的自我控制能力,极易出现不当的上网行为。"约八成小学生9岁前开始接触互联网,更有部分小学生在学龄前甚至1岁就已经开始接触网络。'看动漫、电影、下载音乐''玩网络游戏'等娱乐追求是小学生上网的主要目的,同时也有超过四成的学生上网的目的之一是学习。上网玩过游戏

---

① 中小学减负调查公布 约三成学生负担不减反增[EB/OL]. http://edu.qq.com/a/20130531/004901.htm,2014-01-23.
② 我国首部小学生互联网使用行为调研报告发布[EB/OL]. http://www.gmw.cn/content/2009-08/18/content_965644.htm,2014-01-24.
③ 国家人口发展战略研究报告(全文)[EB/OL]. http://www.china.com.cn/policy/txt/2007-01/11/content_7643393_5.htm,2014-01-24.
④ 邹倜然.1/4留守儿童有心理孤独问题[EB/OL]. http://media.workercn.cn/grrb/2014_10/24/GR0509.htm,2014-01-24.
⑤ 第34次CNNIC报告 第二章:网民规模与结构特征[EB/OL]. http://tech.qq.com/a/20140721/030225.htm,2014-01-24.
⑥ 第34次CNNIC报告 第二章:网民规模与结构特征[EB/OL]. http://tech.qq.com/a/20140721/030225.htm,2014-01-24.

的比例超过9成。"①可以说网络是个聚宝盆,学生可以以最快的速度查找学习资料,了解课堂之外的更多知识;同时也是个大熔炉,汇集了各种类型的信息。在互联网上,学生在主动获取信息的同时也会被动地获取其他信息,比如色情画面、游戏广告。网络是数字化时代的产物,也是当代小学生生活中的一个新特点,但是"新"并不意味着"好",小学生一定要注意文明上网、合理上网,做网络新公民。

三、小学生身心发展与引导

小学阶段教育的核心是帮助学生学会如何学习、如何生活,目的就是促进小学生的身心健康发展。小学生作为未成熟的人,其身心发展需要教育者的引导和帮助。

(一)小学生的身心发展与兴趣

我国古代教育家有"知之者不如好之者,好之者不如乐之者"的说法。《教育规划纲要(2010—2020年)》提出"要重视培养学生的兴趣,没有兴趣就没有学习"。这些都可以说明,兴趣是最好的老师,对于天性好动的小学生来说,兴趣的培养更是重中之重。

1. 小学生兴趣的产生条件

小学生兴趣的产生,主要源于好奇心和需要。(1)好奇心与兴趣是紧密相连的。新鲜奇异的事物能够激发儿童的好奇心,让儿童形成持久的观察和注意,进而促使其更深入地探索。可以说,小学生的好奇心是学生认知的主要动力,也是培养学生兴趣的关键因素。教师要抓住小学生好奇心强的这个特点,把学生的好奇心与兴趣的培养结合起来,善于捕捉良好时机,积极有效地帮助学生发展兴趣。(2)需要也是培养兴趣的重要力量。面对各种刺激时,儿童会根据内心需要,筛选出相符合的刺激因素。在筛选过程中,儿童将注意力长久地停留在一定的刺激上,这就为兴趣的产生提供了时间和空间。(3)需要对儿童的情绪也会产生影响。符合儿童需要的刺激物,极易引发儿童的积极情绪,积极情绪是培养兴趣的良好条件。正如皮亚杰所言:"兴趣实际上就是需要的延伸,它表现出对象与需要之间的关系,因为我们之所以对于一个对象发生兴趣,是由于它满足我们的需要。"②

2. 小学生兴趣的发展与引导

学龄儿童进入小学之后,其兴趣发展不断变化。(1)儿童的兴趣范围不断扩大。比如儿童的课内兴趣逐渐扩大到课外兴趣;阅读兴趣从童话故事逐渐扩展到文艺作品等等。(2)未形成中心兴趣。儿童兴趣范围的扩大并不是以一点为中心不断向周围

---

① 我国首部小学生互联网使用行为调研报告发布[EB/OL]. http://www.gmw.cn/content/2009-08/18/content_965644.htm,2014-01-24.

② [瑞]让·皮亚杰. 儿童的心理发展[M]. 傅统先,译. 济南:山东教育出版社,1982:55.

扩展的。儿童的兴趣广泛,零零散散,教师要善于观察学生的兴趣发展动向,不断地培养学生的中心兴趣,深化兴趣的深度。(3)小学儿童的兴趣具有不稳定性。儿童的兴趣具有不同的层次,一般可以分为感官兴趣、中间兴趣和内在兴趣这三种。感官兴趣是指向外部活动的,是对外在的层面感兴趣的一种心理活动,比如老师的表扬、同伴的认可等。内在兴趣是指向活动内容本身的,比如,儿童对于游戏的兴趣只是因为游戏本身并非其他外在因素。中间兴趣则是介于感官兴趣和内在兴趣中间的兴趣。小学儿童兴趣的不稳定性表现在,小学儿童的兴趣大多处在中间兴趣这个层面,而中间兴趣本身就具有一定的动态性。它可以不断地向感官兴趣和内在兴趣移动,从而导致感官兴趣和内在兴趣在儿童兴趣中所占的比重有所不同。而真正的兴趣就是内在的兴趣,是存在于事物或活动本身的,如杜威所说"真正的兴趣是自我通过行动与某一对象或观念融为一体的伴随物。"[①]因此,这就需要教师不断地调整引导策略,帮助儿童从感官兴趣向内在兴趣发展。

(二) 小学生的身心发展与习惯

习惯在个体发展过程中发挥着举足轻重的作用,一旦养成,不易改变。对于小学生来说,影响其身心健康发展的最主要的两种习惯是学习习惯和卫生习惯。

1. 小学生学习习惯与引导

小学生学习习惯的养成有一定规律性。首先,低年级学生的学习习惯具有一定的外控性。随着学生认知的发展,到了小学高年级,学生把外控的行为逐渐内化为自身动力,使学习习惯趋于自觉化。其次,低年级学生的习惯是详细具体的、易操作的,并具有不稳定性。到了高年级,教育者更侧重于培养复杂、抽象的习惯,这些习惯稳定性较强,一旦形成,就成为了无意识的自动化行为。因此,良好的学习习惯,可以为学习主动性的形成打下坚实的基础。

那么,良好的学习习惯包含哪些特点呢?(1)计划性。初入小学的学生要想在有效时间内处理好学习与娱乐两者之间的关系,就需要有计划地安排学习活动。这种计划性不仅要融入到意识里,对于小学生来说,更重要的是用物化的形式呈现出来。(2)坚持性。学生在学习过程中难免会碰到困难和挫折,要想在这条艰难的道路上取得成功,要有耐心和意志力。坚持是形成良好学习习惯的有效强化剂。(3)独立性。新时期小学教育的重要任务是提高学生应对问题的能力,让学生学会生存。当代教育强调学生的创新思想,而创新往往是与独立思考、独立解决问题是联系在一起的。因此,独立性是形成良好学习习惯的必需品质。

---

① [美]约翰·杜威.学校与社会·明日之学校[M].赵祥麟,等译.北京:人民教育出版社,1994:175.

2. 小学生卫生习惯与引导

"教育就是养成习惯",良好的习惯会让学生受益终生。如果说良好的学习习惯能够帮助学生更好更快地认识世界,那么良好的行为习惯则能让学生更幸福地生活在这个世界上。

学生的行为习惯有很多种,最重要也最易被忽视的就是卫生习惯。卫生习惯关乎学生身体的健康状况,是学生必须拥有的生活习惯。小学生的卫生习惯可分为个人卫生、学习卫生和保健卫生。要保持良好的个人卫生,首先要养成按时作息、睡前刷牙、勤换衣服、勤剪指甲、勤理发等"五要"的基本要求。同时,"六不要"也是不可或缺的:不喝生水、不吃不洁食物、不吸烟、不乱丢果皮纸屑、不随地吐痰、不乱涂墙壁。学习方面的卫生是让学生养成良好的学习习惯,比如看书写字姿势要正确、不在强烈的阳光下和暗弱的光线下看书、认真做好眼保健操、保持教室墙壁洁白等。保健卫生直指学生的生命健康问题。小学生年龄小,缺乏基本的卫生健康意识,这就需要教育者严格按照卫生要求来督促学生。比如,每年体检一次、不吃变质食物、积极预防传染病感染、做好预防近视的宣传工作、对近视学生定期复查等。良好的卫生习惯不仅有利于学生的健康,体现小学生的文明气质,更是当代教育的基本要求。小学生的模仿和记忆能力都很强,且容易受他人的影响,正是养成良好卫生习惯的重要阶段。教育者要以身作则,有计划地开展教育活动,帮助学生获得正确必要的卫生知识,树立卫生观念,从小培养卫生意识。

(三)小学生身心发展与品德

《教育规划纲要(2010—2020年)》中明确指出:"坚持德育为先。立德树人,把社会主义核心价值体系融入国民教育全过程。……切实加强和改进未成年人思想道德建设……"因此,帮助和引导小学生的品德发展是一项义不容辞的任务。

1. 小学生品德的发展与要求

品德,也就是道德品质。科尔伯格(L. Kohlberg)认为,道德的发展可以分为三种水平:习俗前道德(pre-conventional morality)、习俗道德(conventional morality)和后习俗道德(post-conventional morality)。每种水平又分为两个阶段,共六个阶段:(1)避免惩罚的服从阶段,(2)相对功利阶段,(3)寻求认可阶段,(4)顺从权威阶段,(5)法制观念阶段,(6)价值观念阶段。[①]

前世俗水平的道德具有是非善恶的观念,但是评判标准是外在的,主要根据事情的结果以及事件与自身的利害关系来评判。小学一二年级的学生基本都处在前习俗水平的第一阶段,他们完全服从权威人物的命令,这样在他们的道德认识中就形成了

---

① 彭聃龄.普通心理学[M].北京:北京师范大学出版社,2004:527.

一定的准则,违反这些准则的人就会受到惩罚。从小学三年级开始,儿童的道德发展就进入了第二个阶段。这个阶段,儿童是否遵守规则主要取决于自己的最大利益。儿童遵守规则是为了获得表扬或者满足自己的需要。达到习俗水平的儿童从社会等其他方面考虑问题,遵守道德规则,维护传统的道德秩序。小学高年级学生的道德发展基本达到了习俗水平的第一个阶段。儿童考虑到社会对"好孩子"的期望和要求,他们服从这个规则并且满足他人的要求,以"诚实儿童"的标准为出发点展开思维和行动,期望得到社会的赞许。道德发展到第四个阶段的儿童,更加意识到维护社会秩序的重要性,他们尊重权威,懂得履行自己的责任。后世俗水平包括五、六两个阶段,达到第五个阶段的儿童能够意识到道德准则只不过是一种社会契约,是可以改变的。第六个阶段是最高阶段,达到这个阶段的儿童在做道德判断时,是基于自己良心所选择的普遍道德原则。一般来说,小学六年级的学生基本上已经达到了第三阶段的水平,但是极少有学生能够达到第四阶段。

  由此可以看出,小学生的品德发展是有一定的阶段性,每个阶段的学生都有其发展的道德危机,教育就是要了解每个阶段的独特性,培养学生解决危机的能力。不管应对哪个阶段的危机,对小学生品德教育的方向是不能改变的,《中小学德育工作规程》(以下简称《德育规程》)规定"中小学德育工作必须以马列主义、毛泽东思想和邓小平理论为指导,把坚定正确的政治方向放在第一位。"另外,小学品德教育作为小学教育的重要组成部分,要始终明确其教育任务。《德育规程》指出:"中小学德育工作的基本任务是,培养学生成为热爱社会主义祖国、具有社会公德、文明行为习惯、遵纪守法的公民。"坚持正确的德育方向,施加积极的德育影响,才能使小学生的品德得以健康发展。

  2. 小学生品德发展的特点与引导

  从心理学的角度来说,品德由知、情、意、行这四个心理因素组成。人的品德发展表现在品德认识的提高、品德情感的陶冶、品德意志的锻炼、品德行为的培养。品德认识是一切道德行为的根据,主要包括对品德概念的认识、品德评价的认识等方面。小学低年级的学生对品德概念的理解比较模糊,缺乏抽象意识和概括能力。比如,对于"什么是好学生"这个问题的回答,大多数学生会选择"上课不捣乱的""认真完成作业的"等具体的表现作为标准。到了高年级阶段,学生才能达到一定的抽象概括水平。在品德评价方面,从只注重事件结果的片面评价逐渐向注重整个事件的动机、过程和结果的全面评价发展。小学低中年级学生在评价时,往往具有很强的主观性、从众性、片面性。例如,评价一个同学时,除了受到其他同学或者老师的导向性影响外,还会受到这个同学某一次行为的影响,比如某天上课没有认真听讲,某天没有按时完成作业等。到了高年级,才会从整体概念上做出评价。因此,教育者要善于利用实际生活或学习活动中的真实事例引导和培养学生的评价能力。品德情感是产生品德行为的内在动力。小学生的品德情感由狭隘的、肤浅的情感逐步向稳定的情感发展。比如,在爱国情感这个方面,小学低年级的学生往往是不理解的、模糊的,具有极大的变动性,随着知识的学习以及心智的发展,爱国主义情感才逐渐地趋向明了和稳定。在培养儿童品德情感的过程中要与品德行为紧密地结合起来,使儿童在品德行为的实践中加深品德情感的体验。小学生品德意志贯穿于品德形成的整个过程中,小学生树立品德准则并初步形成品德信念,需要品德意志作支撑。品德信念与品德认识联系紧密,更与品德意志息息相关。小学一二年级的学生只是形成品德信念的某些相关因素,到了三四年级才逐渐形成初步的品德信念。品德行为是衡量一个人品德水平的重要标志。低、中年级小学生行为的实现受外在因素(如父母、教师的指令等)的影响较大,随着学生逐渐内化外在的要求,小学高年级学生品德行为的自觉性日益明显。

(四)小学生身心发展与创造力

在未来社会发展过程中,创造力是检测一个人是否能够立足的重要因素。正如有些学者所言,"未来社会将会淘汰另一种'文盲',他们并非目不识丁,其中一部分可能还有很高的学历,但他们的能力封闭在被灌输的知识领域当中,不会进行发散性思维和创造性思维。"[1]

1. 创造力的内涵与层次

不同学者对创造力的界定,各有不同。在心理学界,较为普遍的看法是把创造力定义为:"根据一定目的和任务,运用一切已知信息,开展能动思维活动,产生出某种新颖、独特、有社会或个人价值的产品的智力品质。这里的产品是指以某种形式存在的思维成果。"[2]

按照创造力的特点,我们可以将它分为初级、中级和高级这三个层次。高级层次的创造力是指特别杰出的发明创造能力,对人类的发展具有划时代的影响。中级层次的创造力是在原有的事物基础上,通过改造、创新,创造出有价值的产品的能力。低级创造力是指创造出对于创造者来说新颖的、有价值的产品的能力。从人类的发展来看,只有极少数人具有高级创造能力,而中级创造力以及低级创造力是大多数成人和儿童所具有的能力。每个人都有创造力,只是"多"或"少"的问题。因此,培养学生的创造力是教育者的重要任务之一。创造力的培养并非一朝一夕的事,必须要从小抓起,小学阶段是学生思维形成的初始阶段,是至关重要的时期。

2. 小学生创造力发展的特点与引导

虽说小学生是处于模仿—再现的阶段,但是"创造是人的本质特性,是人的天赋潜

---

[1] 吴承越,张道澄.德国教育与学生创造潜能的开发[J].云南师范大学学报(教育科学版),2002(6).
[2] 俞国良.创造力心理学[M].杭州:浙江人民出版社,1996:15.

能。"①因此,每个孩子都有无限创造的可能性。总体来说,小学生的创造力是以波浪前进的形式向前发展的。美国学者经过大量持续的研究,得出结论:"儿童创造力发展是一个动态过程:小学一至三年级呈直线上升状态;小学四年级下降;小学五年级又回复上升;小学六年级至初中一年级再次下降;以后直至成人基本保持上升趋势。"②小学生创造力的发展受多方面因素的影响,最明显的就是学习活动。有学者通过研究小学语文学科对学生创造力的影响,得出结论:"小学语文中的识字、看图说话、造句、阅读、作文等活动只要运用得当,都可以极大地促进儿童创造力的发展。"③除了语文课,数学课也对促进小学生创造力的发展起着至关重要的作用。"在小学数学的学习中,儿童的创造力可以得到迅速的发展,而科学的教学则会加速这种发展。"④种种研究结果都凸显了老师科学教学的重要性,小学生的创造力就像一颗种子,想要它发芽开花,就要用适当的方法精心培育。那么,何为适当的方法呢?适当的方法就是有助于培养学生创造力发展的方法。比如,在语文教学中合理恰当的应用图片、故事,把语文教学与学生的实际生活联系在一起;在数学教学中鼓励学生一题多解,适时运用联想和直接思维寻求答案,让学生自编应用题等。除了学习活动,校内外的课外活动对小学生的创造力培养也是必不可少的。这些课外活动往往具有实践性、灵活性、趣味性等特点,在这些活动中,学生不仅能施展才华,彰显个性,往往还能积极地思考问题,发现新的问题,探索新的知识领域。课外活动尤其是创造性的发明活动是促进小学生创造力发展的重要场所。因此,让学生参加课外实践活动,举办创造性的竞赛活动是不可或缺的。

本章小结

　　小学生是教育的对象,教育者认识小学生、促进小学生发展的前提是要把握正确的儿童观。传统儿童观压制儿童的天性、忽视儿童的主观能动性,而现代儿童观则认为儿童是未成熟的人、有主体性的人、有独特性的人、有特定权责的人。现代儿童观的发展使教育者逐渐认识到,小学生是权利的主体,小学生在享有权利的同时,也需要履行相关义务。小学生的权利和义务可以分为与学习活动直接相关的权利和义务、与学习活动间接相关的权利和义务。作为教育教学活动的主体,促进小学生身心全面、健康发展才是最高宗旨,小学生具有其一定的社会属性和发展结构,并且在数字化时代,小学生的发展呈现出一些新的特点。但是,作为尚未成熟的人,小学生的身心发展仍需教育者的引导,特别是兴趣、习惯、品德和创造力。

---

① 张武升.培养创新人才是跨世纪中国基础教育的伟大使命[J].天津教育,1999(5).
② 俞国良.创造力心理学[M].杭州:浙江人民出版社,1996:105.
③ 俞国良.创造力心理学[M].杭州:浙江人民出版社,1996:106.
④ 俞国良.创造力心理学[M].杭州:浙江人民出版社,1996:106.

思考与练习

1. 传统儿童观与现代儿童观有什么区别？如何理解现代儿童观的内涵？
2. 小学生的基本权利和义务是什么？如何保护小学生的权利？
3. 小学生的认知发展和人格发展有什么特点？
4. 数字化时代小学生的新特点有什么表现？
5. 怎样引导小学生养成良好的学习习惯？如何发展他们的创造力？

参考文献

[1] 李步云.法理学[M].北京:经济科学出版社,2000.

[2] 林崇德.发展心理学[M].台北:东华书局,1998.

[3] 彭聃龄.普通心理学[M].北京:北京师范大学出版社,2004.

[4] 沈德立.发展与教育心理学[M].沈阳:辽宁大学出版社,1999.

[5] 孙培青.中国教育史[M].上海:华东师范大学出版社,2009.

[6] 吴式颖.外国教育史教程[M].北京:人民教育出版社,1999.

[7] 谢维和.教育活动的社会学分析——一种教育社会学的研究[M].北京:教育科学出版社,1999.

[8] 叶澜.教师角色与教师发展新探[M].北京:教育科学出版社,2001.

[9] 叶澜.教育概论[M].北京:人民教育出版社,1991.

[10] 俞国良,林崇德,沈德立.创造力心理学[M].杭州:浙江人民出版社,1996.

[11] 郑杭生.社会学概论新修[M].北京:中国人民大学出版社,2000.

[12] 朱智贤.中国儿童青少年心理发展与教育[M].北京:中国卓越出版公司,1990.

[13] 冯契.哲学大辞典[Z].上海:上海辞书出版社,1992.

[14] [德]米切尔·兰德曼.哲学人类学[M].彭富春,译.北京:工人出版社,1988.

[15] [法]卢梭.爱弥儿[M].李平沤,译.北京:人民教育出版社,2001.

[16] [美]霍华德·加德纳.多元智能新视野[M].沈致隆,译.北京:中国人民大学出版社,2008.

[17] [美]约翰·杜威.民主主义与教育[M].王承绪,译.北京:人民教育出版社,2001.

[18] [美]约翰·杜威.学校与社会·明日之学校[M].赵祥麟,等译.北京:人民教育出版社,1994.

[19] [瑞]让·皮亚杰.儿童的心理发展[M].傅统先,译.济南:山东教育出版社,1982.

[20] [意]蒙台梭利.童年的秘密[M].马荣根,译.北京:人民教育出版社,1990.

第四章 小学教师论

学习目标

1. 了解小学教师的角色转变,理解小学教师的职业特点。
2. 科学认识小学教师的专业性,理解其专业素养结构。
3. 正确认识掌握小学教师的权利与义务及其保障。
4. 理解领悟小学教师的专业成长内涵与阶段,联系实际分析其成长路径。

教师作为教育中的三要素之一,有广义和狭义之分,广义的教师指传授知识、经验的人,可与教育者并论;狭义的教师指受过专门教育和训练的,在学校教育中承担教育、教学工作的专职人员。由于小学教育的对象是儿童,他们关系到国家的未来,小学教师更是承载着艰巨的使命。

第一节 小学教师的角色与素养

随着信息化社会的发展和基础教育改革的深入开展,小学教师的角色和地位也在发生着变化,同时,由于教师劳动的特殊性,对小学教师的专业素养也提出了新要求。这些新挑战既是教师自身提高的机会,也是促进小学生全面发展的需要,更是时代的呼唤。

一、小学教师的角色转变

角色是指一个人在一定的系统内的身份、地位、职务及其相应的行为模式。[1] 教师是对受教育者的心灵施加特定影响的人。传统的小学教师角色在当今社会中表现出不适应性,因此,重塑小学教师角色是目前小学教育工作的首要任务。

(一)小学教师的传统角色

教书育人是教师的天职,也是教师的基本使命和主要工作。

在历史上,自原始社会末期专职教师出现起,教师这个群体大多本着"传道、授业、解惑"的角色出现在教育的舞台上。在古代,法家提出了"以吏为师",把教师的角色定义为官吏,体现了教育者的政治身份,唐代的韩愈提出"道之所存,师之所存"(《师说》),强调"师"与"道"的依存关系,教师为"传道"而存在。到了近代,"废科举,兴学

---

[1] 叶澜.教师角色与教师发展新探[M].北京:教育科学出版社,2001:32.

校"使得学校大量涌现,由于教育内容的革新,教师不再是单纯的"传道者",而是更多地担任不同专业的学科教授者。同时,由于社会的变革,有人提出来教育为立国之本,此时的教育多为社会服务,教师的角色多为社会利益的代表者,以培养社会所需人才为职责,更多地体现了教师的社会工具价值。

在现实中,对教师角色的隐喻反映出对教师职业的认识。人们常将教师隐喻为"蜡烛""灯塔""钥匙""园丁""春蚕",将教师这一崇高伟大的形象凸显出来,塑造了教师作为一个悲情奉献者的形象;现代工业社会将教师隐喻为"人类灵魂的工程师",这在一定程度上契合了教育尊重和关怀人的本质属性,但夸大了教师的作用;同时,也有将教师隐喻为自然物,如"太阳""一桶水",体现出了教师是神圣、光辉的职业。

从字面内容上归纳,教师隐喻的原型有三个来源:物质产品、职业角色、自然界产物。这些隐喻都生动有效地呈现出教师职业的特征,但却有不完善之处。首先,以物质产品为原型的教师隐喻,如蜡烛、灯塔,都体现了教师的奉献精神,但是这些比喻既具有单一的目的性又富有极强的工具性色彩,教师相对于学生而言只是一种实现个人目标的实用工具;其次,将教师比作其他职业的工作者,如园丁、工程师,这类隐喻多体现教师的主体性,强调以教师为中心,这样容易造成学生被教育、被学习的现象;最后,以自然界中的产物隐喻教师,如一桶水,这是对教师知识量的要求,强调教师知识和能力的必要储备,然而却无意塑造了教师作为知识传递者的形象。种种有关教师的隐喻都不是完美无缺的,都需要根据教师专业化的要求、时代的发展不断修整完善。

教师的角色随着社会的变迁发生着细微的变化,总结起来,可概括为以下几种:(1)道德模范者;(2)知识拥有者;(3)教材实施者;(4)教学管理者。显而易见,这些传统的教师角色已面临诸多困境,因此,面对基础教育变革,必须对传统教师角色进行深入细致的审视和反思,对教师角色进行重新定位。

(二)小学教师的角色重塑

1993年《中华人民共和国教师法》(以下简称《教师法》)将教师规定为:履行教育教学职责的专业人员,承担着教书育人、培养社会建设者、提高民族素质的使命。这是首次以法律形式规定了教师的性质和职责。基础教育改革将教师的角色重新规定为"促进者""引导者""反思者""合作者""研究者"。《学会生存——教育世界的今天和明天》也指出:"教师的职责现在已经越来越少地倾向传递知识,而越来越多地倾向激励思考;除了正式职能外,教师越来越成为一位顾问,一位交换意见的参与者,一位帮助发现矛盾观点而不拿出现成真理的人。"[①]这些新认知和规定都表明教师正在以全新的角色出现。

---

① 联合国教科文组织国际教育发展委员会.学会生存——教育世界的今天和明天[R].华东师范大学比较教育研究所,译.北京:教育科学出版社,1996:108.

1. 学习上的促进者

基础教育改革最大的动因是为了适应当今社会对人才的需求。当今社会需要的不再是那些只会考试的"应试者",需要的是全面发展的创造性人才。而创造性人才必须是作为主体而存在的,因此要求学生从被动的"接受者"转变为"学习的主人"。相应地,教师的职责也就不再是教授现成的知识,取而代之的是帮助学生学习,在学生自主学习的过程中起到催化、促进的作用。

首先,小学教师要为学生提供一个利于学生探索、发现的自主学习的环境,不是简简单单地讲授知识,更多的是帮助学生学会学习,掌握学习的技巧和能力,教师要抛却想要给学生传授一套一劳永逸的知识的想法,侧重于辅助学生获得学习的能力。其次,小学生明辨是非能力有限,小学教师要帮助学生鉴别所学知识的对错,引导学生积极思维,重视情感的陶冶。最后,帮助小学生反思其学习活动,积极了解学生的学习情况和心理变化,建立起一套完善的反馈机制。

教师作为一个促进者、辅助者,其工作的重点由过去的向学习者传递知识转变到帮助学习者追求、组织、管理并运用知识。这一角色的转变保证了学生的主体地位,也是对基础教育改革的集中回应。

2. 生活中的引导者

小学是正规教育的开端,小学教师是儿童继父母之后所遇到的另一个社会权威,实质是家长的代理人。在启蒙教育过程中,教师作为学生的引导者在满足学生求知欲望的同时,也要对学生人生的道路起到相应的引导作用。

小学教师对学生的引导包含两方面:一是生长的引导,这包括在知识学习和身心发展方面的引导;二是生活的引导,主要指道德品质发展和人生道路的引导。我们这里所谈的主要是生活的引导,但不论是哪方面的引导,教师都要注意引导方法的科学性和合理性。(1)坚持以身作则,起示范作用。教师应该自觉学习和践行道德规范,潜移默化地陶冶学生。(2)遵循学生个体的成长规律、兴趣爱好。根据学生的不同需求引导学生在参与灵活多样的活动中成长。(3)引导学生全面发展。学生的全面发展不仅是学生个体成长的需求,更是社会对人才质量的要求。(4)关注学生情感。小学阶段是儿童情感发展和变化的关键期,离不开教师的影响和熏陶,这也是促进学生健康成长的重要部分。

3. 实践中的反思者

在科技日新月异的今天,教师不得不转变过去的"教书匠"角色,发挥自身的主观能动性,自觉地反思自身行为及教育问题。

(1)要反思教学。这包括对教学目标制定和实行效果的反思,对教学内容和手段的科学性、合理性的反思,对教学评价的反馈、激励作用的反思。

(2) 反思课程。课程的实施从"忠实取向"走向"创生取向",其实也蕴含了教师形象由"忠实实践者"到"反思性实践者"的转变。[①]

(3) 反思自身。对课堂中学生和自己的表现加以分析,例如反思课堂是否丰富了学生的知识,是否考虑到了学生的不同性格和学习水平,以此改进以后的教学。只有经过教师不断地反思、不断地改进,教育才能持续的焕发生命活力。

4. 团队内的合作者

团队可以包括两个方面:一是教师与学生形成团队;二是教师之间的团队。

(1) 师生团队意味着师生之间建立合作师生关系,教师只有建立与学生合作的新型师生关系,才能让学生相信自己,才能发现学生内心深处存在的问题。这也从侧面反映出教师要改变以往一个人在讲台上"独奏"的面貌,与学生一起构建学习共同体,教师和学生都作为主体进行参与式学习。

(2) 教师之间是一个教学团队,教师也需要作为合作者的角色出现。从学生的发展来看,一个学生能得到全面的发展光靠某一个人是不行的,有赖于教师团队的共同努力;从现在学校的课程设置来看,各学科之间的联系越来越紧密,教育任务需要各科教师共同完成。一方面,要有至上的团队信念,另一方面,要主动搭建学科合作的平台,相互学习,取长补短,共同提高。

5. 教学中的研究者

"教师即研究者"在欧美教育界已成为共识。教师不只是别人研究成果的消费者,更应该是研究者,这是基础教育改革的推动,也是时代赋予教师的要求。教师要成长为研究者,自身需要具备研究的品质。第一,善于发现问题,拥有一颗探究的心,这是发自内心的,对教育教学改进的一种需要的心向,是潜在的捕捉问题、解决问题的欲望。第二,反思问题,解决问题的能力。教师在实践中遇到问题,不再依赖外在研究者,而是通过分析综合、独立思考、合作等办法找到问题解决的途径。第三,养成终身学习的习惯。第四,掌握科研的基本方法。掌握研究的基本方法和程序是研究顺利完成的保证。

二、小学教师的职业特点

教师因劳动对象的特殊性决定了其职业具有不可替代的独立特性。小学教育是受教育者一生中的启蒙教育阶段,是其他各级各类教育的基础。小学教师的工作是与儿童心灵相互作用的过程,本质上是一种复杂的脑力劳动。这种劳动的特殊性质决定了小学教师的职业特点。

[①] 王艳玲.新课程改革与教师角色转型[J].全球教育展望,2007(10).

（一）示范性

小学教师职业的示范性是其最大的职业特点之一。与其他职业不同，教师的劳动手段是教师本身，是凝结在教师身上的知识、智慧、才能、思想等等。教师把自身作为工具，通过言传身教来对学生施加影响。因此，教师的言谈举止、气质特点、人品道德都具有示范的特点。教育家孔子也曾说："其身正，不令而行；其身不正，虽令不从。"（《论语·子路篇》）教师劳动一般包括言教和身教两方面，我们既要重言教，更要重身教，要言教与身教相结合。我国近代教育家梁启超十分强调教师的榜样作用，在写给儿女的信中说，希望"诸同学天天看我的起居，谈笑，各种琐屑的生活，或者也可以供我同学们相当的暗示或者模范"。① 可见，小学教师劳动的示范性是由小学生身心发展过程中的"向师性"强、可塑性大的特点决定的。

（二）长期性和长效性

1. 教师对学生的影响不是短时间内完成的，而是一个长期、动态的过程

我国古代思想家管仲说："一年之计，莫如树谷；十年之计，莫如树木；终身之计，莫如树人。"（《管子·权修·第三》）这句古语侧面向我们提示了教师劳动的长期性，说明人才培养是一项长期持久的工程，需要较长的周期。小学教师对学生的影响通常需要较长的时间才能显示出来，这主要是由内外两方面的因素造成的：从内因来看，心理学证明小学生的成长是一个过程，有其阶段性、不稳定性和反复性等特征，因此教师对学生的影响必须是渐进的，通常还需要反复作用，并且这种影响要到一定阶段才能反映出来。从外因来看，教师劳动的社会效益需要学生步入社会才能得到最终的验证。因此，"立竿见影"是不可能的，"揠苗助长"更是错误的。

2. 小学教育还有长效性

教师对学生的影响并不是一时的，尤其在小学教育中，这种长效性更加凸显，小学教师作为学生的启蒙老师，是最初对学生施加影响的人，是学生的第一个引导者，小学老师的教育对学生一生的发展都会起到作用。

（三）创造性

劳动性质和劳动对象的特殊性决定了教师职业必须赋予创造性，这种创造性主要表现在以下三方面：

（1）教学方面的创造性。内容上，小学教师不是"依纲据本"进行教学，而是需要对教学内容进行创造性地理解、整合、提炼、筛选和补充甚至改变。方法上，小学教师需要改变传统方法，创造性地为学生提供开放的学习环境。

---

① 梁启超. 梁启超自传[M]. 南京：江苏文艺出版社，2012：136.

(2) 对待学生方面要有创造性。这主要体现在因材施教上，教师要根据不同学生的认知水平、学习能力以及自身素质进行有针对性的教学，摒弃传统的"一刀切"，促进学生的个性化成长。

(3) 高水平的教育机智。尽管教育机智只是瞬间的判断和迅速的决定，但往往是教师在教学过程中面对特殊的教学情境最富灵感的"点睛之笔"。

> **案例 4-1**
>
> **足球创意课程——玩转多元学科整合**
>
> 基于校园浓郁的足球文化，2012 年，江滨小学以课题研究为契机，开展儿童足球创意课程开发与实施研究。课程围绕足球、足球场、足球比赛规则、足球技战术、足球经济生活等内容，开发以足球活动为核心的课程资源，学生则运用多学科知识和技能，完成足球活动任务，解决足球活动中的问题。
>
> 比如，"足球与数学"课程开发，就是用数学的眼光发现和解决足球运动中的问题，其中涉及数的认识与运算、图形周长与面积、正反比例、统计与概率等数学问题。课程开发以调查报告、动手实践、数学游戏等形式，形成了"足球包装中的学问""教练的年龄""哪个点最可能进球"等 48 个活动主题，每学年 16 课时的相关课程，使学生不仅在其中感悟了数学思想，更积累了大量数学活动经验。"足球与语文"课程则用文字记录足球心情，用语言提炼足球精神，用文学传承足球文化。"足球与美术"则用美术的语言表达和创造足球运动中的形象与思想，形成积极健康的审美情趣。
>
> 随着校园足球文化的不断开发，学校把足球融入到课间活动中，引导学生参与设计了许多创造性、多样性、协作性的趣味足球大课间活动，将足球与游戏结合，开发了保龄球大赛、袋鼠跳、夹球竞走等二十多种足球游戏。通过足球游戏，提高了学生的足球兴趣和足球技能，充分发挥了足球健身育人的功能。学校一年一度的足球联赛是全体师生的盛会，各年级、各班纷纷成立自己的足球队，自发组织拉拉队。联赛针对不同年龄段学生特点，设计不同的比赛内容，低年级有射空门比赛、四人制比赛，通过比赛培养学生足球兴趣，学会传球、学会交流；中高段年级则进行七人制足球赛，通过比赛提高学生的足球技能、洞察力和交流能力。
>
> 学校每年四月举办"足球嘉年华"主题活动，通过校园足球文化展、队旗队徽设计、足球联赛、亲子足球游戏、"我与足球故事"征文、足球美术作品创作

> 评比、足球宝贝评比、足球家庭评比、足球创新游戏展等丰富多彩的校园足球活动,让每个学生都能够以自己喜欢的方式参与其中,体验足球的独特魅力。学生在享受快乐足球的同时,实现了个人价值、融洽了亲子关系、培养了意志品质和团队精神。
>
> 资料来源:雷燕,时晓玲.浙江金华市江滨小学:小小足球里的大教育[N].中国教育报,2014-1-2(9).

(四)合作性

教师的劳动具有连续性、依赖性和前后的一致性,这需要教师之间在劳动中密切合作。从学生的角度看,每位学生的成长都是教师集体劳动的成果,换言之,教师之间通过合作形成的教育合力才是完成教育目标的关键。正如联合国教科文组织在《教育——财富蕴藏其中》的报告中所指出的:"从每位教师都独自面对的特有责任和职业意外这个意义上看,教师职业基本上是孤立的活动,但是为了改进教育质量并使其更好地适应各个班级或各类学生的具体特点,集体工作仍是必不可少的,尤其是在中级阶段。"[①]从校园文化来看,合作既是一种工作关系,也是一种文化形态,在合作的文化氛围中,教师之间由"同行是冤家"的错误观念转向团结互助、取长补短,才能形成良好的学校风气和群体道德,才能显示出凝聚力和战斗力,促进教育事业大繁荣。

三、小学教师的专业素养

专业素养是专门职业对从业人员的整体要求。教师的专业素养指的是教师拥有和带入教学情境的知识能力和信念的集合。有关教师专业素养结构,外国学者及机构做了较为深入的研究(如表4-1所示):

表4-1 教师专业素养结构[②]

项目	美国全国教师协会	里伯曼	赫尔	埃济奥尼	舍恩和科马斯	拉尔森	达林哈曼	麦克曼
专业知能	※	※		※	※	※	※	※
专业自主			※		※	※		※
专业成长	※	※						※
专业伦理	※	※	※	※		※		※

---

① 联合国教科文组织总部.教育——财富蕴藏其中[R].联合国教科文组织总部中文科,译.北京:教育科学出版社,1996:147.

② 王少非.新课程背景下的教师专业发展[M].上海:华东师范大学出版社,2005:95.

续表

项目	美国全国教师协会	里伯曼	赫尔	埃济奥尼	舍恩和科马斯	拉尔森	达林哈曼	麦克曼
专业认同		※			※		※	※
专业服务	※	※	※		※	※	※	※
专业团体	※	※	※		※			※
选择成员		※						
长期训练	※		※					※
社会认可				※	※	※		※
高度心智活动	※							
长久性职业	※				※			

我国很多学者也从不同的角度对教师的专业素养进行了研究,叶澜教授从时代发展对教师职业要求的角度提出未来教师应具备四方面的素养:教育理念、专业知识、专业能力、教育智慧。[①] 王少非等学者在对中外学者和机构提出的教师专业结构进行概括的基础上,认为教师的专业素养应包括以下四个方面:教师的专业规范、教师的知识基础、教师的能力条件、教师的工作方式。[②] 参考已有研究成果,本书认为小学教师应具备以下三方面的素养:专业情意与规范、专业知识与专业能力(见表4-2)。

表4-2 小学教师的专业素养

专业情意与规范	专业知识	专业能力
1. 法律义务	1. 学科专业知识	1. 教学能力
2. 专业道德	2. 教育专业知识	2. 组织管理能力
3. 教学责任意识	3. 通识性知识	3. 反思研究能力
		4. 沟通合作能力

(一)专业情意与规范

情意与规范是教师专业素养的基础和保障,小学教师应具有以下三方面的情意与规范。

1. 法律义务是教师最基本的行为规范

过去在论述教师专业情意时,总是过多地放大了教师这一职业的形象,强调对教师的道德约束,却忽视了教师这一职业最基本的实践规范。教师作为一个高尚道德标准的践行者无疑是值得敬仰的,但是在现实工作中,道德上的约束缺乏可实践性,教师

---

① 叶澜.新世纪教师专业素养初探[J].教育研究与实验,1998(1).
② 王少非.新课程背景下的教师专业发展[M].上海:华东师范大学出版社,2005:94—103.

更多时候需要明确具体的义务。因此,将法定义务作为教师行为的最基本的规范是切实可行且十分必要的。

2. 专业道德是教师专业形成和成熟的重要指标之一

教师"专业道德"概念之所以会代替过去所讲的"职业道德",这与教师职业的"专业化"运动有着密切的关系。在教师专业化的运动之中,教师的职业道德向专业道德的转换始终是一个重要的线索。从最初的一般性的德行要求到具有道德法典意义的许多专业伦理规范教育,从重视知识、技能教育的技术性培养逐步过渡到专业精神与专业知识、技能水平提升的兼顾是教师专业化历史发展的一个重要侧面。[①] 具体而言,小学教师的专业道德应该包括:第一,热爱自己的工作,有专业理想,主要表现为热爱学生和爱岗敬业。第二,具备专业态度和责任,教师需要有高度的事业心和责任感。第三,有自我发展的意识,教师应自觉地自我改造、自我陶冶、自我锻炼和自我培养。

3. 教学责任意识是教师区别于其他职业规范的标志

教学责任意识主要表现在以下三方面:第一,重视教学理念的更新,主要表现在认识小学教育的未来性、生命性和社会性,主动学习新的教育观、学生观和教育活动观。第二,具备运用教育技术来优化教学的意识,即有意识地在教学中合理整合现有工具、媒体,以此来优化教学。第三,具备评价与反思的意识,包括对教学过程、教学效果、教学评价等方面的反思。

(二)专业知识

教师的知识素养对于教师职能和作用的发挥、教师职业专业性的形成,有着举足轻重的作用。不同学者对教师专业知识做出了不同的分类,具有代表性的观点如表4-3所示:

表4-3 教师的知识结构

研究者	知识结构
舒尔曼(L. S. Shulman)[②]	① 学科内容知识(subject content knowledge);② 一般教学知识(general pedagogical knowledge);③ 课程知识(curriculum knowledge);④ 教学内容知识(pedagogical content knowledge,简称PCK,又译学科教学知识);⑤ 学生及其特征的知识(knowledge of learners and their characteristics);⑥ 教育环境的知识(knowledge of educational contexts)包括从班组或课堂的情况、学区的管理和经费分配,到社区和文化的特征;⑦ 教育目的、目标、价值以及它们的哲学与历史基础的知识。

[①] 檀传宝.论教师"职业道德"向"专业道德"的观念转移[J].教育研究,2005(1).

[②] Shulman,L. S. Knowledge and Teaching:Foundations of the New Reform[J]. Harvard Educational Review,1987(1).

续表

研究者	知识结构
斯滕伯格（R. J. Sternberg）[1]	① 内容知识；② 教学法知识；③ 实践的知识。
申继亮,辛涛[2]	① 本体性知识；② 实践性知识；③ 条件性知识；④ 文化知识。
叶澜[3]	① 基础的当代科学和人文方面的基本知识和工具性学科方面的技能和技巧；② 1—2门学科的专门性知识与技能；③ 了解该学科发展历史和趋势，了解推动其发展的因素，了解该学科对于社会、人类发展的价值以及在人类生活实践中的多种表现形态；④ 掌握每一门学科所提供的独特的认识世界的视角、域界、层次及思维的工具与方法，熟悉学科内科学家的创造发现过程和成功原因，以及在他们身上展现的科学精神和人格力量。

通过以上对教师专业知识的典型观点的研究，依据知识在实践中的作用，本书将小学教师专业知识分为以下三方面。

1. 学科专业知识，即学科相关的基础知识、应用知识及教学技术知识

学科专业知识是衡量教师能否胜任岗位的主要标准。首先，教师对自己所教科目应熟练把握，掌握学科的基本概念、基本知识和基本技能。其次，教师要熟悉与学科相关的其他知识，既是促进教学也是维系自身的威信与发展。最后，教师也需要拥有相关的教学技术知识。学科专业知识具有其他行业所不能替代的专业特点，合理的学科专业知识结构是教师的为师之本，成长之基，创造之源。

2. 教育专业知识，即教育学科类知识

教育专业知识主要由帮助教师认识教育对象、教育教学活动和开展教育研究的专门知识构成。[4] 一般分为两方面：一方面，有关教育的理论知识，如儿童生理和心理发展的知识、师生之间的沟通知识等等。掌握相关教育理论知识对教学有辅助作用，也能激励教师反思，帮助教师从实践中发现问题，提高研究能力。另一方面，有关教育的实践性知识，如教育教学经验、问题解决经验等。这类知识主要从教师实践经验中得来，与具体的教育情境相联系，是一种隐性的、缄默化的知识。实践性知识具有强大的价值导向和行为规范功能，指导着教师的日常教育教学行为。总而言之，教育专业知识是教师被看做一种特殊职业而需具备的专门知识。

3. 通识性知识，即广泛而深厚的当代学科和人文方面的基础知识

小学教师面对的是求知欲强、好奇心重、想象力丰富的小学生，因此必须具有深

---

[1] 马宁,余胜泉.信息时代教师专业素养的新发展[J].中国电化教育,2008(5).
[2] 马宁,余胜泉.信息时代教师专业素养的新发展[J].中国电化教育,2008(5).
[3] 马宁,余胜泉.信息时代教师专业素养的新发展[J].中国电化教育,2008(5).
[4] 叶澜.新世纪教师专业素养初探[J].教育研究与实验,1998(1).

厚、扎实的基础知识和基本理论,有较宽阔的知识视野。一方面,教师拥有通识性知识,才能对学生的疑问应对自如,从侧面为教师赢得学生的尊重与信任。另一方面,教师具有本学科以外的广博而丰富的文化科学知识,有利于教师积累文化底蕴,增强对工作岗位的适应性,从而应对社会变革所提出的挑战。

(三) 专业能力

教师在具备知识素养的同时,还需要具备一定的能力素养。2012年2月10日,教育部下发的《小学教师专业标准(试行)》(见表4-4)对小学教师的专业能力作了明确的规定。具体而言,小学教师的专业能力包括以下几个方面。

1. 具备相应的教学能力,包括教学认知能力、教学操作能力和教学监控能力

小学阶段是智力发展关键期,教师教学能力水平直接影响学生的智力开发程度。首先,教学认知能力是指教师对教学相关主体和情境的分析和判断能力,如对教学内容的宏观把握、对学生特点的了解等等。其次,教学操作能力是指教师在实现教学目标过程中的教学运作和解决教学问题的实践能力,包括观察能力、语言表达能力、组织能力以及课程开发能力等。最后,教学监控能力主要指教师为了保证教学的成功、达到预期的教学目标,而在教学的全过程中,将教学活动本身作为意识的对象,不断地对其进行积极主动的计划、检查、评价、反馈、控制和调节的能力。[①]

2. 具备相应的组织管理能力

小学教师的组织管理能力,包括以下三个方面:首先,要拥有作为组织者与领导者的管理智慧。小学教师的管理智慧就是一种教育力量,把学生管理工作变为锻炼学生、培养学生自我管理和团结合作能力的手段,使学生在为集体贡献过程中展现特长、发挥优势。其次,教师要具备较高水平的教育机智。教育机智是教师胜任力的一种,是教师在教育教学活动中的一种特殊智力定向能力,是指教师对学生的各种表现,特别是对意外情况和偶发事件能够及时作出灵敏的反映,采取恰当措施和解决问题的特殊能力。[②] 最后,重视对学生的激励和评价。《小学教师专业标准(试行)》将激励与评价能力作为小学教师专业能力素养的一部分单列出来,可见教师的赏识和评价对小学生尤为重要。小学教师在对小学生进行多元化评价的同时,也应该引导学生积极进行自我评价,从而不断改进教育教学工作。

3. 教师角色的转变要求教师具备反思研究能力

反思是教师不断审视、思考、探究、自我调适,解决自身与教育过程中(教育目标、教育策略、教育工具、教育对象、教育效果等)各方面存在的问题,达到对问题行为、教

[①] 申继亮,辛涛.论教师教学监控能力提高的方法和途径[J].北京师范大学学报(社会科学版),1998(1).
[②] 姚本先.心理学[M].北京:高等教育出版社,2009:365—366.

学方法策略等的优化和改善,努力提升教育实践合理性的过程,是教师自身能力提升的一种重要途径。① 对小学教师而言,具备相应的分析解决问题的能力是反思研究的关键。一般来说,行动研究是最适合小学教师的研究方法,在行动研究中,教师既是教育(教学)实践的主体,又是教育(教学)研究的主体,在面临各种各样的教育问题时,行动能力强的教师则能把问题推向实践,在行动中探索,寻求问题解决途径。

4. 具备良好的沟通合作能力是教师专业能力的另一个重要方面

小学教师的沟通合作能力主要表现在以下方面:首先,对小学生来说,教师要善于倾听,将学生视为交往主体,与学生进行有效的沟通,促进师生关系的和谐发展。其次,善于与同事合作交流,分享经验和资源,共同探讨教育问题,相互启发,共同发展。最后,能够与家长进行有效沟通合作,建立良好的互动关系,从而共享信息,统一目标,共同促进小学生的成长。

表 4-4 《小学教师专业标准(试行)》(2012年)节选②

专业能力	组织与实施	40. 建立良好的师生关系,帮助小学生建立良好的同伴关系。 41. 创设适宜的教学情境,根据小学生的反应及时调整教学活动。 42. 调动小学生学习积极性,结合小学生已有的知识和经验激发学习兴趣。 43. 发挥小学生主体性,灵活运用启发式、探究式、讨论式、参与式等教学方式。 44. 发挥好少先队组织生活、集体活动、信息传播等教育功能。 45. 将现代教育技术手段整合应用到教学中。
	组织与实施	46. 较好使用口头语言、肢体语言与书面语言,使用普通话教学,规范书写钢笔字、粉笔字、毛笔字。 47. 妥善应对突发事件。 48. 鉴别小学生行为和思想动向,用科学的方法防止和有效矫正不良行为。
	激励与评价	49. 对小学生日常表现进行观察与判断,发现和赏识每一位小学生的点滴进步。 50. 灵活使用多元评价方式,给予小学生恰当的评价和指导。 51. 引导小学生进行积极的自我评价。 52. 利用评价结果不断改进教育教学工作。
	沟通与合作	53. 使用符合小学生特点的语言进行教育教学工作。 54. 善于倾听,和蔼可亲,与小学生进行有效沟通。 55. 与同事合作交流,分享经验和资源,共同发展。 56. 与家长进行有效沟通合作,共同促进小学生发展。 57. 协助小学与社区建立合作互助的良好关系。
	反思与发展	58. 主动收集分析相关信息,不断进行反思,改进教育教学工作。 59. 针对教育教学工作中的现实需要与问题,进行探索和研究。 60. 制定专业发展规划,积极参加专业培训,不断提高自身专业素质。

---

① 朱小娟. 幼儿教师反思能力培养研究[M]. 北京:教育科学出版社,2008:19—20.
② 中华人民共和国教育部. 小学教师专业标准(试行)(教师[2012]1号)[S]. 2012-02-10.

第二节　小学教师的权利与义务

明确小学教师的权利与义务，能够促使小学教师更好地开展教育教学活动。我国相关教育法律法规详细规定了教师的权利与义务，小学教师在明确自身权利与义务的基础上更应该从整体上提高自身的教育法律素养，依法行使自身权利，履行相应义务，这样才能使我国教育事业得到健康的发展，才能使我国的教育法制化，才能促进学生的个性健康发展。

一、小学教师权利与义务的内涵

作为教师，权利与义务必然是相伴随的。明确小学教师的权利与义务的规定，能够彰显其相应的社会地位。在教育相关法律的规定和职业道德的指引下，明确权利与义务的基本概念是小学教师实现权利与义务相统一的前提。

（一）权利与义务的概念

权利和义务是现代法律的核心问题。所谓权利，也可称为"权益"，是指"公民在宪法和法律规定的范围内，以作为或不作为的方式取得利益的一种方式"。[①] 若要透彻理解权利，必须对权利与权力进行区分：

（1）从概念上讲，权利多指人在特定的社会关系中所得到的价值回报，强调一种利益；权力则是每个社会团体由于存在解决冲突、协调各方面社会生活需要，而为社会所承认的、并迫使人们不得不服从的力量，[②] 侧重于支配力和指挥力，是其拥有者意志的体现。

（2）在执行过程中，对于权利，主体可以选择享有，也可以选择放弃；而权力作为一种强制力，对拥有者来说是不能够放弃的，与义务一样具有不可选择性。当然，权利与权力也是相互联系的。作为一种法定的行为方式，权力能够对权利主体与权利客体之间的利益关系起到调节作用，权力是权利实现的保障，某种意义上，二者是目的与手段的关系。然而，与权利相比，义务指的是利益的付出，即义务的承担者付给他人和社会的利益。[③] 享受权利，必须承担义务。

权利与义务是对立统一的。首先，权利与义务是相互依存的，它们同时作为构成法律关系的内容要素。其次，权利与义务是相互独立的，它们有各自的限度，无论主体

[①] 中国社会科学院语言研究所词典编辑室.现代汉语词典[Z].北京：商务印书馆，1993：303.
[②] 李晓燕.我国教师的权利与义务及其实现保障机制研究[M].广州：广东教育出版社，2001：23.
[③] 李晓燕.我国教师的权利与义务及其实现保障机制研究[M].广州：广东教育出版社，2001：23.

是索取法定外的权利,还是履行法定外的义务,超出限度都将不受法律保护甚至被视为违法。最后,权利与义务是一种对应关系,教师的很多权利往往也是一种义务,权利意味着利益的获取与实现,义务则是对利益的付出。

然而,权利与义务也是有分层的。权利与义务有基本权利与义务和非基本权利与义务之分。基本权利是人们生存和发展的必要的、起码的、最低的权利,是满足人的基本的、起码的、最低需要的权利;[1]基本义务是由宪法规定的,为实现公共利益,公民必须为或不为某种行为,比如遵守宪法和法律的义务、维护国家的统一和各民族的团结的义务以及维护祖国的安全、荣誉和利益的义务。非基本权利则是人们生存和发展的比较高级的权利,是满足人的比较高级需要的权利;[2]非基本义务是专限某些人,指的是某些人所履行的比较特殊的责任。

(二) 小学教师的权利与义务

对教师的权利和义务的重视,早在1966年10月联合国教科文组织通过的《关于教师地位的建议书》中就有体现。该文件首次以官方文件的形式确认了教师职业的专业化性质,为各国政府提供了确保教师地位的共同准则和基本措施,而教师地位正是通过明确教师的权利和义务内容来实现的。

从教育法的视角来看,最全面的理解是将教师权利视为"教师在教育教学活动中依法享有的权益,是国家对教师能够做出或不做出一定行为,以及要求他人相应做出或不做出一定行为的许可和保障。"[3]相对应地,教师义务是指教师依法应当承担的各种职责,主要表现为教师必须依法实施的一定的作为或不作为。[4] 法律规定教师所享有的权益和应当履行的职责集中体现了教师的社会地位。

首先,小学教师应是一个社会公民,享有公民所应有的基本权利和义务,比如政治权利和自由、人身自由、获得救济的权利以及公民的平等权利等。然后,小学教师才是一名专业人员,在教育岗位上享有教师的专业权利和义务,承担教书育人的职责。小学教师的基本权利与义务是其专业权利与义务的基础和保障,专业权利与义务是教师的身份标志,是体现教师社会地位的核心内容,这二者同时存在于教师的权利与义务之中。同时,小学教师的这种专业权利和义务属于非基本权利和义务,比如教育教学权、学术自由权、获取报酬权等。相应的义务也是指在其特定岗位应尽的职责,比如关心、爱护全体学生,尊重学生人格,促进小学生在品德、智力、体质等方面的发展,不断提高思想政治觉悟和教育教学业务水平等。

---

[1] 孙英.权利义务新探[J].中国人民大学学报,1996(1).
[2] 孙英.权利义务新探[J].中国人民大学学报.1996(1).
[3] 国务院法制办公室.中华人民共和国教育法典[M].北京:中国法制出版社,2012:125.
[4] 李晓燕.中国教师权利和义务及其实现保障论纲[J].国家教育行政学院学报,2006(6).

二、小学教师权利与义务的内容

根据1993年的《教师法》第二章中的相关条款,围绕"教书育人"这一根本职责对教师的权利与义务作了明确规定,这不仅有利于教师权利的保护和行为的规范,更加明确了教师的社会地位和角色,同时也是我国教育法制体系逐步发展和完善的体现。

(一)小学教师的权利

《教师法》对教师的权利做了明确规定,可以将其概括为教育教学自主权、学术自由权、指导评价权、报酬待遇休假权、参与民主管理权、参与进修培训权、申诉权以及人身人格权。明确教师的权利,有利于小学教师权利的维护与实现,从而更好地促进教育事业的发展。

1. 教育教学自主权

《教师法》第七条第一款规定教师享有"进行教育教学活动,开展教育教学改革和实验"的权利,这是教师最基本的权利。根据小学教师工作的特点,小学教育阶段是终身教育的起始阶段,小学教师除了教授知识还承担着呵护学生心灵、促进其成长的特殊使命。因此,小学教师有权根据学生的实际情况自行组织课程,自由选择教材教法,组织学生评价及思想教育。同时,有权开展教学改革和实验,创新教学方法,更好地因材施教,促进小学生个性发展。任何组织或个人都无权剥夺教师这一权利,小学教师也应该充分履行教育教学权,全身心投入到小学教育的事业中,为祖国培养更优秀的下一代。

2. 学术自由权

《教师法》第七条第二款规定教师享有"从事科学研究、学术交流、参加专业的学术团体、在学术活动中充分发表意见"的权利。这是教师作为专业技术人员的一项基本权利,指教师在完成规定的教育教学任务前提下,有权进行科学研究、技术开发、撰写学术论文、著书立说、参加有关的学术交流活动、依法成立参加学术团体并在其中兼任工作、在学术研究中有发表自己观点的自由。[①] 随着社会进步,家长和社会赋予小学教师越来越高的期望,教师唯有提升业务水平,才能提高自身竞争力,那么从事学术研究是非常重要的途径,也是教师行使正当权利的表现。

3. 指导评价权

《教师法》第七条第三款规定教师有"指导学生的学习和发展,评定学生的品行和学业成绩"的权利,这项权利体现了教师在教育教学活动中的主导地位,是与教师在教

---

① 李连宁,孙宵兵.《中华人民共和国教师法》条文简释(二)[J].中国民族教育,1994(2).

育教学过程中的主导地位相适应的一项特定基本权利。① 作为小学教师,应该熟悉小学生的身心发展规律,对其做有针对性的指导。教师能否公正评价学生,关系到学生以后能否全面发展,甚至影响到其心灵发展。因此,小学教师应珍惜并公正有效行使这一权利,进一步帮助小学生全面健康成长。

知识小卡片 4-1

中小学教师惩戒权的法律分析

1. 教师惩戒权的法律依据

惩戒权是教师权利的重要组成部分,是教师顺利履行教育职责的必要权利。目前,很多国家都明确规定教师拥有惩戒权。如:日本《学校教育法》规定:"校长和教员,根据教育上的需要,可以按主管部门的有关规定,对学生进行惩戒。但是不许体罚。"韩国的《学校生活规定预示案》明文规定,教师可在规定范围内对违反学校规范的学生进行体罚,并对体罚的对象、原因、部位、程度做了详细规定和严格限制。在美国,教师惩戒学生是被允许的,有23个州甚至规定学校可以对学生实施体罚。

我国现行的法律、法规并未明确规定教师是否具有惩戒权。认定我国教师拥有惩戒权,是通过其他法律条款推断出来的。《中华人民共和国教师法》第七条规定,教师享有"指导学生的学习和发展,评定学生的品行和学业成绩"的权利;《中华人民共和国教育法》第二十八条规定,学校及其他教育机构有"对受教育者进行学籍管理,实施奖励或处分"的权利。这些法律条款明确了教师对于学生的管理指导权和学校对于学生的处分权,在一定程度上肯定了教师的惩戒权。《中华人民共和国义务教育法》第二十九条规定:"教师应当尊重学生的人格,不得歧视学生,不得对学生实施体罚、变相体罚或者其他侮辱人格尊严的行为,不得侵犯学生合法权益。"这一规定,将体罚这种极端的惩戒形式单独提出,予以禁止,但并未禁止教师使用其他惩戒形式。因此,我们可以推定,教师拥有惩戒权。

2. 谁可以行使惩戒权

在学校中,由于所惩戒的行为不同,所以行使惩戒权的主体也不相同。一般说来,学校中行使惩戒权的主体可以分为两类:一是教师个体,惩戒对象

---

① 李晓燕.我国教师的权利与义务及其实现保障机制研究[M].广州:广东教育出版社,2001:68.

是其管理下的学生,以教师个人的名义进行惩戒;二是教师集体,惩戒对象为全体学生,以校长或学校的名义进行惩戒。两类不同的惩戒主体,其惩戒权限也不同。教师个体往往只能实施轻微的、对学生影响不大的惩戒;而较为严重的惩戒,其行使权往往保留在校长或者学校的手中。非主体行使、跨主体行使惩戒权都是违法的。

3. 惩戒主体可以惩戒何种行为

对何种行为实施惩戒,不同的国家有不同的规定。一般说来,学生的行为必须具备以下几个要件,教师才可以实施惩戒:(1)违规性,这是确定惩戒对象的前提条件。(2)破坏性,这种破坏性或者表现为对一定的学习秩序、纪律的扰乱,影响正常的教育活动的进行,或者表现为长期、频繁的侵犯性行为及不道德行为,影响本人或他人的正常学习生活。(3)学生自身的过错与过失,其行为的产生必须是学生自身因素导致,而不应有别的外加行为因素的影响。(4)行为系学生个体所为,其有能力控制其行为的产生与发展。

资料来源:初云宝.中小学教师惩戒权的法律分析[M].中小学管理,2010(3).

4. 报酬待遇休假权

《教师法》第七条第四款规定教师有"按时获取工资报酬,享受国家规定的福利待遇以及寒暑假期的带薪休假"的权利。其中工资报酬包括:基础工资、职务工资、课时报酬、奖金及教龄津贴、班主任津贴及其他各种津贴在内的工资性收入。福利待遇一般包括医疗、住房、退休等方面依法享有的各种待遇和优惠,以及寒暑假的带薪休假。[①]一方面,小学教师获取一定的劳动报酬既是相关法律的规定,也是满足基本生活的需要;另一方面,关于福利待遇及带薪休假,相关机构必须切实保障教师福利待遇的落实,不能随意占用小学教师休假时间,在保证教师充分休息的前提下,学校可以组织短期培训等活动。

5. 参与民主管理权

《教师法》第七条第五款规定教师有"对学校教育教学、管理工作和教育行政部门的工作提出意见和建议,通过教职工代表大会或者其他形式,参与学校的民主管理"的权利。教师参与民主管理的权利主要包括教师对学校及其他教育行政部门的工作有批评、建议以及监督等权利,赋予教师这项权利有利于调动教师对教育工作的主动性和积极性,增强教师的主人翁意识。目前,全国大多数小学建立了教职工代表大会制

[①] 李连宁,孙宵兵.《中华人民共和国教师法》条文简释(二)[J].中国民族教育,1994(2).

度,小学教师应该积极主动地参与民主管理,及时发现问题并改进工作。

6. 参与进修培训权

《教师法》第七条第六款规定教师有"参加进修或者其他方式的培训"的权利。这一权利为教师提供了专业发展的途径,对提高教育教学质量也具有十分重要的意义。目前,小学教师参与培训的机会有限,尤其是在广大农村地区,学校和教育行政部门应采取多种方式,为小学教师提供参与进修和培训的机会,切实保障教师参与进修培训权的行使。小学教师作为基础教育主力军的重要组成部分,应该珍惜这一权利,不断调整自身知识结构,保证我国基础教育的质量。

7. 其他权利

除了上述六项权利之外,教师还享有其他权利,比如申诉权、人身人格权。《教师法》第三十九条规定:"教师对学校或者其他教育机构侵犯其合法权益的,或者对学校或者其他教育机构作出的处理不服的,可以向教育行政部门提出申诉,教育行政部门应当在接到申诉的三十日之内,作出处理";"教师认为当地人民政府有关行政部门侵犯其根据本法规享有的权利的,可以向同级人民政府或者上一级人民政府有关部门提出申诉,同级人民政府或者上一级人民政府有关部门应当作出处理"。针对伤害教师人身权利或人格权利事件,我国有关法律作了规定,1986年《义务教育法》第十六条规定,"禁止辱骂、殴打老师"。同时,《教师法》第三十五条规定:"侮辱、殴打教师的,根据不同情况,分别给予行政处分或者行政处罚;造成损害的,责令赔偿损失;情节严重,构成犯罪的,依法追究刑事责任。"此外,我国女教师还享有特殊权利,比如有关女教师"三期"(孕期、产期、哺乳期)的规定。这些规定都是教师权利保障的依据,也是提高教师地位的保障。

(二)小学教师的义务

教师权利与义务是相互统一的关系,教师只有切实履行好教育教学工作的义务才能享受相应的权利。我国《教师法》对教师义务也做了相应的规定,对教师在教育教学活动中一定行为的作为或不作为提出要求。

1. 遵法履德,为人师表

我国《宪法》第三十三条第三款规定:任何公民享有宪法和法律规定的权利,同时必须履行宪法和法律规定的义务。根据此规定,《教师法》第八条第一款进一步规定了教师具有"遵守宪法、法律和职业道德,为人师表"的义务。小学教师作为中华人民共和国的公民,自觉遵守宪法和法律规定是最基本的要求;同时,小学教师遵守职业道德也是由职业特点所决定的。根据2008年修订的《中小学教师职业道德规范》,小学教师的职业道德包括爱国守法、爱岗敬业、关爱学生、教书育人、为人师表和终身学习。

小学教师应该规范职业行为,为人师表,全面提高师德素养,营造良好的教书育人环境,做到率先垂范,对社会起到净化表率的作用。

2. 完成教育教学工作任务

《教师法》第八条第二款规定了我国教师的义务为:贯彻国家的教育方针,遵守规章制度,执行学校的教学计划,履行教师聘约,完成教育教学工作任务。本项规定明确了教师在教育教学工作中的基本义务。教师必须按照国家和社会的要求,遵守教育行政部门和学校指定的教育教学管理的各项规章制度,以保障基本的教育教学秩序。同时,执行教学大纲,履行聘约合同中的教育教学职责是教师的基本权利之一,更是基本义务之一。小学教师在贯彻国家教育方针,执行教学计划的过程中,应该将教育教学任务视为一份神圣的职责,融入自身情感,帮助每个儿童健康成长。

3. 对学生进行全面教育

对学生进行《教育法》所确定的基本原则的教育和爱国主义、民族团结的教育,法制教育以及思想品德、文化、科学技术教育,组织、带领学生开展有益的社会活动。这项规定是有关教师对学生进行政治思想品德教育,组织学生开展有益的社会活动的义务规范。教师的职责不仅是教书,更要育人。小学教师在对学生进行上述教育的过程中,要注意适应儿童身心发展的特点,尽可能采用生动活泼的多样化形式进行。总体而言,小学教师在培养儿童良好的生活习惯、卫生习惯的同时,需要兼顾儿童多方面的兴趣和求知欲,重视儿童健康人格的培养,促进儿童各方面机能的协调发展。

4. 关心、爱护、尊重学生

教师应该关爱学生,尊重学生的人格尊严,这既是教师的义务,也是教师职业道德规范的要求。在小学,儿童的年龄小,发展不成熟,尤其是学习成绩不好或者身体有缺陷的儿童更容易受到歧视,甚至侮辱或体罚,所以,将尊重学生列为法定义务是十分必要的,这有利于帮助教师树立尊重学生的法制观念。小学教师应当对学生一视同仁,对于有缺点和犯了错误的孩子,教师应该耐心引导,断不可用粗暴极端的方式解决问题。《教师法》第三十七条规定了"教师体罚学生,经教育不改的;品行不良、侮辱学生,影响恶劣的,情节严重,构成犯罪的,依法追究刑事责任"。

5. 制止、批评和抵制有害学生的行为

《教师法》规定:教师应制止有害学生的行为或者其他侵犯学生合法权益的行为,批评和抵制有害学生健康成长的现象。同时,根据《未成年人保护法》有关规定,保护成长着的年轻一代的合法权益和身心健康是全社会的共同责任。《中小学教师职业道德规范》(2008年修订)也提出了教师应该保护学生安全,关心学生健康,维护学生权益。小学教师必须做到自己不侵犯学生的合法权益,并有义务消除来自社会其他方面的不良影响,给学生提供积极健康的成长环境。

6. 提高思想政治觉悟和教育教学水平

教育教学工作是一项专业性很强的工作,教师承担着教书育人,培养社会主义事业建设者和接班人,提高民族素质的使命。这要求教师具有较高的思想政治觉悟和教育教学业务水平。小学教育是一个人接受教育的起点,教师要在体智德美等各方面给学生打下牢固、扎实的基础,这要求教师具备渊博的专业知识及高尚的道德品质。因此,把提高思想政治觉悟和教育教学业务水平规定为教师的基本义务之一是从整体上强化我国师资力量的要求,也是教师终身学习的需要。

关于我国教师的权利与义务,不同级类和地区学校教师有所差异。我国小学教师有享受教龄津贴和其他津贴的权利,到少数民族地区和边远贫困地区的教育工作者也有享受补贴的权利,有特殊贡献的教师也可以享受政府津贴。对教师权利与义务的规定是我国教育法制发展的产物,也是教育事业发展的保障。

三、小学教师权利与义务的保障

小学教师权利与义务的实现需要多方面的保障,这主要包括教师通过提高自身法律素养和师德的自我保障、完善教育法律法规体系和提高运行效率的法律保障以及教师与其他教育相关主体相互作用形成的其他方面的保障。

(一) 自我保障

小学教师权利与义务的实现程度与其自身是否具有相应的法律素养密切相关,一定程度上体现为教师的自我保护和自我约束。小学教师需要具有一定的教育法律素养,这包括教育法律法规知识、法律意识和对法律的运行操作能力。首先,应养成教育法律意识,树立正确的权利义务观。我国很多地区的小学教师法律意识仍然淡薄,自身权益被侵犯或侵犯小学生合法权益的事件依然频频发生。因此,对小学教师应加强法制教育,不断提高其法律意识。其次,知法、懂法是运用法律维护自身权益的基础。教师应该了解我国与教育相关的具体法律法规内容,例如与青少年儿童相关的法律知识,从宏观和微观掌握教育法律法规的基本理论。最后,应将教育法律落实到实践操作上,这包括教师自身守法和运用法律维护权益两方面。小学教师在执教过程中应自觉约束自身行为,使自身行为立于正当之地;同时,教师要用合法的手段坚决维护自己的权益和学生的权益。

知识小卡片 4-2

2012 年沈阳市 200 名小学教师职业权利意识调查

1. 在问卷调查"当您的工资待遇没有按时发放时,您会主动地向有关部门反应吗"这一项中,有 84.2% 的教师选择了不会向有关部门反映。

2. 在问卷"您参与过学校的管理与决策方面的工作吗?"的调查中,有 38.6% 和 43% 的教师分别选择了"有时有"和"很少有"的选项,14.4% 从来没有,7% 经常有。

3. 在问卷中教师参与教育教学权的百分比,有 53.8% 的教师选择"是",说明小学教师的教育教学权基本上得到了保障,但仍有 41.4% 的教师选择有时是,4.8% 的教师还不能自主地进行组织课堂教学以及开展教学改革与实验。

4. 在问卷中教师主动参与科研学术权的百分比中,选择"有时有"和"没有"的分别占 37.7% 和 14.9%。

5. 对于问卷中"您会主动地对学生进行指导与评价吗"这一问题中,有 92.1% 的教师选择"会",仍有 7.9% 教师选择了"不会"。

6. 在问卷"您所在的学校有没有定期组织教师外出学习或接受培训"这一项中,15.8% 的教师选择了"定期",79.8% 和 4.4% 的教师分别选择了"不定期"和"没有"。

资料来源:郭丹.沈阳市小学教师职业权利意识现状及对策研究[D].沈阳:沈阳师范大学,2012.

知识小卡片 4-3

2007—2008 年对 20 所农村小学 100 名小学教师法制意识调查

1. 对教师依法治教和依法执教的态度:赞成的有 74 人,无所谓的有 26 人。

2. 对与教育教学有关的法律名称全面了解掌握的有 70 人,了解很少的有 30 人。3. 对《中华人民共和国教育法》《中华人民共和国义务教育法》《中华人民共和国教师法》《中华人民共和国未成年人保护法》《预防未成年人犯罪法》内容掌握的程度:比较全面的仅 4 人,了解部分的有 20 人,不知道或不了解的有 66 人。

4. 当教师自己的合法权益受到侵害时所采取的态度:依法寻求帮助的有 55 人,找人帮忙的有 35 人,容忍退让的有 10 人。

5. 对教师进行普法教育的态度:认为有必要的91人,无所谓的有9人。

6. 学校是否经常学习法律知识:经常学习的只有1所,时有时无的3所,还有16所学校几乎不学(上级要求学习的新《义务教育法》除外)。

7. 对教师自学一些相关的法律知识的态度:认为有必要的34人,认为有时间就学一点的有55人,无所谓的有11人。

资料来源:孙开飞.农村小学教师法制意识的现状[J].教学与管理,2009(11).

(二) 法律保障

教师权利与义务的实现离不开法律保障,法律保障是以教育法制为基础而构建的保障机制。[①] 完善的教育法制需要教育立法、执法以及监督等各个环节有效运行,每个环节都不可忽视。我国侵犯小学教师权益和教师侵犯学生权益的事件频发,这都与我国教育法制体系的不完备和运行力度不够有密切关系。

案例 4-2

儿童远程监控手表惊现课堂　教师隐私权受侵　怪物家长受斥

近日,上海市有小学教师发现,自己被学生携带的"秘密武器"所监控,课堂上说的每一句话都被实时传递到学生家长的手机上。该校排查后发现,一二年级不少学生都在家长的要求之下把这一"武器"带进了课堂。记者调查发现,类似"难搞家长"现象在市中小学教育界并不鲜见,有教师甚至沿用日本教育界流行语,称这类家长为"怪物家长"。

起因:班主任的话瞬间进了家长朋友圈

前不久,浦东新区一所知名小学一(3)班班主任尤老师在微信朋友圈发现,学生小羽的妈妈发了条消息,称当天上课时尤老师强调了一些注意事项。"我觉得有些不对劲,因为当时还没放学,小羽还在教室里面坐着。小羽妈妈怎么会这么快就知道这些话了呢?"

尤老师很快在这条消息的回复里面发现了玄机。由于消息太过"神通",班上其他学生的家长纷纷向小羽妈妈询问其中的奥秘,没多久,小羽妈妈就很坦率地"揭秘":小羽当天戴了一块有远程监控功能的手表,上课时课堂里的声音可以被实时传输到她的手机上。

---

① 李晓燕.我国教师的权利与义务及其实现保障机制研究[M].广州:广东教育出版社,2001:209.

"当时我就感到很生气,觉得自己被监听、监控了!"尤老师又是寒心又是委屈,她认为这是家长对教师的不信任、不尊重。让她更难受的是,在小羽妈妈揭开谜底之后,不少家长的反应竟然都是"手表在哪儿买的?我也要给孩子备一块"。

尤老师并不是唯一被监听的教师。听说她的遭遇后,学校里的其他教师也开始紧张起来,纷纷在各自班级排查监听手表。调查结果是:一二年级的不少班上都有孩子佩戴这种手表,其中又以一年级为多。

当事教师:感觉头上有一把倒悬的利剑

对于"为何要监听老师"这个问题,小羽妈妈解释说,一方面是为了知道孩子在上课时是否积极发言;另一方面如果小羽被"坏孩子"欺负了,监听录音可以当做证据。还有一位家长说,让孩子佩戴监控手表是便于自己晚上给孩子辅导功课。

尤老师认为,前段时间外地媒体曾报道过"29段音频曝光老师辱骂小学生,当事老师被停职"的新闻,家长应该是出于类似担心而试图监控老师。"我们不会辱骂学生,但也不愿在被监听、监控的环境里上课,那样我会感觉头顶上一直有一把倒悬的利剑——这还让我怎么安心上课呢?"

发现自己也被监听之后,教二年级的周老师也很气愤:"在我不知情的情况下监听我,这应该属于侵犯我的隐私了吧?某些家长的法制观念太淡薄了!"

针对此事,这所小学随后特地召开了家长会,教师向家长们表达了自己的委屈和疑问,相关家长也向教师道了歉,并表示今后不会再让孩子把监控手表带进学校。

资料来源:李元元.儿童远程监控手表惊现课堂 教师隐私权受侵 怪物家长遭斥[N/OL].http://www.cq.xinhuanet.com/2014-12/12/c_1113615220.htm,2015-3-18.

我国小学教师权利与义务的实现主要依靠《教师法》的有效实施。首先,对《教师法》内容不断扩充完善,使之更加系统化和具体化,以此保证教师在执教过程中有法可依。其次,严格执行《教师法》所规定的内容。对其所规定的教师资格制度、教师培养和培训制度、教师考核制度、待遇保障制度以及奖惩制度等严格实施,并在实施过程中不断完善。最后,完善监督机制,有效的监督是教育法制健康运行的重要保证。以《教师法》为核心的教育法律法规的有效实施,是我国小学教师的权利与义务的实现的基本法律保障。

除《教师法》以外,我国小学教师权利与义务的实现与我国其他的教育法规甚至其他部门法律也是相互配合的。其一,《教育法》是整个教育法律法规体系的母法,是总揽教育全局,全面开展依法治教的根本大法,对整个教育事业的发展都起着至关重要的作用,教师权利与义务当然也离不开它的保障。其二,教育之外的其他法律也起着不可忽视的作用,例如《未成年人保护法》《预防未成年人犯罪法》《劳动法》《民法通则》《行政诉讼法》等,这些法律法规与教师权利与义务的保障也是密切相关的。由此可见,只有将教师的权利与义务纳入整个教育法制乃至国家法制的运行轨道中,才能保证其顺利实现。

(三) 其他保障

教师的权利与义务是在教师与其他教育主体或者社会主体之间的权利义务关系中实现的。[①] 因此,教师权利与义务的实现程度与其他主体也是密切相关的。

1. 学生的配合与监督对于教师维护权益和履行义务的活动有着重大意义

学生是教师的教育对象,学生与教师是教育活动中密切相关的两个主体,小学教师的权利与义务很大一部分都是关于教师与学生相互作用过程的行为规范,教师与学生相互作用的过程是实现教师权利与义务的途径。

2. 家长的态度对小学教师权利与义务的实现有重要影响

家长作为小学生的监护人,对其成长和教育都有监护责任,教师和家长面对共同的教育对象有共同的教育目的,即保证儿童健康成长,促进其全面发展。小学教师在行使权利与义务的过程中需要家长的配合,同时在其他方面,比如教师对家庭教育做引导、矫正学生不端行为等,也需要家长的尊重与支持。

3. 学校及管理人员对小学教师的权利与义务的实现起着至关重要的作用

学校与教师是雇佣关系,学校有人事管理权,这直接关系到小学教师的任用、奖惩、调配、培养等方面,甚至在小学教师行使教育教学权利和履行教育教学义务中,学校及管理人员也起着调节作用。同时,学校还有鼓励并支持小学教师进修、科研,保障小学教师参与民主管理等责任。由此可见,小学教师的权利如何实现,义务如何履行,都与学校及管理人员相关联。

4. 教育行政机关及其他社会主体与小学教师权利与义务的实现有必然联系

小学教育处于义务教育阶段,各级政府及教育行政部门是各类小学的管理主体,也是教育政策法规的贯彻落实主体,是否能对小学教师进行科学管理,是否能依法行使管理权,直接关系到小学教师的权利与义务能否顺利实现。同时,其他社会主体的法律意识和道德水平也会影响教师的行为。综上所述,小学教师权利与义务的实现非单方面力量可以保障,需要社会多方面的配合与支持。

---

① 李晓燕.中国教师权利和义务及其实现保障论纲[J].国家教育行政学院学报,2006(6).

第三节　小学教师的专业成长

小学教师是承担一个国家奠基教育之重任的专业人员，教育质量的提高在很大程度上取决于教师的专业水平。本节将从教师专业成长的内涵出发，探讨小学教师专业成长的一般规律和特点，为小学教师的专业成长提供多样化的路径。

一、小学教师专业成长的内涵

关于教师专业成长或教师专业发展的研究，国外较早开展了这方面的工作。如霍伊尔(E. Hoyle)将其定义为"教师在教学职业生涯的每一个阶段掌握良好专业实践所必备的知识和技能的过程。"[1]富兰和哈格里夫斯(M. Fullan & A. Hargreaves)指出，他们在使用教师专业发展这一词汇时，既指通过在职教师教育或教师培训而获得的特定方面的发展，也指教师在目标意识、教学技能和与同事合作能力等方面的全面进步。[2]利特尔(J. W. Little)对教师专业发展研究的两种截然不同的途径，反映了他对教师专业发展一词含义理解的两面性。其一是教师掌握教学复杂性的过程，这些研究主要关注特定的教学法或课程革新的实施，同时也探究教师是如何学会教学的，他们是如何获得知识和专业成熟，以及他们如何长期保持对工作的投入等。其二是侧重影响教师动机和学习机会的组织和职业条件。[3]

国内学者对"教师专业发展"的界定也没有统一说法。叶澜等学者认为，"教师专业发展就是教师的专业成长或教师内在专业结构不断更新、演进和丰富的过程。"[4]宋广文等人则强调教师专业发展对教师人格完善、自我价值实现的重要性和教师主体在教师专业发展中的重要角色与价值，指出教师的专业发展即教师个体的专业知识、专业技能、专业情意、专业自主、专业价值观、专业发展意识等方面由低到高，逐渐符合教师专业人员标准的过程。[5]朱旭东又将教师专业内涵分为教会学生学习、育人和服务三个维度，教师的专业发展即这三方面的自主建构过程。[6]

综合国内外研究，教师专业发展主要有三种观点：一指教师的专业成长过程；二指促进教师专业成长的过程(教师教育)；三指兼含前两种理解，认为教师的专业成长既

---

[1] 叶澜.教师角色与教师发展新探[M].北京:教育科学出版社,2001:223.
[2] 叶澜.教师角色与教师发展新探[M].北京:教育科学出版社,2001:223.
[3] 叶澜.教师角色与教师发展新探[M].北京:教育科学出版社,2001:224.
[4] 叶澜.教师角色与教师发展新探[M].北京:教育科学出版社,2001:226.
[5] 宋广文,魏淑华.论教师专业发展[J].教育研究,2005(7).
[6] 朱旭东.论教师专业发展的理论模型建构[J].教育研究,2014(6).

是一种目的,也是一种过程,同时,还是一种成人教育。①

根据以上对教师专业发展的界定,结合我国小学教师的专业发展状况,本书将小学教师的专业成长定义为:以小学教师个体在专业领域内的自我成长为中心,通过经验反思、培训进修等途径提高自身的专业情意与规范、专业知识、专业能力等素养,逐步成长为一个专业的小学教育工作者的动态过程。其成长主要表现为对小学教育工作理念的更新和职业道德水平的提高,儿童心理学知识和教育学知识的不断完善,教育教学能力的增强。

二、小学教师专业成长的阶段

小学教师专业成长有其特定规律和特点。了解小学教师专业成长的阶段和取向,有利于教师明确各阶段的成长需要,觉醒专业成长意识,促进自我实现。

(一)小学教师专业成长阶段理论

对教师专业成长阶段划分,国内外学者意见也不一致。现将国外几种具有代表性的观点整理如下(表 4-5):

表 4-5　国外几种教师专业发展阶段理论

富勒(F. G. Fuller)的教师专业发展阶段理论②	
第一阶段:教学前关注	职前主修教育的学生只是想象中的教师,仅关注自己
第二阶段:早期生存关注	关注自我胜任能力以及作为一个教师如何"幸存"下来,关注对课堂的控制、是否被学生喜欢和他人对自己教学的评价
第三阶段:教学情境关注	既包括生存关注,又包括对所有教学要求和限制的关注,以及设法从学习转向关注教学情境
第四阶段:关注学生	关注他们的学习、社会和情感需要及如何通过教学更好地影响他们的成绩和表现

卡茨(L. Katz)的教师阶段发展论③		
阶段名称	时　　限	主要特征
1. 求生阶段 (survival)	任教开始一、二年	原来对教学的设想和实际有差距,关心自己在陌生环境能否生存
2. 巩固阶段 (consolidation)	任教第二、三年	有了处理教学事件的基本知识,并开始巩固所获得的教学经验和关注个别学生

---

① 王卫东.教师专业发展新探——若干理论的阐释与辨析[M].广州:暨南大学出版社,2007:22.
② [美]富勒,克里斯坦森.教师职业生涯周期——教师专业发展指导[M].董丽敏,高耀明,译.北京:中国轻工业出版社,2005:21—22.
③ 叶澜.教师角色与教师发展新探[M].北京:教育科学出版社,2001:341.

续表

3. 更新阶段（renewal）	任教第三、四年	对教师重复、机械的工作感到厌倦,试图寻找新的方法和技巧
4. 成熟阶段（maturity）	任教三至五年	习惯于教师角色,能较深入地探讨一些教育问题
费斯勒(R. Fessler)的教师职业生涯周期模型①		
1. 职前期		教师专业角色的准备阶段,是指在学院或大学里的初始培训阶段
2. 职初期		指教师受雇的头几年,是教师在学校系统中的社会化时期
3. 能力建构期		教师努力提高教学和才智的阶段
4. 热情与成长期		教师的工作能力已达到较高水平,但专业能力仍在进步
5. 职业挫折期		教师工作满足感变弱,开始产生职业倦怠
6. 职业稳定期		教师职业生涯的高原期,处于逐步退出所承担的教学义务过程中,有些教师开始停滞不前,也有教师仍对教学拥有热情
7. 职业消退期		教师准备离开岗位,其持续时间可能长达几年,也可能几周或几个月
8. 职业离岗期		教师离开教学工作后的一段时间,可能退休,也可能从事其他工作。

20 世纪 60 年代,美国学者富勒提出了教师专业发展的四个阶段,揭开了教师发展理论研究的序幕。我国叶澜等学者根据教师的自我专业发展意识将其分为"非关注阶段—虚拟关注阶段—生存关注阶段—任务关注阶段—自我更新关注阶段"②。

综合国内外学者的不同理论,根据我国小学教师执教的不同时期所表现出来的专业发展意识和专业素养水平,本书将小学教师专业成长划分为五个阶段:

1. "准教师"阶段,为即将成为教师而作准备的过程

这一阶段多为师范学习阶段,师范生在学习基本儿童心理学与教育学理论知识外,他们还参加实践锻炼,主要形式是实习。温斯坦(C. Weinstein)研究发现,实习前的师范生对自己处理课堂问题的能力抱有"不切实际的乐观主义"态度。③ 此阶段的师范生多呈现出自我专业发展意识淡漠的特点,在实习结束后,他们的发展意识会不同程度被唤醒。

2. 适应探索阶段:为更好地适应新环境,教师表现出较强的专业发展意识,但发展水平较低

此阶段小学教师初入小学环境,儿童的特点、学校和家长的要求等多方面的问题都对教师提出了挑战,激起了教师的专业发展忧患意识,但是由于承受的职业压力较

---

① [美]富勒,克里斯坦森.教师职业生涯周期——教师专业发展指导[M].董丽敏,高耀明,译.北京:中国轻工业出版社,2005:40—42.
② 叶澜.教师角色与教师发展新探[M].北京:教育科学出版社,2001:278—302.
③ 叶澜.教师角色与教师发展新探[M].北京:教育科学出版社,2001:283.

大,他们关注的多是专业发展的最低要求,渴望在当前环境求得"生存"。在外界环境的推动下,小学教师开始探索"生存"的技能,比如,想要获得儿童尊重和信任,教师会在课堂纪律管理、激发学生动机、处理个别差异等问题上探寻实际有效的方法。相反,也有教师在现实的冲击下表现出一种消极的专业发展意识。

3. 调整深化阶段

小学教师逐渐丰富完善自身专业素养并从整体上获得提升。在度过了第二阶段后,部分教师可能会选择离开,留下的教师多是已适应小学环境并有了基本的专业技能。在自我提高层面,多表现出积极的专业态度,小学教师很大程度上与学生融为一体,承担起儿童第二任监护人的责任,心理上接纳儿童,热爱小学教育工作并力求有突出表现,主动寻求专业发展的方法和途径。小学教师在自身专业素养得到提高的同时,教师之间也表现出较大差异。

4. 反思突破或停滞阶段

此时教师专业水平已趋向成熟,并且有较强的专业发展意识。相反,也有部分教师出现职业倦怠,开始停滞不前。此阶段教师对小学生有深入了解,他们关注儿童的学习、生活和情感,以儿童为中心,力求通过学习上的引导和情感熏陶帮助儿童成长。在自身发展方面,寻求新的发展机会,克服职业倦怠心理,激发自身潜能,形成批判性判断能力,达到自我实现。同时,也有部分教师对小学生出现的各类问题表现出厌倦,工作的耐心和热情减退,对专业投入也减少,专业发展处于停滞期。综上所述,此阶段的小学教师专业成长呈现出两极分化的特征。

5. 离岗前期

此时小学教师已对小学教育工作热情减退,只求维持原有的教学能力和履行基本的教学义务,为退休做准备。也有教师表现出更加关注儿童的成长,并力求在离岗之前用自己的专业情意影响年轻一代的教师,主动帮助年轻教师的专业成长。相反,也有少部分教师会对自己一生的职业历程感到不满,会有主动离职或者被迫离岗的现象出现。此阶段的小学教师基本处于维持现状的状态,专业成长空间很小导致几乎没有专业发展的意识。

(二)小学教师专业成长的取向

小学教师的专业成长最终走向怎样的归宿,即应该追求怎样的价值取向。对此,学者们提出了不同的见解。在 20 世纪 80 年代,北美和欧洲兴起了反思型教师教育运动,提出了"反思型教师"的概念,这类教师是指将自己的教学活动和课堂情境作为认知的对象,对教学行为和教学过程进行批判地、有意识地分析与再认知,是对"经验型教师"的超越(见表 4-6)。[①]

---

① 杨明全.反思型教师:教师形象演变的新取向[J].外国教育研究,2002(9).

表 4-6 "反思型"教师与"经验型"教师的区别

	反思型教师	经验型教师
在处理教育理论与实践的关系上	对教育理论和实践持有一种"健康"的怀疑	对教育理论和实践很少表示怀疑
在教学决策方面	只要拥有可利用的新的根据或信息,就会重新思考既定教学决策的结论与判断	固守结论,迷信权威,机械地按决策行事
教学方法	关注探究与发现法,以研究者的姿态进行教学实践,把教学和研究结合起来	依赖讲授与指导法

同时,随着对创新人才研究的深入,又提出了要培养创新型教师,即具备创新的教育观念、创造性的人格、多元化的知识结构、丰富的教学经验、能够自主创新的教学。也有学者支持培养专家型教师,指的是在教育教学领域中,具有丰富的和组织化了的关于普通教育和特殊教育的专门化的知识,能高效率地应对教育教学中的各种问题,并富有职业的敏锐洞察力和创造力的全纳性教师。[①] 在教学领域,专家型教师解决问题的效率极高,具体表现如下表 4-7 所示:

表 4-7 专家型教师教学原型[②]

特征		例子
知识 (数量和组织)	内容知识	知道坐标几何的原理
	教学法的知识 　具体内容的 　非具体内容的	知道教授坐标几何原理的课程计划和日程表 知道用最小的中断来布置和回收家庭作业的常规
	实践的知识 　外显的 　缄默的	知道学区为特殊教育服务的标准 知道怎样为一个不符合成绩标准的学生申请获得特殊的教育服务
效率	自动化	一边思考课程计划,一边考虑布置和收回家庭作业
	执行控制 　计划 　监控 　评价	预想到执行课程计划的困难 在执行课程计划时发觉学生不能理解或缺乏兴趣 根据所遇到的困难修正课程计划以便将来使用
	认知资源的再投入	利用布置和回收家庭作业的机会观察和评价某个特殊学生的举动

---

① 黄甫全.小学教育学[M].北京:高等教育出版社,2007:122.
② [美]R.J.斯滕伯格,J.A.霍瓦斯.专家型教师教学的原型观[J].高民,张春莉,译.华东师范大学学报(教育科学版),1997(1).

续表

特 征	例 子
洞察力 选择性编码 选择性联合 选择性比较	注意到学生在坐标的右上象限的外面绘点有困难 注意到将在右上象限的外面绘点的困难和计算内点距离的困难结合在一起,反映了学生没有掌握负数的概念 将负数和欠债进行类比,以便清除学生错误概念

除上述各类教师之外,研究型教师、学习型教师也受到很多人追捧。综合而论,我国的小学教师专业成长的价值取向需要综合考虑各种类型教师的特征,兼顾我国不同小学的具体需求。目前,我国小学教师出现不同程度的职业倦怠现象,面临知识枯竭、低个人成就感、情绪衰竭等问题,"自我更新取向"教师专业发展强调自我专业发展意识在专业发展中的重要意义,这在某种程度上可以解决小学教师职业倦怠问题。因此,"自我更新取向"教师是我国小学教师专业成长的终极取向。[1]

"自我更新取向"教师专业发展具有较强的自我专业发展意识,反省认知能力较强,在发展过程中表现出以下三方面的特征:(1)将自己的专业发展过程作为反思的对象;(2)强调教师不仅是专业发展的对象,更是专业发展的主人;(3)目标直接指向教师专业发展,以改进内在专业结构为本。[2] 不难发现,"自我更新取向"教师专业发展汲取了各类发展取向的精华,既有学习型教师的自主建构,也有反思型教师的反省认知,同时还具备专家型教师的专业结构。"自我更新取向"教师专业发展要求教师作为一名学习者,自主地协调有利于专业发展的各种因素,反思自己的专业学习过程,并且在时间上保持连续性,是我国小学教师的专业成长取向的较佳选择。

三、小学教师专业成长的路径

随着教师教育改革的深入推进,小学教师专业成长的路径越来越多样化。小学教师在专业成长过程中,可从多种成长路径中根据自身需要加以选择,提升专业发展水平,促进自身的专业成长。

(一)职前培养

从"师范教育"走向"教师教育"是国际教育发展的趋势。2001年,我国在《国务院关于基础教育改革与发展的决定》中首次用"教师教育"的概念,取代了长期使用的"师范教育"概念,提出"完善以现有师范院校为主体、其他高校共同参与、培养培训相衔接的开放的教师教育体系"。2003年,教育部在《2003—2007年教育振兴行动计划》中又

---

[1] 叶澜.教师角色与教师发展新探[M].北京:教育科学出版社,2001:268.
[2] 叶澜.教师角色与教师发展新探[M].北京:教育科学出版社,2001:272-274.

一次明确提出并具体阐述了构建教师教育体系的任务,指出要"构建以师范大学和其他举办教师教育的高水平大学为先导,专科、本科、研究生三个层次协调发展,职前职后教育相互沟通,学历与非学历教育并举,促进教师专业发展和终身学习的现代教师教育体系。"这是对教师教育现状的客观反映和未来发展趋势的把握。"教师教育"这一概念,意味着将教师的职前培养、入职教育和职后成长连成一体,将教师教育过程视为一个可持续发展的终身教育过程,体现了教师教育连续性、一体化与可持续发展的特征。

1. 完善教师教育的培养体系是提高我国小学教师专业化水平的首要任务

首先,不断加强教师教育的一体化,将职前、入职、职后教育统一起来,建立一个内部各阶段相互衔接、相互支撑和补充的教师教育体系,从整体上提高师资培养与培训的质量。其次,优化课程设置仍然是建设重点,教师教育课程是教师专业化的重要保证,要想提高教师教育的质量必须从教师教育课程的改革入手,把教师教育课程的改革作为教师教育改革的重中之重。最后,建立开放的教师教育体系。打破原有的由师范院校培养教师的单一模式,从封闭走向开发,吸收非师范教育资源,形成多样化的教师培养体系,使"定向型"与"开放型"教师培养模式并存。

2. 加强教师资格制度的建设是促进教师专业成长的重要举措

《教育法》第三十四条明确规定"国家实行教师资格、职务、聘任制度"。1995年12月12日国务院颁发《教师资格条例》对教师资格的分类与适用、申报教师资格的条件、教师资格考试、教师资格认定等都作了详细规定,这标志着我国教师资格制度已开始完善并向高规格发展。2000年9月23日,教育部颁布了面向社会认定教师资格的操作性规定——《〈教师资格条例〉实施办法》,规定1994年1月1日以后进入教师队伍的人员和符合教师资格认定条件的中国公民可以根据法定的教师资格认定程序获得教师资格,自此,教师资格制度的工作在全国范围内正式启动。2013年8月15日教育部公布的《中小学教师资格考试暂行办法》中规定,教师资格考试实行全国统考,由教育部考试中心统一制定考试标准和考试大纲,组织笔试和面试试题,并建立试题库,这一改革对教师教育教学改革形成了倒逼机制,能够促进教师教育院校和机构调整课程设置,加强教师教育实践能力的培养。教育部同时颁布《中小学教师资格定期注册暂行办法》,规定中小学教师资格每五年注册一次,注册条件以师德表现、年度考核和培训情况为主要依据。

在我国开始全面推行教师资格制度的今天,我们有必要借鉴国际上的教师资格认证制度。如美国的教师资格认证流程(见图4-1):

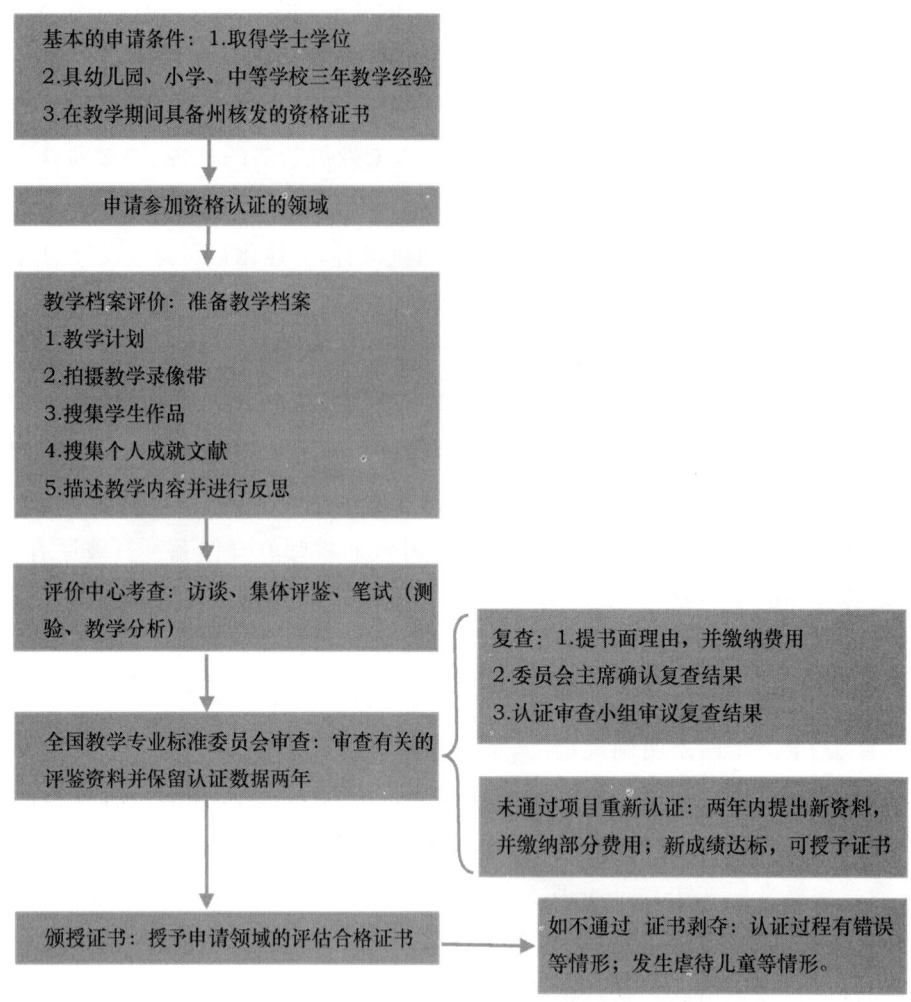

图 4-1　全美教学标准委员会的教师资格认证的基本流程示意图①

(二) 入职教育

所谓入职教育是指对即将走向正式岗位的受聘教师进行短期的指导和训练，是促进教师专业成长的必要路径。

国外对于新教师入职教育问题的研究始于 20 世纪 60 年代，1963 年，美国教育家科南特(Conant, J. B.)在《美国的师范教育》一书中，首次讨论了新教师辅导的问题。到了 90 年代，美国的新教师入职培训快速发展，苏联教育学家霍尔姆斯基的报告《明天的教师》、美国教育学家卡内基的《21 世纪的教师》都着力于提倡改革教师教育，延长培训时间，强调为新教师提供更多、更实在的指导。英国也是极为重视新教师的入

---

① 秦立霞.美国教师资格认证制度及其效应研究[D].西安:陕西师范大学，2008:132.

职教育。1972年,英国政府在《教育:一个扩展的框架》中指出:即便是受过充分严格的职前教育,但世界上仍然没有哪一项职业期望新的从业者马上就能作出充分的贡献。① 20世纪90年代后,英国政府开始加强对新教师的入职培训,设立了新教师入职指导方案。对新教师入职培训的时间、培训方式、专业指导老师、培训经费都做了一些具体的规定。② 日本自1988年起,通过对教育公务员特例法和地方教育行政组织及运营法的法律修正案,以立法的形式创立了"新教师研修制度"。新教师研修主要通过个别辅导和研修两种途径,并且第一年的研修全属义务性质。③

我国在教育改革的过程中也逐渐意识到教师入职教育的重要性,借鉴国外的成功经验,我国未来的小学教师入职教育需要从以下几方面来完善:(1)重视新教师群体,加强辅导工作。传统的教师教育理论假设认为,新教师自己能够把所学知识综合地运用于实际教学,而且他们能够自觉、自发、成功地加以运用,事实则不然,他们为了减轻应对复杂教学实践问题、价值冲突等产生的"教育学痛苦",只有依赖"个人试误",而在职前教师教育阶段所形成的许多教育观念被实践经验"一扫而光"。④(2)入职教育的课程内容综合化。课程内容的设置要克服只重理论指导或只重技能训练的片面性,关注教师综合素质的提升,加强必要的心理辅导、人际沟通、科研指导等各个方面。(3)优化教育手段。学校和教育培训管理部门应该适当减轻新教师的教学任务,给新教师相对多的时间和机会参与课堂教学实例观摩、评课、教研等活动。同时,引导新教师在培训和教学中学会反思,新教师只有善于反思才能够在学习中获得提高,才能将接受入职教育变成主动学习。

入职教育是教师专业发展的关键环节,因此,要重视这一阶段的教师发展需求,开展有针对性的入职教育,为新教师提供有计划、有系统、适时而适当的支持和帮助,促使他们尽快适应教师角色,早日成长为有能力的专业教师。

(三)在职成长

入职后,小学教师的专业水平可以通过外控的在职培训和内控的自主学习继续发展。随着教师教育研究的深入,入职后的教师也拥有更多的发展机会。

1. 20世纪80年代末兴起于美国的专业发展学校(professional development schools,简称PDS)逐渐传入我国,成为21世纪教师专业发展的有效途径

所谓专业发展学校,指的是大学与当地中小学建立合作伙伴关系,将教师职前培养、在职进修和学校改革合为一体的学校形式。其目的是促进大学与中小学共同发

---

① 瞿保奎主编,金含芬选编.教育学文集·英国教育改革[C].北京:人民教育出版社,1993:51.
② 瞿保奎主编,金含芬选编.教育学文集·英国教育改革[C].北京:人民教育出版社,1993:492.
③ 刘明霞,李森.国外新教师入职教育及其对我国的启示[J].教师教育研究,2008(3).
④ 刘明霞,李森.国外新教师入职教育及其对我国的启示[J].教师教育研究,2008(3).

展,相互合作。专业发展学校正好打破了小学与大学之间长期的隔阂,以合作为核心,这恰好满足了小学与大学在课程改革、在职培训、共享信息、共同变革及改善教学等方面的合作需要,为小学教师自身拓展提供了更为宽广的平台。

2. 校本教研也是小学教师获得专业提升的主要方式

所谓"校本",其要义有三:"在学校中""基于学校"和"为了学校"。校本教研主要有以下几个重要特征:(1)校本教研的宗旨是促进师生的共同成长;(2)校本教研的核心是解决学校教育教学的实际问题;(3)校本教研的主体是学校的教师,是整个教师群体;(4)校本教研的主阵地是学校,校长是校本教研的第一责任人。[1] 这些特征符合我国小学教师专业成长的需要,强调教师的自我学习和反思以及与同伴的合作和互助,更能调动教师"自我更新"取向的专业发展意识。校本教研对教师专业发展有着极为重要的作用,我们可以将其与传统教师专业发展相比较(见表4-8),如此更利于理解其作用。

表4-8 校本教师专业发展与传统教师专业发展比较[2]

要素类型	校本教师专业发展	传统教师专业发展
权力配置	内控式——活动由教师计划、管理;符合教师需要;教师愿意分享意见;活动多在校内进行,教师能够实时实践所学	外控式——活动由主管机关计划与管理;未能符合教师需要;教师不愿参与及提供意见;活动多在外进行,影响教师专业工作
活动功能	发展式——活动是为学校、小组或个人发展需要而策划;为学校的需要而服务	补救式——活动只针对一般性问题,为补救教育过程中的不足而安排;不能适用所有学校
活动性质	持续而有系统的规划	单一的、临时的、缺乏系统的方案
活动内容	持续而全面的;兼顾知识、技能和情意层面的发展	零碎、片面的;强调知识和技术的获得
重点取向	兼顾个人、小组与组织需要,强调个人、小组与组织全方位的发展	偏重个人需求,强调个别成员的改进
要素类型	校本教师专业发展	传统教师专业发展
教师角色	主动	被动
活动形式	多元化——研讨会、工作坊、教练、行动研究等	单调——讲座、演练
参与动机	内在酬劳:自我成长、自我实现	外在酬赏:升迁、晋级

---

[1] 肖川,胡乐乐.论校本教研与教师专业成长[J].教师教育研究,2007(1).
[2] 郑燕祥.学校效能与校本管理:一种发展的机制[M].陈国平,译.上海:上海教育出版社,2002:187—188.

3. 在现代信息技术的推动下,教师教育网络联盟也逐渐成为教师专业发展的新平台

为突破地域对教育教学资源的限制,2003年全国教师教育网络联盟计划(简称"教师网联计划")正式启动,这对教师队伍建设,对于教育信息化带动教育现代化以及构建终身教育体系都具有重要意义。教师教育网络联盟是在政府教育行政部门的推动下,由举办教师教育的高校和其他提供相应支持与服务的企事业单位自愿组织起来的、共同提供优质教师教育资源的联合体。① 面对我国小学教师教育资源不均衡,教师网联在一定程度上弥补了不发达地区教师学习资源匮乏的缺陷;同时,在资源整合和资源共享方面体现了优势,将各类优质资源汇集整合在一起,教师可根据自身需要便捷享有这些资源,突破了时间和空间的限制,是教师专业发展的便捷途径。

教师专业成长的途径是多种多样的,小学教师作为我国基础教育的支撑力量,应该自觉自主地采取各种方式,通过不同途径来强化自身的专业水平。

本章小结

本章主要探讨了小学教师的角色与素养、权利与义务以及专业成长。信息化社会的发展和基础教育变革促使小学教师从过去传统角色向现代新角色发生转变;同时,小学教师职业的特殊性要求小学教师必须具备较高的专业素养,通过加强自身的专业情意与规范意识,丰富专业知识,提高专业能力来应对新世纪对小学教师提出的新挑战。在推进教育改革的进程中,应该从法律的角度探讨我国小学教师的地位和作用,明确小学教师的权利与义务,同时为完善小学教师权利与义务的保障机制提出建议,从而帮助小学教师依法施教。小学教师的专业素养直接影响我国基础教育的质量,决定着我国教育事业的兴衰成败。因此,要提高小学教师的专业素养,首先要明确小学教师的专业素养结构和教师专业发展的一般规律。在此基础上,将职前培养、入职教育和在职成长相衔接,为小学教师的专业成长提供多样化路径,才能从整体上提高我国小学教师的整体素质和专业水平。

思考与练习

1. 小学教师的角色发生了哪些转变?
2. 小学教师职业的特殊性主要表现在哪些方面?
3. 联系教育教学实际,分析小学教师的专业素养结构。

---

① 刘然,余慧娟.教师网联计划构建教师专业成长的新平台——访教育部师范教育司司长管培俊[J].人民教育,2003(20).

4. 搜集一个侵权案例,分析如何保障小学教师的权利。

5. 简述小学教师的专业成长阶段。

6. 结合自己的成长经历,分析小学教师专业成长的路径。

参考文献

[1] 叶澜.教师角色与教师发展新探[M].北京:教育科学出版社,2001.

[2] 李晓燕.教育法学(第2版)[M].北京:高等教育出版社,2006.

[3] 李晓燕.我国教师的权利与义务及其实现保障机制研究[M].广州:广东教育出版社,2001.

[4] 王卫东.教师专业发展新探——若干理论的阐释与辨析[M].广州:暨南大学出版社,2007.

[5] 黄甫全.小学教育学[M].北京:高等教育出版社,2007.

[6] 联合国教科文组织国际教育发展委员会.学会生存——教育世界的今天和明天[R].华东师范大学比较教育研究所,译.北京:教育科学出版社,1996.

[7] 联合国教科文组织总部.教育——财富蕴藏其中[R].联合国教科文组织总部中文科,译.北京:教育科学出版社,1996.

[8] [美]富勒,克里斯坦森.教师职业生涯周期——教师专业发展指导[M].董丽敏,高耀明,译.北京:中国轻工业出版社,2005.

第五章 小学教育目标论

> **学习目标**
>
> 1. 明确"教育目的"与"教育目标"的区别,认识小学教育目标的特点与结构。
> 2. 了解小学教育目标的确立依据,理解其设计原则和操作步骤。
> 3. 了解我国历史上小学教育目标的演变历程,理解我国现行小学教育目标的具体要求。

教育与目标不可分离,没有无教育的目标,也没有无目标的教育。所以,教育,作为一种培养人的社会实践活动,需要用目标理论来指引和滋养其实践。小学教育作为教育的基础环节,更需要目标的统率和牵引。小学教育目标兼顾个体与社会的需求,它的起点是社会对小学教育的需求,终点是小学生个体的发展。因而,探讨小学教育目标"是什么、为什么和怎么样"有助于全面了解小学教育,进而改善小学教育教学活动。

第一节 小学教育目标的概念与结构

教育目标是教育思想的核心,对学校教育起着引领作用。在教育改革不断推进的今天,小学教育目标在理论与实践中仍存在着某些偏失,如"唯分是举"、过分追求教育的外在效应等。所以,分析、把握小学教育目标的内涵和结构,有助于我们厘清小学教育目标之真意,也便于在学校的实际操作中能得以正确地贯彻执行。

一、小学教育目标的概念

教育目标是教育事业的导向标。事实上,教育目标有广义和狭义之分。广义的教育目标是指社会发展和人的发展对教育提出的要求,具有层次性。[①]既包括国家层面的教育目标、学校层面的教育目标、专业领域的教育目标、课程方面的教育目标和教学方面的教育目标,也包括小学、中学、高等学校等各级各类学校的教育目标;狭义的教育目标是指社会对人才培养提出的质量和规格要求,其总目标通常被称为教育目的。在

---

① 文辅相,赵月怀.教育目标是教育思想的核心——兼析我国社会主义的高等教育目标[J].高等教育研究,1990(2).

本书中,我们主要讨论狭义的教育目标。

(一) 小学教育目标的内涵

提及"教育目标",我们自然而然会想到"教育宗旨""教育目的""培养目标"等这些教育领域的专有名词。教育宗旨亦可称之为"教育之目的",作为理念上国家统一的教育目的,它在近代教育制度中出现得较多;培养目标,作为指导实践的教育目的,是各级各类学校人才培养要达到的具体要求,在现代教育制度或课程标准中应用较为普遍。由此可知,教育宗旨和培养目标都属于教育目的的一种。

教育目的是把受教育者培养成为一定社会所需要的人的总要求;[①]教育目标,即培养受教育者的总目标,[②]是各级各类学校人才培养要达到的具体规格和标准。从培养人这一终极指向上来讲,教育目的与教育目标基本相同,但从其本身的特性、表述和作用方面来说,两者存在着本质的差别。

第一,教育目标反映各级各类学校的具体要求,它指向人的身心发展的具体特性,具有具体性、可操作性;教育目的则是各级各类教育目标的顶层设计,主要指向"培养什么样的人",具有抽象性。

第二,教育目标在各年级、各阶段、各学校均有不同的表述,具有多样性;教育目的是理念层面的指引,具有相对的稳定性。教育目标会随着年级、时期和发展阶段做出相应的调整变化。教育目的则会在相当长的一段时期保持不变。

第三,教育目标能够不断校正教育行为,起着规范作用;教育目的是教育活动的起点,起着指导作用。

就教育而言,"每一个活动无论怎样特殊,就它和其他事物的错综复杂的关系来说,它当然是一般的,因为它引出无数其他事物。"[③]教育目的也不例外。作为一般意义上的抽象目的,它也有自己的框架体系,包含一系列具体目的的分解,小学教育目标应是其中的一部分。

小学教育目标是在教育目的的基础上演绎而来的,并内化为小学阶段具体应达到的标准,包括小学培养目标、课程目标和教学目标等,最终使小学生经过教育之后引起相应的身体、行为、知识、心理、情感等多方面的变化,促进小学生健康全面的成长。由此可以看出,小学教育目标是"一个包含性极强的概念"[④],却"不是一个国家总的教育目的的简单演绎"[⑤]。小学教育目标是多种因素综合作用形成的结果,基于此,它的厘

---

① 王道俊,郭文安.教育学[M].北京:人民教育出版社,2009:83.
② 顾明远.教育大辞典(第一卷)[Z].上海:上海教育出版社,1990:59.
③ [美]约翰·杜威著.民主主义与教育[M].王承绪,译.北京:人民教育出版社,2001:120.
④ 张永明,曾碧.小学教育学基础[M].北京:北京大学出版社,2013:51.
⑤ 阮成武.小学教育概论[M].上海:华东师范大学出版社,2011:76.

定主体应是由国家权力机关、教育者、教师、家长共同参与制定。只有多方的参与,听取不同的意见,权衡各方的需求,制定出来的小学教育目标才会更有实际价值。另外,小学教育目标参照不同主体的需求,旨在通过教育引起小学生身心各方面的变化,促进其自由成长、成人,反映了人才培养所要达到的具体规格。

(二)小学教育目标的特点

为了更好地理解小学教育目标,我们从以下三个方面对其特点进行阐述。

1. 全面性

小学教育的基础地位,决定了教育目标的全面性。小学教育目标兼顾每一个学生的成长、发展,不忽视、不遗忘任何一个学生。所有的小学生都应得到平等对待、享受同等的机会和共同的教育目标。每一个孩子的发展都得到关注与悉心培养,使得每个学生在教育目标的指引下不断成长、发展,不断朝着目标迈进,达到知、情、意、行方面的变化。每个人都应获得自由而全面的发展。所以,小学教育目标最终要把学生培养成一个善良的、有德性的人,一个有文化的人,一个身体健壮的人,一个懂得美的人,一个会劳动的人。

2. 系统性

小学教育目标具有层次性,不同层级的目标相互配合,构成一套目标体系。小学教育目标具有系统性、明确的衔接性和次序性,对小学生的成长发展起着不可忽视的作用。在这个目标体系中兼顾教育质量与数量的统一、活动与发展的统一。小学教育目标始终关注小学生培养的质量问题,但也应努力提高优秀学生的数量,使得人才质量与数量方面尽可能都最大化。同时,小学教育目标关注小学生多方面的协调发展,所以小学教育目标的设计必然关注小学生的课外活动以及兴趣的培养。丰富多彩的校园活动,可以增添学生参与的积极性,增强学生的交往能力。

3. 统一性

小学教育目标有其自身的价值取向。涂尔干(CE. Durkheim)认为,每个人身上都同时具备双重人格:个体我和社会我。所以,"从根本和普遍的意义上讲,其实并没有必要把人的个性化与人的社会化割裂开来和对立起来,而应使二者尽可能达到某种统一,但这种统一必须是历史的、具体的统一,而不是超历史的、抽象的和一劳永逸的统一。"[①]小学教育目标在理念层面和实践层面都应兼顾个人与社会,寻求个人与社会发展目标的统一。它既应注重培养小学生成为合格的"社会人",适应社会生活,能在社会环境中得以生存,为社会发展做出相应的贡献;同时,作为一种"人"的教育,也要彰显人的个性,即培养小学生完整的人格、独立的尊严、批判思考的能力,彰显个人的独

---

① 扈中平. 教育目的中个人本位论与社会本位论的对立与历史统一[J]. 华南师范大学学报(社会科学版),2002(2).

特性。

> **知识小卡片 5-1**
>
> **美国小学教育目标**
>
> 1. 增进儿童的健康和发展儿童的体格。
>
> 2. 增进儿童的心理健康和发展儿童的人格。小学的活动要能帮助儿童养成充分的自我概念。给儿童提供机会,使他们对所做的事情有成功的经验和成就感。努力创设一个把儿童的紧张程度减到最低的环境,是小学教学的特征。教师应了解儿童需要的是无忧无虑,并把他们看做是有价值的人群。
>
> 3. 发展儿童对社会和科学世界的理解。所教授的基本技能和知识不仅要生动,而且要呈示出功用,并利于儿童进一步学习和更好地生活在今天的世界上。
>
> 4. 发展儿童有效参与民主社会的技能。许多小学注意引导儿童尽早参与集体生活,为儿童学习和参与民主社会生活创造一种气氛,提供多样化的机会,以帮助他们发展责任心,学会自我引导并与别人有效地交流情感。
>
> 5. 发展儿童符合民主生活的价值。这些价值是诚实、尊重个人人格、对个人和社会的责任心、思想言论自由、学习及使用智能的方法。小学要帮助儿童发展对这些价值的认同感。社会争端、社会关切的事,是课堂经验的一部分,重点应放在帮助儿童渴望成为人类有价值的一员的内在动机上。
>
> 6. 创造性活动。创造性被看做行为的一面,这种行为是渗透在课程的所有领域并且是所有儿童的特征。创造性课堂应对使用各种各样办法解决问题、发表意见、与别人互通情意起激发作用和支持作用。
>
> 资料来源:王长纯,梁建.初等教育[M].长春:吉林教育出版社,2000:11.

二、小学教育目标的结构

小学教育目标自成体系(见图 5-1),按照不同的标准可以有不同的划分形式。探讨小学教育目标的深层次结构,有助于帮助我们更好地认识小学教育目标的内涵。

(一)小学教育总目标和阶段目标

按总的要求和阶段来讲,可以把小学教育目标分为总目标和阶段性目标。

总目标具有概括性、全面性和长期性,主要是指完成小学教育阶段的学习任务,初步掌握小学生应习得的相关知识和技能,发展小学生潜在的个性,促使其健康成长。小学教育是小学生良好的思维方式的养成过程,发展小学生的直觉思维、发现思维、创

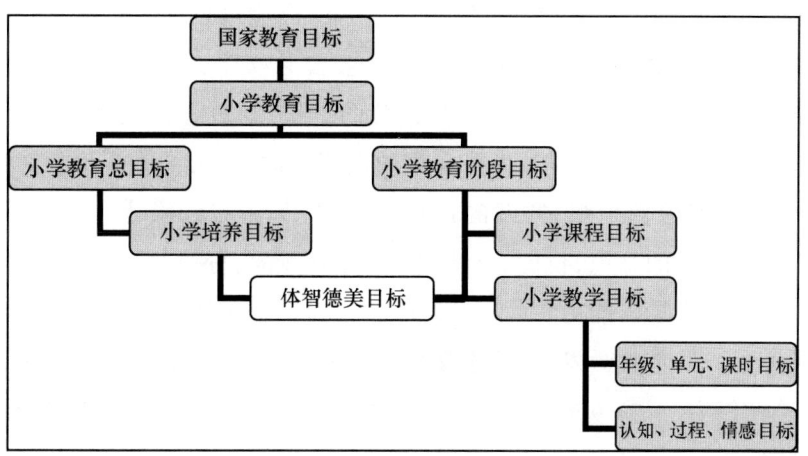

图 5-1 小学教育目标结构图

造思维等多种思维能力,使小学生掌握正确的思维方式,学会思考;小学教育是使小学生爱好运动的教育,在游戏和活动中增强体质;小学教育也是小学生情感表达的养成过程,培养小学生的情感,增强小学生对学校、教师、学生、生活、环境等的热爱之情,激发相互间的帮助、关心的情意,教会小学生形成正确的情感表达方式,传递温暖;小学教育还是小学生道德行为的践行过程,努力做一个文明礼貌、遵守纪律的人,引导小学生形成良好的行为规范。同时,小学教育目标中也不应忽视对生命和环境本身的尊重,培养小学生的生命意识和环保意识,做一个热爱生命、尊重生命、关怀生命、爱护环境、保护环境的人。

阶段性目标主要是指以某一时间段为限,小学教育所要达成的具体任务,如年级目标、期中、期末目标,这些都属于短期目标。阶段性目标具有自己的特性和优势:第一,连续性。前一阶段目标是后一阶段目标的基础和前提,后一阶段目标是前一阶段目标的超越和升华,也即,后一阶段目标要巩固前一阶段目标所应达到的要求,又要比前一阶段目标有所提高,但同时控制目标提升的幅度,使其不至于前后相差太远。第二,调整性。阶段性目标是总目标的具体化,它能根据具体情况而不断调整和变化。

(二)小学培养目标、小学课程目标和小学教学目标

从纵向来看,可以把小学教育目标分为小学培养目标、小学课程目标和小学教学目标。

1. 小学培养目标

小学培养目标是把小学生培养成一定社会所需要人才的基本要求。培养目标旨在促进社会进步和个人发展。一般而言,小学培养目标应包括以下五个方面的内容:

（1）思想道德方面。使小学生初步了解国家、社会，形成对祖国的热爱之情，形成对个人道德和社会公德的基本认识，能自觉遵守社会公共秩序、学校纪律。（2）生理心理层面。小学生是未来的栋梁之才，身体是革命的本钱，要教育他们多运动、锻炼身体，养成良好的生活习惯和作息规律，保持身体的健康。同时，关注小学生的心理健康，努力保持其天性，培养他们乐观、开朗的性格，养成坚韧不拔的意志。（3）科学文化层面。使学生掌握基本的知识、技能、方法，能够自由阅读、写作、算术、表达、交流，具备初步的独立学习和发展的能力。（4）审美情趣方面。善于抓住小学生的好奇心，使小学生学会观察、发现，借机激发、培养小学生多方面的兴趣，形成小学生善于发现美、欣赏美、创造美的能力。（5）劳动方面。培养小学生的劳动能力，养成良好的动手习惯，进而热爱劳动。

2. 小学课程目标

小学课程目标是小学所开设的各门课程力图达成的对小学生身心发展的预期结果，它是小学"课程本身要实现的具体要求，它期望一定阶段的学生在发展品德、智力、体质、素养等方面所达到的程度"[①]。课程目标一般采用三维目标来表述：知识与技能、过程与方法、情感态度与价值观。"知识与技能"目标强调小学生掌握最为基本的文化知识，属于智力的培育。"过程与方法"目标要求小学生把个人经验融入到课堂中，亲自参与到学习的过程中来，通过亲身的体验掌握学科学习的方法。"情感态度与价值观"目标要求培养小学生的真实情感和正确的价值观念、态度，它需要在"过程与方法"中得以切实贯彻。小学课程的三维目标是统一的、不可分割的，在知识的学习中培养学科能力和情感态度，在过程与方法中达成知识获得和情感培养的目标。三维目标的设计价值在于：第一，把小学生视为一个完整的人，尊重小学生的主体地位，注重小学生发展的全面性、协调性。第二，改变单一的知识授受的方式，关注小学生自学。

3. 小学教学目标

小学教学目标是"与具体的课堂教学相关联，是具体的、情境化的、可操作的目标，是对某一门学科或课程的具体内容进行教学所要达成的目标的描述"[②]。一个完整的教学目标应包括以下内容：学生、学生在行为情境中能做什么、应用所学技能的情境、在行为情境中学习者可用的工具。[③] 基于此，我们给小学教学目标下一个更为精确的定义：小学教学目标是在某一特定时期（时段）的课堂教学中，小学生通过聆听教师讲

[①] 靳玉乐.现代课程论[M].重庆：西南师范大学出版社，1995：155.
[②] 陈志刚.对三维课程目标被误解的反思[J].课程·教材·教法，2012(8).
[③] 黄梅，宋乃庆.基于三维目标的教学目标设计[J].电化教育研究，2009(5).

授、自觉地查阅教材资料、请教同学、开放的合作学习和主动思考后所应达到的身心、行为等方面的具体目标,并形成可转移能力。设计一个完整的小学教学目标要考虑以下几个问题:第一,课程大纲中规定的教学目标是什么,其定位是否清晰、明确;第二,思考如何设计教学内容使其显现教学目标;第三,区分教学目标的层次性与系统性;第四,选择实现教学目标的有效方法。

(三) 体、智、德、美

从横向来看,小学教育目标又可分为体、智、德、美等目标。而体、智、德、美贯穿于各级各类目标中。这方面的内容将在第六章第二节中具体论述,这里就不再展开。

第二节 小学教育目标的设计与表述

小学教育目标关乎小学教材和教育方法的选择、教育内容的组织与安排。通过以上对小学教育目标的内涵和结构的分析及把握,有助于我们初步了解小学教育目标,但我们还需要进一步了解如何设计和实施小学教育目标,使其切实地得到贯彻与实施。

一、小学教育目标的设计

小学教育目标的设计是一个相对较为宏大的工程,既包含理论层面的指引,又涉及实践领域的具体操作问题。当然,设计的过程会涉及诸多因素,我们不可能一一探究与呈现,这里只提供一些普遍意义上的原则和操作步骤,供大家参考并思考。

(一) 小学教育目标设计的原则

小学教育目标来源于实践,最终又要回到实践、指导实践,接受实践的检验。所以,我们需要对小学教育目标进行科学、合理的设计,把握目标设计的全面性、系统性和动态性,关注目标设计的科学性、发展性和可操作性。

1. 科学性

从理论上讲,小学教育目标设计应具有科学性。科学性是指小学教育目标的概念表述要清楚明白、逻辑严密,设计要规范、合理,要建立在客观事实的基础上,能真实地反映教育本身的规律。小学教育目标的科学性主要表现为:

(1) 科学把握小学教育目标理论体系。小学教育目标本身就是一个复杂的理论体系,而理论本身具备的就是科学性,所以它必然经过一系列相关理论科学的研究和论证,去认识和弄清楚小学教育目标体系在空间层面的整体性、在时间结构上的连续性、在内部层面上的相互关联度。

(2) 确立过程的科学性。小学教育目标的确立是建立在对小学教育各相关因素（大层面：人、社会、学科；教育内部要素：教师、小学生、教育内容、方法、环境等）的综合考察基础上，并经由科学地分析论证方法（历史研究、归纳、演绎、比较、整理、综合、概括等）推导而来，其形成过程具有科学性。

(3) 小学教育目标在表述上具有科学性。在表述方式上，逐步推进，不断地深入、具体，最终表述的终点落在了"小学生"这一主体的身上；规定了小学生成长要达成的各方面的要求，表述规范，表达清晰。

2. 发展性

从价值层面上讲，小学教育目标应体现发展性。所谓发展就是对小学生终极成长的关怀。发展性原则主要表现在以下三个方面：

(1) 在知识层面，强调培养小学生掌握教育目标规定的知识，获得终身学习的能力。我国小学教育目标归根结底是以学生学习为本位的，但知识是无穷无尽的，所以它并不能成为最终的目的，教育目标的设计更多地应考虑引导学生学会学习，能够举一反三、融会贯通。

(2) 在设计方式上，采用相对灵活的目标设计，引导小学生更加关注过程，在过程中注意动态生成。教育目标并不是一蹴而就的，由于学生个体发展的差异性，在达成教育目标的时间段可能存在细微的差别，所以灵活的目标设计，有助于个体的完善与发展。当然，目标的达成并不意味着结束，每一个目标的完结都是一个新的起点。

(3) 在价值理念上，旨在促进小学生幸福快乐地成长。要注重彰显小学生个体独特的尊严，张扬个性，开发小学生的各项潜能。

3. 可操作性

从实践领域来讲，小学教育目标要具备可操作性。它主要包括三个方面的内容：

(1) 目标一定要明确、具体。过于笼统的目标操作起来着实不易，但要使目标具体明确，首先要保证教育目标陈述的清楚性和逻辑的严密性，不会引起一些歧义，不会出现多样化的目标解读，不会导致各主体对真实目标理解的偏差。其次，要明确目标的层次性（各级目标的层次和同一目标表述的不同维度的层次），了解各级目标设计的规范。只有弄清楚这些，教育者或教师在教育目标设计时才能减少盲目性和随意性。

(2) 目标应具有针对性。目标设计可能是针对某一具体问题而提出的或针对某一时期小学生的具体性行为、语言、表达等提出的，要做好明确的界定，针对具体问题设计不同的目标。通常情况下，针对性较强的小学教育目标较容易操作，例如，为了达到小学生认识"年月日"的这个目标，教师会进行相应的设计或采取一些具体操作的方法或步骤，那么这个过程则较为细致，操作力较强。

(3) 目标应可以转化。杜威认为,一个教育目标"必须能转化为与受教育者的活动进行合作的方法"①。小学教育目标应该融合在具体的教学中,提供能够组织或解放学生能力的环境,有助于制定能够转换为在具体的教学实践活动中得以操作的程序,而这些程序反过来又能检验、校正和服务于这个目标。

 知识小卡片 5-2

可操作化的小学教学目标:《小壁虎借尾巴》

1. 拼音:利用拼音读准生字的音;能看着课后练习中的拼音读出并写出句子(bì hǔ de wěi bā duàn le,hái huì zhǎng chū xīn wěi bā)。

2. 字词:能默写课文中 12 个生字和 16 个词,并能说出这些字词在课文中所指的意思。能口头解释"摇着尾巴""甩着尾巴"和"摆着尾巴"三个带点动词的不同含义。

3. 句式:能按下面的句子造句或仿写句子。"谁——看见——谁(什么)——在哪里——怎么样地——干什么"。

4. 课文理解:(1)能独立找出课文中分别描写鱼、牛、燕子尾巴作用的句子;(2)找出并说出课文 3~5 段在形式和内容上的异同点。

5. 课文朗读和背诵:能流利朗读全文并能背诵课文 3~5 段。

资料来源:皮连生,刘杰.现代教学设计[M].北京:首都师范大学出版社,2010:117.

(二) 小学教育目标设计的步骤

小学教育目标设计的一般步骤包括需求分析、价值取向确定、目标分解和目标表述。

1. 需求分析

对任一事物的了解都需要占有相当丰富的资料和进行真实的调查研究。收集、整理和分析相关资料(了解、参阅、收集国内外最近一段时期内小学教育目标的相关政策、文件等,关注国内外已经形成或正在使用的小学教育的目标)是设计小学教育目标前必须要完成的准备工作。进行需求分析主要是为了确定小学教育目标的形成方向。只有综合考量多方面、多层次的因素,如信息化社会对小学生素质的新要求、小学生的现实能力与潜在能力的要求、学科的要求和学科专家给出的参考意见、当前各小学校的实际情况(师资力量、学校环境、学校文化)等,才能对小学教育的全景有初步的把握,明确现实与理想间的差距,并试图找寻缩小或消除差距的方法,更好地制定出符合

---

① [美]约翰·杜威.民主主义与教育[M].王承绪,译.北京:人民教育出版社,2001:120.

小学实际的教育目标,最大限度地激发学生的潜力。参与小学教育目标制定的相关主体应把各方的基本需求吸纳进来,在尊重现实、寻求发展的基础上,不断地协调、整合各方利益,形成共同的价值追求,明确小学教育应达成的目标。

2. 价值取向确定

小学教育目标最终要通过"人"这一主体来呈现,通过"人"的认识来反映,在精神层面涉及更多的是一种价值追求。社会本位论和个人本位论一直是小学教育目标具有代表性的价值取向。社会本位强调从社会的需求出发,把满足社会的需要作为教育目标所追求的价值取向,这一价值取向有利于使人社会化,为社会进步服务,但忽略了人的特性,仅仅把人当做一种社会的工具。个人本位主张顺应人天性的自然发展,促进人的发展,认为人的价值高于社会的价值,社会不应阻碍人的价值实现,社会最终是要为人服务的。这一价值取向有利于彰显人的主体性,但过于激进,把人与社会对立起来。随着人们认识的不断革新,教育目标的价值取向逐渐从单一的社会本位论走向社会本位与个人本位相统一的历程。当前,各国小学教育目标的价值取向兼顾社会层面和个人层面,形成和谐发展的趋势,不但注重培养小学生的社会性:培养尊重、沟通、交往、合作、相处、共享的能力,也注意发展小学生的个性:塑造主动、积极、坚强、乐观、努力改变的性格。

3. 目标分解

经过需求分析和价值取向确定后的小学教育目标依然是抽象的、概括的,所以,接下来的工作就是对小学教育目标进行分解、细化,使其更为具体、可操作。具体分解为以下五个方面:

(1) 设计小学教育总目标。这一层次的目标一般由教育权力机关来确定,主要是对小学教育进行总体和方向上的全局把握,主要集中在"培养什么样的小学生、怎样培养"方面。它一旦确立,便直接成为各级具体目标制定的依据和参照。

(2) 明确小学培养目标。这一目标可参考相关规定,一般会在政府相关文件中得以阐释。

(3) 确定小学生的学习领域。参照国家学科设置要求和学生能力培养要求来规划小学生的学习范围,划分学生学习的不同板块(语文、数学、英语、体育、科学、艺术、综合实践活动、品德与生活、人文与社会等)。

(4) 明确小学课程目标。小学课程目标来源于小学所开设的各门课程所属学科的要求,是小学生学习领域目标的深层次转化,是小学课程预实现小学生某方面的目标。

(5) 确定设计小学教学目标。教学目标可以细分成许多更为微小的目标,是小学课程目标在课堂教学中的具体化。

以上将小学教育目标分解为五个目标的方式只是一个大致的框架结构,并不是唯一的划分方式。五个目标前后相接、逐层细化,构成一个具有内在联系的小学教育目标体系。但是,在确定各个层级的目标时,我们不仅需要根据普遍的情况来分析考虑,还需要因时、因地、因人制宜。

4. 目标表述

目标表述是目标设计的最后一个环节,是以文本的形式对各分层目标的阐述,目标表述的清楚与否将直接影响到目标的实施。这一部分内容将在下一部分(小学教育目标的表述)进行详细的论述。

二、小学教育目标的表述

自 20 世纪以来,心理学家们基于各自的立场对教育目标进行了不同的表述,了解这些表述方式有助于我们更好地表述小学教育目标。

不同层次的目标应该有不同的表述方式,但我们认为,一个好的教育目标表述应该是全面的、具体的。反观教育目标体系结构本身,不同层次的目标表述应有所区别,低层次的教学目标具备可操作性,其他各层次的目标则具有抽象性与概括性。抽象意义上教育目标的表述,有自己的一套较为成熟的陈述方式,一般"运用动词开头来描述目标"[①],如培养、具有、养成、形成、成为、得到、注重、发展、适应等。而课堂教学目标则是更为具体的、可操作的。

在实际的应用中,小学教育目标较为混乱,存在着主体错误或缺失,表述错误、抽象、不清楚,目标层次混乱,目标不全面等问题,所以,对其进行明确地阐释显得至关重要。

传统小学教育目标陈述的是在教学之后小学生能"做什么",往往使用比较含糊的词语来表达,如运用、指导、培养、认识、理解、懂得、体会、掌握等,使用这些模糊的陈述方式会阻碍教学目标真正功能的实现。那么,什么才是明确陈述的小学教育目标?它有什么衡量标准?

第一,良好的小学教育目标的陈述应是具体的、明确的,而不是用抽象和含糊的语言来表述的。

第二,良好的小学教育目标的陈述应该指向小学生,反映经过教学之后学生具体的、可观察的变化。

第三,良好的小学教育目标的陈述要能"反映小学生学习结果的层次性"[②]。如,增

---

① 潘海燕.小学教育概论[M].北京:北京师范大学出版社,2013:130.
② 皮连生,刘杰.现代教学设计[M].北京:首都师范大学出版社,2010:116.

加小学教学三维目标的层次性,可把过程与方法目标阐述为体验、感知、探究等,还可把知识技能目标和情感态度与价值观目标进行分解(见表5-1和表5-2)。

表5-1 知识技能目标的层次性[①]

	学习水平	特 征	可参考的行为动词
知识技能目标	了解	对信息的再认和回忆	背诵、回忆、为……下定义、说出……的名称、复述、排列、辨认、选出、举例说明、列举、标明、描述、识别、再认
	理解	用自己的语言理解信息,与已有的知识建立联系	解释、举例说明、阐明、比较、分类、归纳、概述、概括、判断、区别、提供、把……转换、猜测、预测、鉴别、选择、估计、引申、摘要、改写、推断、检索、搜集、整理
	应用	将知识应用于实际情境	运用、应用、使用、计算、质疑、辩护、设计、解决、撰写、拟定、检验、总结、推广、示范、改变、修改、定计划、制定……的方案、解答、证明
	模仿	在原型示范和具体指导下完成操作	模拟、重复、再现、模仿、例证、临摹、扩展、缩写
	操作	独立完成操作,进行调整与改进,尝试与已有技能建立联系	完成、表现、制定、解决、拟定、安装、绘制、测量、尝试、试验
	迁移	在新的情境下运用已有技能	联系、转换、灵活应用、举一反三、触类旁通

表5-2 情感技能与态度目标的层次性[②]

	学习水平	特 征	可参考的行为动词
情感态度与态度目标	经历	独立从事或合作参与相关活动,建立感性认识	经历、感受、参加、参与、尝试、寻找、讲座交流、合作、分享、参加、访问、考虑、见解、体验
	反应	在经历基础上表达感受、态度和进行价值判断	遵守、拒绝、认可、认同、承认、接受、同意、反对、愿意、欣赏、称赞、喜欢、讨厌、感兴趣、关心、关注、重视、采用、采纳、支持、尊重、爱护、珍惜、蔑视、怀疑、摒弃、抵制、克服
	领悟	具有相对稳定的态度,表现出持续的行为,即有个性化的价值观念	形成、养成、具有、热爱、树立、建立、坚持、保持、确立、追求

综上所述,究竟该采用何种陈述方式使小学教育目标能够达到这些标准呢?具体参见图5-2。

---

① 于永昌.教学设计论[M].沈阳:辽海出版社,2007:217;李金枝,李佳.三维教学目标陈述的可操作性建议[J].教育理论与实践,2013(5).
② 李金枝,李佳.三维教学目标陈述的可操作性建议[J].教育理论与实践,2013(5).

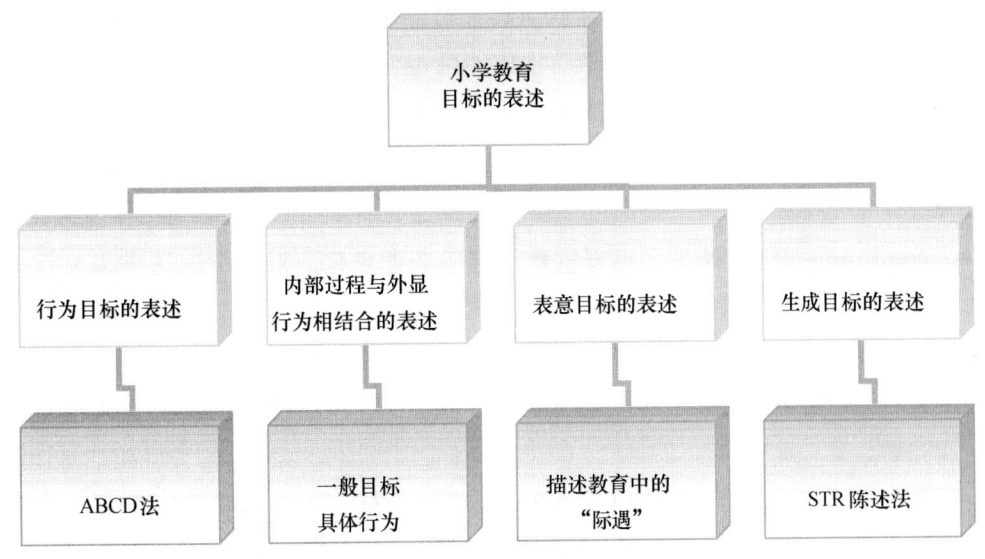

图 5-2 小学教育目标表述结构图

(一) 行为目标的表述

行为目标(behavioral objectives),是指用可以观察和测量的行为来表述课堂教学目标。行为目标的表述,即对小学生的行为变化进行的一种具体的客观的陈述,它指明通过课堂教学后小学生行为发生的变化,也表明变化的条件和程度。它是建立在行为主义心理学的"刺激-反应"(S-R)模式的基础上。

行为目标最初是由泰勒(R. W. Tyler)提出,但他并没有陈述如何来表述行为目标。后来布卢姆(B. S. Bloom)等人的教育目标分类学[①]不仅强调学习的层次性,同时也注重学生的外显行为。1962 年,马杰(R. Mager)首次系统阐明了行为目标的理论与方法技术,并提出了良好行为目标必须具备的三个因素[②]:行为、条件和标准。具体表述为:一是说明通过教学后,学生能做什么(或说什么);二是规定学生行为产生的条件;三是规定符合要求的作业标准。1983 年,阿姆斯特朗和塞维吉(D. G. Armstrong & T. V. Savage)提出了"ABCD 法"[③],即在马杰三因素理论的基础上增加了"学习者"这一因素,完善了三因素理论。

---

① 《教育目标分类学》被誉为 20 世纪教育领域影响最大的著作之一,布卢姆等人将教育目标分为认知领域、情感领域和动作技能领域三个领域,并对认知、情感目标进行了深入、具体的研究,先后发表了《教育目标分类学(第一分册):认知领域》(1956 年)与《教育目标分类学(第二分册):情感领域》(1964 年)。在他们之后,1965 年和 1972 年辛普森(Simpson, E. J.)与哈罗(Harrow, A. J.)分别发表了动作技能领域的研究成果,形成了《教育目标分类学(第三分册):动作技能领域》。其中,认知领域的目标包括知识、领会、运用、分析、综合和评价等六大类,情感领域的目标包括接受(注意)、反应、价值的评估、组织和由价值或价值复合体组成的性格化等五大类,动作技能领域的目标包括知觉、定向、有指导的反应、机械动作、复杂的外显行为、适应和创新等七级。
② 转引自潘海燕.小学教育概论[M].北京:北京师范大学出版社,2013:132—133.
③ 转引自黄甫全.小学教育学[M].北京:高等教育出版社,2007:146.

A：audience，意指"学习者"。即小学教育目标应描述小学生的行为，而不是教师行为。规范的行为目标表述应是"小学生应能……"，而不是"教师教给……"。

B：behavior，意指"行为本身"，即陈述行为目标本身。要说明小学生学习后的行为变化，用行为动词描述学生所形成的可观察、可测量的具体行为，如复述、朗读、背诵、计算……

C：conditions，意指"条件"，即提供什么样的刺激条件。对小学生达成相关行为的条件界定，多为提供性和情境性的条件因素，主要包括环境因素（教室的布置、氛围、气候、光线等）、师生因素（教与学的质量、主动性、友好的关系等）、资料因素（教科书、课外阅读材料、网络等）、设备因素（多媒体、教学用具等）、时间因素、问题明确性的因素（相关刺激）。

D：degree，意指"程度或标准"。即规定小学生合格行为要达到的最低标准。

把以上四个要素结合在一起就构成一完整的小学教育目标。如，小学生（学习者）能在6分钟内（条件），朗读（行为）完《我们的民族小学》这篇课文，做到发音正确、语句流畅（程度）。但这并不等于在任何情况下四因素都要同时具备、缺一不可，除了"行为"因素必须具备之外，其他三方面的因素可灵活使用，具体问题具体分析。如，以下小学四年级下学期数学课的教学目标只反映了行为目标陈述的"行为和条件"两个因素。

> **案例 5-1**
>
> **长方形的面积**[①]
>
> 教学目标：
> 1. 能借助透明方格胶片或带有方格的面积图，说明长方形面积等于它的长乘宽的理由。
> 2. 对给定的长方形和实物，能正确计算它们的面积。

（二）内部过程与外显行为相结合的表述

认知主义学习流派认为，学习的实质在于引起学生内部心理的变化，而不是为了改变学生的具体行为。所以，在认知主义的影响下，小学教育目标的表述不能只强调小学生外在的行为变化，还应关注小学生内部心理过程的变化，关注小学生的情感、价值的变化。于是，在1978年，教育心理学家格朗伦（N. E. Gronlund）提出了内部过程与外显行为相结合的折中的表述方法。[②] 他认为，在陈述小学教育目标时，应先用描述

[①] 皮连生，刘杰.现代教学设计[M].北京：首都师范大学出版社，2010：119.
[②] 转引自闫艳.课堂教学目标研究[D].上海：华东师范大学，2010：36.

小学生内部心理过程的术语表明学习目标,来反映小学生记忆、理解、迁移(应用)、分析、综合、比较、热爱、欣赏、创造、尊重等心理的变化,然后再描述能反映小学生内在心理变化的具体行为,使其与目标相对应,最终使得小学生内部不易观测的心理变化能通过具体行为样例的显示也可以得到观察与测量,能够外显。也即,它的表述方法为"一般目标+具体行为"(见表5-3)。

表 5-3 内部过程与外显行为相结合的表述方法

目标部分	具体行为样例
一般目标	理解《索溪峪的"野"》这篇散文中的拟人手法
子目标 A	用自己的话来解释拟人手法运用的条件
子目标 B	在本篇课文中找到运用拟人手法的句子
子目标 C	能找出给出的其他课文中含有相同手法的句子

这样陈述的小学教育的一般目标强调的是通过具体行为实例达到的"理解"。通过具体行为的展示使目标不至于太过含糊,能够起到更为具体的指导作用。内部过程与外显行为相结合的小学教育目标的陈述方式克服了只关注小学生外部行为的单一陈述方式,同时兼顾了小学生情意(感)变化,更为全面地展示了目标本身指向小学生发展的全面性、整体性以及和谐性。

(三)表意目标的表述

人本主义取向下的小学教育目标注重情境性,它从人的角度出发,强调小学生自我的尊严与价值,关注小学生的经验与体验,关注个人意义,最终使人能够获得自我实现。基于此,艾斯纳(E. W. Eisner)提出了一种新的目标表述方式,即表意目标(expressive objectives),主要指为小学生提供可能性,发展自我的个性与创造性,它主要适用于小学生情感态度及价值观的表述。

艾斯纳认为,表意目标所要描述的是教育的过程,是小学生在教育上的经历:他们的学习情境、所要处理的问题以及所要完成的任务,它并不指出在此经历、情境、问题和任务之中学生即将学到什么。它是引发性的,不是规定的,是小学生应用其所学种种技能和理解的主题,透过这个主题,学生的技能和理解扩大了、精致了,而且更能显示个人特质。[①] 表意目标关注的是小学生经验与理解的多元性,希望通过教师提供的情境,学生可以获得自我理解,获得学习的个人意义。因此表意目标不在于使小学生从事教育活动后习得某种行为,而在于确立小学生所经历的教育际遇。

---

① 闫艳.课堂教学目标研究[D].上海:华东师范大学,2010:38.

(四) 生成目标的表述

建构主义学习理论强调学生是知识的主动建构者,教学通过提供具体的情景,促使学生在情景中生成意义,实现对教学目标意义建构的目的。生成性目标强调的是创生、变化与随课堂教学的展开而自然生成,并非预设,它强调过程的情景性与学生的创造性。生成性目标主要采用STR陈述法来描述,它包含三个要素:情境描述、任务呈现、资源提供。[①]

S:situation,即"情境描述"。生成性的小学教育目标强调教师应围绕教学需求创设一定的情境(合作、友好、轻松、愉悦的氛围),让小学生在情境中进行教学任务的探索或问题的解决。

T:task,即"任务呈现"。它是指小学生通过教与学后需要完成的任务或达到的目标。它是生成性小学教育目标的核心,直接指向了目标的最终衡量标准。[②] 如了解了多边形的特性、学会了一些新字词、解决了一个新问题……

R:resources,即"资源提供"。教师为小学生提供可以利用的信息、材料等,如相关书籍、教材、数据资料、网络、工具等。

生成性小学教育目标旨在通过创设适合于小学生主动性、积极性、合作性、探索性发挥的环境,提供可供小学生参考的相关资料,促使小学生主动发现问题、提出问题,并进行大胆尝试探索。

任何一种目标表述的方式都有自身的优势和不足,所以,一个良好的小学教育目标的设计需要根据具体情况选择合适的表述方式,也可综合考虑不同的表述方式,灵活运用,使其尽可能地完善。

第三节 我国小学教育目标

小学教育的发展经历了一个较为漫长的历史时期。在每一特定的历史时期,小学教育目标的制定都反映了当时社会和阶层的要求。了解我国小学教育目标的演变历程,有助于我们更好地认识和理解现行的小学教育目标。

一、我国小学教育目标的演进历程

在我国漫长的历史时期内,小学教育所涉及的多为"教育目的"或"教育宗旨",而且小学教育目的或教育宗旨在历史上也是直接通用的。直到20世纪80年代以后,布

---

① 李婧.浅析教学目标分析[J].现代教育技术,2010(10).
② 李婧.浅析教学目标分析[J].现代教育技术,2010(10).

卢姆等人的教育目标分类学被引入我国教育实践,"教育目标"的概念才开始出现,小学教育目标才逐渐被提出并应用。

(一) 古代小学教育目的

古代小学教育主要是指孩童从七岁到十五岁期间接受的教育,它的主要目标在于通过反复诵读、识记经典来实现"童蒙养正"。

我国西周时期正式出现了具有初等教育性质的"小学",汉代以前的小学主要是指"初级教育机构的名称和初级教育及其教育内容"①;汉代以后,小学的含义在原有的基础上得以拓展,还指文字学,如颜师古曰:"小学,谓文字之学也,文字学的主要目的在于教人识字。"②至宋代以后,蒙学得到进一步的发展,出现了以道德教育和幼仪为主的"小学"之教,其宗旨在于培育孩童的善心,为孩子提供行为上的准则;明清时期,学校教育僵化,但小学教育之目的依然是开智、增知、养德。

知识小卡片 5-3

　　古之教者有小学,有大学,其道则一而已。小学是事,如事君、事父、事兄等事。大学是发明此事之理,就上面讲究所以事君、事父、事兄等事是如何。

　　……

　　是以方其幼也,不习之于小学,则无以收其放心、养其德性,而为大学之本;及其长也,不进之于大学,则无以察其义理,措诸事业而收小学之成功。

——朱熹《小学集解》

　　知至学之难易,知德也;知其美恶,知人也。知其人且知德,故能教人使入德,仲尼所以问同而答异以此。

　　蒙以养正,使蒙者不失其正,教人者之功也。尽其道,其惟圣人乎!

——张载《正蒙》

(二) 近代小学教育宗旨

近代小学教育的宗旨主要体现在道德品性的培育、普及基础文化知识和促进身体发育等方面。根据当时我国时局的变化,并辅之以对小学教育宗旨内容的变化程度,近代小学教育目标可分为以下五个时期。

1. 初创时期的小学教育目标

1897年,盛宣怀创办的南洋公学,被公认为近代第一所公立小学,其目的在于为

---

① 李成燕.中国古代"小学"含义的演变[J].广西师范大学学报(哲学社会科学版),2011(1).
② 李成燕.中国古代"小学"含义的演变[J].广西师范大学学报(哲学社会科学版),2011(1).

公学的中、上院(中学、大学)提供生源,使其人才培养更为容易些,同时也为师范教育提供实践的场所。1902年,《钦定小学堂章程》规定"小学堂之宗旨,在授以道德知识及一切有益身体之事。"①但并未得到实施。1904年,我国第一个正式实行的学制——《癸卯学制》中规定:分设初等和高等小学堂。初等小学堂"以启人生应有之知识,立其明伦理爱国家之根基,并调护儿童身体令其发育为宗旨。"②高等小学堂"以培养国民之善性,扩充国民之知识,强壮国民之气体为宗旨。"③1907年,开设女子小学堂,"使人人皆知人伦道德及应用之知识"。

2. 因袭时期的小学教育目标

1912年,教育部公布的《小学校令》规定"小学教育以留意儿童身心之发育,培养国民道德之基础,并授以生活所需之知识技能为宗旨。"④"1915年,改初等小学堂为国民学校,颁布《国民学校令》,以"注意儿童(6～13岁)身心之发育,施以适当之陶冶,并授以国民道德之基础及国民生活所必需之普通知识技能"⑤为宗旨。

3. 改进时期的小学教育目标

1922年的《学校系统改革令》规定小学教育以"适应社会进化之需要、发挥平民教育精神、谋个性之发展、注意国民经济力、注意生活教育、使教育易于普及"⑥六条标准代替小学教育宗旨。

4. 革新时期的小学教育目标

1932年,《小学课程标准总纲》规定:"小学应根据三民主义,遵照中华民国教育宗旨及其实施方针,发展儿童身心,以养成知礼、知义、爱国、爱群的国民。"⑦

5. 适应根据地需要的小学教育目标

1934年,根据地颁布的《中华苏维埃共和国小学制度暂行条例》对儿童教育目标作出了明确规定:"训练参加苏维埃革命斗争的新后代,并在苏维埃革命斗争中训练将来共产主义的建设者。"⑧

(三) 现代小学教育目标

进入现代社会,我国小学教育目标中的主要特质逐渐成形,如体智德美等方面,变化的只是具体的细节。根据现代社会我国教育发展的阶段以及国家政策的转向,小学

---

① 舒新城.中国近代教育史资料(中册)[M].北京:人民教育出版社,1961:404.
② 舒新城.中国近代教育史资料(中册)[M].北京:人民教育出版社,1961:416.
③ 舒新城.中国近代教育史资料(中册)[M].北京:人民教育出版社,1961:432.
④ 舒新城.中国近代教育史资料(中册)[M].北京:人民教育出版社,1961:449.
⑤ 舒新城.中国近代教育史资料(中册)[M].北京:人民教育出版社,1961:463.
⑥ 陈青之.中国教育史(下册)[M].福州:福建教育出版社,2009:752.
⑦ 陈侠.近代中国小学课程演变史[M].福州:福建教育出版社,2007:52.
⑧ 张慧芬,金忠明.中国教育史(修订版)[M].上海:华东师范大学出版社,2001:562.

教育目标可分为以下三个时期。

1. 中华人民共和国成立初期的小学教育目标

1952年,《小学暂行规程》规定小学教育的目标为"根据新民主主义的教育方针和理论与实际一致的教育方法,给儿童以全面的基础教育,使他们成为新民主主义社会热爱祖国和人民的、自觉的、积极的成员"①。1958年,《关于教育工作的指示》中规定小学教育目的在于"扫除文盲"。1963年,《全日制小学暂行工作条例》规定小学教育的培养目标:"使学生具有爱祖国、爱人民、爱劳动、爱科学、爱护公共财物等品德,拥护社会主义,拥护共产党。使学生具有初步的阅读、写作和计算的能力,具有初步的自然常识和社会常识,培养良好的学习习惯。使学生的身心得到正常的发展,具有健康的体质,培养良好的生活习惯和劳动习惯。"②

2. 发展进程中的小学教育目标

"文化大革命"时期,由于政治革命造成的社会动荡,小学教育出现了停滞。1978年,《全日制小学暂行工作条例(试行草案)》规定小学生的培养目标为:(1)要教育学生继承伟大领袖和导师毛主席的遗志,好好学习,天天向上,使学生具有爱祖国、爱人民、爱劳动、爱科学、爱护公共财物等品德,拥护社会主义,拥护共产党;(2)使学生具有初步的阅读、写作和计算的能力,具有初步的自然常识和社会常识,培养良好的学习习惯;(3)使学生的身心得到正常的发展,具有健康的体质,培养良好的生活习惯和劳动习惯。

1996年,《小学管理规程》规定小学的培养目标:(1)初步具有爱祖国、爱人民、爱劳动、爱科学、爱社会主义的思想感情;(2)遵守社会公德的意识、集体意识和文明行为习惯;良好的意志、品格和活泼开朗的性格;(3)自我管理、分辨是非的能力。具有阅读、书写、表达、计算的基本知识和基本技能,了解一些生活、自然和社会常识,具有初步的观察、思维、动手操作和学习的能力,养成良好的学习习惯;(4)学习合理锻炼、养护身体的方法,养成讲究卫生的习惯,具有健康的身体和初步的环境适应能力;(5)具有较广泛的兴趣和健康的爱美情趣。

3. 当前的小学教育目标

2001年,《基础教育课程改革纲要(试行)》规定,培养目标应体现时代要求。要使学生具有爱国主义、集体主义精神,热爱社会主义,继承和发扬中华民族的优秀传统和革命传统;具有社会主义民主法制意识,遵守国家法律和社会公德;逐步形成正确的世界观、人生观、价值观;具有社会责任感,努力为人民服务;具有初步的创新精神、实践

---

① 陈学恂.中国教育史研究(现代分卷)[M].上海:华东师范大学出版社,1994:395.
② 陈学恂.中国教育史研究(现代分卷)[M].上海:华东师范大学出版社,1994:441.

能力、科学和人文素养以及环境意识;具有适应终身学习的基础知识、基本技能和方法;具有健壮的体魄和良好的心理素质,养成健康的审美情趣和生活方式,成为有理想、有道德、有文化、有纪律的一代新人。

2006年,新修订的《义务教育法》规定:"义务教育……使适龄儿童、少年在品德、智力、体质等方面全面发展。"

二、我国小学教育目标的基本要求

传统的小学教育目标在于为高一级学校提供生源,输送合格新生;新时期,伴随着我国义务教育的普及和发展,小学与中学实现了连贯化,小学教育旨在为初中阶段教育打下坚实的基础。同时,随着教育改革的不断推进,小学教育必然要适应教育改革的基本要求,把人作为一个人来改造他,①使小学生获得更为生动、活泼的发展。

在改革发展的过程中,我国小学教育目标的基本要求可以概括为三个方面:(1)把科学主义与人文主义相结合,使客观和主观相统一;(2)随着时代的发展,小学教育目标要与时俱进,不断作出相应的调整和变化;(3)在科学与人文的结合中、在变化发展的过程中,始终坚持全面发展的原则,促进小学生的全面发展,注重各方面能力的协调发展。②

下面,以"我国义务教育品德与社会课程标准之课程目标(2011版)"为例,对上述观点进行具体分析。

品德与社会课程旨在培养学生的良好品德,促进学生的社会性发展,为学生认识社会、参与社会、适应社会,成为具有爱心、责任心、良好行为习惯和个性品质的公民奠定基础。

本课程引导和帮助学生达到以下三个方面的目标:

(一)情感·态度·价值观

1. 珍爱生命,热爱生活,养成自尊自律、乐观向上、勤劳朴素的态度。

2. 爱亲敬长,养成文明礼貌、诚实守信、友爱宽容、热爱集体、团结合作、有责任心的品质。

3. 初步形成规则意识和民主、法制观念,崇尚公平与公正。

4. 热爱家乡,珍视祖国的历史与文化,具有中华民族的归属感和自豪感,尊重不同国家和民族的文化差异,初步形成开放的国际视野。

5. 具有关爱自然的情感,逐步形成保护生态环境的意识。

---

① 黄济.教育哲学通论[M].太原:山西教育出版社,1998:229—230.
② 具体内容,可参考本节第一部分中2001年《基础教育课程改革纲要(试行)》规定的培养目标。

（二）能力与方法

1. 养成安全、健康、环保的良好的生活和行为习惯。
2. 初步认识自我，掌握一些调整自己情绪和行为的方法。
3. 学会清楚地表达自己的感受和见解，倾听他人的意见，体会他人的心情和需要，与他人平等地交流与合作，积极参与集体生活。
4. 学习从不同的角度观察社会事物和现象，对生活中遇到的道德问题作出正确的判断，尝试合理地、有创意地探究和解决生活中的问题，力所能及地参与社会公益活动。
5. 初步掌握收集、整理和运用信息的能力，能够选用恰当的工具和方法分析、说明问题。

（三）知识

1. 理解日常生活中的道德行为规范和文明礼貌，了解未成年人的基本权利和义务，懂得规则、法律对于保障每个人的权利和维护社会公共生活具有重要意义。
2. 初步了解生产、消费活动与人们生活的关系，知道科学技术对生产和生活的重要影响。
3. 知道一些基本的地理常识，初步理解人与自然、环境的相互依存关系，了解人类共同面临的人口、资源和环境等问题。
4. 了解家乡的发展变化，了解一些我国历史常识，知道在历史发展过程中形成的中华民族优秀文化和革命传统，了解影响我国发展的重大历史事件和社会主义建设的伟大成就。
5. 初步了解影响世界历史发展的一些重要事件，知道不同环境下人们有不同的生活方式和风俗习惯，懂得不同民族、国家和地区之间相互尊重、和睦相处的重要意义。

在这一学科课程目标中，我们发现，小学教育的目标更显包容性和兼容性，体现了科学主义与人文主义的融合（在坚持科学主义的前提下，增加人文关怀）。科学主义的三要素为物质、客体与社会，它注重知识、智力、理性，在认识论层面探讨客观规律，始终关注社会的价值，强调教育为社会服务，反映了生产、科技和社会发展的必然要求。如，我国小学品德与社会课程强调小学生了解和学习与生活相关的知识，尊重自然，尊重客观规律，培养小学生的法律意识和社会责任感，成长为符合社会需要的人。人文主义恰与科学主义相对，它包括精神、主体和个人三要素，人文主义注重直觉、体验、情意，它更为关注人的精神世界，强调人的价值，主张还人以"主体"地位。如，我国小学品德与社会课程同时主张调动小学生参与的主动性，不断探究与实践，培养和发展小学生的个性，教会小学生发现美、想象美、创造美，使其养成良好的生活习惯，形成正确的价值观念。

科学主义与人文主义相融合的小学教育目标，把教与学结合起来，强调教与学的一体化;把学习与生活结合起来,认为"教育应该是生活本身"[①];把小学生个人的兴趣与努力结合起来,主张"教育应该是主动的,并且与儿童的兴趣相联系"[②];把小学生的基本知识技能训练与必要的社会实践结合起来,注重小学教育的知行统一;把个人价值与社会价值结合起来,关注自我与社会的和谐。

变化是万物发展的永恒规律,小学教育目标也是随时代的变化而不断地变化,保留最为核心的本质,变化具体的形式,增加适应时代需求的特色。改革开放以来,我国小学教育目标在沿袭传统的"德智体"三方面的基本要求的前提下,又有所创新和变化:在对社会公德推崇的同时,增加了个人的情意与品性的教育与培养;在对基本知识和技能掌握的基础上,增加了小学生的观察、动手操作、思考、辨别、终身学习等能力素质;在养成健康身体、注重生活习惯的同时,加强了对小学生心理素质的锤炼;为顺应时代发展,增设美育方面要求,不断提高小学生的生活和审美品位。因此,小学教育目标还应重视历史与现实的统一,强调珍惜人类积淀起来的历史文化底蕴,传承与弘扬我国优秀文化,同时又与时俱进,开拓创新,不断培养人的适应力,不断彰显新时期的特色。如,我国小学品德与社会课程强调了解中华民族悠久的历史文化传统与生活习俗,关注当下人与自然(环境)、人与社会的热点问题。

全面发展是小学教育目标的内在要求,体、智、德、美是基本内容。小学教育需要在科学主义与人文主义、历史与现实的交织交融中培养合格的人,培养有理想、有道德、有文化、有纪律的人,培养全面发展的人。

本章小结

目标是小学教育的核心导引,小学教育目标是在教育目的的基础上演绎而来的,并内化为小学阶段具体应达到的标准,最终使小学生经过教育之后引起相应的身体、行为、知识、心理、情感等多方面的变化。小学教育目标具有全面性、系统性和统一性,它是小学生身心发展需求、社会的要求和学科特点相互作用的结果。设计小学教育目标应遵循科学性、发展性和可操作性原则,保证其合理、合适。小学教育目标设计的一般步骤为需求分析、价值取向确定、目标分解和目标表述。小学教育目标的表述可以分为行为目标、内部过程与外显行为相结合、表意目标和生成目标等几类。我国小学教育目标经古代的小学教育目的发展到近代小学教育宗旨,最后形成小学教育目标,形成了包含"体智德美"等日臻完善和定型的目标内容。我国小学教育目标的走向反映了科学主义与人文主义的不断融合,体现了小学教育目标的全面性和包容性。

---

① 黄济.教育哲学通论[M].太原:山西教育出版社,1998:212.
② 黄济.教育哲学通论[M].太原:山西教育出版社,1998:209.

思考与练习

1. 小学教育目标的特点是什么?
2. 小学教育目标的确立依据及设计步骤是什么?
3. 简述我国小学教育目标的基本要求。

参考文献

[1] 陈侠.近代中国小学课程演变史[M].福州:福建教育出版社,2007.

[2] 陈学恂.中国教育史研究(现代分卷)[M].上海:华东师范大学出版社,1994.

[3] 黄济.教育哲学通论[M].太原:山西教育出版社,1998.

[4] 黄甫全.小学教育学[M].北京:高等教育出版社,2007.

[5] 潘海燕.小学教育概论[M].北京:北京师范大学出版社,2013.

[6] 阮成武.小学教育概论[M].上海:华东师范大学出版社,2011.

[7] 舒新城.中国近代教育史资料(中册)[M].北京:人民教育出版社,1961.

[8] 郑金洲.教育通论[M].上海:华东师范大学出版社,2000.

[9] 张永明,曾碧.小学教育学基础[M].北京:北京大学出版社,2013.

[10] 联合国教科文组织总部.教育——财富蕴藏其中[R].联合国教科文组织总部中文科,译.北京:教育科学出版社,1996.

[11] [美]约翰·杜威著.民主主义与教育[M].王承绪,译.北京:人民教育出版社,2001.

第六章 小学教育内容论

> **学习目标**
>
> 1. 了解我国小学教育内容的组成部分,理解相互之间的关系。
> 2. 了解我国小学课程的基本类型及其设计步骤。
> 3. 运用小学课程改革的理念分析未来课程改革方向。

小学教育内容是在教育目标的指引下确定的,是保证小学教育活动能够顺利开展的必要条件。随着时代的发展,小学教育内容的确立呈现出许多新的变化。因此,如何确定并组织小学教育内容,是课程开发者和教育工作者必须要面临的问题,也是小学教育研究的一个重要问题。

第一节 小学教育内容的概念与发展趋势

小学教育的内容不是一成不变的,了解当下小学教育内容的组成部分或其涵盖的范围,有助于我们分析小学教育内容的具体内涵,进而从更为宽广的角度来审视当前小学教育内容,分析及预测未来的小学教育内容会发生什么样的变化,我们又需要在哪些方面作出相应的调整。

一、小学教育内容的概念

教育内容是一个包摄性较广的概念,泛指一切与教育相关的内容。只有先了解教育内容,才能进一步认识小学教育内容。

(一)小学教育内容的内涵

一般认为,教育内容是指"一整套以教学计划的具体形式(课表和课程)存在的知识、技能、价值观念和行为"①。教育内容有广义和狭义之分。广义的教育内容包括家庭、学校以及社会教育等全部教育方面的内容。狭义的教育内容特指学校教育内容,是由体育、智育、德育、美育构成的,包括课程、教材、课堂教学内容、课外活动内容等。

---

① [伊朗]S.拉塞克,[罗马尼亚]G.维迪努.从现在到2000年教育内容发展的全球展望[M].马胜利,等译.北京:教育科学出版社,1996:124.

教育内容具有发展性。古希腊时期,智者派①以"三艺"②作为教育的核心内容;柏拉图主张"以辩证法为主,兼学'后四艺'"③;到公元4世纪,"七艺"④已被确定为学校的课程。在近代欧美,夸美纽斯主张对学生进行智育、德育和宗教教育,把所有的东西教给一切人;洛克认为教育内容包含两个部分,"一部分是关于身体的,一部分是关于心灵的"⑤,强调"健全的心智寓于健康的身体"⑥;卢梭主张自然教育,注重体育、智育、劳动教育和道德教育;裴斯泰洛齐(J. H. Pestalozzi)提出了包括体育、劳动教育、德育、智育为一体的和谐发展论;赫尔巴特主张根据儿童发展的需要对其进行身体、智力、道德等方面的教育;斯宾塞(H. Spencer)认为学校教育应开设一系列以科学为主的课程体系;⑦杜威主张"经验论""活动论",他提出以主动的作业⑧代替传统教材。可以看出,教育内容或为学校所开设的课程,或为经由"身、心"发展而来的体育、智育、德育、美育等。

在苏联,凯洛夫(И. А. Каиров)主张教育的内容是知识、技能、熟练技巧三者的连环。赞可夫(Л. В. Эанкова)的"一般发展"⑨理论把知识学习与"一般发展"联系起来,以广义的知识来促进学生的一般发展。针对学校中经常存在的偏重于一方的现象,苏霍姆林斯基(В. А. Сухомлинский)提出了全面和谐发展理论,他指出:在培养人的工作中,德智体美劳任何一方都是重要的,应使德育、智育、体育、美育、劳动教育相互渗透成为统一的整体。阿莫纳什维利(Ш. А. Амонашвили)是合作教育学的代表人物,本着相信儿童的原则,为促进儿童个性的整体发展,他在小学开展了形成性教育实验。

在我国,夏、商、周时期,学校教育逐渐以"六艺"为主;春秋时期,孔子整理"六经"⑩,以此教育弟子;至宋以后,"四书五经"⑪成为学校教育的主要内容;民国时期,蔡

---

① 智者,原指古希腊的哲学家,后泛指有智慧、有能力、技艺超群的人。智者派,是公元前5世纪至公元前4世纪活跃在古希腊各邦的一批职业教师、演说家、作家。
② "三艺"是指文法、修辞、辩证法。
③ "后四艺"是指算术、几何、天文、音乐。参见刘新科.国外教育发展史纲[M].北京:中国社会科学出版社,2002:43.
④ "七艺"是"三艺"和"四艺"的结合,指文法、修辞、辩证法、算术、几何、天文、音乐。
⑤ 袁振国.教育学名著导读[M].北京:学习出版社,2012:37.
⑥ [法]洛克.教育漫话[M].徐大建,译.上海:上海人民出版社,2010:1.
⑦ 斯宾塞在《什么知识最有价值》一文中指出,教育的目的是为完满的生活作准备。这种完满的生活包括五个方面的内容:(1)直接保全自己的活动,包括解剖学、生理学、卫生学等知识;(2)间接保全自己的活动,包括伦理学、算术、几何学、力学、物理学、化学、天文学、地质学、生物学、社会学、外语等知识;(3)准备做父母的活动,包括生理学、心理学、教育学等知识;(4)准备做公民的活动,历史知识等;(5)准备生活中各项文化活动,包括绘画、雕刻、音乐、诗歌等方面的知识。
⑧ 指园艺、烹饪、缝纫、印刷、纺织、油漆、绘画、游戏、演剧、讲故事、阅读、书写等。参见杨捷.外国教育史[M].开封:河南大学出版社,2010:322.
⑨ 赞可夫提出的"一般发展"主要指心理的发展,包括智力、情感、意志、性格和集体主义思想等等。因此,教学对发展的适应与促进包括心理发展的各个方面,即整个儿童的个性。
⑩ "六经"是指《诗》《书》《礼》《乐》《易》《春秋》。
⑪ "四书"是指《大学》《中庸》《论语》《孟子》;"五经"是指《诗经》《尚书》《礼记》《易经》《春秋》。"五经"是儒家经典书籍,原有"六经",但经过秦始皇焚书坑儒后,《乐经》失传。

元培提出"五育并举"①的方针;新中国成立后,我国教育内容主要集中在"体、智、德、美"方面。

小学教育内容是为小学生终身发展奠基的。从广义上看,小学教育内容包括校内和校外教育的内容;从狭义上讲,小学教育内容主要指学校教育内容。本章主要从狭义的角度来认识和了解小学教育内容。具体而言,小学教育内容指的是为了完成小学教育目标规定的任务,在教育目标指引下所进行的一系列的有计划、有选择、有目的的教育教学活动,主要是向小学生传授体、智、德、美方面的内容,发展小学生的各项能力和素质,培养全面健康发展的小学生。

我们可以从多个角度进行全面理解。从其来源来看,小学教育内容是经过科学选择的;从其衔接性来看,它是连贯一致的。从其组成部分来讲,它具有全面性;从其各自的关系来看,它又是统一的。从其内容的深度来讲,它是一个由浅入深、由易到难、由简到繁的过程;从其涉及的范围的广度来看,它包括政治和价值观念的教育、科学与技术、文化与生活、城市与乡村、环境与社会、卫生与安全、实践等方面的内容。从其内在的规定性来看,它主要是发展小学生的体能、心智、道德及美感;从其外在的表现形态来看,它主要是指各种形态的"课程"。

(二)小学教育内容的特征

一般而言,小学教育内容具有以下几个特征。

1. 基础性和选择性

"九层之台,起于垒土,千里之行,始于足下。"小学教育是小学生身心发展的启蒙阶段。小学教育内容一般是由体、智、德、美等方面构成。具体来说,小学教育内容提供并满足了小学生在身体、心理等方面的基本需求,如语言表达能力、逻辑思维能力、强健的身体、良好的道德品格、审美能力、科学常识和动手能力等。

小学教育内容具有选择性,不可能一一呈现人类全部的知识、文化与经验。一方面,专门的教学时间不允许,不可能在有限的时间内向小学生传授人类积淀千年的、全部的历史文化和无数有益的经验;另一方面,小学教材的编写也有自身的逻辑,不可能把所有的内容无选择地堆砌起来,它需要精选最适合、最有价值的内容成分。

2. 目的性和指向性

小学教育内容具有明确的目的性,它是"根据各种社会为学校规定的目的和目标而设计的……构成一个具体过程学习的对象"②。小学教育内容受到小学教育目标的

---

① "五育"是1912年蔡元培在《对于新教育之意见》中提出的,具体指军国主义教育、实利主义教育、公民道德教育、世界观教育与美感教育。

② [伊朗]S.拉塞克,[罗马尼亚]G.维迪努.从现在到2000年教育内容发展的全球展望[M].马胜利,等译.北京:教育科学出版社,1996:124.

制约和指引。在现代社会,小学教育的总目标是培养全面发展的人。因而,小学教育就会精选出相应的内容来促使小学生在身体、智力、品德以及审美方面的发展。

小学教育内容具有明确的指向性,指向小学生成长。小学生具有很强的可塑性和发展性。小学教育内容提供了小学生发展所需的基本养料,具有一定程度的预设性和可能的生成性。精选的小学教育内容,一方面为小学生呈现多学科的知识,另一方面在于培育小学生基本的素质。一旦小学生的这些知识、素质得以形成,便具有稳定性,成为可能伴随其一生的财富。

3. 全面性和丰富性

小学教育内容的全面性,源于其基础性地位和国家的人才培养要求。首先,"小学教育的重要特征不是学科教育,更不是专业教育,而是包括思想道德、科学知识、行为习惯、身体素质在内的全面性的基础教育。"[①]其次,小学生的全面发展,至少"应包含四个层面的内涵,即完整发展、和谐发展、多方面发展和自由发展"[②]。完整发展希冀的是小学生各方面素质的完整,和谐发展强调的是各方面素质的协调发展,多方面发展指的是每一种基本素质尽可能地在横向上的延伸,自由发展是允许个人的能动性、独特性和个性的充分张扬。只有使小学生获得其发展所需要的更为全面、更为完整的素质,小学生才可能具备更大的发展潜能。

随着时代的发展,"对当代世界性问题作出反应的新教育内容不断涌现,如有关环境、和平与民主、经济新秩序、人口等,有关价值观的新教育内容,有面向大众媒介的、关于闲暇和旅游的、现代经济与家庭的、精神或价值哲学的教育内容等。"[③]愈来愈多的新的内容融入小学,进入到小学教材或小学课堂,小学教育不再囿于校园,正在与社会、与时代、与世界接轨,从小培养小学生的国家意识、时代意识、全球意识。

4. 教育性与价值性

教育性与价值性两者不是截然分离的,而是相互联系、相互融合的。小学教育内容亦不例外。小学教育内容直观的显现就是以丰富小学生的知识为基础,形成小学生对事物、对人、对世界的认知,发展小学生的认识能力、观察能力、思维能力、判断能力等。同时,在"认知"的基础上,调整和规范小学生的行为,不断地影响着小学生每一次行为的选择,最终促使小学生养成良好的习惯,达到知行统一。

价值教育,作为一种影响深远的观念系统,它广泛存在于整个社会中;作为一种塑造人的方式,它内在地存在于人的思想、行为中。小学教育是一种有意识、有目的的价

---

① 何洪涛. 关于当今时代小学教育作用的讨论——当代小学教育宏观理论研究之三[J]. 延边教育学院学报,2008(6).
② 扈中平. "人的全面发展"内涵新析[J]. 教育研究,2005(5).
③ 柳海民. 现代教育原理[M]. 北京:人民教育出版社,2006:440.

值塑造,指向小学生的精神世界。它首先以一系列基本的认识能力为基础,形成小学生的价值观念系统,然后"通过深入学生的价值系统和精神世界,开发人的精神力量,在对人的现实关切中,实现某种超越性关怀"①,最终去改造自己、改造社会。

二、小学教育内容的发展趋势

小学教育内容必然要与时俱进,作出必要且适当的调整,在强调综合能力培养的同时,更为关注生活化、生命化和信息化。

(一) 综合化

"未来的教育不应仅限于给学习者坚实的知识和培养他们对继续学习的兴趣"②,更应该努力地教会学生如何学习、如何生存与交往、如何生活。

现代社会,事物间的联系愈来愈紧密,人类面临的许多全球化的问题也越来越被整合到教育中来,因此小学教育的内容不再是孤立的,而是相互渗透的。这方面最显著的表现就是课程的综合化,主要表现为:自然科学的整合课程、社会科学的整合课程以及自然科学与社会科学融合而成的课程。③ 这些课程有助于培养和发展小学生的各方面的能力:(1)自主学习与自我教育能力。让小学生适应社会变化,学会自我学习,掌握发展的主动性。(2)实践能力。包括"生活实践能力、学科实践能力和综合实践能力"④,使小学生在参与的过程中会做事,善于和他人协调,能为他人着想,成长为一个感情丰富并充满人性的人。(3)审美能力。是指在音乐、美术教学中发展小学生的想象力、感受力、理解力。(4)创造能力。是指培养小学生善于思考、发现、创新的习惯与能力。小学教育内容的综合化加深了知识间的相关度,减少了科目间的重复,有助于减轻小学生的学习和课业负担。

(二) 生活化

教育与生活就是根与叶的关系:教育是生活的需要,生活的更新需要通过教育来传递,⑤生活的内容必然反映在教育中;教育不能脱离生活,相应地,教育的内容也不能脱离现实的社会生活;生活是教育的原点,因而教育的内容是生活经验的积累与人生智慧的结晶,它"应在人的现实生活中关照其可能生活"⑥。

正如儿童的人格不能分裂成为两个互不接触的世界,在一个世界里,儿童像一个

---

① 邱琳.人的存在与价值教育[J].教育研究,2012(5).
② [伊朗]S.拉塞克,[罗马尼亚]G.维迪努.从现在到2000年教育内容发展的全球展望[M].马胜利,等译.北京:教育科学出版社,1996:144.
③ 张永明,曾碧.小学教育学基础[M].北京:北京大学出版社,2013:136.
④ 何万国.中小学生实践能力培养研究[J].中国教育学刊,2012(7).
⑤ [美]约翰·杜威.民主主义与教育[M].王承绪,译.北京:人民教育出版社,2001:6.
⑥ 王建平,杨秀平.教育的原点:生活——一种基于陶行知生活教育理论的解读[J].宁夏社会科学,2010(5).

脱离现实的傀儡一样从事学习,而在另一个世界里,他通过某种违背教育的活动来获得自我满足。① 小学教育内容亦不能与生活相分离,它必须与生活相织相融。大多数小学生的思维处于具体运算阶段,②思维要依赖具体的实物,小学教育内容必须紧密联系生活,将生活再现出来,同时又要高于生活。小学语文教材中可以选取人们生活中典型的场景(城市与乡村生活),在原有基础上加工变化;小学美术课程以小学生最熟悉的周围事物为起点,指导小学生画生活中最熟悉的场景及景物;小学综合实践活动让小学生参与实践生活、了解基本的生活常识,获得相应的生活体验。不单单是小学教育内容的选取更加趋向生活,同时传递小学教育内容的手段也更加生活化、明晰化、深入浅出。

(三) 生命化

小学教育的生命化是对生命存在本身的认识以及对生命价值与意义的思考与关怀。传统教育过于强调对学生知识与技能的传授,忽视了对学生进行生命意识的教育。

提倡"以生为本",理应关注小学生个体的生命意识。生命意识教育旨在帮助小学生形成正确的生命意识和积极的生命态度,从而认识和理解个体生命,拓展生命深度;热爱和珍惜自己的生命,尊重生命的独特性;尊重并敬畏生命,善待一切生命;创造并超越生命,提升自我的价值。

"人的生命包括两个层次:一是物质形态的生命,即身体;二是精神形态的生命,即思想。"③对物质生命的尊重与爱护,是生命意识教育最低限度的要求,它要求学生学会保护自己,不伤害或不任别人伤害自己,自觉地珍爱生命并善待他人。对精神生命的追求,是生命意识教育的较高境界,它主张人生存于世,要有精神追求,要追求并实现人的价值,最终超越生命,这才不算是对生命的辜负。

校园中出现的一些虐待、殴打、责骂等现象是对学生生命的不尊重。大力进行相关的生存教育、挫折教育、死亡教育、品格教育、个性教育等,教会小学生认识和理解生命存在的基础,珍爱生命,领悟生命的价值与意义,并在个体生命存在的基础上,通过自觉、主动参与实践或社会活动去实现自我的生命价值。

---

① 联合国教科文组织国际教育发展委员会.学会生存——教育世界的今天和明天[R].华东师范大学比较教育研究所,译.北京:教育科学出版社,1996:12.
② 皮亚杰把儿童的认知发展分为四个阶段:感知运动阶段、前运算阶段、具体运算阶段、形式运算阶段。其中,处于具体运算阶段(6~7到11~12岁)儿童的认知有了很大的发展,这一阶段儿童的认知结构已发生了重组和改善,思维具有一定的弹性,儿童已经获得长度、体积、重量和面积等的守恒,能凭借具体事物或从具体事物中获得的表象进行逻辑思维和群集运算。
③ 胡芳毅.论生命意识教育的内容及其途径[J].湖南文理学院学报(社会科学版),2007(1).

> **知识小卡片 6-1**
> **厦门：生命教育列入中小学课堂教学内容**
>
> 厦门市教育局将生命教育列为课堂教学的重要内容。
>
> 厦门市教育局表示，应广泛开展生命教育，培养学生尊重生命的态度，理解生命的意义和价值。实施生命教育内容进课堂，整合地方课程和校本课程，每两周安排1课时生命教育课程，并在多学科教学中渗透生命教育，确保在课堂领域落实生命教育的内容。
>
> 同时，中小学要开展灵活、有效、多样的生命教育专题综合实践活动，举办征文比赛、演讲比赛，利用青春期教育、心理教育、安全教育、健康教育等专题教育形式，在班团队活动、节日纪念日活动、仪式活动、兴趣小组活动中积极组织和安排生命教育。
>
> 生命教育旨在通过教育，倡导认识生命、珍惜生命、尊重生命、爱护生命、享受生命、超越生命，提升生命质量。生命教育由美国学者杰·唐纳·化特士于1968年首次提出，此后在世界范围内引起广泛关注。
>
> 资料来源：沈汝发. 厦门：生命教育列入中小学课堂教学内容[N/OL]. http://news.xinhuanet.com/edu/2010-02/16/content_12994109.htm, 2014-09-15.

（四）信息化

"知识正在不断地变革，革新正在不断地日新月异"[①]。所以，小学教育内容"应删除一些陈旧的内容，吸纳反映现代科技成果的新内容"[②]，使"科学和技术……帮助个人既控制自然与生产的力量，也控制社会的力量，并从而控制他自己，控制他所作出的决定和行为。最后……帮助人类养成科学精神，使他能够促进科学而不致为科学所奴役"[③]。

一方面，小学教育内容应关注小学科学课程。小学生要"熟悉科学探究的模式、求证的规则、规定问题的方法及作出解释的路径"[④]。对小学生进行科学的启蒙教育，帮助小学生了解现代科学的发展进程，培养小学生对科学的兴趣与爱好；帮助小学生体验科学活动的过程与方法，使儿童了解基本的操作；呵护小学生天然的好奇心，使科学与生活相联结；培养小学生乐于与人和谐友好、与环境和谐相处的意识。

---

① 联合国教科文组织国际教育发展委员会. 学会生存——教育世界的今天和明天[R]. 华东师范大学比较教育研究所，译. 北京：教育科学出版社，1996：12.
② 柳海民. 现代教育原理[M]. 北京：人民教育出版社，2006：446.
③ 联合国教科文组织国际教育发展委员会. 学会生存——教育世界的今天和明天[R]. 华东师范大学比较教育研究所，译. 北京：教育科学出版社，1996：122.
④ 蔡其勇. 小学科学课程的科学哲学研究[M]. 北京：教育科学出版社，2011：68.

另一方面,在现代社会,掌握基本的信息技术应是人的一种必备的素养。小学生应"具备迅速地筛选和获取信息、准确地鉴别信息的真伪、创造性地加工和处理信息的能力,并把学习掌握和运用信息技术的能力作为与读、写、算一样重要的新的终身有用的基础能力"①,使其学会利用图书馆和丰富的网络资源或网络课程(如慕课②)来充实和发展自己;同时,正确认识信息技术,谨防不合理使用信息技术所带来的负面效应,遵守网络道德,形成对互联网的正确认知,养成健康的态度,学会合理利用网络而不致沉湎其中。

第二节 小学教育内容的组成

人的整体素质结构包括身体、知识、道德、美感等要素。为了促进小学生整体素质的全面发展,也为了便于理论阐释和实践操作,我们把小学教育内容按照一定的标准分解成四部分,主要包括小学体育、小学智育、小学德育和小学美育。

一、小学体育

小学体育是向小学生传授运动与健康方面的知识,以增强体质和发展体能的教育。体育对小学生的成长发展起着重要的作用,能从根本上培养小学生的体育意识,促进其身心健康,提高生活质量。

(一)小学体育的任务

1. 增强小学生的体质

通过定期的体育与健康课程,向小学生传授有关身体发展的知识,并根据小学生的身体发育情况,进行相应地锻炼与改善,促进其正常生长发育。同时,传授必要的体育运动知识,使小学生形成正确的运动姿势,懂得体育运动的方法,养成锻炼身体的意识和习惯,不断增强自身的体质,提高免疫力,养成健康的身体。

2. 增进小学生的健康

健康,并不是单向度的,它是一个集合体,不仅仅指的是身体的健康,还包括心理的健康、精神的健康等。体育与健康密不可分,小学体育应为小学生的健康打下基础,创设体育与健康的环境,帮助小学生养成卫生和安全意识,关注并增进小学生的健康,

---

① 杨慰尊.小学生信息素养教育目标和信息能力培养途径[J].电化教育研究,2001(10).
② 慕课(Massive Open Online Course,简称"MOOC"),是新近涌现出来的一种在线课程开发模式,它发端于过去的那种发布资源、学习管理系统以及将学习管理系统与更多的开放网络资源综合起来的旧的课程开发模式。这一大规模在线课程掀起的风暴始于2011年秋天,被誉为"印刷术发明以来教育最大的革新",呈现"未来教育"的曙光。2012年,被《纽约时报》称为"慕课元年"。

预防相关疾病。

3. 帮助小学生树立终身体育的意识

终身体育是指一个人终身树立体育意识,培养其终身爱好体育,进行身体锻炼,保持健康的意识,使体育成为其生活中必不可少的一部分。它帮助小学生提升对体育的兴趣,使其积极地参与体育运动,收获成长和快乐。另外,体育锻炼还有助于小学生坚定性格的养成。

(二) 小学体育的内容

1. 基本知识

体育与健康的基本知识包括有关体育大事件的一些知识、有关体育运动及其应注意事项的知识、身体与器官发育的知识、营养方面的知识、卫生知识、安全知识、疾病的预防与处理知识等。掌握基本的体育知识,形成对体育的正确认知,有助于减少或避免小学生在各项体育运动中可能造成的意外伤害。

2. 基本运动

要发展小学生体能,必然要依靠一些简单的、基础的体育运动项目。小学体育运动包括田径运动、游戏、体操、小球类、武术等。

田径运动是一项发展小学生基本活动能力的运动项目,包括简单地走、跑、跳跃、投掷等基本动作,教会小学生正确的走、跑、跳、投的方法,形成正确标准的姿势和健美的体态,发展小学生四肢的协调能力,进而锻炼其速度和反应能力。

知识小卡片 6-2

举行"阳光体育冬季长跑活动"启动仪式

冬季来临,天气渐渐转寒。为增强学生体质,进一步推进"全国亿万学生阳光体育运动",郑州市金水区艺术小学于 12 月 3 日举行"阳光体育冬季长跑活动"启动仪式。

随着校长赵纪军的一声发令枪响,拉开了冬季长跑的帷幕。现场,该校校长发出倡议,号召全体师生一起走出教室,来到操场,每天坚持锻炼身体,"相信这一定会带动更多同学积极投入体育锻炼中,督促他们养成良好的生活习惯。"另外,该校还精心制定了冬季大课间长跑活动计划,利用校园广播系统播放跑步乐曲,学生可根据节奏跑出青春的节拍。

资料来源:张丽. 举行"阳光体育冬季长跑活动"启动仪式[N/OL]. http://news.163.com/14/1205/03/ACM1E2RJ00014Q4P.html,2014-12-05.

游戏符合小学生爱动和爱玩的天性,是小学生较为喜欢的活动,它包括基本的奔跑游戏、对抗与角力游戏、跳跃游戏、投掷游戏、球类游戏、室内游戏等。游戏的主要目的是巩固小学生已经学习到的基本动作、技巧等,使其更加协调、连贯、灵活。同时,通过活泼多样的形式和丰富多彩的内容,培养小学生团结配合的能力,增进相互间的交往,培养小学生坚强、勇敢的品质。

 知识小卡片 6-3

武汉江汉区北湖小学:让学生从游戏中激发兴趣

上课不读书,大家围成一圈来打扑克牌或玩魔方,如此教学,不仅没引起家长反对,反而获得一片叫好声。

记者在北湖小学四(1)班教室里看到,老师要求学生们在最短时间内把一个个被打乱的魔方还原。于是,魔方在学生们手中"翻飞"。数学老师宋俊说,玩魔方非常锻炼人的逻辑思维能力和记忆力。玩完魔方,再打扑克。只见每 4 名小学生围坐一起,每人拿着一叠扑克牌。5、7、7、9,四张扑克牌一摆上桌面,还没等旁人看清牌面,一个学生已拍响桌子,表示自己算出来了:"(5+7)×(9−7)=24。"用时仅 3 秒钟。

"魔方、数独、五子棋、跳棋、九连环等这些好玩的游戏,都能在不同年级的校本教材《"玩"数学》里找到身影。"北湖小学校长范永岁说,该校学生每周都有 1 至 2 节趣味数学课。武汉市教科院小学教研室主任李光杰表示,游戏中孩子会去发现、思考一些数学问题,更能激发他们爱上数学,学会用数学的兴趣。

资料来源:郭会桥,张惠玲.让学生从游戏中激发兴趣[N/OL]. http://www.jyb.cn/difang/hb/hbxw/201411/t20141126_605449.html,2014-11-26.

体操是竞技体育的一个项目,在小学生中推广能帮助伸展小学生的肌肉、韧带等软组织,锻炼、发展和展现小学生的柔韧性。它包括基本体操(队列队形式体操、徒手体操、轻器械体操等)和韵律体操。基本体操具有健身美体的作用,韵律体操把音、体、美有效地结合起来,带有舞蹈的特点。

小球类运动是根据小学生的身体和心理特点以及承受能力而组织的一项综合性运动,包括小篮球、小足球、小排球、乒乓球等。球类运动能有效地发展小学生的力量、速度、灵敏度等,促进小学生各项身体素质的协调发展。同时,球类运动需要他人的合作、配合,可以培养团队精神。长期从事球类运动还可以养成乐观开朗的性格,增强自信心。

武术是中华民族一项历史悠久的运动,它注重内外兼修,既锻炼小学生的身体,又培养其坚定的道德品格;讲究动作与技巧,又要把握劲力、节奏、连续、精神、眼法等。要学习武术必须掌握武术的基本功(弓步、压腿、压肩、冲拳、弹踢)和基本动作(拳、掌、勾)。小学武术中比较常见的是武术操,便于集体操作。

二、小学智育

智育是"向受教育者有目的、有计划、有组织地传授系统的文化科学知识和技能,发展受教育者的智力的教育"[①]。它是一个动态发展变化的过程。小学智育在于为小学生的终身幸福打下坚实的知识基础,然后超越知识本身,最终使其走向智慧,塑造完美人格。

(一)小学智育的任务

1. 传授知识和形成技能

知识是主体与其环境相互作用而获得的信息及其组织,储存于个体内即为个体的知识,储存于个体外即为人类的知识。[②] 我国小学智育的任务就是系统地向小学生传授基本的科学文化知识,即"以物化的知识作为学生认识的客体,经过有指导的学习活动,将人类总体的知识转化为学生个体的知识结构"[③]。技能是经过练习而形成的活动方式,主要包括动作技能和心智技能,以一系列显性的外部操作方式和内部言语、非言语的方式进行。在掌握基本知识的基础上,不断形成小学生熟练的技能。

2. 发展小学生的智力

传统智力理论认为,智力就是一个人的注意力、观察力、记忆力、思维力和想象力等相关能力的总和,发展智力即发展这些能力。现代智力理论则认为,智力是由广义知识构成的习得智力[④],智育的任务就是使学生掌握广义的知识。基于此,小学智育旨在传授广博的知识,使小学生掌握各种基础知识,了解其内容、特征、作用及运用,如陈述性知识有助于记忆和理解能力的发展,程序性知识有助于处理问题、解决问题能力的养成,策略性知识有助于深化思维能力等。但一个人广泛知识的获得还是需要智力因素和非智力因素(如意志、兴趣、动机、情绪、需要、态度等)共同作用的。

---

① 中国大百科全书编辑委员会.中国大百科全书·教育[M].北京:中国大百科全书出版社,1985:524.
② 转引自郭斯萍,孙艳玲.知识·智力·智育——试论现代知识观下的智力观与智育观[J].徐州师范大学学报(哲学社会科学版),2010(2).
③ 李虎林,胡德海.我国智育研究综述[J].上海教育科研,2005(6).
④ 习得智力,亦称智力的知识观,即后天习得的智慧能力,也就是习得的认知能力或习得的智力。它是现代认知心理学家和人工智能研究专家所提倡的智力知识观,他们主张一切后天习得的智力都应该用广义的知识来解释,不能像"形式训练说"那样,在掌握知识之外,用所谓"形式训练"来解释智力。从这样的意义上说,掌握了广义的知识就是发展了智力。但是另一方面也必须注意,不同性质的知识对儿童完成智慧任务的作用是不同的。如知识中的一般概念和原理同具体事实性知识相比,更有助于同化新知识。策略性知识有助于学习者学会学习、记忆和思维,被认为是发展人的智力的核心成分。具体可参见皮连生.论智力的知识观[J].华东师范大学学报(教育科学版),1997(3).

知识小卡片 6-4

多元智能理论

多元智能理论是由霍华德·加德纳提出的。在《智能的结构》这本书中他提出多元智能至少包括以下七种智能：

1. 语言智能

这种智能主要是指听、说、读、写的能力，表现为个人能够顺利而高效地利用语言描述事件、表达思想并与人交流的能力。这种智能在诗人、作家、记者、编辑、演讲家和政治领袖等人身上有比较突出的表现。

2. 音乐智能

这种智能主要是指感受、辨别、记忆、改变和表达音乐的能力。这种智能在作家、指挥家、歌唱家、演奏家、乐器制造者和乐器调音师身上有比较突出的表现。

3. 逻辑-数学智能

这种智能主要是指运算和推理的能力，表现为对事物间各种关系（类比、对比、因果和逻辑）的敏感以及通过运算和逻辑推理等进行思维的能力。这种智能在侦探、律师、工程师、科学家和数学家身上有比较突出的表现。

4. 空间智能

这种智能主要是指感受、辨别、记忆、改变物体的空间关系并借此表达思想和情感的能力，表现为对线条、形状、结构、色彩和空间关系的敏感。这种智能在画家、雕刻家、建筑师、航海家、博物学家和军事战略家的身上有比较突出的表现。

5. 身体-动觉智能

这种智能主要是指运用四肢和躯干的能力，表现为能够较好地控制自己的身体、对事件能够做出恰当的身体反应以及利用身体语言来表达自己的思想和情感的能力。这种智能在运动员、舞蹈家、外科医生、赛车手和发明家身上有比较突出的表现。

6. 人际智能

这种智能主要是指与人相处和交往的能力，表现为觉察、体验他人情绪、情感和意图并据此做出适宜反应的能力。这种智能在教师、律师、推销员、公关人员、谈话节目主持人、管理者和政治家等人身上有比较突出的表现。

7. 自我认知智能

这种智能主要是指认识、洞察和反省自身的能力,表现为能够正确地意识和评价自身的情绪、动机、欲望、个性、意志,并在正确的自我意识和自我评价的基础上形成自尊、自律和自制的能力。这种智能在哲学家、小说家、律师等人身上有比较突出的表现。

加德纳认为,每个人都同时拥有相对独立的7种智能。这7种智能在现实生活中并不是孤立的,而是错综复杂地、有机地、以不同方式不同程度地组合在一起。

资料来源:[美]加德纳.智能的结构[M].沈致隆,译.北京:中国人民大学出版社,2008.

知识小卡片 6-5

成功智力理论

成功智力理论是由斯滕伯格提出的。成功智力是用以达到人生中主要目标的智力,它能导致个体以目标为导向并采取相应的行动。它包括三个相互关联的方面——分析能力、创造能力、实践能力。分析能力是个体进行分析、评价、比较或发现时所需要的能力;创造能力是人进行改造、发明或发现时所需要的能力;实践能力是人进行实践、运用或使用他所学习的知识时所需要的能力。

每一种能力都对应着一个不同的亚理论:分析能力——成分亚理论、创造能力——经验亚理论、实践能力——情境亚理论。

成分亚理论与影响智力水平的基本信息加工过程有关,主要存在三种加工过程:(1)元成分。高级的决策过程,主要用于计划、执行、评价;(2)操作成分。执行元成分的命令的加工过程。(3)知识获得成分。学习如何解决问题的加工过程。

经验亚理论,认为智力与经验相关。当一个任务比较新奇或者正处于自动化的过程中或者已经很熟悉时,它对智力的测量效果最佳。

情境亚理论,它将智力与我们的日常生活情境联系在一起。根据这个理论,我们与周围的环境有三种基本作用方式:适应环境、调整和塑造环境、选择环境。

资料来源：[美]Robert J. Sternberg, Wendy M. Williams. 教育心理学[M]. 张厚粲,译. 北京:中国轻工业出版社,2003:120-121.

 知识小卡片 6-6

生物生态学智力理论

1996 年,塞西(S. J. Ceci)提出了生物生态学智力理论,他强调智力是天生潜能、背景以及内部动机的函数,并把背景作为其理论的中心,指出背景影响能力的获得、获得类型以及能力的表达,对于智力的发展是关键性的。塞西定义了四种类型的背景:物理的、社会的、心理的和历史的;物理背景指的是影响智力表达的外部刺激,如儿童出生前母亲使用的化学药品或语言刺激;社会背景是指影响人们智力行为的氛围,如儿童会根据社会背景的认可选择适合自己性别的玩具;心理背景指的是长时记忆中知识的结构和整合,如儿童对某一任务所具有的相关背景知识、进行这个任务的原因等;历史背景则是指个体所生活的历史阶段,如那个时代的历史事件、儿童所获得的经验等。

他还指出,智力是领域特异性的,并不存在一个单独的智力因素。决定智力发展水平的是个体在某一领域的知识及其整合和精细化,而学校教育使获得知识基础成为可能。他还通过实验证明了:学校教育解释了儿童 IQ 差异的大部分,个体受教育数量和质量直接或间接地影响着其智力。

资料来源：赵笑梅. 智力理论的最近发展与演变[J]. 比较教育研究,2005(1).

(二)小学智育的内容

知识,包括进入教育教学活动领域的各种知识,应是小学智育内容的主体。

课程知识是小学智育内容最为系统的显现。语言课是关于拼音/字母、文字/单词、语言、文学知识的学习;数学课是关于数字、空间、计算、推理知识的学习;科学课是关于基础的自然科学和社会科学常识的学习;社会课是关于社会常识和实践知识的学习;体育课是关于身体与卫生知识的学习。教材知识是人类知识的有选择性的汇总,它是课程知识的参照与来源。课堂知识、教学知识是把课程知识和教材知识具体分解、融合和提升的中介性知识。学习知识是个体习得的知识。最终各种知识经由转化并内化为小学生个体的知识体系,成为其智力结构的一部分。

但知识并不是智育的全部。在课外活动中、在学校内外获得的一些实践操作的技能,在知识累积基础上获得的一些智力和能力,也应是智育的一部分。

知识小卡片 6-7

"形式教育"论与"实质教育"论

"形式教育"与"实质教育"是在教育的历史发展过程中形成的两种相对立的教育理论。概括说来,前者认为教育旨在使学生的天赋官能或能力得到发展;后者则认为教育在于使学生获得知识。前者是所谓"形式目的";后者是所谓"实质目的"。

形式教育实际上是一种学习迁移的学说,它是以官能心理学为基础,认为教育的任务在于训练心灵的官能,学习的迁移则是心灵官能得以训练而自动产生的结果。

实质教育论的理论基础是联想主义心理学。联想主义心理学反对天赋观念论,反对官能心理学者所臆造的那种人的灵魂生而具有各种各样专司相应的心理活动的官能或能力的说法,主张所有的知识是由感觉开始的。

毫无疑问,就形式教育与实质教育理论本身而言,早已成为历史。但就实质教育与形式教育的体制——知识与能力的关系——而言,它们始终以各种各样的形式,若隐若现地表现在教育理论和实践中。

关于在教育过程中知识到底起何种功用的问题,人们所持的观点通常徘徊于这样两极之中:"一端是滋养理论,认为知识的价值在于知识本身,为知识而掌握知识是值得的;另一端是训练理论,认为知识的价值在于成为达到目的的手段,知识是教育者手中的工具。"现今,几乎没有人再会愿意取信这两种极端的理论,但都会承认,真理必须在这两种理论的相互协调中去寻找。

资料来源:瞿葆奎主编,施良方、唐晓杰选编.教育学文集·智育[M].北京:人民教育出版社,1993:419—481.

三、小学德育

我国《小学德育纲要》指出:小学德育即学校对小学生进行思想品德教育。它是促进个体道德自主建构的价值引导活动。①

---

① 沈建山.信息化环境下的小学德育[M].北京:北京师范大学出版社,2012:8.

(一) 小学德育的任务

1. 促进小学生道德品质的形成

在课堂上,教师通过有意识地向小学生传授基本的道德知识和社会常识,对小学生进行道德观念(是非善恶)的教育,激发小学生的道德意识,培养其道德情感,进而规范自己的道德行为。在课外活动中,教师教导学生遵守道德行为规范,养成良好的行为习惯。小学德育促进小学生良好的道德品质的形成,完善道德人格:一方面,维护公共的秩序,遵守社会公德;另一方面,养成良好的个人品德。

2. 传播政治思想观念

我国小学德育承担着传播国家政治观念的任务,应为培养现在和未来社会的合格公民作准备。小学德育要向小学生传授政治思想方面的知识,使小学生初步认识国家与社会,不断引导小学生形成对祖国和民族的深厚感情,引导其树立正确、坚定的政治立场,热爱社会主义,热爱民主,热爱人民,遵守法律。

(二) 小学德育的内容

《小学德育纲要》规定:小学德育主要是向学生进行以"爱祖国、爱人民、爱劳动、爱科学、爱社会主义"为基本内容的社会公德教育和有关的社会知识教育,着重培养和训练学生良好的道德品质和文明的行为习惯,教育学生心中有他人,心中有集体,心中有人民,心中有祖国。

1. 以行为准则为主的行为规范教育

小学生各方面心智还不成熟。因此,小学德育须对小学生进行基本的道德规范教育,让小学生初步了解基本的道德行为规范,从小规范自己的行为,学会遵守在学校生活和公共生活中应遵守的纪律和秩序,养成良好的道德行为习惯,形成"三爱"(爱祖国、爱学习、爱劳动)、"三讲"(讲文明、讲诚信、讲法治)、"三护"(护安全、护健康、护家园)的观念。

《小学生守则》和《小学生日常行为规范》是小学生道德行为规范主要的组成部分,它以简单、通俗、易接受的方式陈述相关行为规范,清晰明了。

2. 以公民道德为基础的社会公德教育

公民道德教育主要包括爱国主义教育和集体主义教育。

爱国主义是中华民族在长期的发展中形成的对祖国的热爱之情,爱祖国美丽的大好河山、爱祖国博大精深的历史文化、爱祖国艰苦奋斗的劳动人民、关心国家统一和民族安全。它是各族人民团结奋斗的精神支柱,是对学生进行价值观教育的主要来源。因此,爱国主义教育应该从小抓起,从身边做起,通过早读、朗诵、广播、开展爱国主义主题班会、观看相关爱国主义的教育影片等多样化的形式,使爱国主义教育深入小学生的生活中,培养其爱国意识和对祖国的敬爱之心。维护民主与遵守法律是爱国主义在政治生活中的核心表现。所以,小学德育要采取合适的方式,从小开始对小学生进行民主与法制的启蒙教育。

集体主义是社会主义的精髓。集体主义有助于帮助人们形成集体意识,继而学会关心集体,使自己的思想、行动与集体保持一致。同时,集体主义强调集体利益高于一切,当个人利益与集体利益发生冲突时,个人利益要服从集体利益。在集体中、在课堂教学中、在日常的生活学习中、在切实的活动中,对小学生进行集体主义教育,使小学生学会过集体生活,能够和同学友好相处,会关心、体谅同学,获得在集体生活中的快乐与幸福,从而促进他们健康成长。

3. 以绿色和谐为核心的生态德育教育

随着时代的发展,为了追求整体的和谐与安定,必须走生态德育的发展道路,在教育中寻求希望的绿色。绿色生态德育是一种新德育观和新的人生观、自然观和生存发展观,是在生态伦理学指导下的一种研究人与自然、人与社会、人与人和谐相处的教育活动,追求的是营造一种人与自然、人与社会、人与人和谐相处、共同发展的生态系统。①

小学教育对自然的关注日益增多。在小学语文教材中有关环境保护的主题课文不断增多,并占有相当一部分的比例。以此对小学生进行生态德育教育,使小学生走向自然,在生活中学会从自身做起,保护环境,养成尊重、敬畏、爱护自然的习惯。

同时,小学德育还要重视人文德育。在每一个充满活力的班集体中,实践绿色生态德育理念:美化班级环境,如爱护公共财产、保持班级卫生;展示班级文化,如张贴班级小标语、展示小学生的才艺作品;促进集体团结,如尊重同学、互帮互助。

 知识小卡片 6-8

绿色德育,让教育充满阳光与希望

——江苏省溧阳市溧城中心小学以绿色德育开创德育新局面

绿色校园扮靓孩子童年时光。

在自然环境方面,溧城小学对校园文化进行了景点式规划,形成了完整的绿化体系。校园处处葱绿常青,一年四季鸟语花香,形成了"春有花、夏有荫、秋有果、冬有青"的园林佳境。漫步其间,孩子们可休憩,可欣赏,可读书,可交流,既增长知识,又陶冶性情。

---

① 景小霞,张立.追寻绿色教育生态梦想——北京市万泉小学教育创新研究[M].北京:教育科学出版社,2010:154.

在人文环境方面,学校将自然环境和人文环境融合建设,使二者形成有机的教育整体。学校长廊雕刻着"探真""求知"的字样,《小学生日常行为规范》《公民道德建设实施纲要》等布置在教学区最醒目的墙上。"绿色长廊"让全校师生时刻牢记"环保就在身边,环保从我做起"。教学区展示着孩子们的美术、书法作品。草坪上、水池边、餐厅里、教室中,处处有温馨的话语,提醒着孩子们的言与行。校园板报栏内有名言佳句、时事要闻、天气预报等,内容丰富多彩,提示孩子们明理谨行。

在班级环境方面,各班教室都进行了精心布置,设有"生物角""特长展示角"等,各中队以中队特色命名中队名称,制定了中队公约,设计了中队口号,凸显了极富个性的班集体文化,也增强了孩子们的团队意识。

资料来源:杨兰.绿色德育,让教育充满阳光与希望[N/OL].http://www.edubao.com/News/jycx/2010-12/6/20101206102 6211102083775.html,2015-01-06.

四、小学美育

我们个性中的一个根本而必要的部分是对美的兴趣,是领悟美并把美吸收到性格中去的能力。[①] 所谓美育,就是以具体可感的美的事物或美的形象来感染和打动学生,从而培养学生认识美、爱好美、鉴别美、欣赏美、发现美和创造美的能力的教育。小学美育主要通过艺术教育对小学生进行美的启蒙教育,发展小学生的审美能力,进而通过美育来达成对小学生的心灵、语言、行为的培育,从而实现立美育人,以美陶冶情操、以美养德。

知识小卡片6-9

九三小学:美育特色学校

以美启智

大连市旅顺口区九三小学的校长张青认为,课堂教学是实施美育的主渠道。九三小学的教师们注重发挥课堂教学的主渠道作用,做到教学环节愉悦化,教学手段艺术化,课堂效果最优化,学生发展个性化。

"十二五"伊始,学校继续进行"审美、体验、创新"的审美化教学研究。实施

---

① 联合国教科文组织国际教育发展委员会.学会生存——教育世界的今天和明天[R].华东师范大学比较教育研究所,译.北京:教育科学出版社,1996:96.

教学"一、二、三、四、五"工程,即:强调一个中心(以学生发展为中心);加强两个提升(学生特长提升、学校特色提升);注重三个体现(教学手段的信息化、教学结构的审美化、教学过程的情感化);强化四个培养(自主探索、自主表现、自主提高、自主创造);做到五个转变(教的过程变成体验过程,体验过程变成审美过程,审美过程变成创新过程,创新过程变成师生智慧提升过程,师生智慧提升过程变成学校特色文化形成过程)。

以美辅德

在"体验式"德育活动和环境中培养学生美德

学校把教育学生"学会做人"作为德育的出发点和归宿,开展形式多样的"体验式"德育活动,同时,利用环境熏陶的影响作用,在自我体验和感悟中培养学生美德。

资料来源:佳妮.九三小学:美育特色学校[N/OL].http://news.k618.cn/xyxl/201303/t20130325_3021032.html,2015-01-06.

(一)小学美育的任务

1. 发展感性,培养审美能力

一切美的事物都离不开人的感知觉、想象、情感、直觉和灵感等。所以,小学美育是一场关于审美的教育活动。

审美能力包括审美感知力、审美理解力、审美想象力、审美鉴赏力和审美创造力。感知力是对审美对象的直接感知,这是审美教育的基础和关键,是审美素养的核心。[1]在感知的基础上形成的对美的事物的深层次的领悟与把握就是理解力,它是感性认识融合理性认识的标志。在理解基础上,利用人的大脑,发散人的思维,对审美对象的进一步加工的过程就是审美想象力。审美鉴赏力是在感知理解的基础上,对审美对象的真假进行鉴别、对善恶进行评判,对美进行欣赏,它是形成正确的审美观念的关键。审美创造力是创生新的美的事物的过程,是审美能力的最高表现。

通过审美活动的激发、培养、引导,形成小学生对美的正确认知,培育审美能力,学会判断美、辨别美、欣赏美、创造美。

2. 陶冶情操,塑造完美人格

经常接触美的事物,能帮助人们排解郁闷、疏解不良情绪,激发人心底的愉悦心情,引起积极的情感体验,进而陶冶人的情操,达成人精神的欢愉与满足。小学生经常

---

[1] [苏]苏霍姆林斯基.帕夫雷什中学[M].赵玮,王义高,蔡兴文,译.北京:教育科学出版社,1983:424.

与美打交道,可以保持自己最初的童心,使他们的脸上永远洋溢着纯粹而幸福的笑容。

现代社会,人被各种外在的欲望所束缚,处于压抑的状态,人的人格并不是那么的和谐、自由。美育与人格是相吻合的,可以借由美育培育完美人格。美育,一方面能够发展人的感性,协调由智育、德育所塑造出的人的理性,促进人的感性因素与理性因素的和谐发展;另一方面,美育与人的情感息息相关,"从人的情感出发,以形动人,以情感人,通过情感系统构成的物我感应、物我交流,将真善美潜移默化地注入主体的心灵,使主体的心灵日益厚实,情感不断提升,修养、趣味、格调、理想、信念、意志等人格构成的内在精神因素逐渐丰富、充实和完善,人格日趋完美。"①

 知识小卡片 6-10

鉴激刺感情之弊,而专尚陶养感情之术,则莫如舍宗教而易以纯粹之美育。纯粹之美育,所以陶养吾人之感情,使有高尚纯洁之习惯,而使人我之见、利己损人之思念,以渐消沮者也。盖以美为普遍性,决无人我差别之见能参入其中。

……

美以普遍性之故,不复有人我之关系,遂亦不能有利害之关系。

……

人人都有感情,而并非都有伟大而高尚的行为,这由于感情推动力的薄弱。要转弱而为强,转薄而为厚,有待于陶养。陶养的工具,为美的对象,陶养的作用,叫做美育。

美的对象,何以能陶养感情?因为它有两种特性:一是普遍;二是超脱。

……

既有普遍性以打破人我之见,有超脱性以透出利害的关系;所以当着重要关头,有"富贵不能淫、贫贱不能移、威武不能屈"的气概;甚至有"杀身以成仁"而不"求生以害仁"的勇气;这是完全不由于知识的计较,而由于情感的陶养,就是不源于智育,而源于美育。

资料来源:蔡元培.美育人生[M].南京:江苏文艺出版社,2011:267—270.

(二)小学美育的内容

美,无处不在,所以小学美育的内容应是丰富多彩的。

---

① 冉祥华.美育的当代发展[M].北京:新华出版社,2008:121.

1. 自然美

自然美是指大自然中一切美的事物和现象,它是未经人类雕琢的原生态的美。大自然中拥有千姿百态的美,有流连忘返的山水,有美不胜收的戈壁沙滩,有穿入云霄的巍巍高山,有奔腾入海的汹涌江河,有一望无垠的草原,有成千上万的牛羊,有姹紫嫣红的花朵,有千奇百怪的石头等。大自然创造了许多美的艺术,带给我们无限的视觉和心理享受。一幅幅壮美的自然之景,能激发人对祖国山河的无限热爱之情;能激发人最初纯粹的审美情感;能启迪人思考人生。

通过大自然进行美育,给小学生提供了一场审美的盛宴,激发了无穷的想象力。相关自然学科的学习,使小学生积累了许多关于自然的知识;置身于大自然中,使其摆脱了对美的抽象认知,使美更加具体、可感。

2. 社会美

社会美是指社会生活中一切美的事物、情感和品质,其核心是人的心灵美。处于社会关系中的人们,最为重要的是人的心灵。只有拥有美丽的心灵,才能发现社会的美;才能主动地为社会奉献一份美,减少人为的破坏;才能学会去关心、学会感恩、善待他人,感受情感所带来的美的享受。表6-1向我们展示了小学语文教材中有关社会美的具体指向。

同时通过典型事迹或我们身边的好人好事,来彰显人类的美好品质,如善良、诚信、团结,使小学生在心底深处接受这些美好品质,然后逐步成长为一个具有美好品质的人,一个具有优良行为的人,一个品行合一的人。

表6-1 小学语文教科书中反映社会美的内容[①]

美育内容	篇数	美育内容	篇数
关爱他人的美	41	思乡美	9
人和自然和谐的美	28	无私奉献的美	9
爱祖国爱家乡的美	25	传统文化美	8
智慧的美	21	热爱生命的美	5
诚信美	17	读书美	5
意志品质美	15	爱和平的美	4
亲情美	14	民主团结美	3
友情美	10	合作美	2
伟人品行美	9	师生情的美	1

---

① 孙宁.人教版小学语文教科书中美育内容研究[D].长春:东北师范大学,2007:28.

3. 艺术美

艺术美是指在艺术作品中感受和体会到的美,它是艺术家融入自己的理解和审美想象所创造出的一种美。艺术美具有典型性、主观性和思想性。

小学艺术教育形式多样,包括音乐、美术、文学和舞蹈等。高雅、古典、通俗、流行、民族风、摇滚、爵士等多样的音乐形式,能激发热情、振奋精神,满足小学生的审美兴趣与需求,使其感受节奏美、韵律美;多样的舞蹈,迎合了小学生爱动的天性,满足其对形体美的追求,并通过舞蹈来传递自己的审美价值,不断塑造自己的形象美、气质美;美术提供了锻炼小学生观察力的环境,再现或创造了生活的美,给人具有冲击性的视觉美、画面美;文学以优美的文字或生动的情节描绘世间各种的美。艺术美的价值在于感染、激励、引导、教育小学生,使其保持健康的心态,积极向上。

第三节 小学教育内容的组织

小学课程是小学教育内容最主要的组织形式。正确认识和有效组织小学课程,科学地进行课程设计,准确把握小学课程改革,是关系到小学生全面发展和小学教育有效进行的重要问题。

一、小学课程的概念

课程主要涉及"教什么"和"学什么"的问题。对于课程究竟是什么,学术界至今都没有一个完全统一的概念。但不可否认的是,课程是一个不断发展的概念。我国小学课程在发展的历程中,其内涵、内容不断得以丰富。

小学课程是在学校环境中,为促使小学生获得知识和经验、促进其全面发展而规定的学习内容(包括教学科目)、进程及活动的总和。一方面,小学课程内涵具有针对性和特色性;另一方面,小学课程内容丰富,包含课程目标、价值取向、课程内容、课程结构与设置、教材编排、课时学时、学习方式、课程实施、教学评价等一系列的构成要素。

我国小学课程的具体表现形式为课程计划、课程标准和教科书。

课程计划是根据小学教育目标和教育任务,由国家教育主管部门制定的有关教育、教学工作的指导性文件,它主要包括培养目标、课程设置与结构、课程实施与考核等,以课程设置与结构为核心。

1. 培养目标

规定小学生在体、智、德、美方面应达到的基本要求。

2. 课程设置与结构

反映了小学课程的设置、课程结构的划分以及课程分配、学年划分等(见表6-2)。

(1)学科设置。小学阶段所开设的学科问题。小学阶段以综合课程为主,小学低年级开设品德与生活、语文、数学、体育、艺术等课程,小学中高年级开设品德与社会、语文、数学、科学、外语、综合实践活动、体育、艺术等课程。

(2)课程结构。指小学各种课程类型的划分及其比例、内在关系。小学阶段要根据小学生发展的要求,增加课程的综合性和选择性,注重课程结构的多样化,关注各类型课程间的合理比例。

(3)课时分配。指各学科课程的总时数,每门课各学年(或学期)的授课时数和周学时等。

(4)学年编制和学周安排。指小学教育中有关学年阶段的划分、各学期学周数的规定等。

表 6-2　我国小学教育课程设置及课时比例表[①]

课程门类	年级						课时总计划比例
	一	二	三	四	五	六	
	品德与生活		品德与社会			思想品德	7%～9%
						历史与社会(或选历史、地理)	3%～4%
			科学			科学(或选物理、化学、生物)	7%～9%
	语文						20%～22%
	数学						13%～15%
	外语						6%～8%
	体育					体育与健康	10%～11%
	艺术(音乐、美术)						9%～11%
	综合实践活动						6%～8%
	地方与学校形成或选用的课程						10%～12%

注:综合实践活动包括信息技术教育、研究生学习、社区服务与社会实践、劳动与技术教育。

3. 课程实施与考核

课程实施指各小学根据各自的实际情况,对课程计划所要求的课程设置、教学内容、教学要求和课时分配等方面的落实和执行情况。考核是对开设的各门课程进行的学期、学年和毕业的终结性考查,以检验学习成效。

课程标准是国家根据课程计划的要求规定的有关某一门课程的目标、内容、实施的指导性文件。部分学科课程标准中还涉及附录部分,主要是对术语、知识点、优秀作品的解释与补充,便于理解。比如,小学语文课程标准的附录部分包括推荐小学生要

[①] 于向东,苑德庆,董馨.基础教育课程改革研究[M].上海:华东师范大学出版社,2007:50.

背诵的75篇优秀诗文、给教师提供选取优秀读物的部分建议、相应语法修辞要点的归纳和补充、识字写字所需的基本字表和常用字的归纳等。

前言：介绍该课程的性质、意义，表明所处的地位，明确该课程的基本理念及课程设计的基本思路。

课程目标：包括总目标和阶段目标，明确设计课程的三维目标。

课程内容：在目标基础上，明确设计各阶段要掌握的具体知识点。

实施建议：包括教材编写建议、教学建议、评价建议、课程资源的开发与利用。

教科书是课程内容的具体体现形式，它是依据课程标准编制的、系统阐述学科内容的教学用书。小学教科书主要包括小学各门学科课程的学生用书、教师用书及与之相配套的练习册等。

二、小学课程的类型

依据不同的标准，小学课程具有不同的类型。认识和理解各种课程自身的特点与价值，明晰其优势和不足，有助于课程制定者或学校协调和处理不同类型课程关系和地位。

（一）学科课程、活动课程与综合课程

按照课程性质划分，可把课程分为学科课程、活动课程与综合课程。

1. 学科课程

是指分别从各门科学中选择一部分内容，并把不同科学领域的专门知识划分为相互独立、互不相同的各种学科，而后根据教育目标、学生发展的要求及接受能力来组织安排课程，分配各科的教学时间，确定学习时数和期限等。学科课程是以学科为中心所开设的课程，一直占据我国课程的核心地位。

学科课程有其自身的优势：(1)强调学科内部的逻辑性；(2)关注系统知识的学习；(3)知识具有类别性，不同的学科具有不同的价值；(4)精选教学内容。但它也有自身的不足：(1)过多地关注学科内部的逻辑，割裂了不同知识间的联系；(2)知识划分过细，不利于学生的综合发展；(3)过分强调知识与智力，禁锢了学生的思维。

2. 活动课程

是指以儿童的兴趣、需要和能力为出发点，以儿童的生活为内容，使儿童通过活动、在活动中进行学习、培养兴趣、获得直接经验和感知、掌握能力，养成品质的课程。

活动课程的优点在于：(1)以儿童为中心，尊重个体的兴趣和需要；(2)重视活动，关注儿童的主动性；(3)教育与生活相关。其缺点是：(1)过于重视感性经验，不利于系统学习知识；(2)没有确定的组织形式，无法保证知识的连贯性。

3. 综合课程

是指打破学科课程的界限,组合两门以上学科领域而构成的一门学科。它有三种形式:(1)融合课程,即把有内在联系的学科内容融合在一起而形成的学科;(2)广域课程,即合并数门相邻学科的内容而形成的课程;(3)核心课程,即以问题为核心,将几门学科结合起来的课程。

综合课程的特点在于:(1)打破学科课程分科过细的缺点,有利于学生的综合发展;(2)强化了学生的迁移能力;(3)加强了知识与社会的联系。其缺点主要是:(1)由于综合课程的知识跨度大,难度大,所以教科书编写困难;(2)对教师要求高,部分教师难以胜任。

(二) 必修课程与选修课程

按照学生需要修习的情况,可把课程分为必修课程和选修课程。

1. 必修课程

必修课程是所有学生必须要修习的课程,具有统一性和强制性。其优点在于:(1)重视学生基础知识和能力的培养,重视提高学生的整体水平;(2)强调共性,满足学生的共同需求;(3)体现了社会对学生的统一要求。其不足之处就在于使学生过多地关注书本而忽视了与社会的接触;同时也限制了学生个性的发展。

2. 选修课程

选修课程是学生根据自己的需要和兴趣而自主选择修习的课程,具有个性和自由性。小学选修课主要集中在体、音、美方面,包括儿童画、围棋、篮球、足球、跆拳道、水墨画、书法、葫芦丝、拉丁舞、跆拳道等。选修课程的优势在于:(1)照顾学生的个性差异;(2)具有选择性和多样性;(3)拓展知识面,加深认识。其缺点是学生可能会过分关注兴趣的某一方面,从而导致不利于个人的全面发展。

知识小卡片 6-11

小学选修课,噱头定係势头

案例:选修课走进课堂

吴辰是嘉信西山小学二年级学生,今年9月他发现学校推出了选修课。原来这是校方推出的一项新的校本课程,由学生在网上报名选课,所有课程全部免费报读,并由专业的老师执教。

家政厨艺、平衡力训练、小记者、陶艺、高尔夫球、发明与创造、版画制作、七巧科技与制作、标本制作……如何在30多项70个班的选修课中选出想报的课程且顺利抢到,并不是一件易事。

特点:孩子自主选择,学习有劲

吴辰的妈妈告诉记者,孩子的表现有点超出她的意料,"以前报兴趣班、补习班,他都有抵触情绪,而这次歌唱技巧却学得有声有色"。她认为,这一切得益于选修课是孩子自己选的,自然学得更有劲。

同时,记者采访了多位家长,他们均表示孩子几乎没有抵触情绪。

教育局:学校课程可自主决定

所谓小学选修课,即学校利用校本课程,免费为学生开出的选修课程,学生有望一周内学习1~2节选修课。这样的选修课赢得了众多学生、家长的好评。

然而,记者注意到,现有选修课程主要集中在体育、美术、音乐等常规课程上,只有少数学校开出了家政厨艺、平衡力训练等特色课程,而有关国学、传统文化等方面的课程却很少见。同时,由于课程数量有限,不少学生实际上并无太大的选择空间,而选修课的评价体系也尚不成熟。

顺德区教育局副局长郭金元表示,只有在校本课程内,校方根据学校实际情况,开设各具特色的选修课,这完全是校方的自由,而且这也是个性教育的要求。同时,他还强调,选修课可打破原有的班级教学模式,但是选修课对升学并无直接帮助。

资料来源:陈绪厚.小学选修课,嗲头定係势头[N].广州日报,2014-12-12(SDA3).

(三)国家课程、地方课程与校本课程

根据课程管理的级别,可把课程分为国家课程、地方课程与校本课程。

国家课程是由中央教育行政机构编制和审定的课程,属于一级课程,通常是在全国范围内统一设置的课程。国家课程具有统一性、强制性、基础性和稳定性等特点。

地方课程是地方教育主管部门以国家课程为基准,在一定的教育思想和课程观念指导下,根据地方社会发展的现实情况及学生发展的特殊需要,充分利用地方课程资源所设计的课程,属于二级课程。地方课程具有自身特色,包括区域性和本土性、针对性与适合性、民族性与文化性。

校本课程,即在坚持国家课程和地方课程的前提下,学校根据自己的理念,综合评估学校的各项资源、条件,开发适合本校实际的、具有学校特色的课程,属于三级课程。它具有校本化、自主化、个性化等特点。

在小学阶段,学校课程应以国家课程为主,地方课程和校本课程为辅。因为国家课程保证了学生基本的学习需求,但这并不意味着排斥或否定地方课程和校本课程,

各小学应积极探索适合本校特色的课程。

> 知识小卡片 6-12
>
> **东营区英才小学课程丰富　全面推进素质教育**
>
> 　　东营区英才小学自一年级始开设"安全教育""传统文化""蓝色的家园"三种地方课程,开设了五大门类37个学科的校本课程超市。
>
> 　　据了解,体育类校本课程,包括游泳、乒乓球、篮球、足球、跳跳球等12项;艺术类校本课程,包括拉丁舞、钢琴、架子鼓、书法等7项;手工类校本课程,包括陶艺、手工编织、折纸、面塑等8项;益智类校本课程,包括魔方、飞叠杯等4项;人文类校本课程,包括英语交际口语、朗诵主持等6项。
>
> 　　为开设好这些课程,根据小学生每天在校学习时间不得超过6小时的省《规范》刚性要求,学校创新了课时安排,除每天上下午课前10分钟的晨诵午练外,其他课堂根据课时多少分为了大课、中课和微课。大课40分钟一节,主要完成国家课程;中课30分钟一节,主要完成地方课程和人文类校本课程;微课20分钟一节,主要完成益智类校本课程。艺术、体育和手工类校本课程主要以选课走班的方式教学,时间是每天下午课外活动时间和每周的星期四下午。其中每周有两个下午,每一个孩子都有机会学习足球、篮球、游泳等必修的体育专项课程。
>
> 资料来源:周世莹.东营区英才小学课程丰富全面推进素质教育[N/OL]. http://dongying.dzwww.com/dyxw/201501/t20150112_11706893.htm. 2015-01-12.

三、小学课程设计

小学课程设计是根据小学教育目标和课程内部各要素间的必然联系而制定课程计划、课程标准和编制各类教材的过程。为使课程设计合理、有效,并符合小学的实际情况,我国小学课程的设计必须要遵循一定的原则,体现国家对小学教育的基本要求。

(一)小学课程设计原则

1. 坚持科学性与思想性的统一

坚持科学性与思想性的统一是社会主义的基本要求。所谓科学性,即小学课程内容不仅要吸收各民族的优秀文化,同时还要反映当代最新科学成就,建构科学、完整的知识体系。"因为知识本身就具有科学性,小学课程应以通俗、易理解和接受的方式向小学生传递知识。所谓思想性,指我国小学课程要反映社会主义的政治方向、辩证唯物主义世界观和共产主义的道德精神,以社会主义的思想、价值观念、认识论来教育和熏陶小学生,使其成长为符合社会要求的人。把科学性和思想性统一起来,使小学课程设计具有一定的高度和深度,有利于国家综合把握课程设计理念和方向,指导小学课程的设计。

2. 以小学教育目标为导引

目标不是一个毫无根据的期望,它具有预见性,直接和各个进程中的活动相关,影响着为达成目标而进行的各个步骤。设计小学课程必须深刻理解小学教育目标,只有对其认识愈加充分,才能尽可能少地在操作过程中出现障碍,增加设计的灵活性,提供更多可供选择的方法。分析小学教育目标,设计小学课程,一方面,要与时代发展相接轨,把握当前教育的目的,致力于提高全民族的素质;另一方面,根据体、智、德、美全面发展的精神综合设置学科课程,合理设置各课程的比例,全面发展小学生的综合素质。

3. 关注小学生的身心发展特点

小学课程与社会、小学生息息相关。社会的发展属于影响课程设计的外部因素,小学生的身心特点才是制约课程设计的内部因素。因此,小学课程的设计一方面要明了小学生生理发展的特点,使课程设计能帮助促进小学生的生长发育,另一方面要清楚小学生发展的阶段特征,根据不同阶段的特点设置不同的课程,关注小学生感知、记忆、思维的发展。

基于小学生身心发展的特点,小学课程设计要考虑小学生的实际能力,同时也合理调整课程的难度,坚持促进性原则,在可能的基础上最大限度地激发小学生的潜能。

(二)小学课程设计程序

小学课程的设计要处理好理论与实际操作方面的关系,明确在理论层面应遵循的价值理念,在实践层面应关注课程的具体形态。

1. 分析课程设计基础

小学课程的设计存在着多样化的设计基础。如,有人从知识的角度对课程进行设计,指出知识是课程设计的基础(见表6-3);也有人强调生活与课程的紧密关系,主张从生活的角度设计课程,指出生活是课程设计的基础;还有人从文化的视角来设计课程,主张文化是课程设计的基础。小学课程的设计者或制定者需要综合考量不同的设计基础,或综合社会、小学生、家长等多方面的要求,选择一个良好并且适合的设计基础,既满足小学生的兴趣,又兼顾全面发展。

表 6-3　义务教育课程设计的知识基础和基本概念①

课程设计的知识基础	课程设计的基本概念
教育哲学基础（人的本质观、教育观）	主体性,活动,全面发展,科学精神,人文精神,素质教育
心理学基础（儿童观、发展观、学习观）	接受、探究、模仿、体验,智力和能力,个性,潜能开发,问题解决,认知、迁移、结构
社会学基础（社会观、价值观）	社会积极性,社会化,社会需求,创造和创新,价值观
知识学基础（知识观、科学观）	"双基",学科体系,工具学科
教育学基础（课程观、教学观）	综合或整合,基础学力,综合实践,基础分流

2. 确立课程设计取向

小学课程设计的取向是指课程设计者在对小学课程进行设计的过程中所持有的价值理念和追求,它是课程设计的核心问题。只有明确课程设计取向,才能以正确的价值引导小学生。在课程设计方面,存在着多种不同的取向,如知识本位、社会本位、学生本位②等。各种取向都有自身的优缺点,不同的取向会产生不同的设计过程,所以小学课程设计者要综合分析和选择。在此,可采用历史分析和逻辑分析的方法：从历史研究的角度考察我国小学课程设计的主要价值理念,借鉴有益的理念；从逻辑上分析现在的课程设计理念中存在的问题,进而真正科学地设计小学课程。

3. 选择小学课程内容

内容的选择是课程设计中的一个关键问题。小学课程内容选择要遵循相应的原则：第一,内容要有基础性和有效性。删除繁、难、偏、旧的知识,选择适合小学生基本发展的内容。第二,适合小学生的兴趣与需要。兴趣与需要是学习的内在动力,有助于小学生的发展。第三,与社会发展保持一致。课程内容要与时俱进。在坚持小学课程选择的基本原则下,形成小学课程内容的基本组成部分,包括各种类型的知识、技能、学习经验、生活经验和社会经验等。

4. 形成课程设计结果

小学课程设计的最终结果,即形成课程计划、制定课程标准、编写教科书。这一部分内容在本节第一部分有具体论述,这里不再展开。

四、小学课程改革

改革的过程就是逐步认识问题、解决问题的过程。小学课程改革是一项复杂的工

---

① 张廷凯.我国义务教育阶段的课程设计:现状和趋势[J].课程·教材·教法,2001(1).
② "知识本位"即以知识授受为中心并止于知识授受的教育倾向；"社会本位"是以维护社会公共利益为出发点的经济法的本位思想,在教育领域,它强调个体要适应社会,教育应当根据社会的要求来设计,为社会服务；"学生本位"即以学生为中心,以学生发展为本,学生是主体,要充分发挥学生的主动性、创造性。

程,要使课程改革卓有成效,必须明确小学课程改革的理念和方向。

(一)小学课程改革的理念

小学课程改革倡导"为了每个学生的发展",使每个学生都得到适合的发展,标志着我国课程体系的价值转变。

1. 课程观:走向动态发展

小学课程改革必须坚持动态的、发展的课程观。

(1)动态的课程观。小学课程不应仅仅只停留于"文本"层面,更要关注"体验"层面。在具体的教育情境中,教师或学生总是基于自己对文本的理解,总是要融入个体流动的经验和体验,进而导致一定程度内课程的变化。因此,小学课程要成为一种动态生成的"课程",有生命的课程。在实际的操作中,要使小学课程真正成为关注小学生个体的生命体验、流动的文本,必须树立"课程指向小学生生命历程"的观念,并采取其他相关途径,辅以制度化的保障。

(2)发展的课程观。它是以"个体的全面发展与个性化成长以及社会的可持续发展为终极旨归的课程思想与信念体系"[①]。在互动层面,它所追求的是个体的能动性,强调不同主体间的多元互动;在课程内容层面,它主张课程要兼容个体知识与公共知识、生活世界和科学世界、个人发展和社会发展;在价值层面,它关注价值理性和完美人格的培育,在可能的现实生活中关注人的发展。

2. 课程目标:坚持完人教育

对小学课程目标的理解,至少应该把握以下四点:第一,小学课程目标要指向全体小学生,而不是教师或教材;第二,小学课程目标既要关注教学行为的最终结果,同时也要关注小学生发展过程中的具体变化和体验;第三,小学课程目标是分层次和类别的,不可窄化。第四,小学课程的三维目标并不是僵化、固定和死板的,也不是每一课程都要严格按照三维目标一一进行,而是灵活的、具体的,可以根据具体课程和情境的变化融合三维目标。

小学课程目标最终是要促使小学生成为一个完整的人。一个完整的人,必须是身心健全的人,是各方面和谐发展的人,是全面发展的人。为了达到这一目标要求,必须要认清小学课程的功能,优化、整合小学课程结构,系统、有目的地选择小学课程内容,改变小学生的学习方式,改革机械的课程实施方式,改革单一的选拔评价方式,改变单一的国家集中管理模式。

(二)小学课程改革的方向

基础教育课程改革已经推行了十多年,在推行过程的中,始终存在着两种不同的声

---

① 苏强.发展性课程观:课程价值取向的必然选择[J].教育研究,2011(6).

音,双方围绕"课程改革的知识观、课程改革的方向和课程改革的理论基础"进行辩论,引发了一场学术界的"钟王之争"①。双方基于各自立场的辩论为课程改革提供了新的思考。汲取课程改革的有益经验,反思存在的问题,应是小学课程改革要借鉴与思考的。

1. 注重"双基",发展思维

"双基"是基础知识、基本技能的简称。在我国,强调知识和技能的学习是小学课程改革的一个重要方向。知识包括直接经验和间接经验,小学课程改革要使"直接经验和间接经验始终处于互动状态"②,使两者相互影响,共同作用,反对在学校教育中把这两种经验孤立化。纵使是以钟启泉为代表的新课程的支持者,也不否认知识学习的重要性,只是他们反对单一地、割裂地学习知识,反对强制地灌输知识,反对过分地重视以书本或学科为基础的静态的知识,主张要辩证地看待知识,承认知识的动态性,重视从实践经验得来的知识,主张知识走向生活,尊重学生个体连续的、完整的认识过程。技能是经过学习或一系列操作而获得的一种熟练化的方式。重视技能的学习与掌握对小学生身心发展都有重要的价值。需要注意的是,小学课程改革重视"双基",重视帮助小学生打基础,但这不意味着不重视小学生的创新能力、探索欲望、强烈兴趣、解决问题等的能力。我们不应把对"双基"的认识窄化,而是要认识其所具有的时代内涵,认识其与小学生基本能力的吻合性。

知识小卡片 6-13
小学"奥赛"越禁越热　三千多学生一天赶考两场

今年3月,武汉市教育局宣布:严禁把社会性学科竞赛(如小学"奥数"竞赛等)成绩与民办学校入学挂钩。禁令"余温犹在",小学奥赛市场却越来越热。

小学奥赛上演"车轮战"

4月10日上午,在中国地质大学汉口分校校园内,"希望杯"全国数学邀请赛、"惟乐杯"全国数学与生活邀请赛同时开考,不同的是年级不同。"考了一天,上午考'惟乐杯',下午考'希望杯',人都考晕了。"

---

① "钟王之争"是以钟启泉教授为代表的新课程观与以王策三教授为代表的传统课程观之间的争论。在知识观层面,王策三教授强调重视知识,反对轻视知识;钟启泉教授主张知识要动态化,要走向生活。在课程改革方向层面,王策三教授强调课程改革方向问题不能一概而论,要具体分析,我们应当肯定20世纪80年代以来的大方向,批判"新课程理念"导引下的"数学新课标"等;钟启泉教授主张我们需要寻求整体推进课程改革的合理的、适度的、透明的步伐。在课程改革理论基础层面,王策三教授坚持学习凯洛夫的教育学;钟启泉教授主张学习凯洛夫教育学是一种历史的倒退,新课程要以马克思主义认识论和全面发展学说作为我们进行课程改革的理论基础。具体内容可参见《认真对待"轻视知识"的教育思潮——再评由"应试教育"向素质教育转轨提法的讨论》《发霉的奶酪——〈认真对待"轻视知识"的教育思潮〉读后感》《关于课程改革方向的争议》《课程人的社会责任何在》《"新课程理念""概念重建运动"与学习凯洛夫教育学》《凯洛夫教育学批判——兼评"凯洛夫教育学情结"》等论文。

② 钟启泉,有宝华.发霉的奶酪——《认真对待"轻视知识"的教育思潮》读后感[J].全球教育展望,2004(10).

从汉口赛场安排表来看,参赛人数多达1100多人,仅小学3年级就有203人参考。"租一处场地,搞两场考试,3—6年级小学生分时错开考。一天之内,小学奥赛上演'车轮战',可把孩子'考苦了'。"一位家长说。

12岁学生连考11场奥赛

从3月6日到4月16日,"每个周末都有小学奥数竞赛,即使连法定假日也不例外。"在赛场外,育才小学一位家长肖妈妈翻开"奥赛日记本",上面特意标上每个奥数的竞赛时间。

记者在肖妈妈的日记本上看到,3月6日是数学资优生测试,13日是世界奥林匹克数学竞赛,19日是"新星杯",20日为"创新杯",26日是"学用杯",27日是"新希望杯",4月5日是省奥赛,10日是"希望杯"和"惟乐杯",16日是"华杯赛"。

考生为何越禁越多

记者发现,虽然家长们都积极带孩子参加比赛,但不少人表示,他们并不赞同孩子从小参加奥赛培优班,"没办法,都是被逼的。"

家长们告诉记者,奥赛培训班的获奖证书已经成了一些知名初中的敲门砖:某中学只认某杯,某某中学只认某某杯……孩子叫苦,家长叹气,如此恶性循环何时才是尽头?

"按规定,小升初说的是取消了统一测试,但偷偷摸摸的各种考试更多了,用来证明孩子成绩的小学奥赛也多了,孩子反而更累了。"黄女士说。

奥赛成绩不能挂钩"小升初"

昨日,武汉市教育局表示,"小升初"不得将奥数等竞赛成绩作为升学依据,初中学校委托社会培训机构组织学科能力测试,或通过其竞赛成绩挑选生源,均属于违规行为。"任何社会办学机构提供的学生考试成绩,均不得与民办学校入学挂钩。"

"由于缺乏切实可行的行政手段,叫停奥赛较难,培训市场在短时期内不会降温。"对重点中学而言,优质生源是其"生命线",即使培训机构不组织大型竞赛活动,重点学校也会委托培训机构组织所谓的"测验",物色具有数学天赋的学生。

如何真正叫停奥赛?只有彻底斩断奥赛和升学的利益关系,并实现教育的均衡发展,才能让学生和家长不再把奥赛当做"敲门砖"。

资料来源:郭会桥,小学"奥赛"越禁越热三千多学生一天赶考两场[N/OL]. http://news.cnhubei.com/ctjb/ctjbsgk/ctjb05/201104/t1667041.shtml. 2011-04-11.

小学教育应注重小学生各项能力的培养,而小学生能力的核心就是思维。但是,"见知不见智,是2001年基础教育课程改革的致命缺陷"①。因此,小学课程改革要吸取经验,发展小学生的思维,重视思维训练。概念、判断和推理等是思维的主要形式。在小学教育中,要把思维训练落到实处,并使其具备可操作性。首先,需要在小学课程三维目标中彰显思维培养的重要性,在各科课程中明确规定思维训练的目标,规定各阶段思维训练的具体目标;然后,在有意识的教学过程中,强化思维训练的方法,主要以问题为中心对小学生进行思维的训练,调动小学生大脑的高速运转,不断地进行回忆、分析、筛选、归纳、提取、迁移、强化,使思维得到训练。

2. 高效教学,减轻负担

小学课程最终要通过教学来实现。但什么样的方式可称之为高效教学？是讲授教学还是合作学习亦或对话教学？奥苏伯尔(D. P. Ausubel)认为,"把两个学习维度弄混乱的现象是产生下述广泛流传的、但毫无根据的孪生信念的部分原因:接受学习始终是机械的,而发现学习则本来是和必然是有意义的……事实上,每一个维度(机械的对有意义的学习以及接受的对发现的学习)都可以构成一个完全独立的学习维度。因此,下述命题是完全可以维护的:接受学习和发现学习这两者既可能是机械的,也可能是有意义的,这要看学习时所处的条件②而定。"③因此,小学教学的关键不在于一定要以一种方法战胜另一种方法,而在于如何运用,如何扬长避短,使其为教学服务。对小学生而言,有意义的讲授法有着极大的优势,"因为讲授主要为语言活动,不同于一般动手操作的感性活动。如果不主要依靠它,就不能培养和发展学生高级心理能力,特别是抽象思维能力;如果不主要依靠它,学生就无法面对庞大的知识体系。"④当然,课堂教学不限于单一的方法,因为讲授法也有自身的不足,在讲授教学之外融合对话教学或合作教学,可以使课堂更加活跃、主动。

减轻学生过重的课业负担(简称"减负")一直是课程改革面临的重大压力。《教育规划纲要(2010—2020年)》倡导把"减负"落实到中小学教育全过程,率先实现小学生"减负"。长期以来,小学生面临的过重课业负担主要包括在学时间长、上课时数多、作业量大、校外补习多等。我国一直致力于减轻小学生过重的课业负担,取得了初步成效,但课业负担依然严重。同时,相关调查研究发现,小学生大量的课业负担并没有带来预期的学习成绩的提升。例如,有人认为,"小学生课外补习弊大于利"⑤；又如,2013

---

① 邢红军.三论中国基础教育课程改革:方向迷失的危险之旅[J].教育科学研究,2012(10).
② 学习所处的条件包括学习课题是否有意义、学习者的心向及相关知识储备、新旧知识间是否发生实质性的联系等。
③ [美]D. P. 奥苏伯尔.教育心理学——认知观点[M].余南星,宋钧,译.北京:人民教育出版社,1994:29.
④ 邢红军.再论中国基础教育课程改革:方向迷失的危险之旅[J].教育科学研究,2011(10).
⑤ 刘东芝.小学生课外补习弊大于利[J].中国教育学刊,2014(11).

年,王云峰等人以北京市 34652 名小学五年级学生为对象,主要从完成家庭作业的时间、课后学习的时间、校内课外学习的时间等方面对小学生的课业负担进行问卷调查,发现小学生课业负担与小学生数学学业成绩有显著相关,调查表明:完成课外作业所用时间越少,其数学成绩越高,但绝大多数小学生在各项课外作业上耗费大量的时间。① 所以,小学课程改革要更为关注小学生课业负担过重的问题,采取相应的措施减轻并最终解决这一问题。

知识小卡片 6-14
中小学课业负担的深层成因与综合防治

一、课业观念的蜕变线路图

所谓课业,是指教师在课堂教学之后为了延伸课堂教学活动、巩固教学效果而面向学生布置的一系列练习任务或自学作业。然而,作业布置日益走向了怪异化的道路,以数量失控、良莠不分、整齐划一为特征的作业布置行为慢慢蜕变为抑制中小学生健康成长的负担。学生课业观的蜕变线路图可勾勒为:"教学质量=学业成绩"的教学质量观、"学业成绩=考试分数"的教学评价观、"教学为本=作业为本"的教学过程观、"课业增量=追分秘诀"的教学哲学。

二、课业负担成因的深度透视

1. 教育竞争失序。"学校和老师被这种(唯分)价值观所绑架了"。原本全面、多维、立体的教育系统都被简化为"造分机器",教育竞争的内在秩序与平衡系统被打破。

2. 教师作业布置失控。在分数取向的教育体制中,在社会、学校与家长的夹击之下,教师对分数的崇拜心态变得浓重,其专业、平衡、恬静的教育心态走向失控,作业布置活动成为他们缓解来自社会各方压力的缓冲带,成为他们释放不良教育心态的发泄口。

3. 学生学习时间失调。在教师超量、过重课外课业压力下,学生陷入了时间困境之中,他们必须牺牲自己的作息时间,如吃饭时间、运动时间、睡眠时间等来完成教师布置的课业任务。

三、课业负担过重顽疾的综合防治

1. 有序教育竞争环境的营建。学生课业压力是"外压"内导的结果,但在

---

① 这里的结论为概括所得,具体可参见王云峰,郝懿,李美娟.小学生课业负担与学业成绩的关系研究[J].中国教育学刊,2014(10).

目前教育形势下,我们绝无可能取消考试,尤其是高考,但在有限的范围内,教育竞争的热度与强度还是具有调控空间的。切断基本教育竞争制度、考试制度与学校教育之间的关联是有序教育竞争环境营建的枢纽。

2. 教师作业布置规范的建立。教师的作业布置规范起码应该包括以下内容:周作业布置次数、布置时间要求,作业布置的方式、数量、类型规定,作业布置的一般操作程序,作业布置中失当行为的责任认定及处理办法,学生、社会对不当作业的监控办法等。

3. 新教学哲学的倡导。教师的课堂教学哲学是教师的"信奉理论",是与教师的日常教育生活同构同体的教学信念,它才是教师作业布置立场的真正建构者。扭转教师对作业的崇拜,消除他们对题海的迷恋,建立教学为本、学生为本、课堂为本的新课堂教学哲学,重新摆正课堂教学与作业之间的关系,是彻底根治学生超重课业量所需要的新课堂教学哲学。

资料来源:范永丽.当代中小学课业负担的深层成因与综合防治[J].课程·教材·教法,2014(10).

3. 注重整合,增强灵活

课程的整合是一个纵横协调与配合的过程。从纵向的角度看,小学课程整合包括各阶段课程的一致性与连贯性、丰富性和全面性;从横向的角度看,它还包括小学课程结构的优化组合,即不同课程各占一定的比例。小学课程改革要适当鼓励地方课程、校本课程的开发与应用,并占有合适的比重,彰显其应有的价值。小学课程的整合的价值一方面在于注重通才教育,使小学生能够接触不同的学科领域,具备学习不同领域知识的基本能力,同时加强不同学科间的渗透,使小学生的知识能够融会贯通;另一方面在于使各种类型的课程都能发挥自身的价值,避免某一类型的课程限制或阻碍其他类型课程的发展,进而寻求教育效果的最大化。

固定、僵化的课程会失去课程本身的生命力,适当增加灵活性,可以更好地达到课程本身的预期效果。因此,小学课程改革要增强课程的灵活性。当然,课程的灵活性是相对而言的,是在总的规则或要求范围内合理保留课程设置的部分权利,如具体的目标、操作方法等。它包括三个方面:

(1) 课程设计的灵活性。给予教师一定的权利和发挥空间,使其合理设计有特色的课程。

(2) 课程实施的灵活性。即遵循因材施教的原则,按照小学生现有的心理水平和教学内容所要求的学生的认知水平合理教授新内容,同时根据课堂的具体情境,选择合适的教学方法和处理突发情况。

（3）课程管理的灵活性。主张改变课程权利过于集中的状况，给予地方或小学一定程度的自由设置课程的权利。

本章小结

小学教育内容是为了完成小学教育目标规定的任务，在教育目标指引下所进行的一系列的有计划、有选择、有目的的教育教学活动，主要是向小学生传授体、智、德、美方面的内容，发展小学生的各项能力和素质，培养全面健康发展的小学生。它具有基础性和选择性、目的性和指向性、全面性和丰富性、教育性与价值性。随着时代的发展，小学教育内容呈现出综合化、生活化、生命化和信息化等趋势。为了促进小学生的整体素质的全面发展，也为了便于理论阐释和实践操作，我们把小学教育内容按照一定的标准分解成体育、智育、德育、美育，并阐述其相互关系。小学课程是小学教育内容最主要的组织形式。在理解小学课程的概念和类型的基础上，了解小学课程设计的原则和程序，分析和把握小学课程改革的方向。

思考与练习

1. 小学教育内容是什么？具有什么样的特征？
2. 小学教育内容的发展趋势是什么？
3. 如何认识小学教育内容的构成部分？
4. 简述小学课程改革的理念及未来改革的方向。

参考文献

[1] 黄甫全.小学教育学[M].北京:高等教育出版社,2007.

[2] 柳海民.现代教育原理[M].北京:人民教育出版社,2006.

[3] 刘新科.国外教育发展史纲[M].北京:中国社会科学出版社,2002.

[4] 冉祥华.美育的当代发展[M].北京:新华出版社,2008.

[5] 阮成武.小学教育概论[M].上海:华东师范大学出版社,2011.

[6] 沈建山.信息化环境下的小学德育[M].北京:北京师范大学出版社,2012.

[7] 袁锐锷.外国教育史新编[M].广州:广东高等教育出版社,2002.

[8] 张永明,曾碧.小学教育学基础[M].北京:北京大学出版社,2013.

[9] 联合国教科文组织国际教育发展委员会.学会生存——教育世界的今天和明天[R].华东师范大学比较教育研究所,译.北京:教育科学出版社,1996.

第七章 小学教育途径论

> **学习目标**

1. 了解小学教育途径的重要性，明确几种常见的小学教育途径的优势和局限。
2. 熟悉当前小学课堂教学的特点，认识到传统课堂教学的弊端。
3. 能够设计简单的小学课外活动、少先队活动。

小学生的学习活动是如何发生的？小学教师的教育活动是如何开展的？小学教育目的是如何实现的？小学教育内容是如何转化为学生学习结果的？对这些问题的思考让我们认识到诸多静态的教育要素演变成动态的教育活动必须通过一定的教育途径来实现。

对小学教育主体、小学教育目的、小学教育内容做了深入探讨之后，我们进入对小学教育途径的探讨。教育途径是将小学教育中各种要素进行衔接的要素，离开了教育途径，所有的教育活动都不能够实现。选择什么样的教育途径，就意味着如何去整合这些零散的教育要素，使之通过一定的方式结合起来。系统论指出系统的结构会影响到系统的功能，教育要素不同的组合方式会产生不一样的教育功能，因此我们对教育途径的研究就是对不同要素组成的结构进行探索。

教育途径最终体现为教育者设计、组织的让学生参加的各种教育活动，学生通过教育活动丰富了知识，掌握了技能，发展了智力，养成了健康生活的习惯，养成了良好的品德。总之，学生全面、和谐发展的目标是通过各种各样的教育途径实现的。

第一节 小学教育途径的内涵与意义

教育的发生，总要借助一定的途径。教育的途径随着教育的产生而产生，随着教育的发展而不断丰富和革新。一定社会的教育途径总是与当时的生产力水平和对人才的需求相适应。在原始社会，生产力极其低下，教育和生产劳动是融合为一体的，主要的教育途径就是社会生产和日常生活。进入阶级社会以后，随着社会分工和文字的产生，出现了专门教育机构——学校，此后学校教学就成了教育的主要途径。不过，教学也经历了不同的发展阶段，最初普遍采用的是个别教学的形式，与当时的自然经济相适应。随着资本主义生产方式的到来，大规模生产需要大量的劳动力，班级授课制应运而生。随着信息时代来临,网络社区、在线学习也逐渐成为一种新的教育途径,而且引发了课堂教学这样一种传统教育途径的变革。

一、小学教育途径的内涵

教育途径是指教育者有目的、有计划、有组织地传授教育内容,完成教育任务,实现教育目的,师生共同活动的渠道。① 小学教育途径是促进小学生获得发展的渠道、方式的总称。从教师的角度而言,教育途径是教师施加教育影响于学生的渠道与方式;从学生的角度而言,教育途径是学生获得发展的渠道与方式。

随着人类历史的发展,教育的途径也不断变化和丰富,当前已经形成了以教学为主,教学、课外活动、少先队活动、咨询与辅导、班会、在线学习等多途径并举,以混合学习为发展趋势的崭新格局。每一种小学教育途径都存在着独立意义和固有局限,我们应该全面把握各种教育途径,处理好各种教育途径之间的关系,形成教育合力。

知识小卡片 7-1

混合学习②

混合学习可以看做是面对面的课堂学习(Face to Face)和在线学习(On-line Learning,或 e-Learning)两种方式的有机整合。混合学习的核心思想是根据不同问题、要求,采用不同的方式解决问题,在教学上就是要采用不同的媒体与信息传递方式进行学习,而且这种解决问题的方式要求付出的代价最小,取得的效益最大。它不再是片面强调网络学习环境的应用而忽视课堂教学,不再是片面强调以学生为中心而忽视教师的主导作用,不再是片面强调建构主义理论而忽视其他学习理论的指导作用,不再是片面强调网上资源的利用而忽视音像媒体和其他传统媒体的利用,混合学习既体现了信息时代的特征又正视了学习的传统本源。

每一种途径有其独有的特点和独特的功能。课堂教学是小学教育最主要的途径,是学校教育的主阵地,学校教育的任务主要是通过有计划、有组织的系统教学来实现的。即使在网络时代的今天,课堂教学的独特地位依然没有动摇,因为课堂教学有了教师这样一种专门从事教学工作的人的积极参与,保证了课堂教学是一种最可控的、最可评估的、效果有一定保证的教育途径。课堂教学的缺点也是显而易见的,德国著

---

① 柳海民.教育原理[M].长春:东北师范大学出版社,2006:125.
② 李克东,赵建华.混合学习的原理与应用模式[J].电化教育研究,2004(7).

名哲学家博尔诺夫(O. F. Bollnow)指出,把教育看成是一种连续性的活动是存在问题的,把通过连续性教育作为促进儿童完善的前提是值得怀疑的。今天人们已经充分认识到以自主性、丰富性、偶然性为特点的课外活动在实现小学教育目的方面的独特作用。在人们强调处理好教育和生活的关系的今天,课外活动作为一种时间成本比较高的教育途径,能够促进小学生的多方面发展,并且强调直接经验的课外活动可以和课堂上更强调间接经验的学习相得益彰。咨询与辅导是一种针对每个学生不同情况而设计的教育途径(当然也不否认今天出现了一些团体辅导),在解决小学生在发展中个人独有的问题,促进小学生的个性化发展方面有独特的作用,但是这种教育途径是高成本的,往往作为其他途径的一种重要补充。在信息时代,在线学习成为一种崭新的教育途径,在线学习是通过计算机互联网,或是通过手机与无线网络,在一个网络虚拟教室与真实教室进行网络授课、学习的方式。

目前,各种教育途径之间的界限已经变得越来越模糊,不同的教育途径之间的整合也越来越成为常态。课堂教学已经日渐变得开放,一些教师通过一定的精细安排,可以将某些教学活动搬到教室外,产生了类似于课外活动的开放教学。而且"翻转课堂"的出现,使得课堂教学可以和在线学习发挥最大的联动作用。咨询与辅导也通过越来越多的团体辅导使之具备教学所具有的系统性和集体性。尽管今天的教育途径已经变得越来越灵活,但是我们应该对几种基本的教育途径进行系统的辨识,在特定的情境下正确地使用各种教育途径。

 知识小卡片 7-2

翻转课堂

翻转课堂译自"Flipped Classroom"或"Inverted Classroom",是指重新调整课堂内外的时间,将学习的决定权从教师转移给学生。"翻转课堂"实质上是学生通过信息技术晚上在家学习新知识(通常是观看教师事先准备的微视频和借助相关的配套资源进行学习),第二天白天在教师的指导下在教室完成知识吸收与掌握的知识内化过程的一种新型课堂结构。翻转课堂与传统课堂最本质的区别在于:传统课堂中学习时间是常量,掌握程度是变量;翻转课堂中掌握程度是常量,学习时间是变量。这样一种转变对于提高学生自主学习能力,充分发挥教师的指导作用,提高教学质量,尤其是防止学困生的出现有着重要的意义。翻转课堂模式是大教育运动的一部分,它与混合式学习、探究性学习等其他教学方法和工具在含义上有所重叠,都是为了让学习更加灵活、主动,让学生的参与度更强。

二、小学教育途径的意义

离开了教育途径,小学教育目的就无法实现,小学生的体、智、德、美等方面的教育就失去了载体。因此,教育途径在教育过程中具有十分重要的意义。

(一)小学教育途径是小学教育的基本构成要素之一

小学教育的构成要素是理解小学教育本质的基础,不同的学者对这一问题的理解不尽相同。"四要素说"认为教育由教育者、受教育者、教育内容和教育手段构成。但这种说法并没有概括出教育活动的发生需要具备所有要素。"六因素说"认为教育活动是由如下六个要素构成:教育者、受教育者、教育内容、教育途径、教育手段及教育环境。① 这种观点能够较好地解释整个教育过程,我们认为它较切合教育实际。从"六因素说"中我们可以发现,教育途径是教育活动的基本构成要素之一。实际上,教育途径是一个中介性要素,通过这一要素,把其他要素紧密结合起来。

(二)小学教育途径是联系"教"和"学"的纽带

教师和学生是小学教育活动中最为重要的参与者,教与学的关系是教育过程中最为重要的一组关系,教与学正是通过不同的教育途径联系在一起的。在小学教育系统中,"教"主要是教师的行为,是一种外化的过程;"学"主要是小学生的行为,是一种内化的过程。在最理想的状况下,教的过程和学的过程是统一的。但实际上,我们并不能保证"教"的行为能够有效地达成"学",教和学需要通过一定的纽带联系起来。每一种联系都是通过教育途径来实现的,课堂教学是最为"强硬"的一种联系方式,教师和学生通过这样的教育途径能够频繁地建立以知识为载体的互动,从而促进学生的发展。"课外活动"是一种较弱的联系方式,这就给予学生一定的自由度,从而更有可能激发学生自我教育的潜力。"咨询与辅导"则是一种点对点的联系,特别有助于针对不同学生的特殊情况进行个性化的辅导。

(三)增强对教育途径的认识有利于提高小学教育质量

当代教育已经从对教育数量和规模的关注转到对教育质量和效果的关注。提高教育质量是一项系统工程,尽管前面章节所讨论的小学教育主体、小学教育目的、小学教育内容都关涉到教育质量,但教育途径在提高教育质量的过程中处于更为特别的地位。同样的教育内容,采取不同的教育途径,其效果可能有天壤之别。不同的教育途径在教学中的作用不尽相同,各有其侧重点,应该相互配合和补充。针对不同的教育内容和教育目的,必须采用与之相对应的教育途径,使教育途径与教育过程达到最优的组合,教育质量与效果才能最大化。即使是同一种教育途径,在使用的过程中也应

---

① 朱德全,等.小学教育学[M].重庆:西南师范大学出版社,2002:37.

该注意其长处和限度,最大可能地发挥每一种教育途径的作用。教学作为一种使用广泛的教育途径,其限度也越来越被人们所认识,于是人们相继提出了"教学的辅助形式""有效教学""高效教学""翻转课堂"等思路来突破教学这种教育途径的限制性。如何优化组合与拓展创新现有的教育途径,是我们在提高教育质量的过程中需要长期思考的问题。

第二节　小学教育的基本途径

教学是促进小学生全面发展的一条基本途径。小学教学是教师与小学生以课堂为主渠道的交往活动,是教师的"教"和小学生的"学"的统一活动。通过各科的教学活动,小学生能够有效地获得体、智、德、美的全面发展。教学是学校教育的中心工作,也是教师的日常工作。教师只有对教学的概念、本质有了通透的认识,才能够更好地提升教学的有效性。

一、小学教学的任务

我国的小学教育是基础教育、义务教育和普及教育,在整个教育体系和个人发展中起奠基作用。小学教育的基础性、义务性、全体性和全面性决定了小学教学的独特任务。

小学教学任务是根据小学教育的培养目标和小学教学的功能以及小学生的年龄特点而确定的。小学教学的最终目的是促进学生体、智、德、美等方面的全面发展,小学的教学任务应该是一个完整的目标体系,为了阐述的方便,分成下列四项。

(一)知识启蒙和基本技能的养成

小学教学的首要任务是帮助学生积累其在成长过程和社会生活中所需要的科学文化知识以及生活常识。小学阶段是知识启蒙的关键阶段,其他教学任务的完成也必须依托知识启蒙才能得以顺利完成。值得说明的是,人们在小学知识教育的问题上存在太多偏颇的观点,尤其是基础教育课程改革以来,中小学教师对于知识教育的问题往往莫衷一是。但无论如何,知识启蒙任务的实现是其他各项教学任务得以实现的基础。知识是人们对客观世界认识的成果,是人类历史实践经验的概括和总结。小学生需要掌握的知识主要包括科学知识、文化知识和生活知识。小学生在知识启蒙的过程中同时也应该掌握基本的技能,比如语文中的听、说、读、写,数学中的观察、计算等。

(二)智力、创造力、实践能力的养成

小学生应该通过小学教学提高多方面的能力。智力是指个人在认知过程中表现出来的认知能力系统,是一个多种能力构成的集合体。它包括观察力、记忆力、想象力和思维力,其中思维力是智力的核心。创造力是指运用已有的知识和智能去探索、发现和掌握未知晓的知识的能力,它是学生个人的求知欲望、进取心和首创精神、意志力与自我实现信心的综合体现。小学教学过程对于学生智力开发起着主导作用,同时在智力开发的过程中应不断提高教学实践能力。

(三)体力发展及健康生活方式的养成

小学时期的健康生活状态将会对人一生的生活有着深远的影响。在符合生理发育规律的前提下,有效发展学生体力,积累体育、卫生方面的常识,养成锻炼身体、讲究卫生、合理饮食等健康习惯是小学教学的重要任务。同时,通过小学教学,应该使小学生掌握正确的坐、立、行、阅读、书写的姿势,学会调节自己生活的节奏,保持良好的精神状态。

(四)品德及良好个性的养成

广义的个性是指个人的一些意识倾向和各种稳定而独特的心理特征的总和。小学阶段正处于人格养成的重要时期,品德、世界观、情感、审美情趣都在这个时期打上底色,通过教学可以培养小学生正确的政治观点、道德观点和其他观点。通过各学科的教学可以让学生树立正确的审美观。同时,通过各种教学活动的组织,教学过程中的互动和交往让小学生不断地认识自己,形成自己的独特个性。小学教育一定不能轻视个性养成的任务,我们应该以马克思主义关于人的全面发展学说为指导,协调学生知识、智力、兴趣、情感、意志、性格等各方面的因素,追求教学与教育的统一,促进学生个性的发展。

二、小学教学的基本形式:小学课堂教学

小学教学并非人们所想象的那样因为学生的低龄化而显得简单,相反正是因为小学教育的启蒙性、基础性和小学生的不成熟性而要求我们认真地钻研教学的基本原理和方法,优化教学思想,改善教学行为,为每一名小学生创造合适的教育。我们首先从小学课堂教学的深入分析中来认识小学教学。

(一)小学课堂的内涵

探讨课堂教学应该从对课堂的认识开始,这里需要提出第一个问题:课堂是什么?人们对于小学课堂主要有三种理解:第一种是指小学课堂教学的场所,等同于"教室";第二种是指小学课堂教学,具体来说就是小学课堂教学活动及其构成要素;第三种则是将小学课堂理解成为一个学生成长、教师专业发展的共同体。这三种理解是人们对于课堂认识不断加深的过程,第一种理解仅仅将课堂作为一个活动场所,第二种理解比较强调课堂的活动属性,而第三种理解则抓住了"成长"这一课堂的本质属性。今

天,我们倾向于将"小学课堂"理解为"一种学习和生活的共同体",暗含着下面几层意思:首先,课堂之于小学生不仅仅意味着学习,更意味着这种学习本身也是一种生活,我们反对将课堂变成干瘪的训练基地;其次,小学生在课堂中不是作为被动的客体而存在,而是课堂的主人,他们通过自主活动和积极探索来获得身心的全面、自由发展;再次,课堂上的人与人之间构成了真正的集体,通过个人、小组、全班参与的不同活动的轮替,构成了一个真正意义上的学习集体,而不是那种没有发生交互作用的"虚构的集体"。郑金洲教授针对中小学课堂提出了"四个不是、四个是"①,能够帮助我们加深对于小学课堂的理解。

1. *课堂不是对学生进行训练的场所,而是引导学生发展的场所*

学生在课堂上是一个有生命的个体,有自己的兴趣、情感、需要和个性,课堂对学生来说意味着发展的机会。他们需要这些机会去认识自己、了解自己、分析自己的长处和短处、培养自我完善能力,他们也需要通过这些机会去认识世界和积累生活经验,他们还需要通过这些机会学会与他人和谐相处。对学生进行训练意味着教师是将"知识"和"技能"形式化之后强行灌输给学生的,这就省略了学生自己尝试、理解和内化的过程,这样的省略不仅仅会导致学生在掌握知识和技能的深度和灵活性上存在不足,还有可能剥夺了学生自我完善机会,使学生丧失自主学习的能力。

2. *课堂不是教师表演的舞台,而是师生之间交往、互动的舞台*

长期以来我们习惯于将教师作为课堂的"主角",教师通过个人的"良好表现"去驱动学生的学习行为,这种观点带有明显的"教师中心"的思维习惯。过分关注教师的行为,认为教师表现好能够体现教师的课堂驾驭能力的观点在今天显得极其偏颇,因为即使教师如同一个杰出的艺术家一样在课堂上去表演,也不意味着学生获得了成长。教师和学生只有通过交往和互动的方式联动起来,课堂才真正拥有了活力,小学生才能够获得知识、增长能力和培养良好的情感。从这个意义上来讲,一堂好课最重要的标准不是教师优美的板书、幽默风趣的语言和时间控制的水平,而在于教师和小学生互动的形式和深度。

3. *课堂不只是传授知识的场所,而且更应该是探究知识的场所*

学生在课堂上不仅仅有"接受学习",更应该有"发现学习",学生不仅仅是占有知识,而更应该学会主动获取知识甚至发现知识。"接受学习"有利于学生在短时间内系统地接受大量的知识,但这个过程往往缺乏充分的自我建构。在信息时代,教师相对于学生在知识上的优势越来越少,学生有机会通过各种途径获得大量的知识,基于此,让学生养成主动学习的习惯,培养学生获取知识的能力和解决实际问题的能力显得尤

---

① 郑金洲.重构课堂[J].华东师范大学学报(教育科学版),2011(3).

其重要。

4. 课堂不是教师教学行为模式化运作的场所,而是教师教育智慧充分展现的场所

随着教育的发展,我们越来越强调教师课堂行为的规范化,强调通过科学、严密、有序的设计来保证教学的高效,这样也导致课堂变成了一种类似于工厂一样模式化运作的场所。课堂情境是非常复杂的,教师和学生的交流,学生的活动都是千变万化的,学生思维运动的过程也是各式各样的,学生情绪情感的变化也是非常复杂的。总之,课堂是具有情境性的,这种情境性要求教师要善于综合各种不同的课堂信息,作出正确的判断,根据不同的情境来调整自己的行为,通过自己的教育智慧来洞察情境,让事先做好的教学设计根据实际情况不断调整,使课堂更具适应性和灵活性,满足学生学习和成长的需要。

(二) 小学课堂的特点

小学生大部分学校生活都是在课堂上度过的,小学课堂将会对一个人一生的发展产生深远的影响。小学课堂应该符合小学生身心发展的特点,应该满足小学生发展的需要。小学课堂具备一些独特之处,主要体现在以下几个方面。

1. 舒适性

在课堂的布置上应该充分尊重儿童的特点,满足儿童的童心,体现出一定的审美性,而不应该让儿童在冰冷、枯燥、缺乏生气的课堂环境中学习。这里的舒适性主要体现在物质环境上,比如室内的光线明暗适当,黑板、电子白板等的布置合理、桌椅的高度合适、室内的空气和温度适宜。室内的环境是干净而整洁的,教室内的垃圾能够及时清理,小学生的座位摆放合理、井然有序。此外,课堂之外的环境也相对比较良好,没有噪音、没有其他活动的干扰等。

2. 生活性

小学课堂应该是小学生生活的一部分,应该具备明显的生活化特色。尽管小学阶段应该掌握基本的科学文化知识,但是小学课堂不应该彻底沦为知识灌输的空间。具有生活性的小学课堂应该是开放的,是学生探索外部世界的一个窗口,知识教育也应该和现实生活结合起来,我们应该将学生的经验、现实生活、现代社会和科技现状引入到课堂中来。具有生活性的小学课堂意味着在课堂上能够有时间和机会像在日常生活中一样去体验、感悟和拓展,当书本知识这类间接经验通过经历、体验、探究、感悟等过程转化为直接经验的时候才具有教育价值。总之,课堂与生活是血肉相连的,课堂应该源于生活,又高于今天的生活,引领学生将来的生活。一些小学课堂违反了生活性特点:虚假的课堂,教师和学生说着言不由衷的话,教学中的很多情境明显脱离现实生活;设计的课堂,过于追求预先设计,整个流程安排精准无误,就如同编排好了的戏剧;枯燥的课堂,在小学教学中过于追求概念、原理的传授,从抽象到抽象,将知识从情境中剥离出来。

3. 民主性

小学课堂的民主性突出表现为反对教师霸权,尊重学生在课堂上的主体性。民主的课堂是建立在师生人格平等基础上的课堂,是师生平等交流和对话的课堂,学生成了学习的主人,教师不再是课堂的绝对权威。民主的小学课堂意味着自由、平等、多元、宽容、妥协、协商、和平等观念浸透于课堂的每一个角落,贯通于课堂中的每一次活动,体现于教学的每一个细节。具体而言,首先意味着人与人之间的尊重,尤其是教师对学生的尊重,小学生的尊严、兴趣、爱好、个性和独立性都应该被教师充分尊重。其次,教师和学生对课堂秩序的共同遵守,随心所欲、缺乏秩序感的课堂不是民主的课堂。再次,民主的课堂应该是宽容的课堂,从某种意义上讲,课堂就是孩子们尝试和"犯错"的地方,小学生在"犯错"中成长。课堂应该让学生心灵自由,小学生才能消除戒备,全身心地投入到学习中去。最后,课堂应该是尊重个性的,民主的课堂应该是在理解的基础上帮助每一个学生能够做最好的自己,让每个人在天赋、智慧、能力、兴趣、气质、行为等方面充分表现、自由生长,不强求每一个学生都按照一个标准和一个模式去成长。

4. 情境性

小学生学习不应该是从知识到知识的学习,而应该更多地通过真实的情景来实现对知识的深入理解和熟练掌握,所以情境性是小学课堂的突出特点。情境性的课堂有利于激发学生学习的兴趣,让学生在学习的过程中具有主人翁感,能够通过问题的解决带动思维的运转,能够培养学生的思维能力和解决问题的能力,而且这样的一个过程还能够帮助学生积累解决问题的经验。情境性的课堂关键是要有具有强烈感染力的真实性事件或者开放性的真实问题。每一位小学教师都应该学会创设课堂情境,良好的情境应该是与生活紧密联系,而且有丰富的细节,与所要学习的内容有很强的关联。最为理想的状况是整个课堂都能沉浸在一个相对完整的情境中,而且这个情境是不断向前推进的,每一次推进都意味着需要利用现有知识和技能解决一个或多个问题。

5. 精神性

具有精神性的课堂应该是对学生价值观的引导,对真、善、美等优良品质的追寻,对庸常生活的一种超越。具有精神性的课堂对于教师和学生来说都是一种充满挑战性的精神体验,是对个人生命力量的完全调动,是不可重复的生命体验。小学课堂应该是活泼的,但是一些教师为了追求这种活跃而导致课堂变得喧哗而平庸,将知识工具化、将活动工具化、将学生工具化,使课堂失去了丰富的文化精神内涵。缺乏精神性的课堂主要表现在以下几个方面:在价值观上流露出对拜金主义、物质崇拜和消费主义的推崇;在知识教学上表现出明显的工具主义倾向,忽略了知识的文化精神内涵;在课堂活动上只重视低级趣味,而忽视了活动的思想教育价值;教师本身缺乏精神性,缺乏教育的理想和追求,缺乏创造精神,将课堂教学仅仅作为一项用以谋生的工作。

(三)小学课堂教学的变革

今天的小学课堂教学正处于向"生命课堂"变革的过程中,这种变革体现在课堂教学观念、课堂教学方式、课堂教学模式等多方面的转变中。陶志琼在《透视课堂》[①]一书的"译者序言"中这样描述:复杂多样,变化莫测是课堂的特质,课堂是质朴的、守成的、粉饰的、思辨的、分析的、批判的、创新的、激昂的;课堂是生命火花的碰撞和展现,是情不自禁地从灵魂深处流露出不断滋润精神之园的丝丝甘泉的发源地。理想的课堂总是以理服人、以志激人、以情动人的。所谓生命课堂,就是在课堂教学中,不仅仅为了知识而教学,更是为了人的发展而教学。[②] 具体而言,生命课堂就是要将"以符号为主要载体的书本知识重新激活,实现与三方面的沟通——书本知识与人类生活世界的沟通,与学生经验世界、成长需要的沟通,与发现、发展知识的任何历史沟通。用通俗的话来说,就是使知识恢复到鲜活的状态,与人的生命、生活重新息息相关,使它呈现出生命态。"[③]

1. 小学生命课堂的含义

从生命的高度去看小学课堂教学,就会发现小学课堂教学包含着丰富的含义:

(1) 小学课堂教学应该是师生生命有意义的构成部分。对于学生而言,课堂教学是其学校生活的最基本构成部分,它的质量直接影响学生当前及今后的多方面发展和成长;对于教师而言,课堂教学是其职业生活最基本的构成部分,它的质量直接影响教师对职业的感受、态度和专业水平的发展、生命价值的体现。总之,课堂教学对于参与者具有个体生命价值。[④] 从生命的高度看待课堂,意味着课堂教学承载的意义不仅仅是教师的一种工作和学生单纯的求知。只有教师将课堂看做自己生命的重要构成部分,通过课堂上的作为去实现个人生命的价值,才能够更好地激起教师全身心投入课堂、关注学生成长的热情。只有学生将课堂看做生命的一部分才能充分重视课堂的价值,全面吸取课堂有利于个人成长的营养;才能用课堂上的收获来充实个人生命的内涵,为将来的成长奠定基础。所以,课堂的核心不是"知识",而是超越了知识的"整个生命的成长"。这种变革具有很强的针对性,针对的是曾经的"知识课堂"里每一个学

---

① [美]古德,布罗菲.透视课堂(第10版)[M].陶志琼,译.北京:中国轻工业出版社,2009:1.
② 王鉴.课堂研究概论[M].北京:人民教育出版社,2007:75.
③ 叶澜.重建课堂教学价值观[J].教育研究,2002(5).
④ 叶澜.让课堂焕发出生命活力——论中小学教学改革的深化[J].教育研究,1997(9).

科教师过分关注所教学科知识的整体结构,用知识填满整个课堂,导致课堂出现死气沉沉的"只见知识不见人"的现象。

(2) 小学课堂教学应该全面体现"三个维度"的目标。完整的生命是知、情、意、行互动而构成的整体,我们在日常生活中有效地从事任何一项活动往往都需要同时调动人的知、情、意、行诸系统。课堂作为生命的一部分,也应该是一个完整的人参与其中,具体表现在教学目标对知识与技能、过程与方法、情感态度价值观"三维目标"的兼顾。以往的课堂教学割裂了生命的整体性,过于突出认知系统的作用,把完整的生命简化成电脑一样的认知体来看待。作为一个完整的生命,课堂上学生的情感状态是非常重要的,这种情感不仅仅是学习的情感(比如学习兴趣、语言学习中的情感体验,这个意义上的情感实际上是为认知服务的),更为重要的是小学生对自己、对他人、对群体、对事情、对世界的情感体验。当然,情感目标的实现不是一堂课就能够实现的,需要将这些目标渗透到所有课堂和课堂的每个细节之中。自然,课堂教学的完整目标,还应该包括学习合作能力、行为习惯、创新能力、实践能力等多方面,每一种能力与素养既具有认知意义,同时也具有过程意义,以及情感、态度价值观上的意义。这样一种多层次全方位的统合才是学生生命的整体。学生在全面体现"三个维度"目标的课堂里才是完整的人。

(3) 小学课堂教学应通过活动促进小学生的自主发展。长期以来,我们的课堂教学是专制的,这种专制主要体现在教育行政部门及学校对课堂的管理是专制的,还体现在教师对学生的管理是专制的。在传统课堂里,人们认为学生在课堂上是需要管制的,只有在管制下才能实现课堂教学的目标。今天,我们提出将小学课堂还给小学生,这就意味着学生严肃听课、不能随便发言、不能行动、不能质问、只有听、写、记的陈旧的课堂情景已经不合时宜。今天我们所提倡的课堂,学生不应该只是听众或者观众,而是主动参与教学活动的人,他们参与、合作、探究、质疑、辩论;课堂也不再是老师的一言堂,而是由教师和学生共同的活动构成。在这样的课堂中,学生是带着问题来的,学生的学习是自身驱动的,学生尝试自己调控自己的学习状态,自主评估自己学习的结果。一旦解放了学生的眼睛、解放了学生的双手、解放了学生的时间、解放了学生的空间、解放了学生的心灵,那么整个课堂将会变得生机勃勃、充满激情。

(4) 小学课堂应该是开放的、多元的、生成的、有生命活力的。有生命的小学课堂应该是开放的,将课堂之外的生活资源引入到课堂之中,将日常生活经验整合到教学内容中,将社会文化和科学的信息引进到课堂之上,让小学生的学习不仅仅局限于书本知识。开放意味着在书本知识和生活经验之间架设桥梁,开放意味着在生活世界和科学世界之间架设桥梁。

有生命的小学课堂应该是多元的,由多元教学设计、多元教学方法、多元作业设计、多元探究方法的运用以及多元评价等几方面构成。这样就打破了原来课堂强调标准化和一致性的格局,涵盖的课堂内容更加灵动、自然。

有生命的小学课堂应该是生成的,预设可以保证课堂教学的有序,但是完全依据预设的课程不能够适应学生真实学习的需要,不符合教学真实的情境,容易让学生感到枯燥乏味。适当地根据学生学习的情况进行生成可以让课堂教学更加精彩,富有活力。

开放的、多元的、生成的课堂是师生全身心参与的课程,是激情与智慧综合生成的过程,是学生和教师共同创造的过程,这样的课堂是有生命活力的。

2. 小学生命课堂的构建

课堂的变革并不是一蹴而就的,生命课堂的构建也需要一个过程,每一个教师在课堂的变革中都应该承担责任,我们至少可以从下面几个方面来推动课堂的变革。

(1) 改善小学教师的课堂观。小学教师是课堂变革的生力军,课堂变革依赖于小学教师课堂观的转变。目前小学教师很多是从传统课堂中成长起来的,观念的转变存在一个自我革新的过程。小学教师应该培养对课堂的热爱,认识到课堂在个人生命价值中的重要性,专注于对课堂的研究。通过对现代教育理论和现代教学思想的学习,加强对传统课堂的反思,认识到传统课堂的种种弊端,形成课堂改革的责任意识和使命感。一个优秀的教师应该是一个注重生命质量的教师,并且这种生命质量也体现在其课堂上。

(2) 培养小学生的主体性。有生命活力的课堂和有生命活力的小学生是相辅相成的,小学生的生命活力主要体现在主体性上。所谓"主体性",是指有主观能动性的自觉、自为、自主,小学生并非天然具有主体性,这种主体性的形成需要教师在课堂内外的引导、培养和保护:首先,"让学生成为学习的主人",激发学生学习的内在动机,鼓励学生积极运用自己的心智去探索周围世界,思考和解决面对的问题,形成一种内发的学习习惯,并且因为这种习惯而不断收获,不断获得自信;其次,"让学生成为自己的主人",激发学生对自己的关心,形成自己管理自己的习惯,以提高生命质量为方向不断提高自我完善的能力,最终成为有自主精神的人;最后,培养学生的创造能力,这种创造不只是创新,还包括参与改造生活世界的热情以及在这种热情的催化下形成的一系列实践能力。

(3) 充分挖掘学科的育人价值。不同学科的教师在生命课堂的建设上是从任教学科出发的,语文课堂体现出"语文味"才是有生命的语文课堂,数学课堂体现出"数学味"才是有生命的数学课堂,每个学科的学科内涵都蕴藏着巨大的育人价值。语文课堂如果变成了枯燥的识字、造句,变成了肢解完整课文的活动,那必然就失去了课堂的生气。相反,如果语文课堂能够让学生体验到语言之美、思想之美、人性之美,那么课堂必将充满了人情味。同样地,数学课堂能够体现出抽象之美、简略之美、和谐之美、思维之美、逻辑之美,那么课堂也会因为触动学生的心灵而具备充分的育人价值。不同的学科都具备自身的特性,只有将其特性挖掘出来、展示出来,这样的课堂才是充满生命力的课堂。

(4) 以人为本组织教学内容。土土目前不少教材在内容组织上依然是依据知识本身的逻辑而组织的,如果按照这些教材的思维组织教学,这就意味着小学生需要像"科学家"一样思考。但小学生并不具备这样的思维特点,他们在课堂学习上很可能是举步维艰的,因此我们提倡教师应该具备一定的课程开发能力,按照小学生的思维特点对教学内容进行"改写",从真实具体的场景引入抽象知识的学习,从身边的经验走向未曾接触的问题,从问题通过一个螺旋的思维过程走向结论。符合小学生身心发展的特点但又具备一定的引导性,才能够让学生在课堂上自主、自由、投入地参与到学习活动中去。

三、小学有效教学

通过对小学课堂教学的有效性的思考有助于我们从根本上反思我们的教学,通过重建自身的教学行为模式来达到改善教学的目的。

(一) 小学有效教学的含义

《基础教育课程改革纲要(试行)解读》指出:所谓"有效",主要是指通过教师在一段时间的教学之后,学生所获得的具体的进步或发展。也就是说,学生有无进步或发展是教学有没有效益的唯一指标。[①] 小学有效教学关注的不是教师的教学是否符合基本的规范,是否完成了既定的教学内容,是否认真负责,而是小学生是否通过教学过程掌握了知识、习得了技能、培养了能力、获得了真正的发展。实际上,有效教学对于小学生和小学教师具有双重意义,有效教学是小学生发展的基础,同时也是教师专业发展的表现。

"有效教学"是针对课堂教学中"无效教学"的普遍存在而提出来的,尤其是在小学教育过程中,成人的思维方式和小学生的思维方式有明显的不同,这对教师的"教"提出了非常高的要求。否则,即使教师教得再辛苦、再认真,学生并没有因此而学有所得,"教"与"学"之间发生断裂,这种教学就是"无效教学"。一直以来,我国传统教学过于关注对教学技巧的研究而忽视了对学习内在机制的研究,过于强调"知识传递型"教学而忽视"自我建构型"教学,出现了一系列无效教学的现象,值得我们深入反思。

---

① 钟启泉,崔允漷,张华.为了中华民族的复兴 为了每位学生的发展:基础教育课程改革纲要(试行)解读[M].上海:华东师范大学出版社,2001:223.

（二）小学有效教学的理念

从表层上分析，有效教学是一种教学形态；从中层上分析，有效教学是一种教学思维；从深层上分析，有效教学是一种教学理想。实践有效教学，就是要把有效的"理想"转化成有效的"思维"，再转化为一种有效的"状态"。① 实际上，"有效教学"并没有一个现成的模式和样本，有效教学代表着人们对提高教学质量的一种不懈追求的状态，为了加深对小学有效教学的理解，我们有必要对人们已经达成的共识加以提炼，用以描述有效教学。

1. 关注全体学生

有效教学意味着关注学生的发展，我们必须坚持"双全意识"，即"全体学生"和"全面发展"。有效教学最终的落脚点和归宿应该是每一个学生，为每一个学生提供适合其成长的条件，是有效教学所追求的理想。对于学科教师来说，有效教学并不能局限在学科教学上，而应该定位在一个人的自由、全面、和谐的发展之上，而且只有在这个意义上努力做好学科教学才是有价值的。

2. 关注教学效益

教学效益具有一定的复杂性，并不取决于教师花最少的时间教授最多的内容，而在于学生单位时间内的学习结果和学习过程。将"学习过程"纳入有效教学的效益之中有着特别重要的意义，特别关注学习中方法的掌握以及学习过程中的体验。小学生处于不成熟阶段，同时考察学习结果和学习过程，意味着我们在教学中不能一味求快，在必要时我们应该等一等，给予学生体验和内化的时间。

3. 关注教学可测性

教学是有目的有意识有系统的活动，关注教学的可测性就是要杜绝那种随意性。对于一部分老师来说，一节课完成之后学生到底收获了多少，教师本人没有清醒的认识。关注教学的可测性并不是简单地意味着定量测量，有效教学主张科学地将定量与定性、过程与结果结合起来，全面地评价学生的学习成绩和老师的工作实绩。"有效教学"研究最终的衡量标准就是"学生成长"，而这种成长将不单单用成绩高低来作为衡量标准。所以，如何衡量、评价和把握学生成长是一个相当复杂的问题和巨大的挑战。②

4. 关注学生参与

高效的教学意味着学生高度的参与。学生参与包括行为参与、认知参与和情感参与三个方面。学生的情感参与对认知参与、行为参与有巨大的推动作用。一切发展都

---

① 龙宝新,陈晓端.有效教学概念的重构和理论思考[J].湖南师范大学教育科学学报,2005(4).
② 钟启泉.有效教学的最终标准是学生成长——"有效教学"研究的价值与展望[N].中国教师报,2007-06-16(3).

是在活动(实践)中实现的,学生广泛参与教学活动,不断得到启发、激励,从而优化知识结构,才能有所发展、有所创造、获得发展。

5. 关注教学策略

这里的教学策略包含"教的策略"和"学的策略",两者缺一不可。将教师的教和学生的学有效连接起来,让学生主动参与到学习活动之中,让教学获得较好的效率不完全是靠"辛勤"换来的,更应该通过有效的教学策略来实现。有效教学需要教师掌握有关的策略性知识,以便自己面对具体的情境做出策略和选择。

6. 实施反思教学

教师一定要进行反思性的实践,而且这种实践一定是返璞归真、真真切切、扎扎实实的"行动研究"。[①] 对于每一个小学教师来说,有效教学并非一蹴而就的,是一个不懈追求的过程。有效教学迫切地需要老师自觉养成反思与总结的好习惯,做到天天反思、堂堂反思,不断地追问"自己的教学有效吗?""有没有比我更有效的教学?"可以说,没有反思性教学就没有有效教学。

(三)追求有效的小学教学

小学有效教学既是一种价值追求,一种教学实施的理念,更是一种教学的实践准则。小学课堂教学的有效性的追求是一个系统性的工程,我们应该从教学的全过程去考虑,确保整个系统的有效性的基础上,充分关注每一个环节。

1. 课前的有效设计

(1) 有效的学情分析。教学应该针对学生学习和发展的真实状况进行教学,有效教学的起点是对学生学习情况的充分了解。没有针对性的教学都是一般的泛泛的教学,是无效和低效的。苏联著名心理学家维果茨基(L. S. Vygotsky)创造性地提出了"最近发展区"[②],了解学生发展的"两种水平"是我们做好学情分析的重要内容。

(2) 有效的教学目标。教学目标在有效教学中是作为标杆而存在的,没有合理的标杆,讨论有效教学必然会南辕北辙。有效的教学目标必须系统考察小学生身心发展的特点,系统掌握课程标准对于小学教学的要求,然后通过科学、明确、具体、清晰、简洁的表达体现出来。

(3) 有效的内容选择。一节课讲授多少内容,讲到什么程度,先讲什么后讲什么都没有明确的规定,教师要根据学生心理发展规律和教学原则,科学地安排与搭配教材内容。

---

① 钟启泉.有效教学的最终标准是学生成长——"有效教学"研究的价值与展望[N].中国教师报,2007-06-16(3).
② 最近发展区是指"儿童的实际发展水平与潜在发展水平之间的差距。前者由儿童独立解决问题的能力而定,后者则是指在成人的指导下或是与能力较强的同伴合作时,儿童表现出来的解决问题的能力"。

(4) 有效的策略选择。有效教学最终是通过学生的学来实现的,从这个意义上来讲学生学的策略决定了教师教的策略。从学生的角度选择教学策略要比从教师的角度选择策略的难度要大,我们要综合考虑教学内容、教材特点、学生情况,扬长避短使用教学策略。

2. 课堂的有效实施

(1) 课堂氛围的有效创设。一种轻松、安全的心理环境有利于提高小学生的参与性,从而让学生在课堂上敢于尝试、敢于"犯错",通过经验的积累而获得智力和情感上的发展。

(2) 教师的有效讲授。小学生注意力集中的时间短,记忆能力有待发展,不良的讲授会导致部分学生游离在教学之外。好的讲授应该十分注意讲授的节奏,在讲课方式、讲课风格和讲课细节上有一定的讲究。

(3) 教师的有效指导。小学生的学习能力是不断发展的,良好学习习惯的养成和良好学习方法的掌握都需要一个过程,教师应该加强对学生学习的指导。

(4) 教师的有效反馈。教师给予学生有效反馈的直接目的是为改进学生后续学习,如果实现了这一目的,那么反馈就是有效的;反之,很多为了反馈而反馈的行为并不能促进学生的进步,说明这种反馈是没有效果的。

显然,教学实施所包含的要素远远超过了上述所列举的四种,不同课型、不同学科的教学的实施是不尽相同的。我们应该坚持一种整体观,系统地考察教学实施过程的有效性。

3. 课后的有效练习

有效的练习要遵循学生学习的心理规律,从学生的实际出发,让学生亲身经历知识的形成与应用过程,使学生在获得对知识理解的同时,在思维能力、情感态度与价值观等各个方面得到全面的提升和发展。从练习的目的上来说,练习应该具备针对性,关注重点和难点;从练习的深度上来说,练习应该具有思考性,减少机械练习;从练习的对象来说,练习要有层次性,做到因材施教;从练习形式来说,练习要有多样性,调动学生的积极性;从练习的调控来说,练习要有及时反馈性。

4. 全程的有效反思

有效教学中的反思应该包含两个方面:

(1) 教师对于自身教学过程的全程反思。这种反思也可以成为反思性实践或者反思性教学,教师以自己的教学活动为意识对象,对自己的教学理念、教学行为、决策以及由此产生的结果进行认真的自我审视、评价、反馈、调节、分析的过程。

(2) 教师对自身教学过程中每一个学生成长状况的反思,通过这种反思,建立起强烈的学生发展意识,通过对学生发展的长期关注推进有效教学的实现。

案例 7-1

小学语文教学有效性缺失的表现

随着新一轮课改的不断深入,课堂教学逐渐活了起来。然而,静观当前小学语文课堂,新形势下又衍生出新"症状":虚,语文训练不落实;闹,学生思考没时间;杂,"编外"内容占空间;散,支离破碎乱肢解;偏,轻视"双基"淡本色……有效教学应运而生,这是对目前课堂教学低效、甚至无效的反思和回应。

教师主导作用丢失

案例:《乡下人家》片断

师:今天这节课,我们一起来学习《乡下人家》,文章写得很美,大家喜欢哪一段就读哪一段,想怎么读就怎么读。读完后我们交流,你读懂了什么?

(学生自由读,教师巡视)

师:现在我们交流。先说说你喜欢哪一段,然后把你喜欢的读出来。读好了就说明你对这段课文理解了。

生1:我喜欢课文最后一段,因为它写出了乡下人家夜晚的美。(说完后学生朗读课文,情况不是很好)

师:谁能朗读得更好?

(另一个学生朗读,很有感染力。)

师:他朗读得真好!还有谁也喜欢这一段,一起站起来读。(读完后)下面请全班同学一起来读这一部分。

师:下面继续交流其他段落。

新课标强调自主合作探究的学习方式,强调要把课堂学习的主动权还给学生。为了实施新课程的理念,有些教师很怕讲,忌讳讲,能少讲则少讲。于是课堂上,教师退居二线,完全放手让学生"自主"学习,喜欢哪一段就读哪一段,想怎么读就怎么读,读完后想和谁交流就和谁交流,课堂成了典型的"放羊式"。

新课程强调发挥学生主体作用,并不否认教师的主导作用。教师的主导就体现在引导学生去自主探究。当学生自主探究实践遇到困难时,教师的主导作用该充分发挥出来。

当课堂教学中,既有学生自主体悟的时间和空间,也有教师智慧的引领,教师以自己充满智慧的引导,促进学生的自主学习与能力的发展,这样的教学才是学生主体和教师主导作用和谐统一的教学,才是促进学生知识获取和能力发展的有效教学。

　　学生有效思维缺席

　　案例：教学《丑小鸭》一课时，教师让学生分组表演丑小鸭的不幸遭遇，学生被分成几个小组，一会儿读书，一会儿讨论，兴致极高。一堂课中始终静不下心来，好好品味语言，积累语言。

　　新课程强调"自主、合作、探究"的学习方式，注重学生的实践活动，让学生在直观感受，亲身体验中表现自我。但是，有些教师由于对课标精神领会不到位，为了追求时髦、追求气氛而无目的地让学生唱一唱、跳一跳、画一画，在朗读、表演、讨论、游戏、操作等大量涌入的热闹背后，高品质的思维活动却逐渐淡出阅读教学。案例中教师原本希望学生通过画画、表演加深理解和体验，可事实上，由于学生的活动没有伴以思维同行，这貌似热闹、新颖的教学环节挤占了学生宝贵的学习时间，学生没有了对语言文字思考感悟的时间和空间，思维活动的含量和层次降低。

　　唱歌、绘画、表演等实践活动走进语文课堂，可以使语文课堂更轻松、活泼，使语文学习更快乐、高效。但是，什么时候用，以怎样的方式用，还是要以发展学生思维，促进语文素养的形成目的。一堂课活动的时间不宜过多，应用在关键处，如激情入境时、重点突破时，激思释疑时，感悟积累时。活动前，要给予学生足够的时间读书、思考，与文本"磨合"的时间越长，思考越充分，个性感悟才会越深。活动中和活动后都应该留出充分的时间和空间。只有把丰富的教学活动与促进学生的思维结合起来，让学生在活动中与文本语言充分感悟、对话，才能启动、延续、促进思维向广度与深度发展，才能让课堂成为学生有效思维的训练场所，成为孩子们智慧火花的燃放空间。

　　资料来源：史远，朱广萍.警惕语文教学的有效性缺失[N].教育导报，2009-10-29(3).

第三节　小学教育的辅助途径

　　小学教育的辅助途径有课外活动、少先队活动、咨询与辅导等，其中课外活动是最主要的辅助途径。

一、小学课外活动

　　小学课外活动是指课程计划和学科课程标准之外的，充分利用业余时间对小学生施行的各种有目的、有组织的教育活动。小学课外活动可以分成校内活动和校外活动,他们区分的标准是组织和领导者的不同:校内活动是由学校领导、教师组织的活动(活动的场地可以在校园之内或者校园之外);校外活动是由校外教育机关(如由少年宫、少年之家、青少年科技站、业余体校等)组织指导的活动。本章主要讨论校内活动。近来,一些小学仿照大学成立了一批学生社团,这是小学开展课外活动的一个新亮点。

我国古代教育中已经包含了课外活动,《学记》中记载:"大学之教也,时教必有正业,退息必有居学。""正业"就是正式的教学活动,"居学"则是正常教学之外的课余活动。1986年,国家教委关于印发《九年义务教育全日制小学、初级中学课程计划(试行)》第一次将课外活动列入总计划。今天我们理解课外活动,必须在个别教学已经逐渐被班级授课制为基础的课堂教学所取代的时代背景下进行理解。班级授课制为基础的课堂教学在因材施教、发挥小学生个人主体性、培养小学生实践能力、科学世界和生活世界的整合能力等方面存在着固有的局限。课外活动是实施素质教育、促进小学生全面发展的重要途径,是课堂教学的必要补充。课外活动和教学活动存在很强的互补性,在实际的小学教育工作中应该加强两种教育途径的整合,通盘考虑两种活动的安排。

(一) 课外活动的特点

本节讨论的小学课外活动和课堂教学一样是由学校组织实施的,但是由于课外活动在目的、内容、组织形式、活动方式上不同于课堂教学,因此,具有自身的特点。

1. 自愿性

课外活动应该满足每一个学生的兴趣爱好和心理特点,这就意味着学校及教师不能够强迫学生统一参加课外活动,而应该由学生根据自己的内在需要、发展状况、能力水平选择性地参加。坚持课外活动的自愿性有助于让学生不再把课外活动当做外来的任务和压力,充分调动其学习的积极性和主动性。有的学校或教师在组织课外活动上片面强调计划、约束和规范,导致课外活动"课堂化",失去了课外活动应有的价值。

2. 自主性

在项目的选择上应该以学生为主,允许学生走弯路,教师不应该包办代替。通过这种自主性的参与提高学生设计能力、组织能力、创新能力、沟通能力和自我评价能力,让学生能够真正地通过活动获得成长。尽管小学生年龄小,但我们也应该给予他们自主成长的空间,处理好学生自主活动和教师有效指导之间的关系。

3. 灵活性

课外活动相对比较开放,并不像课堂教学那样受教学计划的严密控制,这就意味着课外活动在主题、内容、组织、形式上都有比较大的创造空间,不必墨守成规而是可以根据具体情况设计出"接地气"的学生活动。

4. 实践性

相比于课堂教学,课外活动应该具有更鲜明的实践性。通过学生的参与观察、调查、实验、制作、表演等多种实践活动,使学生在更为广阔的空间中去接受教育。

5. 多样性

多样性首先体现在活动门类的齐全上,如此既可以对小学生保持足够的吸引力,也可以保证每个学生都能够充分选择自己感兴趣的活动,使每个学生都能受到多样化的锻炼。其次,体现在形式本身的新颖、奇特和变化上,在具体活动的设计上做文章,能够大大丰富活动的内涵。

(二)课外活动的内容

小学课外活动的形式包罗万象、丰富多彩、难以穷举。按照不同的标准可以将课外活动分为不同类别。从参与的人数和组织上来讲,可以分成群众性活动、小组活动和个人活动。此处我们仅从内容的角度就几类常见的课外活动进行分析。

1. 社会实践活动

教育必须与生产劳动相结合,理论必须与实践相结合,这是马克思主义教育学最重要的规律之一。社会实践活动有两类:一类是偏重于生产实践的,比如有条件的学校可以建立实验田、实验角、实验园;另外一种是以社会服务为目的的活动,如社会调查、有关社会热点问题的讨论、社会服务等,这些对于培养学生分析问题、解决问题的能力以及培养学生的社会责任感有重要作用。

2. 学科活动

学科活动通常是以学习小组的方式进行的,如语文小组、数学小组、外语小组、绘画小组等等。通过这些小组他们可以继续钻研在课堂上没有涉及但是自己又非常感兴趣的内容,这为特长生的涌现提供了良好的土壤。

3. 科技活动

信息时代的今天,科学技术已经极大地改变了生活,科学探索和科学发明也引起许多学生的兴趣。许多学校成立了航模舰模小组、无线电小组、计算机小组、简易机器人小组等操作性强的科技活动小组,这些活动能够培养学生的探究精神、创新能力、动手能力和将所学知识运用到实际中的意识。

4. 文体活动

小学生的课外文体活动,包括文学、艺术、娱乐、体育训练和体育竞赛等。艺术类的活动又包含书法、歌咏、舞蹈、音乐、摄影、雕刻、设计等等,许多学校甚至以班级为单位组建了自己的艺术团,这样的活动既有助于培养小学生多方面的兴趣,是进行美育的重要途径,又能够丰富学生的精神生活。体育活动通常以专项小组的形式开展,如体操、武术、田径、棋类,有利于培养健康生活的习惯,提高身体素质,培养与人协作的能力。

5. 社会公益活动

学校组织的公益,如交通安全宣传、文明城市创建宣传、环保宣传、支农义务劳动、志愿者服务等,主要目的是培养学生学会关心、合作,培养其社会责任感。社会公益活动是培养高素质公民的重要途径。

6. 传统节假日活动

利用中秋节、国庆节、元旦、端午节等中国传统节日或纪念日开展相关的大型活动,是对小学生进行仪式教育的重要途径,提炼出爱国、感恩等主题有益于进行传统文化教育和思想品德教育。

7. 课外阅读活动

阅读是小学生扩大知识面,增强对世界认知能力,提高思维能力的重要途径。学校组织的课外阅读活动不应该只局限于语文学科,也不一定强求与学习内容相关,可以让学生不断扩大阅读面,充分接触新知识、新见解、新领域。学校教师应该做好组织工作,营造良好的阅读氛围,通过一定的活动设计吸引更多的学生参与其中。

(三)课外活动的组织

课外活动是有目的有组织有计划的教育活动的一部分,只有加强对活动组织的研究才能防止为了活动而活动的倾向,才能够真正提高活动的有效性和教育性。一般而言,良好的课外活动应该具备以下特点。

1. 有明确的目的性和计划性

尽管课外活动不像教学那样具有严格的系统性,但毕竟是学校组织的以培养小学生全面发展为目的的教育活动,教师应该规范、认真地做好组织工作。每一次课外活动的组织应该明确其预期目的,而且活动结束后还应该对活动目的的达成度进行考察。同时,还应该强调计划性,应该将多次活动目的连成一条线甚至一个面,保证整体目标的实现。在整个小学阶段的课外活动中,应该整体考虑到每个学期、每个月、每一周的活动之间的关系。

2. 充分发挥学生的主动性和创造性

学生的主动性和创造性得到有效发挥的课外活动往往是学生喜欢的课外活动,也是活动效果好的课外活动。课外活动的目的性和计划性并不意味着学生被束缚;相反,课外活动应该成为学生自由活动的舞台。我们应该相信小学生的选择能力、判断能力,并且通过一个长期的锻炼过程培养出较强的组织能力。小学阶段,教师应该学会有选择地放手,给予学生体验失败和尝试成功的机会。

3. 内容上具有丰富性和吸引力

课外活动是学生自愿参与的活动,其主要的约束力不是纪律而是活动本身的吸引力。当前,一些学校开展的课外活动往往都是学校和学校之间互相借鉴,在内容上和形式上不再新颖,这类活动有其形而无其实,往往难以引起学生的兴趣。我们认为,每所学校都应该根据自己学校的优势、师资力量、当地条件创造性地开展课外活动,不断调整和改变活动的形式,不断丰富学生的生活。

4. 符合小学生的年龄特征和兴趣爱好

小学时代既是"学习"的时期,也是"玩耍"的时期,儿童活泼好动,有着强烈的好奇心和好问心。在组织课外活动时,我们不必强调严肃和正式,应该更关注儿童能否乐在其中,并努力通过这种非正式的场合丰富学生的体验。课外活动是对学生进行差别教育的极好机会,教师可以充分利用这些机会去了解学生的个性特点、兴趣爱好,从而更好地组织今后的课外活动。

5. 重视教师的指导作用

成功的课外活动和课堂教学一样依赖于教师的智慧和心血。教师在课外活动的组织和实施中主要有如下作用:首先,通过向学生讲解课外活动的意义,通过一定的方式诱发学生参与课外活动的热情,让学生能够自由地参与到课外活动中来。其次,教师还应教给学生独立自主地进行课外活动的方法。再次,在学生需要时,教师应该能够提供有效的帮助。

课外活动的组织与实施一般由计划、准备、实施、总结等四个环节构成。在计划环节,教师一般针对学生的需要拿出具体、详细和可执行的方案,可以让学生参与到计划的制定中来;在准备环节,教师应该考虑得细致而周全,为学生的活动创造良好的条件,考虑各种意外事件的可能性,尤其是做好安全防范措施;在实施阶段,教师应该做到正确定位;总结和反思阶段必不可少,这是课外活动质量的保证,也是今后开展课外活动的依据。

二、少先队

少先队是一种具有中国特色的小学教育途径,是中国少年先锋队团结教育少年儿童,开展丰富多彩、生动活泼的少先队活动,以引导队员自主学习、自主活动、自主管理、自主创造,促进少年儿童的主体发展为根本目的的一种教育途径。我们应该充分认识到少先队在社会主义核心价值观培育中的重要作用。

少先队诞生于 1924 年,当时名为"劳动童子团"。民主革命时期,在中国共产党的领导下为新中国的成立作出了重大贡献。1949 年 10 月 13 日,中国共产党委托青年团建立全国统一的少年儿童组织——中国少年儿童队。1953年6月改名为中国少年先锋队,至今已经形成了比较健全的少先队组织,共青团受党的委托直接领导少先队,全国和地方各级少先队工作委员会是全国和地方少先队经常性工作的领导机构。少先队基层组织一般建立在初中和小学,以学校为单位建立大队、中队、小队,"把全体少年儿童组织起来"是少先队组织工作的方针。

(一) 小学少先队活动的性质和目标

少先队是中国共产党创立并领导的少年儿童群众组织,是少年儿童学习中国特色社会主义和共产主义的学校。新时期党赋予少先队团结教育、代表参与、服务保护三项新的职能和使命,因此我们应该充分利用少先队的力量,挖掘少先队活动所蕴涵的教育价值,促进小学生的健康成长。保证少先队活动时间,系统实施少先队活动课,是经常化、系统化、科学化落实少先队组织根本任务的重要保证,是中国特色社会主义教育体系的重要内容。[①]

《教育部关于加强中小学少先队活动的通知》(教基二〔2012〕3号)和全国少工委推出的《少先队活动课指导纲要》(试行)提升了少先队活动的地位,将其作为国家规定的小学阶段全体少先队员必修的活动课。少先队活动的独特性决定了少先队活动的特殊任务,侧重于培养知识和技能之外引导少年儿童健康成长的重要思想意识,重点运用少年儿童思想意识的形成和发展规律,培养少年儿童对党和社会主义祖国的朴素感情。[②] 2014年5月30日习近平总书记在北京市海淀区民族小学主持召开座谈会时的讲话中指出:"少先队要坚持开展组织教育、自主教育、实践活动,更好地为少年儿童培育和践行社会主义核心价值观服务,把广大少年儿童团结好、教育好、带领好。"

(二) 小学少先队活动的内容与形式

少先队的活动是少先队的生命,少先队组织离开了活动就失去了对小学生的吸引力而成为空壳。全面把握小学少先队活动的内容,创新活动形式是时代对于小学教育工作者提出的要求,下面根据全国少工委制定的《少先队活动课指导纲要》(试行)对少先队活动的内容和形式进行分析。

1. 小学少先队活动的内容

小学少先队活动主要包含组织意识、政治启蒙、信仰萌芽、成长取向等教育内容。[③]

(1) 组织意识。即促进小学生养成对于组织的正确态度。主要体现在:学习并遵守少先队的章程,履行队员权利和义务;服从队的决议,完成组织交给的任务;培养对

---

① 全国少工委.少先队活动课指导纲要(试行)[Z].2013-02-25.
② 全国少工委.少先队活动课指导纲要(试行)[Z].2013-02-25.
③ 全国少工委.少先队活动课指导纲要(试行)[Z].2013-02-25.

党、团、队衔接的组织意识;培养少年儿童对少先队组织的认同感、荣誉感、责任感和归属感。

(2) 政治启蒙。即引导小学生形成对既有政治意识形态的认同感。主要体现在:引导少年儿童初步了解我国的国体、政体,培养初步的政治认知、情感、态度和价值观。帮助少年儿童认知中国共产党,了解党、国家、人民的关系,明白我们国家是共产党领导下人民当家做主的社会主义国家。帮助少年儿童初步了解中国特色社会主义,了解党团结带领全国各族人民"站起来""富起来"的伟大成就来之不易,了解全面建成小康社会,建成富强民主文明和谐的社会主义现代化国家,实现中华民族伟大复兴这一几代中国人的"中国梦"。引导少年儿童初步树立跟党走中国特色社会主义道路的志向。

(3) 信仰萌芽。启迪少年儿童对真善美、美好人生和社会理想的追求,打下正确的世界观、人生观、价值观基础。引导少年儿童通过感知党带领人民建设中国特色社会主义、创造幸福生活的伟大实践,了解共产主义远大理想,明白"国家好,民族好,大家才会好",永远热爱伟大的祖国,永远热爱伟大的人民,永远热爱伟大的中华民族,憧憬人类美好未来,初步树立为实现理想不懈奋斗的信仰。

(4) 成长取向。帮助少年儿童获得基本的涵养,促进体智德美全面发展。引导少年儿童,培养其正直、善良、诚实、有爱心等基本品格,养成良好的道德行为习惯,形成国家意识、科学意识、劳动意识和审美意识,锻炼强健体魄,培养良好的心理素质。

2. 小学少先队活动的形式

少先队活动课主要采用少先队组织生活和集体活动形式,综合运用组织培养、群体互动、信息传播、个体辅导等方法。注重运用包括图书、报刊、电视少儿频道、广播等传统大众传媒和互联网等新媒体,少先队队室、红领巾广播站、电视台、宣传栏等校内媒体,以及辅导员、家长和少先队员同伴之间的人际传播等渠道,运用时代感强的优秀文化艺术产品,传播教育内容。注意关心少先队员的个体特点,根据需要进行有针对性的个别辅导。[①]

(1) 少先队组织生活。少先队组织生活是少先队员在少先队组织中学习队的基本知识、实践队的基本制度规范、参与队组织建设和日常事务、履行队员权利义务、培养组织意识的重要途径,是少先队活动课的特有形式。具体包括:

① 学习队章。通过开队会、听讲座、看动漫、观展览、开展讨论等多种形式,全面学习少先队章程,理解少先队的基本知识。

② 仪式感染。学习和使用少先队礼仪,规范举行少先队仪式,以庄严而神圣的集体氛围感染心灵,陶冶情操,升华思想。包括入队、离队仪式,检阅式,升旗仪式,建队

---

① 全国少工委.少先队活动课指导纲要(试行)[Z].2013-03-08.

纪念日、重大节日等庆典活动。

③ 民主参与。通过民主选举和监督评议少先队小干部,集体讨论决定重要事项,参与队务管理,参与队集体建设,培养民主意识和主人翁精神。

④ 岗位锻炼。实行少先队小干部轮换制,自设自荐服务小岗位,人人都有服务锻炼的平台,增强服务意识和责任意识,提高实践能力。

⑤ 学习榜样。通过学习少先队历史上的英雄榜样,选树新时期少先队榜样和身边可亲、可敬、可学的优秀少先队员榜样,进行榜样教育,营造比、学、赶、帮、超的氛围。

⑥ 团队关爱。建设团结互助、温暖友爱的队集体,通过良性群体互动和同伴互助,促进共同成长进步。

(2) 少先队集体活动。少先队集体活动是少先队组织鼓励创造的各种主题鲜明、有意义、生动活泼、为少年儿童喜欢的集体性活动,是少先队员在少先队集体中实践体验、共同成长的有效途径,是少先队活动课的重要形式。按人员集聚程度和活动功能区分,主要有:

① 集中性活动。大队会、中队会是最普遍、最重要的集中性活动形式。如,结合重大事件、重要教育契机,各级少先队组织统一开展的"红领巾心向党"、"祖国发展我成长"等主题活动,以及队会、队日、集体参观、郊游、远足、夏(冬)令营等大中队集中活动。

② 经常性活动。小队活动是经常性活动最重要的方式。如,在少先队组织中长期形成的"手拉手""养成道德好习惯""少年军校""少年科学院""劳动实践""平安行动""阳光体育"等品牌活动,以及寻访、考察、访谈、小课题、小考察、小志愿者、征文、微视频征集等基层少先队组织灵活开展的活动。

③ 团体游戏活动。为满足少先队员娱乐、游玩等需求,丰富课余生活、发展个性特长、提升审美情趣,少先队可以组织开展一些生动活泼、寓教于乐的特色游戏、篝火晚会等活动。可由队员自由组合,分散开展。

④ 红领巾小社团活动。在少先队组织指导下,由队员自主组织、自主管理、定期开展的各种小型多样的社团活动,可由学校辅导员聘请正派、有爱心、有专长的人士担任志愿辅导员。社团成员相对固定,可跨班级、跨学校或通过网络跨地域组成。

⑤ 评价性活动。对少先队员在少先队活动中得到教育锻炼的成效进行评价的活动,如雏鹰争章活动、优秀少先队员、少先队集体评选活动等。对各级少先队组织开展的活动进行效果评价和展示交流的活动,如"创造杯"少先队活动设计竞赛、基层少先队活动优秀案例征集等活动。

(三) 少先队活动的组织与实施

少先队活动应结合少先队特有的大、中、小队及红领巾小社团等形式,根据时代的需要和儿童心理的特点设计、组织和实施具体的活动。

1. 确保少先队活动时间

少先队活动是国家规定的必修课,小学一至六年级每周应安排 1 课时专门用于开展少先队活动。此外,也要与学校其他教育教学活动有机结合,利用晨会、升旗仪式、大课间及课余、校外、寒暑假期时间,抓住重要节庆、纪念日和重大事件等契机,组织开展好少先队活动。

2. 加强少先队活动设计

我们应该从少先队员的现实生活经验出发,精选与他们的学习、生活密切相关的教育内容,抓住有利教育契机,创造性地设计开展主题鲜明、有吸引力、时代感强的活动。若要真正为少年儿童所喜欢,应该丰富活动的内涵,注重实践体验,触动内心感悟,起到教育效果。在形式上要丰富多彩,注重运用艺术、时尚、情感元素和游戏、歌曲、童谣、漫画、动漫等形式,创作、推荐和用好优秀少儿文化艺术产品。

3. 开发利用各类活动资源

一方面,少先队活动应该与学校教育教学活动相整合,充分利用学校的教育资源;另一方面,应该积极与校外活动场所、社会实践基地等各级各类校外教育机构合作,充分享用广阔的社会教育资源。此外,还应该加强与家长的合作,聘请关心少年儿童成长的社会各界优秀人士做少先队志愿辅导员。

三、咨询与辅导

咨询与辅导是学校咨询工作者通过直接或者间接地帮助学生克服学习和生活中的困难,对有关的心理行为进行诊断和帮助的过程。一般而言,有个别辅导和团体辅导两种形式。从培养人的角度来看,咨询与辅导是一种能够推动学生自我完善,引导学生自主发展的教育途径。学校咨询与辅导的直接目的是解除学生成长中的心理困扰,帮助学生度过成长中的危机阶段;根本目的则是锻炼学生自我成长的能力,使学生在今后遇到类似问题时能够有效面对,为学生终身发展奠定基础。一些小学配备了专职的心理咨询与辅导人员,其他教师也应充分了解这一工作并积极配合。

(一) 咨询与辅导的内涵

学校中的咨询与辅导经历了一个内涵不断丰富,意义不断升华的过程。现代学校咨询与辅导的一个源头是 20 世纪初美国的"指导运动",主要是通过职业指导,帮助学生应对求职和职业适应中的各种困难。帕特森(C. H. Patterson)和威廉森(E. G. Williamson)于 1938 年出版的《学生指导技术》,初步总结了对学生进行指导的理论和实践,不过这个时期的职业辅导主要特点是以帮助者为主导,通过运用自身的知识经验、专业技能、职业信息等对学生进行评估来为学生的决策起导向作用。心理卫生运动是学校咨询的另一个来源。20世纪四五十年代,心理咨询开始作为独立的专业领域在学术界和社会上获得承认。1942年,罗杰斯(C. R. Rogers)出版了《咨询与心理治疗》一书,提出了"当事人中心"的观点,为现代咨询与辅导提供了思想基础。"当事人中心"强调咨询的过程应当充分重视当事人认识和改善自我的能力与责任,以平等、真诚的态度,认真倾听、接受和鼓励当事人表达情感、认识自己、激起改善的愿望。在学校咨询领域,学生在适应学习和生活的过程中出现的各种困难与障碍日益受到重视。这一阶段,对学生的咨询和治疗活动取代了指导活动而成为主角。自20世纪60年代以来,学校咨询的工作在政府支持下越来越普及。布洛克尔(D. Blocker)在《发展性咨询》中提出,咨询应当帮助广大学生认识、理解和接受自己,度过发展过程中的危机。越来越多的学者认为,咨询应该以预防问题的发展为目的,而不是等到造成严重的行为障碍再去忙于矫治。到20世纪70年代,发展性指导已经成为学校咨询的重要工作内容。目前在学校咨询当中,指导的模式、治疗的模式和发展的模式共存共生,既有互相借鉴,也有综合运用。

(二) 咨询与辅导的主要内容

学校咨询与辅导是针对全体学生的健康发展而言的,对不同的学生来说提供的帮助可能是不同层次的,因此学校咨询与辅导的任务也分成不同的层次。学校咨询与辅导一般可分为缺陷矫正、早期干预、问题预防和发展指导四类。[①] 从咨询与辅导的内容来看,主要包含下列五方面的内容:

1. 小学生自我意识发展的咨询与辅导

小学生自我意识发展的咨询与辅导是指培养小学生的自我意识,让小学生正确认识到自己的优点和缺点,产生自尊、自信的积极体验,进而接纳自己的一系列教育活动。具体而言,主要包含帮助学生学会了解自我,提高自我评价能力,学会正确对待外在的评价,能够正确对待自己的优点和不足,能够有效地进行自我控制,指导学生勇于面对困难,增强自信,不断提高耐受挫折的能力。

2. 小学生学习的辅导与咨询

学习的辅导与咨询不是针对专门学科所进行的辅导,主要关注小学生学习态度、学习策略、学习兴趣、学习动机、学习体验等方面。对于大部分小学生来说,应该形成良好的学习习惯,并掌握基本的学习技巧,能够将这些技巧渗透到各学科的学习之中,这需要通过团体性的咨询和辅导来实现。对于少数学习困难的学生,需要通过一定的技术进行特殊训练;而对于有学习障碍的学生,可以在保护学生的前提下寻求专业机

[①] 黄济,劳凯声,檀传宝. 小学教育学[M]. 北京:人民教育出版社,2001:348.

构的帮助,学校咨询与辅导主要起到鉴别和发现问题的作用。

3. 小学生情绪管理的辅导与咨询

小学生的情绪情况对其人格发展和心理健康有重要的影响,在教育过程中应该注意发展小学生的情商,逐步培养其情绪管理的能力。在小学阶段,一方面小学生的情绪仍然具有很大的冲动性,还不善于掩饰、控制自己的情绪,但他们的情绪已开始逐渐内化,小学高年级学生已逐渐能意识到自己的情绪表现以及随之可能产生的后果,情绪的冲动性和易变性逐渐消失。小学生的各种高级情感也在不断地发展中,小学生情绪的深刻性正在不断地增加。对于小学生情绪管理中普遍性的问题,要形成系统的应对方案,对于远低于正常发展水平的儿童要进行针对性的辅导。重点关注儿童焦虑症、儿童强迫症、儿童恐惧症、儿童臆病、儿童抑郁症等问题。

4. 小学生行为的养成及矫正

一部分小学生因为家庭、学校、社会等原因的影响,会表现出偏离常规或者不服从教育管理的不良行为,主要包括:攻击行为,如打架、说脏话、说闲话、恶作剧等;欺骗行为,如说谎、抄袭别人作业、偷窃、作弊等;破坏行为,如乱扔垃圾、乱涂乱画、故意损坏公物等;怠惰性行为,如迟到、早退、丢三落四、不按时完成作业、劳动不认真等;不良嗜好,如赌博、玩电子游戏等等。这类行为如不能有效处置将对小学生的发展造成严重的障碍,甚至会在今后的成长中不断放大。在咨询与辅导的过程中,一般会对个体进行行为训练,纠正不良行为。

5. 小学生心理危机干预与生命教育

小学生在成长的过程中可能会面临两类危机,一类是因为生活琐事、挫折、冲突以及生活上的重大变故甚至遭受的侵害都可能成为其成长过程中的心理危机,这种危机是突发性的,需要采取有效的措施给予及时的辅导;另一类是因为各种原因累积而成的心理危机,比如父母或者学校老师期望过高,过重的竞争压力,同伴交往中的困难等,久而久之超过个人的承受能力会产生较大的负面影响。今天,生命教育已经成为一个常态化的教育内容,通过系统的教育活动来提高小学生的生命意识,以预防为主,防止问题的扩大,通过提高学生应对能力使其顺利度过心理危机。

(三) 咨询与辅导的主要途径

小学生咨询与辅导的途径主要是指对小学生进行咨询与辅导所选择的渠道,常规的途径有以下四种:

1. 个别咨询与辅导

个别咨询与辅导是学校咨询与辅导最为常规的形式,一般小学开设有命名各不相同的心理咨询室,主要通过班主任、学科老师、学校管理者的介绍或者学生的主动寻找帮助，就学生自身所面临的个人化问题进行针对性的辅导和帮助。

2. 小组（团体）咨询与辅导

团体咨询与辅导是指在团体情境下为成员提供心理帮助与指导的一种辅导形式，通过团体成员的互动，促使个体在人际交往中进行分享、体验、感受、认识自我、探索自我、接纳自我、调整和改善与他人的关系。同时也可以通过学习新的态度与行为方式，增进个体的适应能力，以预防或解决问题并激发个体潜能。团体辅导和户外活动也可以结合起来使用。

3. 健康活动室

一些小学除了开设心理咨询室之外，也建立了一些例如发泄角、聊天角、剧本表演角、游戏活动角等不同的健康活动室。相比其他途径，健康活动室的功能更强，而且开放面更大，学生参与积极性比较强。

4. 咨询与辅导课程

咨询与辅导课程是由专职教师或者聘请社会老师来担任，设置系统化的课程，关注普遍性的问题，有目的、有计划、有步骤地对学生进行培养和训练，以提高学生的心理品质，激发其潜能，增强社会适应性，帮助学生解决成长过程中的各种心理问题。这一途径有助于对全体学生进行内容较为全面的心理辅导和教育。

（四）咨询与辅导的基本要求

学校心理咨询与辅导是一项专业性强的工作，必须讲究一定的策略和方法。对小学生而言，咨询与辅导应该根据其年龄、性格等特征，采取小学生能够接受的方式，将咨询与辅导引向趣味化、活动化和多样化。在小学生咨询与辅导中，我们应该重点关注下列要求：

1. 充分了解小学生身心发展的规律，提供适合小学生的咨询与辅导

小学生的未成熟性意味着小学生的咨询与辅导具有相对特殊的地方，不当的干预行为可能会给小学生造成更大的负面影响。对于不同年龄的小学生也应该具体对待，发展性的心理问题的出现具有较为明显的年龄特征，不同年龄的学生具有不同的心理发展特点，尤其是小学生各个方面的发展都还不是很稳定，所以辅导教师一定要把年龄特点视为分析小学生心理问题的重要前提。

2. 创设一种真诚民主合作，无条件关注的咨询与辅导氛围

罗杰斯认为，建立辅导与咨询关系的基本条件有共情、信任、尊重、真诚、积极关注等，对小学生的咨询与辅导更应该如此。所谓共情，即能设身处地地体会当事人的内心感受；信任，即咨询师首先要给予学生可以信任的感受；尊重，尊重当事人的现状、价值观、权益和人格，并不是将成人的意见强加给儿童；真诚，咨询师在咨询中真实地展现自

己,表里如一,言行一致;积极关注,指咨询师以积极的态度看待当事人,注意强调他们的长处,既有选择地突出当事人言语及行为中的积极方面,利用其自身的积极因素。

3. 引导学生自我完善,自我体验,自我成长

小学生咨询与辅导的任务就是促进儿童的成长与发育,咨询与辅导既要解决当前发展中的问题,又要立足长远,提高学生自我发展的能力,通过有计划的帮助,提高小学生的自我意识、自我控制能力,在今后遇到类似问题时能够学会寻求帮助或自我帮助。

案例 7-2

小学生心理辅导:一上学就肚子疼

雯雯是个活泼可爱的小女孩,可是上了一年级却得了一种奇怪的病,只要一上学就肚子疼。雯雯第一次肚子疼时,班主任马上打电话给其父母,请他们把孩子接回家休息。第二天,妈妈送她来上学时告诉老师昨天接回家休息了一会就好了,没什么大碍。没想到隔了几天,雯雯又肚子疼了。一连几次下来,可把爸爸妈妈急坏了,连忙带着雯雯到医院的内科、胃肠道专科、神经科兜了一圈,但是没查出什么病。从此,雯雯就得了一个怪毛病,每天一上学就会肚子疼,只要不去上学,在家休息就没事了。这是怎么回事呢?

问题分析:

原来雯雯得的是学校恐惧症。学校恐惧症的直接原因常常是学习失败。雯雯初入小学,正值学拼音的高峰期。白天上学接触的都是拼音,晚上回家还要读拼音纸。雯雯觉得学习很枯燥,而且她接受能力一般,学起来感到力不从心。这时,又联想到以前幼儿园的舒适生活,对学习一下子就产生了抗拒心理。学校恐惧症的最初表现是儿童上学感到勉强,很痛苦,该去上学的时候不去,或提出苛刻的条件,有的儿童在上学当日清晨就诉说有头痛、头晕、腹泻、腹痛、呕吐等不适症状,就像雯雯表现出腹痛等症状一样,这些症状在节假日不出现,往往在星期一出现。当强制他们去上学时,会出现强烈的情感反应,如焦虑不安、痛苦、喊叫、吵闹等,当他们在家看书或和伙伴们游戏时,一切都正常了。

解决策略:

1. 理解孩子的处境。教师要静下心来,和蔼地询问孩子,设身处地地去倾听,感受孩子的恐惧。因为孩子的表达能力有限,教师要有耐心,不断地释

义,用自己的话反馈给孩子。对孩子的描述要表示理解,帮助孩子将其抑郁已久的情绪烦恼、精神压抑抒发、倾诉出来,从中获得舒畅痛快感。这样可以使孩子摆脱痛苦的心境,强化他们克服困难的勇气。

2. 给予多方面的心理援助。治疗学校恐惧症除了在医师指导下采用药物治疗外,还需要医师、家庭、学校三方面充分合作,进行心理治疗。教师要详细了解发病经过,及时和家长沟通,家校协调一致,针对患儿客观存在的困难和问题,为患儿设计可行的返校措施,鼓励他们重新返校。像雯雯,就让其家长在家积极辅导她学拼音,增加她的信心,让她不再惧怕学习。

3. 适当减轻其学习负担。心理学家千百次的实验与观察告诉我们:学生对自己的看法常常取决于周围人的评价,特别是教师的评价,甚至教师的一句话,或一个肯定,都会对其产生无尽的影响。因此,在详细了解了孩子在校的困难后,就像雯雯是因为学习负担过重,压力过大才患病的,教师就应暂时减轻其学习负担,帮助其尽快建立自信心,使其回校后能较好地适应校园生活。

资料来源:薛丽芳.孩子的"心"秘密——小学一年级新生的心理个案例谈[J].小学教学参考(综合版),2013(3).

本章小结

小学教育途径是将小学教育各要素衔接起来的关键要素,离开了教育途径,所有的教育活动都不能够实现,所有的教育目的都将成为空谈。随着人类历史的发展,教育的途径也不断变化和丰富,当前已经形成了以教学为主,教学、课外活动、少先队活动、咨询与辅导、班会、在线学习等多途径并举,以混合学习为发展趋势的崭新格局。每一种小学教育途径都存在着独立意义和固有局限,我们应该全面把握各种教育途径,处理好各种教育途径之间的关系,形成教育合力。

教学是促进小学生全面发展的一条基本途径,也是小学教育的基本途径。其主要优势在于全体学生能够系统学习科学文化知识、有效接受教师的指导、在群体中成长。今天的小学课堂教学正处于向"生命课堂"变革的过程中,这种变革体现在使知识恢复到鲜活的状态,与人的生命、生活重新息息相关。学生有无进步或发展是衡量教学这一途径是否发挥实效的关键指标,因此今天我们提出了"有效教学"。小学课堂教学的有效性的提升是一个系统性的工程,我们应该关注课前设计、课堂教学、课后联系、全程反思等每一个环节的有效性。

除教学之外,小学教育的辅助途径有课外活动、少先队活动、咨询与辅导等,其中课外活动是最主要的辅助途径。在课外活动中,教师应该充分调动小学生的主动性,通过自主参与活动实现自由而全面的发展。少先队活动应该通过多种多样的活动对学生渗透社会主义核心价值观教育,提高学生的思想意识。咨询与辅导活动应该关注个别学生的特殊情况,不仅关注学生的现状,也要关心学生的长远发展,通过咨询与辅导提高学生自我教育的能力。

思考与练习

1. 听取小学某一学科的一节课,并对教学的有效性进行分析。

2. 依据小学课外活动的基本原理,自主选择一个主题,设计一份小学课外活动计划。

3. 小学心理咨询与辅导的目的是什么?小学心理咨询与辅导给教师从事日常教学活动哪些启示?

参考文献

[1] 人民教育出版社教育室.小学教育学教程[M].北京:人民教育出版社,2000.

[2] 张永明,曾碧.小学教育学基础[M].北京:北京大学出版社,2013.

[3] 黄济,劳凯声,檀传宝.小学教育学[M].北京:人民教育出版社,2007.

[4] 王鉴.课堂研究概论[M].北京:人民教育出版社,2007.

[5] 崔允漷.有效教学[M].上海:华东师范大学出版社,2009.

[6] 钟启泉,崔允漷,张华.为了中华民族的复兴为了每位学生的发展:基础教育课程改革纲要(试行)解读[M].上海:华东师范大学出版社,2001.

[7] 陶勒恒.小学生心理辅导[M].北京:高等教育出版社,2004.

[8] 郑希付.小学生心理健康教育个案分析[M].广州:广东高等教育出版社,2004.

第八章　小学教育评价论

> **学习目标**
>
> 1. 理解小学教育评价的内涵,了解小学教育评价的基本类型与功能。
> 2. 领会现代小学教育评价的理念,理解小学教育评价的原则。
> 3. 理解测验法、表现性评价及档案袋评价的含义与步骤,并学会在评价中进行运用。

教育评价是教育中常见的基本问题之一,它是对教育过程及效果的综合质量判断。科学的教育评价可以改进教师的教学,促进教师的专业发展;可以优化学生的学习,促进学生的全面发展;可以引导教育活动的顺利开展,促进教育事业的健康发展。小学教育评价也不例外,对小学生、小学教师、小学教育的发展具有重要意义。

第一节　小学教育评价的内涵与类型

对小学教育评价概念的科学理解,不仅决定着小学教育评价理论体系的建构,而且会对小学教育评价实践产生重要影响。因此,正确认识小学教育评价的概念,是小学教育评价理论研究和实践需要解决的一个基本问题。

一、小学教育评价的内涵

教育评价是对教育教学进行的一种价值判断。究竟何谓教育评价,国内外的学者进行了研究。如克隆巴赫(L. J. Cronbach)认为,"所谓教育评价,是指为获取教育活动的决策资料,对参与教育活动的各个部分的状态、机能、成果等情报进行收集、整理和提供的过程。"[①]泰勒认为,"评价过程在本质上是确定课程和教学大纲在实际上实现教育目标的程度的过程。"[②]袁振国认为,教育评价是"根据一定的教育价值或教育目标,运用可操作的科学手段,通过系统地搜集信息、资料并进行分析、整理,对教育活动、教学过程和教育结果进行价值判断,从而为不断完善自我和教育决策提供可靠信息的过程"[③]。

[①] 刘本固.教育评价的理论与实践[M].杭州:浙江教育出版社,2000:52.
[②] 瞿葆奎主编,陈玉琨、赵永年选编.教育学文集·教育评价[C].北京:人民教育出版社,1989:263.
[③] 袁振国.当代教育学(2004年修订版)[M].北京:教育科学出版社,2004:260.

（一）何谓教育评价

为进一步理解教育评价的内涵,需要把握教育评价的几个特征:第一,教育评价必须以教育目标和教育理论为基本标准,这是保证教育评价科学性的必要条件。第二,教育评价是一种建立在事实判断基础上的价值判断活动,要充分收集关于评价对象的信息和资料,以保证评价的客观、全面和真实。第三,教育评价不仅是针对教育结果的评价,也是针对教育活动、教学过程的动态性评价。只重结果不重过程的评价往往会导致"片面发展"和"高分低能"的现象,而只重过程不重结果的评价又不利于监测教学活动所取得的实际效果。第四,教育评价是一种主体性活动,是评价者与被评价者双边的合作活动,不仅可以完善评价对象,还可以根据评价结果为被评价者提供进步或改革的可靠信息。综上所述,教育评价是以教育目标为依据,以优化学生发展、改善教育决策为导向,针对教育过程及教育结果,由评价者与被评价者共同建构的一种价值判断活动。

（二）小学教育评价概念与内涵

小学教育评价是教育评价的下位概念,有广义和狭义之分。广义的小学教育评价以教育中的全部领域为评价对象,如,"评价教育制度、教育规划、教育投资、教育环境质量等,也包括了对微观教育现象的评价,如评价学校教育目标、课程设置、课堂教学质量等等"[1]。狭义的小学教育评价最能体现出现代教育的教育功能——促进学生发展,它是在教育活动过程中进行的,每一步骤都直接与学校的教育措施发生联系,这种狭义的评价有助于促进教育活动的优化,又有利于指导学生的学习活动。这里主要探讨狭义的小学教育评价。

从狭义的范围来看,小学教育评价又可以包括三大方面:学校评价、教师评价和学生评价。学校评价是指以一定的教育价值观为指导,按照党和国家的教育方针、政策、法规以及特定的评价标准对学校的全部教育、教学工作进行价值判断的活动和过程;教师评价是在一定的教育价值观的指导下,根据一定的教育目标以及教师所应承担的任务,结合教师专业的特点,广泛收集评价信息,对教师的素质、工作表现以及工作绩效进行全面、客观的价值判断过程;学生评价是教育评价领域中最基本的一个领域,也是教育评价体系中的核心和重要内容,学生评价是评价主体依据一定的评价标准,对学生个体学习的进展和变化及其影响因素进行系统分析和价值判断的过程。[2]

---

[1] 翟天山.教育评价学[M].武汉:武汉工业大学出版社,1992:17.
[2] 涂艳国.教育评价[M].北京:高等教育出版社,2007:417,312,230.

> **知识小卡片 8-1**
>
> 第三部分　体制改革
>
> 第十一章　人才培养体制改革
>
> （三十三）改革教育质量评价和人才评价制度。改进教育教学评价。根据培养目标和人才理念，建立科学、多样的评价标准。开展由政府、学校、社会各方面共同参与的教育质量评价活动。完善学生成长记录，做好综合素质评价。探索促进学生发展的多种评价方式，激励学生乐观向上、自主自立、努力成才。
>
> 改进社会人才评价及选用制度，为人才培养创造良好环境。树立科学人才观，建立以业绩为重点，由品德、知识、能力等要素构成的各类人才评价指标体系。强化人才选拔使用中对实践能力的考查，克服社会用人单纯追求学历的倾向。
>
> 资料来源：《国家中长期教育改革和发展规划纲要（2010—2020 年）》．

二、小学教育评价的类型

小学教育评价的范围广、内容多，按不同的分类标准，可以进行不同的分类。根据评价的作用和功能，可分为诊断性评价、形成性评价与总结性评价；根据评价参照的标准，可分为相对评价、绝对评价与个体内差异评价；根据评价的主体，可分为他人评价与自我评价；根据评价的方法，可分为量化评价与质性评价。①

（一）诊断性评价、形成性评价与总结性评价

根据评价在活动的不同阶段所发挥的不同作用，可以把小学教育评价分为诊断性评价、形成性评价和总结性评价。

1. 诊断性评价

诊断性评价是指在小学教育活动开展之前，为使其计划更加有效地实施而进行的评价。一般是在学年、学期开学时进行的，为了了解新生的学业水平进行摸底测试，经过综合分析，判断他们的现有水平，以便更好地开展教学工作，更准确地把握教学的起点和重难点。顾名思义，诊断性评价强调的是其"诊断"功能，它可以在开学初判断学生的基础，判断学生是否达到进一步学习下阶段课程的水平，如果达到了，就可正常实施新的教学计划，如果没有达到，就必须设法尽快弥补学生的不足。在此专门强调，这

---

① 田友谊.当代学生评价的理论与实践[M].武汉：华中师范大学出版社，2012：8.

并不是让学生过早地分流,教师也不可以因为诊断性评价而对学生戴上"有色眼镜",而是让老师、家长及学生本人发现自己的长处和不足,新学期可以给予这方面更多的关注。诊断性评价既要重视诊断,又要重视指导,既要重视发现差异,又要重视因材施教。

2. 形成性评价

形成性评价是指在小学教育活动进行的过程中,为使活动效果更好而改善其本身轨道所进行的评价。一般是在学期中进行的,是对教师教学、学生学习的动态状况所进行的评价,目的是为了更好地了解活动的进展,明确活动存在的问题,及时改善和调整活动的方向,以获得更加理想的教育效果。布卢姆第一次将形成性评价用于教学活动中,他提出,形成性评价的主要任务是"调整学习活动、强化学生学习、发现存在的问题和提供学生的矫正处方"①。重视形成性评价是现代小学教育评价的发展趋势,它强调学习过程而非学习结果,强调的是学生今后该如何学习和教师今后该如何教学。

3. 总结性评价

总结性评价是指在小学教育活动进行之后,为判断活动的效果所进行的评价。一般是在学期或学年结束时进行,评价的结论往往用于判定学生的成绩、思想品德的变化以及在文体活动中的综合表现。例如,学期结束时,学校通常都会组织期末考试,通过期末考试的分数来判断学生这一阶段的基础知识和基本技能的掌握情况,再由教师分析学生的平时表现写成评语,综合写进期末通知书中,评分完毕,意味着这个学期学生的学习工作完成。据此,教师也可以对自身教学质量的情况做出判断和评价,分析存在的主要问题和改进的措施,发挥总结性评价的作用,这才意味着教师教学工作的完成。

(二) 相对评价、绝对评价与个体内差异评价

根据评价的价值标准的不同,可以把小学教育评价分为相对评价、绝对评价和个体内差异评价。

1. 相对评价

所谓相对评价,是指将评价对象置于一个集体当中,依据集体水平来确定评价标准,再用这个标准来评定集体当中的每一个对象,从而确定该对象在集体中所处的相对位置。进行相对评价时,其标准是设在学生集体之内的,通过将个人的得分与学生集体中的其他成员的得分进行比较,来确定自己在集体中的位置。相对评价可以使学生清楚地看到自己在团体中所处的位置,判断自己的优劣水平,了解自己在群体中的发展状况,有助于学生树立竞争意识。但是,评价结果代表的只是学生在该集体中的

---

① 教育部基础教育司,教育部师范教育司.新课程与学生评价改革[M].北京:高等教育出版社,2004:35.

相对位置,并不是其实际客观水平,过分的相对评价容易导致激烈的竞争,使学生追逐分数和名次,忽略了自身素质的提高。

2. 绝对评价

所谓绝对评价,是指预先设定一个客观的理性的标准,并运用这个标准来评价和判断每个对象。这个标准设定在评价学生集体之外,与学生集体无直接关系,不受学生集体的约束,但必须客观真实地反映对受教育者的基本要求。绝对评价通过将学生个人的得分与既定的评价标准作对比,从而判断学生完成目标的程度,评价标准具有稳定性、客观性和准确性等特点。但是,由于我国教育区域之间、校际发展的不均衡,采用统一的评价标准有可能脱离实际,此外对于如何制定统一的评价标准还有争议。

3. 个体内差异评价

所谓个体内差异评价,是指通过个体与自身的比较,从而判断自身进步状态的一种评价方式。从横向上来看,是对自身不同方面进行的比较;从纵向上来看,是将个人现在成绩与过去成绩进行的比较。例如,小学生可以从横向上比较自己各门学科的成绩,可以评价自己各种能力的发展状况,如学习能力、动手能力等,也可以从纵向上比较学期末和学期初个人的成绩或思想品德的进步状态。个体内差异评价考虑到了个体之间的差异,可以动态地评价自身的发展变化,不会给他人造成竞争压力。但是,没有客观恒定的外部标准,没有评价的参照对象,无法确定学生的真实水平。

(三) 他人评价与自我评价

根据评价实施的主体不同,可以把小学教育评价分为他人评价和自我评价。

1. 他人评价

他人评价,也称外部评价,是指由被评价者自身以外的其他人作为评价主体所进行的一种评价。反映在小学教育中,主要分为两种,一是教师、班主任、校长等对学生的评价,二是学生、校领导等对教师的评价。他人评价主要是从他人的角度反映被评价者的基本状况,比较客观,不掺杂主观因素,可信度较高。但是,不利于发挥被评价者的主体能动作用,且外部评价工作组织复杂,往往需要耗费大量人力、物力。

2. 自我评价

自我评价,也称内部评价,是指被评价者也作为评价主体对自身所进行的一种评价。它是根据尊重个性、发展个性的观点提出来的,在自我评价中,每个人都自行设定标准,一般不同他人比较。重视自我评价,是现代小学教育评价中的一个突出特点,不仅要发展小学生自身的评价能力,还强调发展教师的自我评价能力。正确的自我评价可以对个人的成长与发展发挥积极作用,可以激发评价者的自尊心和自信心。但是,自我评价没有一个客观的统一标准,往往取决于评价者本人的价值观,所以主观性太强,评价结果缺乏客观依据,不便于进行比较。

(四) 量化评价与质性评价

根据评价的手段和方法不同,可以把小学教育评价分为量化评价和质性评价。

1. 量化评价

量化评价是指通过收集一些资料信息,运用数学的分析方法,得出数据化评价结论的一种评价方式。量化评价以科学主义为其方法论基础,追求客观性、统一性、实证性,具有较高的信度和效度,主要功能是为了甄别、区分和选拔,评价的标准是学生对于基础知识、基本技能的掌握,重点考察学生的记忆能力和逻辑思维能力,评价的结论总是以抽象的分数来呈现,反馈的信息量较小。小学教育中常用的量化评价主要有测验、考试等,它可以为选拔成绩优异者、学生评优评先、教师的职称晋级等提供数据化的客观依据。

2. 质性评价

质性评价是指通过运用描述性的分析方法,对所收集到的信息资料进行分析,得到非数据化的评价结论的一种评价方式。质性评价强调主体性、对话性和理解性,主要功能是沟通、反思和改善,评价的标准是学生的经验、情感、态度、价值观的变化,重点考察学生的多元化综合发展,评价的结论往往是系统的描述性语言,反馈的信息量较大。小学教育中常用的质性评价主要有表现性评价、档案袋评价等,它反映的是评价者与被评价者之间的对话、交流、沟通和理解,主观性较强,不是为了甄别和选拔,而是为了促进教师和学生的共同发展。

案例 8-1

如何构建一种情境化的质性评价?

20 世纪 60 年代之前,量化评价一直被广为重视,然而随着社会批判思潮的兴起,人们认识到评价不能再单纯依靠量化结果来判断,而是要充分考虑被评价者的特点和价值再做出评价。因此,在 20 世纪 70 年代以后,如何构建一种情境化的质性评价逐渐成为学者们关注的话题。

在此,可以采用一种情境化的质性评价来改善总结性评价:首先,质性评价应结合教学实践设计评价方法,在学期结束时设计一个自然、舒适、游戏的情境(如下表所示);其次在此情境中观察儿童的活动表现并对其进行评价,通过使用多种生活化的测试方法,而不仅仅是用分数式的量化测验来评价学生的智能;再次,可以要求学生对自己的发展和收获递交一份总结性自我评价报告,由教师观察学生的自我评价能力的发展。具体的情境化学业评价的实施办法,在此可以针对低年级学生举个情境化质性评价例子:

活动名称	校园寻宝	
活动方式	利用藏宝地图、文字卡片和图片的信息,以小组合作的方式在校园里寻找礼品宝盒	
所需材料	藏宝地图、文字卡片和图片、音频文件、礼品宝盒、蝴蝶标本	
活动步骤	讨论猜测礼品宝盒的物品	语言智能
	阅读文字卡片图片获得宝盒的信息	语言智能
	根据藏宝地图想象宝盒的位置	空间智能
	小组合作方式利用地图到校园展开搜索	人际智能、身体-动觉智能
	找到礼品宝盒后清点里面的蝴蝶标本	逻辑-数学智能
	同没有找到礼品宝盒的同学分享蝴蝶标本	人际智能
	观看音乐视频对蝴蝶标本的介绍	音乐智能、博物学家智能
	讨论自己的感受和收获	自我认知智能

通过以上不同的活动步骤,可以判断和评价学生的不同智能。情境化的质性评价可以使每个人先天或后天所拥有的智能强项的评价结果不再以分数,而是以实际行为表现出来。如果能将情境化的质性评价有效使用,刚好可以弥补量化评价的不足。它的重点在于真正评价学生的智能而不是获得考试分数,在于帮助学生有意义地学习而不是给学生排名次,在于培养学生的实际创造能力和思考能力而不是对于基本理论的重复记忆能力。

资料来源:曹慧秋,田友谊.基于多元智能理论的学业评价观研究[J].教育测量与评价,2014(7).

三、小学教育评价的功能

随着小学教育评价理论的不断发展和小学教育评价类型的多样化,小学教育评价的功能也越来越丰富。具体来说,主要有鉴定功能、导向功能、改进功能、管理功能和研究功能。

(一) 鉴定功能

在小学教育评价中,对小学生的学习情况、学业成绩等都需要通过评价得出恰当的、客观的结论,以此来判断小学生目前的水平,这就是小学教育评价的鉴定功能。通过评价可以了解小学生的体、智、德、美等发展情况,为鉴定合格人才提供可靠的依据,另一方面,通过鉴定小学生的发展水平也可以间接判断教师的教学水平。要鉴定就要做出比较,既要与自己同一班级同一学校的学生进行比较,也要与同国家或该区域的既定标准相比较,只有通过比较才能进行科学的鉴定。在发挥评价的鉴定功能时,要防止由于鉴定所产生的副作用,比如过度竞争、片面发展等。

(二) 导向功能

小学教育评价的导向功能指的是以评价标准作为学生学习和教师教学的目标,通过评价可以引导学生和教师顺利完成学习和教学任务。在对待教育方面的问题,拥有不同价值观的人总是抱有不同的行为取向,因此必须正确发挥评价的导向功能来培养教师和学生合适的教育价值观。例如,在应试教育的评价标准下,考试成绩是衡量学生的标准,升学率的高低是评价教师教学水平和学校办学水平的标准,在应试的导向下,学校、教师、学生追求的都是分数。为了摆脱应试教育的束缚,我们必须在评价中重视学生的创新能力和实践能力,实现体、智、德、美全面发展,发挥评价标准对于促进学生身心健康发展的导向功能。

(三) 改进功能

无论是小学教育评价的鉴定功能还是导向功能,其最终目的都是为了改进教育的工作,改善小学学校的办学水平,优化小学教师的教学水平,提升小学生的学习水平,这就可以看出,改进也是小学教育评价的一个重要功能。通过评价,可以为学校各项教育决策提供客观依据,可以改进学校课程开发的能力,可以更新办学理念创新教育活动;通过评价,教师可以在帮助和指导学生的过程中,找到优化自身教学行为的依据,提升教学质量;通过评价,可以使学生找准自身的坐标和方向,了解自己的学习进程和表现情况,强化学习动机,激发不断进取的精神,改进学生的学习与发展。

(四) 管理功能

所谓管理功能,是指通过评价的反馈,获得有关教育过程和教育结果的信息,为优化管理服务,既包括宏观的教育行政管理,也包括微观的学校工作管理。就小学而言,管理水平的高低反映出该校的评价工作水平,而评价水平的高低又体现出领导者的管理水平,因此要重视教育评价的管理功能。首先,管理者可以根据管理目的的需要选择多种评价方式来把握学生的质量;其次,为了提高教师素质,学校可以加大对教师的管理力度,开展对教师的评价工作,调动教师工作积极性,加强师资队伍建设;最后,可以发挥评价在学科教学中的管理功能,改进学校课程管理的制度和能力,有效促进课程的完善。

(五) 研究功能

小学教育评价的研究功能不仅体现在教学工作的开发研究中,而且还体现在思想教育工作的开发研究中。一方面,为了改善教学工作,教师提高教学水准,可以通过评价活动对教学工作的状态和效果做出科学的判断。例如,小学教材改革的评价、小学生素质教育实施的评价等,都属于以研究为目的的评价活动。另一方面,为了引导学生形成正确的思想品德,班主任会对各种思想教育活动方式进行评价,利用多种形式调查学生,选择适合学生年龄阶段的最佳方案,这也体现了小学教育评价的研究功能。

小学教育评价的鉴定功能、导向功能、改进功能、管理功能和研究功能与小学教育评价本身并不是一对一的关系,一种评价的实施可能是多种评价功能综合发挥作用,而且这些功能作用的发挥是通过教育评价的实践活动体现出来的。因此,要想发挥小学教育评价的功能,就必须扎扎实实地开展教育评价活动。

第二节 小学教育评价的理念与原则

小学教育评价的理念与原则是教育价值观念直接作用于教学实践的杠杆,因此,任何不科学的理念与原则都有可能将教学实践引向错误的发展道路。可见,遵循科学的理念与原则是小学教育评价发展的必由之路,也是在实践中贯彻正确教育价值观的必由之路。具体来说,在评价目的上,要注重以人为本、以学生为本;在评价内容上,强调学生的全面可持续发展;在评价过程中,强调使用灵活多样的评价方法。同时,小学教育评价需要遵循教育性、真实性、协商性、多元性以及伦理性等原则。

一、小学教育评价的理念

科学的小学教育评价应以学生的全面发展为指导,强调以人为本、注重发展、方法灵活,形成一种目的回归、内容全面、重视过程的小学教育评价理念。

(一)评价目的:以人为本

传统的小学教育评价往往将评价结果以考试分数的形式呈现,这势必导致学生对高分的过分追逐和对名次的过分关注。社会和公众往往只以升学率来衡量一个学校的办学水平,这就会导致学校只重视跟升学考试有关的科目,只重视学生学习成绩,忽视对学生能力的发展与评价,这势必导致学生的片面发展。

因此,科学的小学教育评价理念要求我们树立正确的学生观,强调以人为本的评价目的,即重视学生作为主体的人的发展,尊重每一个学生的存在,尊重学生个体间的差异,促进学生个性良好发展,促进学生身心健康,发挥学生的主动性与创造性,体现教育过程的和谐与活力。对此,身为小学教师,在学生观上应该秉持学生的主体性,尊重作为个体的学生,尊重学生的真实需要;在评价观上,应该从整体评价的角度来重新审视学生的发展,尊重学生的多元化与个性化。基于此,小学教育评价应注意以下几点:"一是充分发挥评价对象的主观能动性;二是创设民主、和谐的评价氛围;三是重视情感态度方面的评价内容。"①

可见,以人为本的评价目的不仅关注学生多方面的潜能与智力,而且关注学生学习的积极性,还强调学生与他人之间的合作能力、良好的人际交往能力和社会行动能力。评价目的的综合性不仅可以正确判断学生的水平,促进学生的发展,还可以改善教师对学生的指导,对学生因材施教。只有抛弃传统的整齐划一的考试测验以及成绩评价的方法,通过了解学生的学习风格、多元智力以及学习心理学,利用科学的评价方式来使教师及学生直面自身,才能在改善教师教学的同时也让学生拥有真正的学习动机,学生更加了解自己、严于自律、自主学习。

(二)评价内容:注重发展

基于升学率的操控,小学教育评价的内容变得窄化,主要是围绕着学生的语文和数学知识开展。过于注重学生对基础知识和基本技能的掌握,忽视对学生学习过程与方法、情感态度与价值观的评价;过于重视学生的智育,而忽视学生的德育、体育、美育等的发展。

苏联心理学家维果茨基提出了"最近发展区"的理论,他认为儿童的发展有两种水平,一是现有发展水平,另一种是经过努力才能达到的水平,这两种水平之间的差距就是最近发展区。根据这一理论,小学教育评价不应仅仅着眼于学生的已有知识,不应让已有的水平限制了学生的发展,而应注重学生未来的发展,并为这种发展指明方向。

在评价内容上,科学的小学教育评价理念强调评价内容的全面性、发展性,注重对学生综合素质的评价以及对学生创新能力和实践能力的评价,而不仅仅是语文、数学等知识掌握的评价。注重发展理念的基本含义主要体现为发展性教育评价,其根本目的是促进评价对象的发展。在小学教育评价中,要关注小学生的实际需要,让学生了解自己的长处和不足,帮助学生制定符合自身需要的发展规划,激发学生学习的内部动机。它一改传统的单纯强调"对学生知识与技能方面的评价"的做法,把学生的"实践活动""学习能力"和"未来发展"也加入了评价之列,不仅兼顾学生过去的和当前的学习表现,更加注重学生未来的发展方向。

(三)评价过程:方法灵活

传统的小学教育评价过分强调传统的纸笔测验,忽视了多元化的评价方法;过分强调总结性评价,忽视了强调过程的形成性评价;关注学生学习结果但忽视了其学习发展过程,忽视了评价的教育发展功能。在纸笔测验中成绩优秀、分数高的学生就是"优生",成绩低的学生就成了"差生",有关学业评价的其他手段和方法都成为"应试"的附庸和摆设。

---

① 涂艳国.教育评价[M].北京:高等教育出版社,2007:71.

科学的小学评价过程中应该注重灵活运用多种贴近生活的方法进行评价。它启示我们在评价方法的使用中,除了传统的纸笔测验外,还要注重学期过程中的课堂提问、书面作业、行为观察、操作考核、量表评定、成长档案袋等较新的评价方法,由重视结果到重视过程,由单一的评价方法走向多元化的评价方法,注重学生追求真理的精神,注重学生对学习和生活的体验,促使其在体验中获得发展。

(1) 科学的小学教育评价理念关注的是学生的学习过程而不仅仅是学习结果,它贯穿于学习活动的始终,重视的是学生在学习中的体验。

(2) 它不仅是对学生日常学习行为表现、所取得的成绩的评价,也是对学生情感、态度、策略等方面的发展的评价,目的在于发现学生潜力,改进和激励学生的学习,帮助学生有效调控自己的学习过程。它注重被评价者的需要,使学生能够获得成就感,增强自信心,对生活满怀希望。

(3) 科学的小学教育评价不仅有利于学生的发展,也有利于教师发展。它强调评价主体的多元性,重视师生之间的交流和合作,是教师制定教学策略、选择教学方法的依据。

总的来说,传统的小学教育评价由于评价目的偏移、评价主体错位、评价内容和评价方法的单一,导致其测量结果只能表示儿童在学校的学习成绩,但是无法预言他们走出学校后的实际工作情况时的情况。在现代的学业成绩评价中,只有从学生发展的角度出发,倡导以人为本的评价目的、注重发展的评价内容以及方法灵活的评价过程,才可以实现小学教育评价的真正价值。

案例 8-2

他究竟该得多少分

在一次数学单元检测中,庄文涛只得了 46 分。在试卷讲评之后,我将一张空白试卷给庄文涛带回去重考。第二天他得了 98 分,非常高兴。谁知周围同学对他冷嘲热讽,并认为老师偏心。在这种情况下,我利用晨会在班上展开了一次"他究竟该得多少分"为主题的讨论。

开始大部分人认为应该算第一次成绩,理由是 46 分是庄文涛自己真正考出的成绩。

只有一人认为可以算第二次成绩,理由是不管庄文涛用了多长时间,是谁教他的,反正这些题他都会做了,说明他进步了。我赞扬了这位同学的善良与宽容。

也有同学提出可以算两次的平均成绩。平均数刚刚学过,我及时表扬他们活学活用。

> 我让庄文涛自己发表意见,他保证今后一定好好学习,争取下次考到90分以上。
>
> "分数并不重要,考试也不是目的。其实,在老师的心目中,庄文涛同学应该得的不是46分,不是98分,也不是72分,而是——"我转身在黑板上写了一个大大的"100"。
>
> "当然,这100分不光属于庄文涛,也属于你们每一个人。因为不管是订正的还是重考的,这张试卷上的内容你们都掌握了。不仅如此,更可贵的是你们还学会了理解与宽容,懂得了友爱与尊重。"
>
> 每个同学的脸上都露出了满意的笑容。
>
> 资料来源:曹慧.他究竟该得多少分[J].江苏教育,2006(7).

二、小学教育评价的原则

小学教育评价的实施并不是随意进行的,对评价的滥用往往不能发挥评价的真正作用,因此在评价的实施过程中需要遵循一定的原则。总体而言,小学教育评价需要遵循教育性原则、真实性原则、协商性原则、多元化原则和伦理性原则。

(一)教育性原则

教育性原则是指教育评价应在教育工作中发挥指导和促进作用,而不仅仅注重鉴定和选拔功能。如斯塔弗尔比姆(D. L. Stufflebeam)认为"评价最重要的意图不是为了证明(prove),而是为了改进(improve)。"[①] 具体而言,应做到以下几点:

1. 明确评价的目的

传统的小学教育评价强调甄别和选拔出"尖子生""优等生",并给予一定奖励,这种对班里学生进行明显的分层次、分等级的做法,会给所谓的"差生"带来无形的心理负担,进而影响他们的发展。真正的小学教育评价应该充分遵循评价的教育性原则,明确评价的目的,注重评价对全体学生的教育作用,注重发挥评价对学生的发展功能,要知道评价是为了提供反馈信息来促进学生发展,强化学生学习动机,从而使学生在知识、道德、情感态度与价值观等领域都获得进步。

2. 发挥评价的指导作用

无论是对学生学业发展的评价还是对教师教学能力的评价,都要遵循评价的教育性原则。因为评价是为学生的学习提供指导的,是为教师的发展提供指导的,评价本身不是目的,甄别和选拔优生也不是目的,发挥评价的教育性功能才是最终目的。小

---

① 瞿葆奎主编,陈玉琨、赵永年选编.教育学文集·教育评价[C].北京:人民教育出版社,1989:297.

学教育评价要以保证学生和教师的能力得到最大限度的发挥为宗旨,通过评价给评价对象以必要的指导,帮助他们改进学习或工作状态,使其调整自己的行为,更好地达成既定的目标。

(二) 真实性原则

为了得到准确可靠的评价结果,小学教育评价必须遵循真实性原则,具体而言,体现在两个方面:

1. 收集评价资料遵循客观性

这里在资料前强调"真实"二字,就在于防止有学生为了获得好的评价而"弄虚作假"——以不真实的资料来应付评价。为了获得真实可靠的评价资料,教师就必须从学生实际出发,尽可能多地了解学生,否则,就不能做出客观的评价。如果不能获得客观的评价资料,教师就会作出不真实的判断和评价,可能会造成学生内心的不平衡感,这种后果是不可低估的。而如果评价是客观的,就能更好地发挥评价的激励作用,使小学生信心倍增,奋发向上。

2. 展开评价过程遵循科学性

小学教育评价的真实性原则,要求评价主体在开展评价时,要使评价的目标体系、评价的方法程序以及评价的组织实施遵循教育规律、符合教育科学,严格按照教育规律、教育科学进行评价。在评价过程中,要采取措施防止教师产生先入为主的成见,要排除教师的个人情绪渗入评价的过程,要除去教师对学生的偏爱之情,保证评价结果结论的真实性。

(三) 协商性原则

小学教育评价应该遵循协商性原则,协商性原则包括评价主体的协商性和评价方法的协商性。

1. 评价主体的协商性

传统的小学教育评价往往是由教师或班主任进行的,是一种单一的评价主体。评价的协商性原则要求在评价主体上,不应再把学生当做是一系列评价的消极应付者,而应把他们当做主动参与评价者,鼓励教师、专家、学生、家长都参与到评价中来,将评价变为多主体共同参与的活动。"学生的家长和地区的居民、用人单位和社会各界人士或机构,对教育上的措施、学校教育的质量、学生的管理等,也都有权提出批评、建议和评价,他们也是教育评价的主体。"[1]小学教育评价的协商性是由小学教育及教育评价的共同发展趋势所决定的。

---

[1] 王汉澜.教育评价学[M].开封:河南大学出版社,1995:44—47.

2. 评价方法的协商性

评价的协商性原则就要求在评价方法的实施方面,实现量化评价与质性评价的良性结合。量化评价具有客观性的一面,然而越来越多的研究者发现应该在小学教育评价中融入一种整体性的评价,质性评价方法恰恰能够给学生提供弹性化的发展空间,可以与量化评价取长补短。因此,当前小学教育评价的一个重要趋势就是量化评价与质性评价的结合,实现评价方法的协商性。

(四)多元化原则

心理学家加德纳提出多元智能理论,可以作为解释小学教育评价应该遵循多元化原则的依据。

1. 评价内容遵循多元化原则

多元智能理论认为,人应该至少具有八种不同的智能,分别是语言智能、逻辑-数学智能、空间智能、音乐智能、身体-动觉智能、人际智能、自我认知智能以及博物学家智能(见案例8-1)。传统的小学教育评价中的语文、数学考试,往往只是单一地评价学生的语言智能和数学逻辑智能。依据多元智能理论,可以改变传统的"一元评价""唯智倾向"的弊端,使评价内容走向多元化。

2. 评价标准遵循多元化原则

根据多元智能理论观点,拥有不同智能优势的小学生会在不同领域表现出不同的才能,如语言智能高的人能够很好地理解单词和句子,并流利地运用语言和句子表达自己的意思,进行交流;天资优异的数学逻辑智能拥有者在解决数学问题时的速度往往快得惊人;而拥有较高人际关系智能的个体特别擅长观察别人的情绪和性格。评价标准遵循多元化原则,才能发现不同评价对象的闪光点,进而有利于因材施教、扬长避短。

(五)伦理性原则

伦理性原则是指评价者在评价活动中必须坚持的正当的行为规范。贯彻伦理性原则的基本要求主要体现为以下两个方面:

1. 尊重评价对象

教师要避免在评价过程中的"管理主义"倾向——"管理主义倾向就是一种以一对多、以不讲民主和民意的强权化评价,是傲慢的评价,这种评价倾向必然导致评价双方的对立,加深彼此的偏见。"[①]因此,小学教育评价的伦理性原则强调评价必须尊重评价对象,就是说在搜集评价资料的过程中,充分尊重学生的意愿和权利,学生有权知道要

---

① 赵玉英.中小学教育评价中的伦理问题思考[J].现代中小学教育,2005(10).

进行什么评价、为什么进行评价。

2. 保证评价公平

如果教师失去了公平公正和诚信的原则,评价的结果变成"优生"获得奖励,"差生"获得惩罚,那么这种评价就变了味道,失去了原本的意义。小学教育评价伦理性原则的核心就是其公平性问题,只有评价者保持正确的道德伦理观念,保证评价公平、无偏倚,才能获得真实性的评价,才能提高学生对评价的满意程度,发挥评价的多重功能。

第三节　小学教育评价的基本方法

评价方法是指在一定的教育理念和原则指导下形成的实现教育思想的策略性途径,它是教育的客观规律与理念原则的反映和具体体现。正确运用各种教育评价方法,对完成评价任务、提高教学质量、实现教育目的具有重要意义。具体到小学教育评价中,比较常用的是测验法、表现性评价和档案袋评价。

一、测验法

测验法是小学教育评价中最基础的方法,也是应用最多的一种评价方法。

（一）测验的含义

小学教育评价中的测验,指的是一种测量学生行为或成绩的工具。它通常由许多经过适当安排的问题和任务构成,通过学生对这些问题和任务的回答和反应来计算分数,并把分数作为判断学生情况的依据。

1. 据受测对象划分

依据受测对象的不同,测验可以划分为集体测验和个体测验,集体测验指的是可以同时有多个受测者参加的测验,个体测验则每次只能对一个受测对象进行测验。在小学教育评价中,集体测验的优点是一次面对众多学生,可以节省人力、物力和时间,缺点在于学生之间容易相互干扰,影响测验的信度和效度,因此需要精心地组织测验程序,使之相应简化。个体测验的优点是可以深入地对一个学生进行观察,获得相对全面的测验数据,然而个体测验的程序比较复杂,测验的实施要严格按照统一的程序和要求进行。

2. 据分数比较和参照标准划分

依据分数比较和参照标准的不同,可以将测验划分为常模参照测验和标准参照测验。常模参照测验是为了判断被试在所属团体中的相对位置,以学生团体测验的平均成绩作为参照标准,通过对比某一学生与该团体的成绩,说明该学生在团体中的相对位置,进而对学生进行分类和排队。标准参照测验的主要目的在于把被试同一个具体的标准相比较,从而判断被试与标准的差距或达到标准的程度。例如,通常小学常以60分作为及格线,80分作为优秀线来对学生所获得的成绩进行解释,重在个人与标准分数之间的比较,鼓励学生经过努力达到这一标准。

(二)测验的步骤

测验的实施,主要包括确定测验的目标、测验的内容、测验设计、测验的标准化处理等步骤。

1. 确定测验的目标

在进行测验之前,必须明确几个问题:小学教育测验是要测量学生的什么属性?是智力还是品德?测验的范围是语文还是数学?测验是用来选拔录取还是成绩分析?是常模参照测验还是标准参照测验?只有明确了这些问题,才是进一步实施测验的基础。

2. 确定测验的内容

在确定测验内容之时,要注意该内容能够达到测验的目标,符合测验的目的,可以反映该科教材的全部内容,并且测验的内容要难度、区分度适中,适合学生的程度,并能鉴别学生的学习水平,激发学生的进取心。

3. 测验设计

测验的设计又可具体细分为:测验形式的确定——集体测验还是个体测验,测验题目的确定——客观性题目还是主观性题目,测验题目的编排以及测验时间的确定。无论是哪一环节,都要由有经验的老师来进行科学化设计并保证测验的高度保密性,只有这样才能达到测验的良好效果。

4. 测验的标准化处理

为了保证测验的准确化,需要对测验进行标准化处理。"教育测验的标准化主要包括:测验内容的标准化、施测条件的标准化、评分规则的标准化、分数解释的标准化。"[①]测验内容的标准化指的要对所有学生实施相同的测验内容,并且测验内容具有适宜的难度和较高的区分度;施测条件的标准化指的是要对学生测验的环境进行控制,使所有学生具备相同的测验环境、时限和指导语;评分规则的标准化指的是要对所有学生采取同样的评分规则;分数解释的标准化是指当测验结束后,对所有学生公布分数时,要对分数有一个合理的公平的解释。

---

① 黄甫全.小学教育学[M].北京:高等教育出版社,2007:280.

（三）测验法的案例分析

前面介绍了测验法的含义和步骤，下面给出一个具体的测验法案例（每类题目只列举一题为例案例 8-3），以供参考。

案例 8-3

人教版小学四年级上册数学期中试卷

一、填空。(22 分)

最大的六位数是(　　　)。

二、判断。(5 分)

在有余数的除法里除数必须比余数大。(　　　)

三、选择题。(4 分)

372 和 329 之间该填(　　　)　A.＞　　B.＜　　C.＝

四、计算。(41 分)

8360＋(201－438÷73)

五、列式计算。(6 分)

82 与 15 的差乘 32 与 18 的和，积是多少？

六、应用题。(22 分)

打字员小李每分钟打字 45 个，小李 1 小时 20 分钟可以打多少个字？

资料来源：人教版小学四年级上册数学测试题[EB/OL]. http://wenku.baidu.com/link?url＝bDQI6roJrymnI9iO8pcWw0bCkygt_Yw0MfyabmYbN8_x4KocIniqDptrPqhh10Nd1wvgeP6-ZiW-SU5SxTjS-B3wJMOfDezfPmpG1hwo-IDa,2014-01-03.

案例 8-3 即为小学教育评价方法中最常用的测验法。具体来看，该测验为数学测验，考查小学四年级学生对该阶段知识的掌握程度。从试卷的结构来看，分为填空题、判断题、选择题、计算题、列式计算题以及应用题等六大部分，都是客观性题目，每一部分具有不同的分值，总分值为 100 分。可以从不同的角度来判断学生对所学知识的理解、掌握程度及运用能力，内容的难度和区分度适中，适合小学四年级的学习程度，并能科学地鉴别学生之间的差异和水平。该测验既可针对学生个体进行测验，也可针对学生整体进行测验。在实施整体测验中，若将该试卷发放在一个班级中施测，设置 60 分为标准线或及格分数，通过将每个学生的成绩与及格分数作对比，从而判断学生与标准的差距或达到标准的程度，则为标准参照测验；若将学生与所在班级其他学生成绩作对比，从而判断学生在所属班级中所处的相对位置或排名，则为常模参照测验。

二、表现性评价

在小学教育评价方法中,表现性评价也是一种行之有效的评价方法。它除了可以获得有关学生在学习中掌握知识技能的程度之外,还可以有效地评价学生的学习过程与方法,以及情感态度与价值观等。

(一) 表现性评价的含义

表现性评价指的是学生学习完一定的知识后,通过让学生完成某一实际任务来评价学生学习状况的一种评价方式。在实施中要求教师创设一个学生共同参与的情境性活动,让学生在活动中发现问题、分析问题、解决问题,让评价者通过观察和评估学生在情境中的表现,来判断学生对某一问题的掌握程度或某方面能力的发展水平。

有效的表现性评价能够激发学生的学习兴趣,提高学生参与课堂学习的积极性与主动性。要有效地使用表现性评价,首先要重视学生参与评价的过程,重视学生在教师的帮助下自定目标、自我评价、自我调整,获得全面发展。其次,要对学生在学习过程中表现出的行为或结果采用相应的评价标准,要有据可依,要体现出评价的可操作性。最后,要在评价结束之后,帮助学生发现自己的优势和不足,进一步促进学生的发展。在小学教育中,设计和实施表现性评价需要注意:一是评价要求在真实情景中进行;二是评价要能够激发学生高水平的思维能力和解决问题能力;三是要使用有意义的教学活动作为学生完成评价的任务;四是评价过程中要求学生通过演示、制作、创造等形式亲自动手做某事,五是教师要参与到评价和教学的环节中,并担任重要角色。

(二) 表现性评价的步骤

表现性评价的步骤主要体现为评价目标、评价内容及评价规则的确立,并在评价过程中考虑一定的注意事项。

1. 明确评价目标

一个明确的评价目标才能保证所实施的表现性评价达到最初设计的效果。设计表现性评价时,必须保证目的和任务具有高度相关性。也就是说,教师要十分明确自己在这个评价中可以得到哪些关于学生的信息,可以推论出哪些结果。

2. 确定评价内容

表现性评价不同于传统的测验法,评价内容除了包括测量学生的智力因素之外,还应包括学生的认知过程、问题解决策略和表达能力,除了测量学生对事实、原理、规则的掌握程度之外,还应能够表现出学生在学习过程中的基本心理、行为习惯和情感态度。

3. 制定评价规则

表现性评价并不是仅仅对小学生在活动中的表现进行简单的文字性的描述,当明确评价目标并确定评价内容后,教师应该考虑制定评价规则,只有制定了详细明确的评价规则,才能对学生的表现进行精确的详细描述,并使评价结果具有相当的可靠性。

4. 考虑注意事项

首先,表现性评价要综合运用多学科知识,避免评价的单一性,可以由多个教师共同设计评价情境,使学生获得最大程度的发展。其次,表现性评价要注意克服评价的主观性,保证评价的客观性,在操作中最好请多位教师评分,以避免"晕轮效应"(人们对他人的认知判断首先主要是根据个人的好恶得出)。可以将学生的表现进行量化,用数字将误差降到最低。

(三) 表现性评价的案例分析

前面介绍了表现性评价的含义和步骤,下面给出一个具体的表现性评价案例(见案例 8-4),以供参考。

案例 8-4

口语交际表现性测验

简介

无论是在校园内还是校园外,学生在日常生活中都要完成许多类型的讲话任务。

要完成一个讲话任务,讲话人必须向听话人简短地陈述某些信息。这一过程包括决定要说什么,将信息组织起来、根据听话人和场合的情况改编信息、选择传递信息所用的语言,最后正式表达。

任务样例

描述任务:想想你最喜欢的课或课外活动是什么。

突发事件任务:假设你独自在家,忽然闻到一股烟味,你打电话给消防队,而接电话的正好是我。

顺序任务:想一想你会烹调什么。

说服任务:想想你希望在学校看到的某一转变,假如我就是学校的校长,试着说服我。

总任务:即兴演讲。

评估标准

每次口头沟通根据四个标准进行评价,表达、组织、内容和语言。

表达

口头沟通表达方式的评定依据三个因素,即音量、音速和发音。

优秀演讲(3分),所有三个因素至少合格,并且有2~3个因素为优。

熟练演讲(2分),三个因素至少都合格。

部分熟练演讲(1分),三个因素不是都合格。

组织

口头沟通的组织评定依据两个因素,即交流中多个观点间的顺序和相互关系,也就是演讲中观点间的顺序和联系是否清楚。

优秀演讲(3分),两个因素都为优。

熟练演讲(2分),两个因素至少都合格。

部分熟练演讲(1分),只有一个因素合格。**内容**

口头沟通内容评定依据三个因素,即内容的量、内容与指定主题的相关性,以及内容对听众和情境的适应性。

优秀演讲(3分),所有三个因素至少合格,并且有2~3个因素为优。

熟练演讲(2分),三个因素至少都合格。

部分熟练演讲(1分),三个因素不是都合格。

语言

口头沟通语言评定依据两个因素,即语法和词语选择。

优秀演讲(3分),两个因素都为优。

熟练演讲(2分),两个因素都合格。

部分熟练演讲(1分),只有一个因素合格。

资料来源:[美]波帕姆.促进教学的课堂评价[M].国家基础教育课程改革"教师发展与学生成长的评价研究"项目组,译.北京:中国轻工业出版社,2003:144,215.

案例8-4中展示的是"表现性评价"的设计方案。首先,在"简介"中表明评价目标——评价学生确定表达内容、信息组织、改编信息、传递信息及语言表达等能力。其次,在"任务样例"中确定评价内容,包括描述任务、突发事件任务、顺序任务、说服任务以及总任务,通过这些不仅可以评价学生的口语交际能力,也可以使学生在评价中获得学习和发展。再次,在"评估标准"中制定评价规则,通过音量、音速和发音考查学生的表达能力,通过观点的顺序来考察学生的语言组织能力,通过内容的量等考察学生对语言内容的掌控能力,通过语法考察学生的口头沟通语言能力。综合以上因素,将学生的口语交际划分为三个水平:优秀演讲、熟练演讲与部分熟练演讲。最后,在整个设计中贯彻客观性原则,保障评价顺利进行。

从该案例中可以看出,教师创设了一个学生共同参与的情境性活动,评价者通过观察和评估学生在情境中的表现,进而判断学生对口语交际的掌握程度和发展水平。表现性评价不仅可以获得有关学生水平的真实数据和结果,还可以提高学生学习的积极性与主动性,同时也提升了教学与评价的质量。

三、档案袋评价

如果说测验法可以获得较客观的评价结果,表现性评价可以获得较好的关于学生综合表现的状况,那么档案袋评价则是一种最有效的获得有关学生学习过程评价的方法。

(一)档案袋评价的含义

档案袋评价,也称学生成长记录袋评价,是指由学生在教师的指导下搜集起来的,可以反映学生的努力情况、进步情况、学习成就等一系列的学习作品的汇集。档案袋"不只是由学生制作、由教师保存的一些材料的堆砌。档案袋应是学生材料的系统收集,由学区内大多数甚至全体教师和学生一起,在整个课程内容领域使用。"[1]档案袋中可以放入的内容包括:学生的作品集、教师根据学生平时表现所形成的行为检察表或观察记录表、一学期课程结束时教师对学生学习情况和学业成绩进行综合性评价的总结与评语。

档案袋评价具有以下特点:第一,可以深入全面地了解小学生的学习状况。它不受时间和地点的限制,在没有环境压力的情况下,学生可以通过与他人合作获得各种教育资源和参考资料,进而完成自己的学习任务。除了展示学生的学习成果以外,它还可以真实地记录学习过程,通过收集学生不同阶段的作品,分析比较学生成长的前后轨迹。第二,促进学生主动学习。通过让学生设立学习目标、选择放入档案袋的内容、监控学习过程、反思作品质量等方式,来发挥学生的主动性。第三,促进教学与评价相结合。档案袋评价是一种过程性评价,它反映的是学生的学习过程,反映的是学生在学习进程中的成果,因此应与教学活动融为一体,二者密不可分。

(二)档案袋评价的步骤

在实施过程中,档案袋评价主要有三大步骤,分别是组织计划、资料收集与选择以及成果展示与总结。

1. 组织计划

档案袋评价的实施,首先要明确目的,让小学生了解建立档案袋的意义,不仅可以促进学生进步,还可以向家长和社会传达学生在学校学习了什么。其次要制定教学目

---

[1] 钟启泉,崔允漷,张华.为了每个学生的发展,为了中华民族的复兴——基础教育课程改革纲要(试行)解读[M].上海:华东师范大学出版社,2001:292.

标,可从学习技能、口头表达能力、书面表达能力等方面与学生一起制定教学目标。最后可以通过展示其他班级档案袋样例的方式来介绍档案袋的优点,并告诉学生档案袋在期末评价中的重要作用,引起学生重视。

2. 资料收集与选择

首先要明确放入档案袋的内容,档案袋中的材料是多种形式的,包括书面作品、视频或音频材料等,既包括作品的最终版本,也包括第一版本和修改版本,每一个作品都应该标注日期,通过这些个性化的材料可以展示学生进步的过程。其次教师应该为档案袋建立一份评分细则,说明档案袋中的每一份材料如何评价。最后是搜集和积累资料,可以规定一些时限,要求学生上交部分材料,并对其进行指导,要求他们对每一作品反思:我从中学到了什么?我为什么选择这一作品?我有哪些进步?还存在什么问题?

3. 成果展示与总结

对档案袋成果进行展示总结,首先要对档案袋进行评价,教师和学生都应该根据预先设定的目标对档案袋内的材料进行评价,教师可以形成关于该生档案袋优缺点的概括性评语,学生也可以对自己的档案袋作一个汇报卡。其次是要展示档案袋,可以开一个面向学生的展示会,让学生之间进行对比和学习,也可以开一个面向家长和教师的展示会,向外界展示学生的学习情况。最后在学期或学年结束时,对档案袋进行总结,教师可以与学生谈论制作档案袋的过程,分析自己的收获和成长,并设定下一阶段学习目标。

(三)档案袋评价的案例分析

前面介绍了档案袋评价的含义和步骤,下面给出一个具体的档案袋评价案例见案例 8-5,以供参考。

> **案例 8-5**
>
> **"成长记录袋":将学生带入英语世界**
>
> **"Magic Box"诞生了!**
>
> 我将自己在业务进修中创建的"成长记录袋"展示给学生们看。孩子们传看着我与外教的合影,认真辨听我与外教的对话录音,小心地抚摸由美国犹他州立大学颁发的"英语教学教法"毕业证书,个个羡慕得不得了。我问孩子们:"你们是不是也想有一个这样的'成长记录袋'呢?"孩子们异口同声地回答:"是!"就这样,能体现英语学习特点的"成长记录袋"诞生了!
>
> **"Magic Box"里有何"宝物"?**
>
> ☆录音。我首先布置了一次"英语园地中的我"的自我展示录音作业,全班

29人全都交了录音带。我在每次英语课上,都利用三五分钟的时间,从最近的录音作业中选择几位同学的录音让大家听,并给予积极的评价。在评价学生录音的时候,我注意与家长积极配合。

☆单词图片。为直观地反映学生词汇量的增长,我就让每个学生把自己能认读的单词的教学图片贴在纸上,并登记上具体的日期。

☆纸笔作品。我利用低年级学生爱画画的特点,鼓励他们用图画把学过的英语单词或情景表现出来。

"Magic Box"将孩子们带入英语世界。现在,实验班的学生们爱上了英语课,喜欢而且敢于用英语表达自己的想法,这些都在一定程度上证明了实验的良好效果。

资料来源:谢爱民."成长记录袋":将学生带入英语世界[J].中小学管理,2002(5).

从档案袋评价的实施步骤来看,首先在组织计划阶段,案例中的英语教师将自己的"成长记录袋"展示给学生看,通过生动形象的材料引起学生的兴趣,并告知学生什么是成长记录袋;其次,在资料收集与选择阶段,引导学生将自己的录音、单词图片、纸笔作品等成长材料放入档案袋,这些材料不仅真实地记录了每个孩子英语学习的进步过程,也使教师能够更加立体地评价学生;最后,在成果展示与总结阶段,教师要注重与家长沟通,同时对学生进行指导。如样例所示,通过档案袋评价,激发了学生学习的热情和兴趣,在班级里形成了浓厚的英语学习氛围。一个成功的档案袋评价可以反映学生在教师指导下的进步情况和学习成就,不仅可以展示学习成果,还可以记录学生的学习过程,作为学生自己、家长和教师全面深入了解学生学习状况的依据。档案袋评价已不单纯是一种小学教育的评价方法,也渐渐成为一种融入课堂教育活动的教学手段,在促进学生的主动学习中发挥着重要作用。

本章小结

本章通过对小学教育评价的内涵与类型、理念与原则、基本方法的分析,阐释了小学教育评价的主要内容。小学教育评价是以教育目标为依据,以优化小学生发展、改善教育决策为导向,针对教育过程及教育结果,由评价者与被评价者共同建构的一种价值判断活动。根据分类标准的不同,小学教育评价可以划分为诊断性评价、形成性评价与总结性评价,相对评价、绝对评价与个体内差异评价,他人评价与自我评价,以及量化评价与质性评价。在小学教育评价的实施过程中,强调以人为本、注重发展、方法灵活的评价理念,注重评价的教育性、真实性、协商性、多元化、伦理性等原则。

小学教育评价的基本方法包括测验法、表现性评价以及档案袋评价等。测验法是指由许多经过适当安排的问题和任务构成,通过学生对这些问题的回答来计算分数,并以分数作为判断学生情况的依据,根据分数比较和参照标准的不同,可以将测验划分为常模参照测验和标准参照测验。表现性评价指的是在学生学习完一定的知识后,通过让学生完成某一实际任务来评价学生学习状况的一种评价方式。档案袋评价是指由学生在教师的指导下搜集起来的,可以反映学生的努力情况、进步情况、学习成就等,是其一系列的学习作品的汇集。在教学实践中应注重区分运用这三种评价方式。

思考与练习

1. 联系教育教学实际,辨析诊断性评价、形成性评价与总结性评价。
2. 搜集一个小学教育评价案例,结合小学教育评价基本理念进行分析。
3. 结合你自己的成长经历,分享你所理解的小学教育评价的多元化或伦理性原则。
4. 请为自己制作一个档案袋,记录自己某一阶段的成长历程。
5. 除了书中所列基本评价方法,请你设计一种新的小学教育评价方法,要求遵循小学教育评价的科学理念与原则。

参考文献

[1] 田友谊.当代学生评价的理论与实践[M].武汉:华中师范大学出版社,2012.

[2] 涂艳国.教育评价[M].北京:高等教育出版社,2007.

[3] 黄甫全.小学教育学[M].北京:高等教育出版社,2007.

[4] 刘本固.教育评价的理论与实践[M].杭州:浙江教育出版社,2000.

[5] 王汉澜.教育评价学[M].开封:河南大学出版社,1995.

[6] 翟天山.教育评价学[M].武汉:武汉工业大学出版社,1992.

[7] 瞿葆奎主编,陈玉琨,赵永年参编.教育学文集·教育评价[C].北京:人民教育出版社,1989.

[8] 教育部基础教育司,教育部师范教育司.新课程与学生评价改革[M].北京:高等教育出版社,2004.

[9] 钟启泉,崔允漷,张华.为了每个学生的发展 为了中华民族的复兴——基础教育课程改革纲要(试行)解读[M].上海:华东师范大学出版社,2001.

[10] [美]波帕姆.促进教学的课堂评价[M].国家基础教育课程改革"教师发展与学生成长的评价研究"项目组,译.北京:中国轻工业出版社,2003.

第九章　小学班主任论

> **学习目标**

1. 认识班集体的性质和职能。
2. 了解小学班主任的地位与职责。
3. 掌握小学班主任工作的基本原理和方法。
4. 理解小学班主任的专业素养及其发展路径。

小学班级是现代小学制度的产物,是学校教育的基本单位。小学班主任是学校任命或委派负责组织、管理小学班级的教师,是班集体的组织者和教育者,是协调各方面教育力量的中介者,是基础教育的重要力量。

第一节　小学班主任的地位与职责

学校的各种教育教学活动最终都会落实到班级来完成,班级管理的成败直接关系到整个学校的校风、学风和教学质量的好坏。因此,小学班主任作为教育工作的最基层组织者,对小学生的思想、学习、生活等各方面都肩负着重大的教育责任。

一、小学班级与班集体

"班级"这一概念来源于17世纪捷克教育家夸美纽斯提出的"班级授课制"。他在《大教学论》中倡导节约时间和精力、大量生产的教学方式——班级教学组织,并提出了自己的构想。他认为,"国语学校的一切儿童规定在校度过六年,应当分成六班,如有可能,每班应有一个教室,以免妨碍其他班次。"① "假如他(教师)把全体学生分成班级,比如十个人一组,每组由一个学生去管理,管理的学生又由上一级的去管理,如此等等。"② 这是夸美纽斯最初提出的根据年龄分班、各学年分别设置不同学科的方案。不过,班级授课制在学校教育中的普及是十分缓慢的,经历了将近两个世纪的时间,到18世纪、19世纪,班级授课制在欧洲才被学校广泛采用。随着班级授课制表现出

---

① [捷]夸美纽斯.大教学论[M].傅任敢,译.北京:教育科学出版社,1999:216.
② [捷]夸美纽斯.大教学论[M].傅任敢,译.北京:教育科学出版社,1999:125.

的独特优势,美国在19世纪30年代也试图发展班级授课制,从而替代个别教学,到19世纪末,美国广泛普及了按能力程度划分年级、班级,分别由一名教师负责各班的制度。

我国古代早就使用"班级"一词,不过与班级授课制不是同一概念,班级在我国古代指的是官位等级。直到1862年清政府在北京开办的京师同文馆,我国才第一次采用班级授课制这种教学形式,开创了我国班级教学的先河。1902年,清政府颁布了《钦定学堂章程》,班级授课制在全国广泛推广,至今仍是我国基本的教学组织形式。

知识小卡片 9-1

班级在我国古代指的是官位的等级,在一些古籍中曾多次出现。比如:"高下失序则位轻,班级不固则位轻。"(《申鉴·政体》)"下延胤息,叨践班级。"(《代谢男师损等官表》)"官久非难也,连其班级,自非才宜,不得傍转以终其课,则事善矣。"(《晋书·刘颂传》)

(一)班级是班级授课制的产物

作为一个特定概念,小学班级主要是指在小学,由一群年龄相当、目标一致、组织机构健全并受一定规章制度约束的小学生组成的教育教学基本单位。从小学生的角度看,班级是一种学习和生活组织;从教师的角度看,班级是学校教育的基层组织;从个体的社会化看,班级也是一种给小学生传递社会经验的社会关系存在。

(二)班级和班集体是两个不同的概念

班集体是一个以儿童与青少年为主体的,具有崇高的社会目标、以亲社会的共同活动为中介、以民主平等与合作的人际关系为纽带,并促进其成员的个性得到充分发展的,有高度凝聚力的共同体。① 班集体并非是班级个体学生的总和,而是班级群体发展的高级形式。苏联教育家马卡连柯(A. C. MakapeHKO)曾经说过:"我们不可随便拿一群个别的人作为集体。集体是活生生的社会有机体,它之所以是一个有机体,就因为它那里有机构、有权能、有责任,有各部分之间的相互关系和相互依赖。如果这样的因素一点也没有的话,也就没有集体了,所有的只是随随便便的一个人群罢了。"② 由此可见,不是所有的班级都能成为班集体,小学班集体的形成需要班主任对小学生进行思想教育,引领小学生健康成长。把初级形态的班级群体培养成高级形态的学生共

---

① 龚浩然,黄秀兰.班集体建设与学生个性发展[M].广州:广东教育出版社,1999:125.
② [苏]马卡连柯.马卡连柯全集(第5卷)[M].刘长松,等译.北京:人民教育出版社,1956:226—227.

同体,这也是班主任的工作核心和目标。

1. 健康的小学班集体应该具备的特征

(1) 共同的奋斗目标,这是班集体形成的基础条件,是班集体发展的方向和动力。

(2) 有力的领导集体,包括班委会、小组长和各学科代表,以及少先队等,团结有力的班干部是开展班级活动的保证力量。

(3) 健全的规章制度,规范和约束小学生的行为,形成良好的班级制度与纪律,促成小学生从"他律"向"自律"[①]的转变。

(4) 健康的集体舆论,作为影响小学生成长的精神力量,有潜移默化的作用,可以通过感染和熏陶使学生明辨是非善恶。

(5) 小学生个性的充分发展,健康的集体可以促进学生个性成长,小学生有不同兴趣爱好、学习方式、审美情趣,在参加集体活动时会有所选择,班集体的建设成功与否,很大程度上取决于小学生参与班级建设活动的积极程度。

> **知识小卡片 9-2**
>
> 马卡连柯认为,作为一个集体必须具备以下几个特征:
>
> (1) 集体有共同的奋斗目标,只有在追求这个共同奋斗目标的过程中才能把集体组织起来,形成集体的伟大力量。
>
> (2) 集体的建立与巩固必须以组织性和纪律性作为根本条件之一。在集体中,个人的目的和利益必须服从集体的目的和利益。
>
> (3) 集体是具有一定组织制度的管理机构,这一管理机构有权代表集体,并行使各种职责。
>
> (4) 有正确的集体舆论。
>
> 资料来源:朱镜人.外国教育思想简史[M].合肥:安徽出版社,2011:208.

2. 小学班级的特点和作用是通过班集体的创建与发展形成和产生的

苏联教育家高度重视"集体教育"的研究与实验,马卡连柯指出:"我们不应该只重视教育个别的人,而要重视教育整个集体,这是正确教育的唯一途径,集体是个人的教师。"[②]班集体作为小学生学习和生活的环境,为其发展提供了教育的可能。

---

① "自律"和"他律"是德国哲学家康德的伦理学术语。"自律"指不受外界的约束,不为情感支配,根据自己的"良心",从主体内在的道德观念中引申出道德原则,以强调道德原则的独立性和自身价值;"他律"指依据外界事物或情感冲动,为追求道德之外的目的而制约的伦理原则。康德认为只有遵循自律的行动才是道德的行为,从而要求他们服从"绝对命令"。参见陈章龙.新编哲学辞典[Z].南京:南京出版社,1990:163.

② [苏]马卡连柯.论共产主义教育[M].刘长松,杨慕之,译.北京:人民教育出版社,1955:58.

(1) 健康、有序、和谐的集体氛围为小学生的生命成长提供环境。对小学生来说，班集体是生活的重要场所，小学生在集体中找到安全感和归属感对学生未来的发展有极其重大的意义。

(2) 班集体作为一种教育性组织，可以促进小学生全面、系统、有效地学习科学文化知识，提高认识世界和改造世界的"做事"能力。同时，在集体生活中，小学生更易于内化社会规范，习得"做人"的本领。

(3) 风气良好的班集体有利于小学生形成良好的人际关系。小学生在与同伴的交往中进行角色辨析，发展自我概念。正如苏霍姆林斯基所说："不通过别人的态度并与别人相处，一个人是无法培养自己的独特品格的。"①

(4) 班集体对个人有着特殊的教育作用。相对于个别教育，集体有着强大而微妙的功能，小学生为避免被边缘化都会积极地融入集体，这对小学生形成积极的个性品质有重要作用。

二、小学班主任的地位

2006年6月教育部颁发的《关于进一步加强中小学班主任工作的意见》明确了班主任工作的地位："班主任岗位是具有较高素质和人格要求的重要专业性岗位"；"做班主任和授课教师一样都是中小学的主业，班主任队伍建设与任课教师队伍建设同等重要。"在此基础上，2009年8月12日教育部颁布的《中小学班主任工作规定》进一步规定了班主任的职责和任务，并把班主任的工作量计入教师基本工作量，这从制度上保障了班主任的主体地位。

根据《中小学班主任工作规定》的基本精神，小学班主任要负责一个教学班学生的思想、学习、健康和生活等方面的工作，是学校教育工作的最基层组织者，在学校中占有十分重要的地位，既是小学生生命成长的守护者，也是学生全面发展的引导者，同时还是协调各方面教育力量的中介者。

(一) 小学生生命成长的守护者

小学生处在生命中充满活力、各方面都需要发展和具有多种发展潜能的重要时期。因此小学教育有着生命性、基础性和未来性等特征，班主任在小学生的生命成长过程中的地位和作用是不可忽视的。一方面，小学班主任是与小学生接触最为密切的教师，对把握小学生生理和心理的发展情况有着得天独厚的优势，因此更能从满足学生需要的角度指导小学生全面发展。另一方面，班级作为小学生成长的基本环境，班级的管理和教育都直接影响着小学生的生命体验，因此，班主任需要积极创造条件，服

---

① 转引自芮秀军.班主任班级管理经典细节及对策[M].长春：东北师范大学出版社，2010：7.

务于小学生生命成长的需要,让小学生拥有快乐的学校生活,成为小学生生命成长过程中最坚强的守护者。

(二)小学生全面发展的引导者

小学生正处在发展成长的关键时期,在生理和心理上还不够成熟,世界观、人生观和价值观正在形成,很需要教师的正确引导和教育。小学班主任要了解和熟悉每一位学生的特点和潜能,实时掌握学生的思想、学习、身体的发展动态,对学生出现的问题及时处理,同时,对个别学生进行有针对性的教育和引导,不仅关注学生的当前发展,还要考虑学生进入中学阶段、大学阶段甚至一生的发展需要。在学校的教育教学活动中,班主任在给予学生知识关怀的同时,尤其要给予小学生精神关怀,促进每个小学生的个性发展和健康成长。

(三)协调各方面教育力量的中介者

小学生生活在复杂多变的社会环境当中,他们的成长过程受到多方面信息、多方面的教育影响,是多种教育力量综合作用的结果。各种教育力量存在不同程度的差别和不一致因素,班主任必须肩负起沟通、整合、协调各方面教育力量的责任。一方面,协调班级与学科教师的关系。班主任需要运用专业能力和教育智慧为师生创造机遇,强化学生尊重教师的意识,帮助师生建立融洽和谐的关系。另一方面,班主任是沟通学校、家庭和社会之间教育影响的纽带。班主任有责任为学校、家庭和社会提供沟通的渠道,对来自各方面的教育力量进行协调,形成教育合力,共同为小学生的健康成长贡献力量。

 知识小卡片 9-3

班主任之歌

都说你是最小的主任,
管着长不大的一群;
都说你是最棒的园丁,
画出了我们成长的年轮。
都说你是最大的官,
管着未来的部长将军;
都说你是最好的人,
就像我们的父母双亲。

粉笔白白,黑板黑黑,
你一笔一画告诉我们是与非;
教鞭直直,讲台方方,
你一言一行都是教诲谆谆。
啊,班主任,
你给了我们真善美,
让我们把理想放飞。

三、小学班主任的职责与任务

根据《中小学班主任工作规定》中"职责与任务"的规定,小学班主任的职责与任务包括以下五项。

1. "全面了解班级内每一个学生,深入分析学生思想、心理、学习、生活状况。关心爱护全体学生,平等对待每一个学生,尊重学生人格。采取多种方式与学生沟通,有针对性地进行思想道德教育,促进学生德智体美全面发展。"小学生个性差别大,自控力不强,这一项规定要求班主任充分关心每一个学生,关注其内心世界,因材施教,对班级内不同类型的学生进行个别教育和指导。

2. "认真做好班级的日常管理工作,维护班级良好秩序,培养学生的规则意识、责任意识和集体荣誉感,营造民主和谐、团结互助、健康向上的集体氛围。指导班委会和团队工作。"此项规定明确了班主任有班集体教育的职责,通过组织建设、制度建设、文化建设,培养小学生的集体意识,建立有利于学生个性成长的和谐班集体。

3. "组织、指导开展班会、团队会(日)、文体娱乐、社会实践、春(秋)游等形式多样的班级活动,注重调动学生的积极性和主动性,并做好安全防护工作。"开展班级活动是班集体教育的有效途径,小学班主任在严格遵守举办班级活动原则的基础上,应该尽可能多地根据小学生的不同兴趣、个性开展丰富多彩的活动,增强班级凝聚力。

4. "组织做好学生的综合素质评价工作,指导学生认真记载成长记录,实事求是地评定学生操行,向学校提出奖惩建议。"对学生的操行评定是班主任日常管理工作的一部分,这项规定被单列出来,更加突出了做好学生学业评定工作的重要性。

5. "经常与任课教师和其他教职员工沟通,主动与学生家长、学生所在社区联系,努力形成教育合力。"小学生判断是非能力较差,易受外界影响,班主任作为各种教育力量的协调者,有责任保护小学生的心灵成长,保证其所受教育影响的积极性和一致性。

第二节 小学班主任工作的内容与方法

小学班主任工作是一项复杂且艰巨的任务,其工作内容涵盖范围广,既包括作为一般教师的基本职责,也涵盖了作为班主任的专业任务。作为班集体的组织者和引导者,班主任的教育引导方法和管理措施直接影响学生良好品德的形成和个性特长的发展,也影响班集体的建设效果和学校的教育教学质量。

一、了解学生是班级管理的起点

了解学生是教育教学工作的前提,是班级管理的第一步。了解学生,有利于实现教育目标,建立良好的师生关系。正如乌申斯基所说:如果教师想从各方面教育人,那么他应首先从各方面了解人。① 小学班主任需要了解班级整体和班级内每个学生的情况,了解学生的方法有很多,这里将主要介绍以下几种方法。

(一) 观察记录法

这是班主任获得有关学生情况第一手资料的主要方法。班主任可以通过观察学生课堂、集体生活和日常生活中的表现,掌握学生各方面的真实情况,为日后施教积累素材,使日后的教育更有针对性和目的性。

观察记录的方法有很多,一位美国老师跟我们分享了他的方法。每年开学的时候,教室后面的墙都是空白的。第一天的课外作业,我就叫他们找最喜欢的、令他们受到鼓舞的名言警句。一周快结束的时候,给他们一张 20cm×60cm 的长方形彩纸,然后让他们将各自的名句写下来,最后将彩纸钉在墙上。当天的最后一节课堂上,到处都是彩纸和名句,学生们都很急切地将他们所喜欢的句子公布在墙上,这些引用的名言往往让我第一次真实地了解到学生的世界观。②

以上这位美国老师的策略不仅了解到学生心理和价值取向,同时还让学生用自己的手布置了教室,并进行了班级内部的交流和分享,可谓一石三鸟。

(二) 谈话法

班主任可以通过与学生面对面谈话来深入了解学生情况,一般分为个别谈话和集体谈话。一方面,考虑到小学生注意力不持久,通常只关注感兴趣的事,班主任可以从学生感兴趣的话题开始谈话内容。另一方面,班主任的态度要亲切诚恳,针对学生不同的性格特点,考虑说话的方式,利用学生容易接受暗示的心理特点,引导学生说出心里话。在谈话结束后,对谈话内容进行定期分类和整理。

某班主任见学生李某在看一本古文版的《三国志》,便主动与学生交谈想了解学生的阅读情况。老师让学生读读"三顾茅庐"这个故事,本意是想让学生懂得刘备之所以能称霸一方,是因为他心怀天下,求贤若渴。没想到学生这样说:"三顾茅庐其实也是诸葛亮的一条妙计,你想想一介草民能得到君王的器重,应该是一件求之不得的事情,诸葛亮却三番五次不露面,最后还得刘备亲自去请,因为他如日后想在宫廷上有一席之地,不让别人说闲话,必须让君王亲自出面,不然如以张飞这等人的性格能允许他在宫廷上指手画脚吗?……"教师听后目瞪口呆,了解到此学生对文学作品有如此浓厚的兴趣和独特的见解,于是便鼓励他参加作文竞赛。教师从学生感兴趣的话题

---

① [俄]康·德·乌申斯基.人是教育的对象:教育人类学初探(上)[M].郑文樾,译.北京:人民教育出版社,2007:26.
② [美]吉尔(Gill,V.).你必须面对的10种学生[M].朱一玲,译.北京:中国轻工业出版社,2009:4.

入手,通过简单的交谈便掌握了学生学习的兴趣,对以后的教育方向起了指导作用。①

(三) 查阅资料法

通过查阅学生的学籍档案和文字作品,了解学生的过去和现状。学籍档案记载着学生思想、学习、健康等方面的发展状况,查阅、研究学生的学籍档案是掌握学生家庭背景、学习、生活等各方面资料的重要途径。文字作品包括作业本、作文、考试卷等,可以帮助班主任了解学生的学习态度、兴趣特长、人际关系及思想状况。

有位教师不是教语文的,但她却常常翻阅学生的作文、笔记,从中了解学生。一次,她读到一个学生的笔记上的一段话:"今天,我连着好长时间蹲在地上观察蚂蚁的习性,有趣极了……"于是,她建议这个学生加入课外生物小组……后来,这个学生从厌学到对学习生物知识产生深厚的兴趣,学习其他课程也比以前专心了。②

(四) 调查访问

这是一种深入了解学生的方法。根据调查访问的内容,一般可分为了解学生一般情况的调查和对某一问题的深入调查。调查对象包括:同学、班干部、任课教师和学生家长等。班主任在了解情况的同时,应该做好记录,记载每个学生的思想品德、学习、劳动等方面情况,以便日后进行针对性的教育,也是积累资料和经验的一种途径。

二、班集体建设的程序和方法

班集体建设是班主任最重要的基本功,是班主任展开工作的首要任务。班集体建设的动态过程就是教育者通过各种手段将班级这一学校最基层组织培养成班集体的过程,它是班主任的工作中心,是学校教育教学和管理工作的基础,所以习惯上也把这一建设过程称为班集体建设。③ 班集体建设是一个破茧化蝶的过程,是班级管理的理想化状态。班级成员从松散到团结需要班主任和全体成员的共同努力。一般来说,班集体的建设包括以下内容。

(一) 目标建设

确立共同的奋斗目标是班级发展的动力之源,也是良好班集体形成的必要前提。从时段上看,班级目标分为长期目标、中期目标和近期目标。长期目标一般是以国家的教育目的为指向;中期目标是在长期目标的指导下一个学年或学期的目标,是长期目标的分解或重要组成部分;近期目标可以是一个季度、一个月甚至一周内的目标,具

---

① 谢梅芳.闲聊,从细致处见真情[J].班主任之友(小学版),2008(7).
② 林岩.班主任工作的策略和艺术[M].北京:教育科学出版社,2011:29.
③ 张作岭.班级管理[M].北京:清华大学出版社,2010:91.

有具体性、操作性的特点。实践表明,近期目标更能激起班级上进的勇气和信心。

班主任在确立奋斗目标时应遵循以下原则:其一,要遵循民主集中制原则,即班级目标由全班讨论决定。其二,采取小学生易于接纳的方法激励目标的实现,选择直观有趣的方法激励学生向目标迈进。

为了激励学生实现目标,班主任可以让学生画一棵"目标树",树干上写有"一年内建成班集体",树冠上挂着12个苹果,上面分别写着不同的要求,显示建设班集体的过程中要达到的目标。如果一个目标完成了,就在上面涂上红颜色,表示果实成熟,目标达成。[①]

以上这个方法形象有趣,能够激起小学生的兴趣和热情,可以有效地促进小学生实现短期内目标。

(二)组织建设

组织建设主要指班干部的选拔和培养。学生干部是班级的领导者,是班级的核心,是班级中的骨干分子,也是班主任开展工作的有力助手。因此,选拔出能给班级带来正向能量的班干部是小学班主任面临的重大课题。

班干部的选拔方式有很多,如任命制、民选法、自荐竞选、轮岗负责制。不论是哪一种方法,选拔的班干部都必须符合以下标准:第一,综合素质要优良,热爱集体、乐于奉献、顾全大局、号召力强、能够成为班主任的得力助手;第二,有和谐的人际关系和较强的组织能力。在选拔过程中,班主任要以民主的方式进行,以便取得学生的认可和尊重。同时,班主任还需要对选拔出的班干部进行有计划、有步骤地培养和指导,提高他们的工作能力。

案例 9-1

一张可以 N 次方的选票

在金老师的班委竞选上,为了体现民主与公平,金老师安排了三位学生进行选票统计,决定现场公布结果。可是,在统计结果出来之时,她发现自己内定的班长人选张某比当选票数少了4票,于是她灵机一动,宣布作为班主任她也应该参与投票,并且是1票等于5票。然后,煞有介事地填好交给学生统计,最后张某顺利入围班委9人大名单,金老师在协调分工时,又强调让张某担任班长。这一切看似天衣无缝,可是第二天黑板上却出现了一个让这位数学老师百思不得其解的公式:$1^{48} > 48^{1}$。

[①] 林岩.班主任工作的策略和艺术[M].北京:教育科学出版社,2011:47.

从这则案例中，我们可以看出，这一则公式后隐藏着学生对不民主制度的反抗，这位老师的暗箱操作导致了班集体建设的信任危机，降低了学生的积极性。

资料来源：熊华生.班主任工作教程[M].武汉：华中科技大学出版社，2013：110.

（三）制度建设

《中小学生守则》《小学生日常行为规范》都对班集体的制度建设作了指导性的规定。同时，班级也有自行制定的制度规范，主要体现在班规上。班规的建立是班级教育教学活动顺利进行，达成有效教育教学目标的基本保证。考虑到小学生活泼好动、自律性差等特点，小学班主任对班规的制定要更加具体，符合小学生的发展特点。比如，一些简单的口令"一二三，要坐端；四五六，要闭口。"这些操作性强的简单规则是约束小学生行为的有效手段。

合理的班规有利于规范班级成员的行为，是开展班级活动的保障。班规的制定需要遵循以下原则：第一，民主性——让学生积极参与班规制定的过程，使规则易于接受便于执行。第二，完整性——班规内容尽可能涉及各方面的内容。第三，形式和内容简洁、有特色、操作性强。第四，注重科学性和人文性，符合逻辑。正如《第56号教室的奇迹》中所述，纪律必须符合逻辑。

我从孩子们那听到最不公平、最不合逻辑的处罚通常是这样的：因为某个孩子在教室里捣蛋，所以老师就决定下午全班都不准打棒球。孩子们默默接受了处罚，但私下却恨死了。大家心想：肯尼掠了银行，为什么蹲监狱的是我？再举另一个经典的例子：约翰没有写数学作业，给他的惩罚是下午不能上美术课，或是下课时间不准离开座位。请问这两者有什么关联？[①]

（四）文化建设

班级文化是一门潜在的课程，隐藏着无形的、巨大的教育力量。班级文化建设的重点是形成良好的班风。良好班风的形成，需要班主任从以下几方面入手。

1. 注重舆论，树立正气

"良好的班风来自正确的集体舆论，班上要树立正气，使班里学生敢于坚持正确的言论和行动，抑制和反对错误的言论和行动，这在心理学中叫做'社会助长''群体压力'和'个人从众'现象……舆论从哪儿来？当然是班主任导演形成的，而班干部就是形成正确舆论的基本力量。"[②]

---

① [美]雷夫·艾斯奎斯(R.Esquith).第56号教室的奇迹[M].卡娜娜，译.北京：中国城市出版社，2009：8.
② 林崇德.教育智慧[M].北京：开明出版社，1999：208.

2. 严格要求,以身作则

小学生有极大的向师性,班主任的人格修养、习惯、学识、举止都会潜移默化地影响自己的学生,所以良好班风的形成也依赖于班主任自身的修养和魅力。

案例 9-2

我的班级文化之——"星耀梦之源"

一、班名

"星耀梦之源"(星耀:每个学生都是一颗星星,每颗星星都会闪光;梦之源:梦开始的地方)。

二、班级奋斗目标

把班级打造成一个品牌班级,让每一位学生都成为一名优秀的学生。

三、班级管理方式

自主化管理(学生是自主化管理的主体、班级是自主化管理的载体、班主任是自主化管理的"高级顾问"、文化管理是自主化管理的具体实施办法)。

四、班级口号:我们与众不同!

五、班级誓词

收起昨日的沮丧,我们笑看今朝;

摒弃昨日的彷徨,我们镇静从容;

忘记昨日的挫折,我们勇往直前。

不管成败,无论雨霜!

我们定会全力以赴、努力拼搏!

让汗水作证,让青春无悔!

每天早晨 8:20(周一为 8:15),学生们全体起立,由值日班长带领大家高声宣读班级誓词,然后投入到快乐的学习和生活之中。

六、班旗、班徽

创意源于我们的班名"星耀梦之源":一双强有力的翅膀足以承载所有学生的梦想,两条紧紧握在一起的手臂象征着团结和力量,夜空中繁星点点,象征着每一个学生都是一颗星星,每一颗星星都会闪亮,同时融入了(14)班这个班序,图案下方的源泉代表班级是梦开始的地方,因为大家坚信"星耀梦之源,圆梦在星耀"!

七、班歌:《为青春放歌》

("星耀梦之源"班学生/词　周军/曲)

茫茫人海中	启航青春
我与你相逢	追逐我们的梦
缘分注定你我携手同行	桨折断勿埋怨
我们都憧憬未来的梦	一直勇往冲向前
千万不要说什么不可能	还有属于我们的桅杆
迎着轻风	梦破碎勿叹息
带着笑容	迈向美好的明天
翱翔在蔚蓝的天空	我们一天一天往前赶
即使折断翅膀	走向梦想的彼岸
也不怕痛	

(歌词充满了自信、阳光、青春、活力,旋律优美动听。每当唱起班歌时学生总是精神百倍,激情四射,歌声回荡在校园,点燃学生激情的同时也感染了前来上课的老师。)

八、标语

惜时:闻鸡起舞,争分夺秒赢理想

励志:发愤图强,顶风傲雪逞英豪

九、班级特色活动项目

1. 用分计量,用心成长

① 远眺三分(钟):(利用班级顶楼优势)

② 精彩十分(钟):(中午分时段放学,变焦急的等待为快乐的享受)

③ 挤兑二十分(钟):(利用好闲杂时间)

④ 疯狂三十分(钟):(早晨为学习而疯狂)

⑤ 高效六十分(钟):(给生活一个高质量)

⑥ 悦读一百分(钟):(一周之内,让读书伴我成长、开阔视野)

打开日记,记下今天的思考;

闭上双眼,又是幸福的一天。

2. 三项"大奖"

① "班主任"奖:奖给最受欢迎的值日班长和值日最认真的学生,每位同学可获得一本由班主任签名的笔记本,分别是"最佳助手"奖和"优秀值日生"

奖,统称"班主任奖",奖品经费来自班主任个人。②"星耀"奖:奖给班里在某方面表现尤为突出的学生。

③"梦之源"奖:奖给班里进步最快的一名学生和一个组(配合"动车组行动")。

3. 自主学习周:丰富了自主管理的内涵,深挖了自主管理的精神,我们的自信更加有底气,我们的笑容也更加真实且发自内心……

4. 动车组行动:让每一组都产生动力,让每个人都产生动力!

5. "年度感动人物":"星耀梦之源"因他们而感动!

6. "我晒我心"行动:做一个真实的人,做一个大写的人。

资料来源:贺华义.我的班级文化之——"星耀梦之源"[J].班主任之友(小学版),2010(3).

三、小学生的全面教育引导工作

小学生正处于成长发展的关键期,在生理和心理方面都还不够成熟,对学生进行正确的引导和教育是班主任工作的重中之重。

(一)小学生教育的内容

1. 对学生进行思想品德教育,引导学生树立正确的世界观、人生观和价值观

小学教育阶段思想品德教育的主要内容有:开展热爱学习、立志成才教育;开展孝亲敬长、爱集体、爱家乡教育;开展做人做事基本道理和文明行为习惯养成教育;开展热爱劳动和爱护环境教育;开展尊重国旗、国徽,热爱祖国文化的爱祖国教育;开展社会生活基本常识和安全教育。

2. 给予学生一定的安全法规指导和健康指导

安全与法规指导应该作为小学班主任的头等大事,班主任可通过带领学生学习《中小学生守则》《小学生日常行为规范》及有关交通安全法规等,增强小学生的安全意识和生存、生活、自防、自救及遇事处理的能力。同时,小学班主任有责任对小学生给予生理和心理方面的指导。一方面,向小学生普及有关生理健康的知识,及时发现小学生生理过程中出现的问题并予以帮助;另一方面,小学班主任要创设健康的心理氛围,帮助小学生正确认识自己,及时给予心理上的疏导。

3. 关注学生的全面发展,帮助学生挖掘自身的潜能

教育部在颁发的《关于进一步加强中小学班主任工作的意见》中提出要关注每一位学生的全面发展。根据美国心理学家加德纳的多元智能理论,人们的智能不存在高低层次之分,只是智能偏向不同。苏霍姆林斯基指出:"对智力才能的不平等,早在童

年与少年时期,学生自己也渐渐看清了,他们把这种不平等理解为注定的、并非所有人都能达到同样智力发展限度的原因——这种情况正是今天实现全面发展思想中遇到的一系列困难和一系列极其重要的、微妙而复杂的问题的根源。教育者的任务就在于,不要让某些受教育者感到这种不平等是一种不幸。"①

(二) 如何教育和引导小学生

小学阶段,不同年龄段的孩子特点差异比较明显,因此小学班主任在教育和引导不同阶段的学生时,所采用的方法和技巧也是有差异的。现将6~12岁儿童分为三个阶段,分别叙述不同阶段班主任的工作方法。

1. 一~二年级阶段

此阶段属于小学低年级段,学生还在适应小学生活,尤其是一年级刚入学的儿童,需要班主任的悉心引导。这个阶段的学生表现出以下特点:第一,好奇多问,爱听故事;第二,活泼好动,喜欢游戏;第三,自控能力差,以自我为中心;第四,喜欢交友,关系松散。

针对以上小学低段儿童呈现出的这些特点,班主任的教育和引导要注意以下几个方面:首先,爱护孩子的好奇心,耐心解答孩子提出的问题,呵护孩子求知的积极性。其次,为学生营造良好的学习环境,多组织活动和游戏,有意识地发展孩子的思维能力。再次,注重学生人格的培养,促成其养成良好习惯。最后,进行必要的安全教育,促进孩子健康成长。

2. 三~四年级阶段

此阶段可被称作小学中段,这一阶段的学生认知、思维、情感都得到了进一步发展。在人格方面,学生的个性差别很大,自主意识增强;在学习方面,学习热情较高,学习压力感出现;在参与集体活动方面,更加积极,呈现出成群结队玩耍的现象。

对于小学中段的教育和引导,班主任要注意以下几个方面的工作:第一,注重学生独立意识的培养,鼓励学生自己的事情自己做。第二,加强集体主义教育,班主任要开展多样的班级活动。第三,引导学生形成自己的学习方法和学习习惯,培养学生的阅读习惯。第四,开展生存教育和生命教育,宣传安全防范意识,提高孩子自我保护能力。

3. 五~六年级阶段

该阶段属于小学高年级段,其发展水平达到更高层次。第一,竞争意识增强,重视学习评价。第二,独立能力增强,团体意识发展。第三,课业负担加重,学习态度分化。第四,身体发育处于增长率高峰阶段,女生的发展速度略快于男生。

五~六年级阶段班主任的教育引导工作不同于低段和中段。第一,班主任要引导学生树立正确的竞争意识,树立正确的成绩观。第二,注重培养学生的自控能力和意

---

① [苏]苏霍姆林斯基.给教师的建议[M].杜殿坤,译.北京:教育科学出版社,1984:361.

志力。第三,鼓励学生积极参与社会实践活动,促进自我角色意识的形成。第四,及时开设"女生课堂",进行青春期生理知识的教育,引导学生正确认识生理现象,以喜悦的心情和恰当的方法迎接自己身体的成长。

四、开展班级活动

小学班级活动特指由班级管理者设计和组织的、班级成员共同参与的教育性活动。班级活动组织的成功与否在很大程度上影响班级管理的效果,小学班主任需要根据小学生的年龄特点,通过有效的班级活动对学生施加教育影响。

(一)小学班级活动形式

目前,已成型的班级活动主要是班会,可分为常规班会和主题班会。常规班会是定期举行的、以对学生进行常规教育为主的班级学生会议,主要内容包括:班主任对学校的工作计划的贯彻落实,确立班级奋斗目标和工作安排;弘扬正气,批评错误言行;处理偶发事件,对学生进行教育;组织学习相关文件;选举、改选或调整班干部;对班级工作进行阶段性总结。

主题班会主要是从学生发展的实际需要出发,在班主任的指导下,班级确认一个教育主题,内容和形式较为灵活的班级活动形式,是对传统班会形式的改革。主题班会一般可分为四大类:思想品德教育活动,旨在引导学生树立正确的人生观、价值观;学习教育活动,旨在激发学生学习热情,开发智力资源,如学习经验交流、作业展览;生活态度和生活技能教育活动,旨在帮助学生形成良好的人际关系,学会理解和宽容,提高生存能力;审美教育活动,旨在发展个人特长,培养学生的审美情趣[①]。

班级活动的范围非常广,除了主题教育活动、常规班会外,还有许多其他活动,如班级春秋游、体育活动、文艺活动、知识竞赛、课前一支歌等。同时,在小学阶段,少先队活动在班级活动中也占有重要地位。少先队组织是在学校党组织领导下的少年群众性组织,是学生群体中的有生力量,是学校及班主任对学生进行教育的有力助手。

(二)开展班级活动的原则

班级活动的根本目的是促进学生的全面发展,开展班级活动是班主任工作的重要内容。班级活动的开展需要遵循以下原则。

1. 教育性

班级活动的教育性在于促使学生在活动过程中身心发生积极变化。活动的教育内容要符合现代教育的改革方向,但教育不等于苍白的说教,应该寓教于乐,符合小学生的身心特点和认知规律。

---

① 林岩.班主任工作的策略和艺术[M].北京:教育科学出版社,2011:136—137.

某二年级一班进行"我们的地球我们的家"的主题班会,班主任事先让几位同学准备好发言稿,并要求将稿子内容熟记于心,在班会课上,这几位学生依次背诵了自己的发言稿,当其中一位同学背得不熟时,下面的同学都偷着乐,庆幸站在讲台上的不是自己。最后,班主任总结了班会,告诉学生要爱护环境,保护地球。①

班主任把这次主题班会成功地变成了背诵课,类似这种形式化的说教毫无教育意义。

2. 针对性

从本班学生思想实际出发确立主题,突出本班学生思想教育的特色与特点,反映学生中普遍存在的带有倾向性的典型思想或行为问题,对症下药。例如,某班主任针对学生不节约用水的陋习,展开了一次节约用水的主题班会。

一天放学前接到了停水通知,我趁机给学生布置一道家庭作业:回家观察自家停水后的日子是怎么过的,把所观察到的情况和自身感受记录下来,第二天趁热打铁开了主题班会,请同学们交流,谈自身心得并提出解决办法。同学们因亲身经历,所以发言踊跃,"今天我把停水、学校放假的事跟妈妈说了,妈妈马上找来水桶、脸盆……凡是家里可盛水的器具都用上了……停水的日子真的好难受。"在我的引导下,同学们意识到节约用水的重要性。抓住教育的契机,针对学生的问题采用无痕的教育达到想要的效果。②

3. 多样性

小学生有着活泼好动、求知、求乐、求新的天性。因此,班级活动要不断创新,内容上丰富多彩,形式上不拘一格,增强趣味性。

文体型主题班会,以"祖国,您好"为主题的国庆文艺演出,以"笔下走龙蛇、丹青绘宏图"为主题的书画表演;竞赛式主题班会,如:"我和 ABC 交朋友"趣味英语竞赛,"漫游智力世界"学科智力竞赛;模拟式主题班会,如:"与时间老人座谈"想象情境班会,"警钟在这里长鸣"模拟法庭辩论班会。这种多样性的主题班会能把思想性、趣味性、知识性、教育性有效结合起来,最大限度地调动学生的积极性和参与热情,做到寓教于乐,寓教于实践。③

除上述原则之外,诸如主体性、创造性、时代性、实践性等原则也是开展班级活动应该遵循的。

五、日常管理

班级管理是小学班主任的日常工作内容,是班级工作的基础,是规范小学生行为的重要步骤。一般来说,小学班级管理分为班级常规管理和非常规管理两个方面。班

---

① 本材料根据笔者在 X 小学实习记录整理而成。
② 朱晓英,许亚燕. 同样的话题,别样的精彩[J]. 班主任之友(小学版),2009(3).
③ 贾玉香. 主题班会及其形式[J]. 班主任,2006(5).

级常规管理涉及的内容多、范围广,主要分为纪律常规管理、学习常规管理、活动交往常规管理、环境和安全常规管理等。非常规管理主要是对班级中偶发事件的处理。小学班主任的日常管理工作甚是复杂,应该调动各方积极参与,既要发挥好班干部的模范作用,又要争取各科教师以及家长的配合。

中国的班级管理有自身特色,我们可以通过中美班级管理运作比较(见表9-1)更好地理解。

表 9-1 中美班级管理运作比较①

中国(以中国大陆为主,兼顾台湾)	美 国
1. 班级相对固定。	1. 课堂中学生群体是流动的,上不同老师的课,有不同的伙伴和不同的团体。
2. 教室属于学生的领地,学生座位相对固定。	2. 教室是教师的领地,学生轮流在不同教室上相应教师的课。
3. 中国内地中小学有两种岗位,一是科任教师,二是班主任。	3. 美国中小学没有与中国相应的班主任岗位。
4. 班主任的工作对象是班级,他在进行班级管理。	4. 没有班级也就没有班级管理,只有课堂管理。②

案例 9-3

变出班级管理艳阳天

班级管理工作,需要的是我们不断地创新,需要我们经常注意变化。变是智慧,变是精彩,变是惊喜。

"固定"变"创新"

黑板报是班级文化的主阵地。以前,我们学校的黑板报都是每月更新一次,由老师或者优秀的学生排版设计进行评比。这种方式锻炼不了学生的能力,再加上一成不变的版式,引不起学生的兴趣,时间长了,颜色淡化,甚至影响教室的美观。如何充分挖掘黑板报的作用,培养学生的能力,激发学生的学习兴趣呢?我决定对它进行全方位的改版。首先,名称改为"成长乐园",成长乐园由五个部分组成:"热点追踪"——记录学校或班级重要的事;"温馨提示"——提醒学生注意安全,防暑防寒;"文化长廊"——了解各类文化知识;"班级精神"——促使学生明确奋斗目标;"我为小组争光彩"——让学生们

---

① 熊华生.班主任工作教程[M].武汉:华中科技大学出版社,2013:36—37.
② 李家成.美国locker·中国教室——走进班主任研究的异域空间·之一[J].班主任之友(中学版),2012(3).

在竞争中成长。其中,"我为小组争光彩"是一个为培养学生各方面能力而设置的比赛栏目,它由五部分组成:纪律、班级小故事、争做最棒小老师、精彩段落背诵、综合测试。"成长乐园"由学生排版设计,各小组轮流主办。

黑板报变"成长乐园",极大地调动了学生的学习积极性和强烈的竞争意识,并且在竞争中,培养了学生各方面的能力,收获多多,快乐多多。

"口头"变"书面"

以前,每次学生犯了错,或是有了很大的进步,我都会在班务会上公开批评或表扬。得到表扬的自然兴高采烈,却没想着要做得更好;挨到批评的却垂头丧气,打不起精神,甚至于批评多了,有些学生还破罐子破摔。何不把口头变成书面呢?我决定试试。

1."成长记录本"话真情——在我们班上,每个学生都有一本成长记录本,星期四是固定的成长反思日。经典阅读时间,学生在成长记录本上写一篇文章,如《我进步了》《老师,我想对你说》,然后老师根据每个学生的表现,对照学生的作文,写下评语,提出建议。星期五,一周操行评分扣五分以上的学生写一份八百字说明书。一个月后,学生把成长记录本带回家,交家长查阅,并且由家长写下《我想对孩子说》。这本成长记录是通过书面语言,使老师、家长、孩子达到心灵的沟通。一方面让老师和家长及时了解学生的思想动态,及时进行教育;另一方面促使学生进行自我反思,从而形成良好的行为习惯。

2."我的荣誉证"记录孩子成功的轨迹——根据每项操行分的多少,每个月评出在某一方面特别优秀的学生,一份贴在墙上,另一份由孩子带回家。荣誉证上有老师、孩子和班干部共同撰写的颁奖词。如九月份,我给佩林的颁奖词是:佩林,喜欢你的活泼开朗和你阳光般的笑容;欣赏你优美动听的歌声和迷人的舞姿;感谢你协助老师管理好班级事务,无私地帮助同学。九月份,你以满腔热情活跃在学校的各项活动中,同时你用你的魅力感染着他人,用阳光般的关怀温暖着他人,你不愧是"大拇指"班的领头雁。荣誉证贴到墙上时,孩子们都很兴奋,特别是在得知有一份可以带回家时,高兴之情溢于言表。荣誉证,让学生明白,只有付出,才会有收获;荣誉证还让学生体会到成功的喜悦,自信心不断增强。

变、变、变,变出精彩,变出惊喜,变出激情,变出活力,变出班级管理的艳阳天。

资料来源:刘道兰.变出班级管理艳阳天[J].班主任之友(小学版),2010(12).

案例9-3中班主任的管理贵在"创新"二字,班主任对传统的管理方法稍加改动,管理效果明显不同,对学生思想的引导,行为的规范,甚至习惯的养成都打破了以往惯有的模式,这恰巧符合小学生的心理特点,能够被学生接纳。案例中班主任改变的是管理方法,实质是也将学生变成了管理中的主体,学生从过去的"被管理者"的角色下解放出来,转而成了班级的主人,这位班主任灵活、智慧的管理方法迎合了学生需要,充分调动了班级中每一个学生的积极性。

第三节　走向专业化的小学班主任

随着社会分工的日益精细,专业化已成为职业发展的必然趋势和职业成熟的重要标志。小学班主任专业化不仅有利于提高班集体建设水平,而且有利于提高班主任岗位的社会地位,满足个人成长需求。因此,班主任专业化必然成为未来的一种发展趋势,班主任需要探索各种有效途径提高自身的专业水平,从而树立良好的职业形象,争做优秀班主任。

一、小学班主任的专业素养

班主任专业化是教师专业化基础上的更高层次的一种专业化。所谓班主任专业化,是指以教师专业标准为基础,在教育实践中,逐步掌握从事班主任工作的教育理论知识,不断积累并丰富班集体建设的实践经验,努力提高自身学术水平和教育科学研究能力,全面有效地履行班主任职责的过程。[1]

目前,国家还没有出台关于班主任专业化的统一标准,但根据专业发展内涵和教师专业发展内容来看,小学班主任的专业发展可分为专业信念、专业知识及专业能力三个方面。

(一)专业信念

专业信念是一项事业、一个专业岗位要求从业者信奉或坚守的理念,起着为专业指导方向、提升层次和提供动力的作用。[2] 小学班主任的专业信念主要表现在:第一,勇于承担班集体建设的光荣使命,以组织、教育、管理班级为神圣职责,坚持民主管理。第二,关爱学生热爱每一个学生,关注学生的心理状态、道德情操、审美情趣等方面的成长与发展,给予学生精神关怀。这是小学班主任最宝贵的职业情感。第三,有较强

---

[1] 林岩.班主任工作的策略和艺术[M].北京:教育科学出版社,2011:260.
[2] 熊华生.班主任工作教程[M].武汉:华中科技大学出版社,2013:290.

的责任感和使命感,以做"好老师"为志向,以教好学生为己任。

总的来说,在小学班主任工作中,班主任的专业信念显得尤为重要,是其工作的动力,是做好班主任工作的前提条件。

(二)专业知识

班主任不仅要精通本专业知识,而且知识面应该比一般科任教师更加广博。首先,班主任需要掌握相关理论知识,如教育学、心理学、管理学以及社会学等方面的知识。其次,加强实践性知识的积累,这类知识对小学班主任来说最为丰富且有价值,对解决实践中遇到的各种各样的问题和开展各种活动有指导作用。最后,持续积累人文科学知识,这类通用性知识广博、漫无边际,似乎不能称作专业性知识,但它却是班主任专业发展所必需的,可以使班主任在工作中左右逢源,得心应手。专业知识是班主任形成专业能力的必要条件。若没有知识,无异于"没有文化的保姆"。以下这位班主任的自述就是很好的例证。

自习期间,看我们班同学在做《我爱故乡的杨梅》这一课的练习题,有位学生突然问我:"老师,杨梅是什么样子的,有多大呢?"我一惊,自己也没有见过,于是就翻开课本,看课文里说"杨梅圆圆的,和桂圆一样大小,遍身生着小刺",随即就用手比划着,告诉他:"和桂圆一样大。"第二天,恰巧办公室同事带来杨梅给大家品尝,我一看,杨梅竟然有核桃大小,与课文中描述得很是不符,我意识到跟同学讲错了,于是,我赶紧拿着杨梅进教室,跟学生解释:"老师昨天给大家说错了,大家看,现在的杨梅是这样子的,跟核桃差不多,课文中作者说的如桂圆般大小应该是作者那个年代,过去很多年了,杨梅也发生了变化,所以人家看到的真实的杨梅应该是这样的。"事后,我想,要不是自己亲眼见到了杨梅,就会告诉学生错误的知识,那样的话,他们虽然学了这篇课文,以后见了杨梅可能仍然不认识呢,班主任还真是需要了解各个方面的知识。①

(三)专业能力

班主任的专业能力指班主任在工作中形成的,围绕班级管理、学生思想工作的一整套顺利完成教育工作的实践能力。② 小学班主任的专业能力主要包括:

(1)了解、研究学生的能力。班主任需要具备敏锐的观察力,既要善于搜集学生的相关信息,又要学会判断信息的真实性和可靠性。

(2)组织管理班级的能力。建设班集体是一项复杂、艰巨的工作,小学班主任工作更是琐碎、复杂,因此需要班主任在实践中摸索经验,锻炼自身的组织管理能力。

(3)沟通、协调能力。

---

① 本材料整理自西安新城区韩森寨小学王洋老师的电话访谈记录。
② 熊华生.班主任工作教程[M].武汉:华中科技大学出版社,2013:291.

(4) 一定的教育科研能力。

(5) 有一定的才艺修养。多才多艺的班主任不仅有利于师生沟通,树立教育威信,形成良好师生关系,而且对于班级文化建设、创设良好的心理氛围也是大有裨益的。

总之,在小学班主任工作中,专业信念是动力源泉,专业知识是资本,专业能力是策略,三者之间相互作用,相互依赖,缺一不可。

二、小学班主任的专业化发展路径

尽管班主任的专业发展并非一个全新的话题,但目前我国小学班主任的专业化水平依然面临许多挑战,教师专业发展日趋成熟使得班主任专业发展的必要性更为凸显。在探索小学班主任专业发展路径的过程中不难发现,班主任自身自主发展尤为重要,同时,形成专业发展共同体也能为成员提供有利的成长环境,除此之外,班主任培训制度的完善和外部激励制度的改进也是其不可或缺的保障性条件。

(一) 自主发展

小学班主任的专业化发展,首要条件是班主任能够自觉意识到班主任专业的特殊性,最重要的还是依赖于班主任有意识地进行自主发展。

1. 专业阅读

作为教师这一角色的细化,班主任工作也需要专业知识、专业技能、专业思维和专业理念,而专业阅读能够成为班主任思考问题、解决问题、创新工作方法的原点。所以,专业阅读是班主任专业发展的重要源泉。2011年,对1082名中小学班主任阅读情况的调查表明,超过70%的中小学班主任每年无法阅读一本完整的书,碎片化阅读、浅阅读①成为他们读书的常规方式。② 班主任要做到坚持阅读,可以从以下几方面着手:首先,培养读书的兴趣,以实用为指导;其次,与同伴交流来促进阅读,通过群体共读、分享阅读,激发阅读兴趣;最后,将阅读与写作共同进行,写作激发思维,阅读是思维的来源,通过写作激励阅读,通过阅读反过来给写作提供思路。

---

① "碎片化阅读"是指通过手机短信、电子书、网络等电子终端接收器进行的不完整的、断断续续的阅读模式。参见王波岚.碎片化阅读对中学生文学鉴赏能力形成的影响研究[D].成都:四川师范大学,2013:5—6."浅阅读"是指阅读不需要思考而采取跳跃式的阅读方法,所谓囫囵吞枣、一目十行、不求甚解,它所追求的是短暂的视觉快感和心理的愉悦。参见李劲.论浅阅读时代图书馆对大众阅读的深度引导[J].图书馆学究,2008(4).

② 熊华生.班主任工作教程[M].武汉:华中科技大学出版社,2013:313.

> 知识小卡片 9-4
>
> **班主任读物介绍**
>
> ［1］魏书生的《班主任工作漫谈》(北京:文化艺术出版社,2011年)
>
> 郑立平评论:本书不仅讲了班主任应该怎样科学管理班级,如何教育特殊学生,更重要的是魏书生老师还把班主任的自我改变摆在了重要位置。对新班主任而言,这是一本入门手册;对老班主任而言,这是一本提高指导书。
>
> ［2］李镇西的《爱心与教育——素质教育探索手记》(南京:译林出版社,2013年)
>
> 郑学志评论:我是被舆论牵引而读这本书的,而且读了之后,第一次发现很多事情我也可以做,于是我开始了教育写作。我对教育事业真正有感觉的爱,是从这本书开始的。
>
> ［3］［美］雷夫·艾斯奎斯的《第56号教室的奇迹》(卞娜娜译,北京:中国城市出版社,2009年)
>
> 湛志惠评论:一位美国的传奇教师,用创新的教育方式,把孩子变成爱学习的天使,让一群贫困且来自移民家庭的孩子长大后纷纷就读于哈佛、斯坦福等顶尖大学并取得不凡的成就。他让我们深信——教育蕴含着无限可能。
>
> 资料来原:熊华生.班主任工作教程[M].武汉:华中科技大学出版社,2013:316.

2. 反思研究

反思研究是班主任专业化的重要途径。无数事实证明,成功教师的成长轨迹是:调查—反思—改变自我—实践创新—总结提升。班主任对实践中的元素进行科学合理的反思,能够提高他们的职业敏感度。反思研究的途径有很多。

(1)坚持教育写作是反思研究的一种便捷有效的方法。苏霍姆林斯基说:"我建议每一位教师都来写教育日记。教育日记并不是什么有某些格式要求的官方文献,而是一种个人的随笔记录,在日常工作中就可以记。这些记录是思考和创造的源泉。"① 通过写读书笔记、教育叙事、教育故事、实验心得、案例分析这些简便易行的方式来促使个人深入思考,获得自我发展。

---

① ［苏］苏霍姆林斯基.给教师的建议[M].杜殿坤,译.北京:教育科学出版社,1984:123.

(2) 勤做课题研究,在做课题中反思。苏霍姆林斯基提出:如果你想让教师的劳动能够给教师一些乐趣,使天天上课不致变成一种单调乏味的义务,那你就应该引导每一位教师走上从事一些研究的这条幸福的道路上来。[①] 实践也表明,善于做教育研究的班主任能够享受更多的工作乐趣。

(二)建立专业发展共同体

所谓教师专业共同体就是教师基于共同的目标和兴趣而自行组织的、旨在通过合作、对话和分享性活动来促进教师专业成长的教师团体。[②] 小学班主任的专业化发展绝不是个体化的过程,相反,在群体中进行合作、交流、取长补短,互相帮助、共同探究,才能够满足不同类型班主任的发展需要。有效的班主任专业发展共同体需要一定的条件和程序(见表9-2)。

表9-2 有效的班主任专业发展共同体[③]

有效的班主任专业发展共同体需要四个条件	1. 领军人物	专业能力:① 解决问题的能力;② 组织能力 专业成果:① 所带班级成绩优秀;② 理论研究成果丰富 民主性格:乐于分享、善于沟通、勤于反思、敢于创新等 外界通路:外界交往能力,能够给伙伴发展提供通路
	2. 有群体目标	阶段性目标:成绩优秀—研究成果—专家型班主任 注:带班前三年努力争取考评优秀,六年有自己的研究成果(论文或专著),最终目标做一个专家型班主任
	3. 有团体学习	共同阅读:中外名家著作 专业写作:教育叙事、周记、班级日记 资源分享:阅读体会、管理经验、德育资源 集体探究:① 主题研讨;② 案例分析 成果展示:展示有特色的个体研究 现场观摩:互相观摩班会课、班级活动课、教室文化建设等,并展开评议 聆听窗外:① 请名家作报告;② 外出学习
	4. 有核心理念	例如共同宣言:"我们都是普通的人,但对教育事业的热爱让我们不甘于普通;我们都是平凡的教师,但对学生的热爱让我们不甘于平凡。行动起来,我们共同倾听专家和同伴的声音,我们共同追寻教育的理想和真谛,我们共同书写人生的幸福和美丽!"

---

① [苏]苏霍姆林斯基.给教师的建议[M].杜殿坤,译.北京:教育科学出版社,1984:494.
② 周成海,衣庆泳.专业共同体:教师发展的组织基础[J].教育科学,2007(2).
③ 缩编自秦望.有效的班主任专业发展共同体[J].班主任之友(小学版),2011(7-8).

续表

有效的班主任专业发展共同体需要合理程序	1. 初始阶段	约一年,经验交流研讨 模式:上周做法＋下周规划
	2. 执行阶段	约一年,确定行动纲领: 日课10项:① 和学生一起跑操;② 每天阅读一小时;③ 共写班级日记;④ 和学生一起写寄语;⑤ 和学生一起唱歌;⑥ 和学生一起宣誓;⑦ 学科教学德育化;⑧ 营造温馨的"家";⑨ 一日总统演讲;⑩ 每天写教育日记 周课5项:① 周记;② 班会;③ 家校联系;④ 资源管理;⑤ 团队研修 月课3项:① 共读一书;② 活动策划;③ 民主评议 年课2项:① 课题研修;② 旅游开会
	3. 规范阶段	建立组织机构、制定学习制度、例会制度、活动制度、考评制度、课题研究制度

(三) 完善班主任专业培训制度

班主任培训是促进小学班主任专业发展的重要途径。2006年颁行的《教育部办公厅关于启动实施全国中小学班主任培训的计划通知》中规定:"从2006年12月起建立中小学班主任岗位培训制度,担任班主任的教师需要接受不少于30学时的专题培训。"并在文件中对培训的意义、内容、原则、组织、培训的经费等做了相关的说明。有效的班主任培训需要注意以下几点。

1. 坚持培训原则

培训的原则是在培训工作中必须要坚持的方针政策。为了培训工作达到更好的效果,有关部门在培训中要坚持以下几个原则:

(1) 针对性原则。针对管理对象的年龄特点、身心发展规律,以及不同年级班级管理工作的特点和要求,研究设计培训内容,满足不同培训者的实践要求。

(2) 实效性原则。坚持理论联系实际,培训的内容要和班主任的工作结合起来,重视经验交流,突出案例教学。

(3) 创新性原则。培训要根据当前小学班主任工作出现的新情况、新形势,积极创新培训内容、方式、方法、手段和机制,不断提高班主任培训工作的效率和质量。

2. 制定培训目标

培训目标是培训项目要达到的总体要求,制定培训目标是培训工作的基础。根据教育目标的分类,我们可以把班主任培训目标分为三个方面:

(1) 知识目标——儿童教育心理学知识、特殊儿童教育知识、有关班主任的政策法规知识、班级管理与班级建设知识、班主任专业化知识等。

（2）能力目标——基本的教育教学能力、组织管理能力、解决问题能力、沟通协调能力、反思研究能力、处理突发事件的能力等。

（3）情感目标——对小学班主任来说尤为重要，主要包括班主任工作的责任感、热爱班主任工作、给予孩子精神关注、能够与孩子共同成长等。

3. 精选培训内容

班主任培训内容设计得是否得当和班主任培训的效果有很大的关系，培训内容是影响培训质量的关键因素。小学班主任的培训内容可以分为以下几个方面：

(1) 以提高班主任专业情感为目标的班主任职业道德和思想政治教育。

(2) 有关班主任工作的基本政策法规。

(3) 班级管理和班级建设的实践性知识。

(4) 提供有关班主任自身专业发展的建议和方法。

总之，班主任培训的内容要具有针对性，应该紧密结合小学阶段教育教学、班级管理等方面的现实需求，真正做到理论联系实践，最终能够达到指导小学班主任工作的目的。

4. 优化培训方法

班主任培训的方式、方法对班主任培训目标的实现有重要的影响。小学班主任培训方法的选择，一方面要考虑到培训内容设置的情况，另一方面要考虑到班主任的实际需求情况。在小学班主任的培训中，应该采取多样化的方式方法，充分发挥各种培训方式的优势。校内培训可以实现校内班主任之间的交流，对本校的工作有很强的指导意义；校外培训也不容忽视，通过校外培训可以拓宽班主任的视野，站在更高的起点。将校内和校外两种培训方式结合，更加有利于班主任的专业发展。

（四）多元化激励制度

长期以来，我国班主任工作没有得到社会的广泛认可，班主任的专业地位没有得到确认，这导致班主任的专业发展得不到制度保障。实际上，建立一套好的班主任专业化的激励制度，不仅是制度本身的完善，更是强化班主任的专业态度和情感的有力举措。

1. 建立资格认证制度

我国目前还没有明确的班主任资格认证制度，这与国家提出的班主任是具有较高素质的专业性岗位是不相符的。因此，建立班主任专业化资格认证制度，是班主任专业化发展的要求，也是从事班主任工作所必需的前提条件。在从事班主任工作前，必须要经过专门的培训，具备有关班主任的知识和技能，掌握管理班级的基本知识和方法,通过班主任考核,取得班主任从业资格证书后才能参与班主任的选聘。只有确立这样的制度,才能促进班主任的专业发展。

2. 确立选聘制度

目前,我国大部分小学都实行的是班主任任命制,这对促进班主任的专业发展来说并非是最有效的途径。教育行政部门应以班主任选拔、聘任制代替班主任任命制,选拔班主任可以从以下几个方面考虑:第一,对班主任工作有较高的热情,有主人翁意识和积极进取的精神;第二,有较好的修养,在工作中能自觉规范自己言行,能够以身作则;第三,拥有大量知识储备,并具有终身学习的意识和能力;第四,具有较强的协调能力、沟通能力、管理能力等综合能力;第五,有健康积极的心态和强健的体魄。利用选聘的激励方式,可以大大促进班主任的专业发展。

3. 其他各项激励制度

建立多元化的激励制度对班主任的专业发展也能够起到相应的外部推动作用。对于小学班主任来说,除了物质待遇的激励,精神待遇也是学校及教育行政部门应该关注的层面。

(1) 对班主任进行责任激励。要在制度中明确规定班主任的职责,并进行定期的考核,作为评优选模和职务晋升的依据。例如,设立"优秀班主任"荣誉称号,与"学科带头人"享有同等待遇。

(2) 对班主任进行情感激励。在班主任遇到问题的时候,学校领导应该主动积极地进行关心、理解、尊重班主任,尽学校最大的可能为班主任提供支持和帮助。

(3) 对班主任进行评价激励。学校应该设立科学合理的评价标准,开展多种形式的评价,使之具有效度和信度。

本章小结

本章主要探讨了小学班主任的地位与职责、工作的基本内容和方法,以及班主任的专业化发展趋势。小学班主任既承担着某一学科的教学任务,同时又要负责班级管理,学生的思想、学习和生活等一系列工作,是小学生健康成长的重要引导人。小学班主任需要熟练掌握班级管理和教育引导的基本方法,既要具备建立健全班集体的基本知识和技能,又要善于运用科学适宜的方法做好小学生的教育引导工作,通过班级活动和日常管理促进小学生身心全面发展。随着社会分工的精细化,小学班主任工作需要具备专业素养的人来承担,要求其在专业信念、专业知识、专业能力等方面有较高的水平。从内部发展来看,小学班主任的专业化成长依赖于班主任自身的自主发展,也离不开班主任之间形成的专业发展共同体的力量支持,从外部条件来看,培训制度的完善和激励制度的改进也是不可或缺的制度保障。

思考与练习

1. 什么是班集体？班集体有哪些职能？
2. 简述小学班主任的职责与任务。
3. 试论建设班集体的要求和方法。
4. 班级活动有哪些内容和形式？开展班级活动应该遵循哪些基本原则？
5. 简述小学班主任的专业素养。
6. 论述小学班主任的专业化发展的有效途径。

参考文献

[1] 林岩.班主任工作的策略和艺术[M].北京:教育科学出版社,2011.

[2] 熊华生.班主任工作教程[M].武汉:华中科技大学出版社,2013.

[3] 朱永新.中国著名班主任德育思想录[M].南京:江苏教育出版社,2005.

[4] 上海市班主任带头人瞿平工作室.走向专业化的班主任[M].上海:华东师范大学出版社,2014.

[5] [捷]夸美纽斯.大教学论[M].傅任敢,译.北京:教育科学出版社,1999.

[6] [苏]苏霍姆林斯基.给教师的建议[M].杜殿坤,译.北京:教育科学出版社,1984.

第十章 小学教育研究论

学习目标

1. 了解小学教育研究的特点及意义,对小学教育研究产生兴趣。
2. 熟悉小学教育研究的基本流程和主要环节。
3. 基本掌握五种常用的小学教育研究方法,能开展小学教育研究。

"教师成为研究者",课程专家斯腾豪斯(L. Stenhouse)提出这个观点后就立即得到人们的普遍认同,已成为新时代的教育对于教师的基本要求之一。教师以"传道、授业、解惑"为主要工作内容的时代一去不返,今天的小学教师已经不是每天重复同样工作的"教书匠"了,也不再简简单单作为一种知识的传授者而存在。我们越来越认识到,今天的小学教师面对的是一个个具体的学生,面临的是一个个具体的情境,承担的是一项项具体的工作,这就意味着今天的教师必须具备独立解决小学教育中出现的新问题的能力。在瞬息万变的今天一味因循守旧的经验必然会不断地表现出其局限性,这就需要小学教师跳出旧的思维模式、旧的知识结构以及旧的日常经验,通过自身的研究来创造性地解决问题。

当下的教育已成为一种极其严肃的专业活动,传统的依靠经验摸索的教育方式越来越体现出其教育过程的低效性和对教育结果的不可控制,通过严格规范的研究来提高教育质量是每一个教师肩负的责任。斯腾豪斯早在20世纪70年代就提出:"教育科学的理想是,每一个课堂是实验室,每一名教师都是科学研究的成员。"[1]这样一种理想主义的表达,呼唤一种通过研究来重塑教师身份、优化教师行为、提高教育质量、促进教师专业发展、推动教育改革的新时代的到来。

第一节 小学教育研究的意义与特点

我们关于小学教育的知识越来越丰富,但我们的知识仍远远不能够满足实际教育的需要。在这个瞬息万变的信息时代,我们开始意识到学习知识是一个方面,如何主

---

[1] L. Stenhouse. An Introduction to Curriculum Research and Development[M]. London: Heinemann Educational Books Ltd,1975:142.

动地去生成知识是同样重要的另一个方面。小学教育研究关注的不是我们"知道什么",而是"如何知道",尤其是如何证明我们知道的信息的真伪。带着这样一种对知识获得过程、问题解决技艺的关注,我们开始小学教育研究论的学习。

一、小学教育研究的概念

小学教育研究是研究者在遵循一定的基本规范下对教育问题进行的一种系统、周密、持续的探究活动。具体而言,可以从以下几个方面进行理解:从研究的主体来看,以往的小学教育研究的主体教育专业、教研人员,而今天从事小学教育研究工作的主体是小学教师。从研究的对象看,这里的教育问题一定是"真问题",我们需要通过教育研究去找到问题的答案,寻求一个新的解释,或者更新解决问题的方法。比如,对于一个师范生来讲,他可能不太清楚小学教学方法有哪些,这对于他本人是一个问题,但他可以通过查阅书籍、报刊等来解决这个问题,因此这个过程不是教育研究。小学教育研究要求研究的问题不仅仅对于研究者本人而言是个问题,对于整个教育界甚至整个人类而言,它是一个尚未获得解决或者解决得不合理的问题。从研究的过程来看,系统、周密和持续的探究往往包含着发现问题、分析问题、解决问题的过程,这个过程让我们更深入地认识我们所处的教育世界,获得了新的知识。

国内出现了不少以"小学教育科学研究""小学教育科学研究方法"命名的课程、教材(包括教材的章节),我们需要提出一个疑问,教育研究包括小学教育研究是一种科学研究吗? 显然,科学研究不能够囊括小学教育研究的全部,因为小学教育研究一方面是对小学教育规律的求证和确认,另一方面是对教育生活和教育意义的深刻体验和理解,我们难以用科学求证的方法去研究后一方面的内容。实际上,国外的同类教材许多都不冠以"科学"之名,比如国内影响较大的维尔斯马和于尔斯合著的教材[1],以及高尔等合著的教材[2],书名都是《教育研究方法导论》。强调这一个问题,意在说明行动研究、经验研究、叙事研究等研究方法在小学教育研究中也应该有一席之地,而且对这些研究的评价不应该完全秉持科学主义的立场,更不应该仅仅用衡量自然科学研究的方法来进行。严开宏从提供的教育知识的类型的角度将教育研究分成了三类:

(1) 教育哲学研究:研究的是教育价值,把握的是教育理念,形成的是教育规范。

(2) 教育科学研究:研究的是教育事实,把握的是教育规律,形成的是教育规则。

(3) 教育经验研究:研究的是教育生活,把握的是教育经验,形成的是教育叙事。[3]

---

[1] [美]维尔斯马,于尔斯.教育研究方法导论(第9版)[M].袁振国,主译.北京:教育科学出版社,2010.
[2] [美]梅雷迪斯·D.高尔,等.教育研究方法导论(第6版)[M].许庆豫,等译.南京:江苏教育出版社,2002.
[3] 严开宏.小学教育研究方法[M].上海:华东师范大学出版社,2010:10.

相对应地,小学教育研究也可以分成小学教育哲学研究、小学教育科学研究、小学教育经验研究,这三类研究都能够生产出可供检验的小学教育知识。对于小学教师来说,比较多的是小学教育科学研究和小学教育经验研究。这些研究都是与教师的教育工作紧密相关的,而小学教育研究活动恰恰总是和教学及其他教育活动融为一体的,这就意味着小学教师的教育研究主要还是一种实证性质的研究,来自于实际工作并最终回归于实际工作。从这个意义上来讲,小学教育研究不仅仅是一种专业活动,更是教师职业特有的一种生存方式。一些教师将教育研究融合到了自己的整个教育工作之中,使研究成为一种习惯,逐步成长为研究型教师,获得了专业成长的动力,不断地向专家型教师迈进。

二、小学教育研究的意义

小学教师从事小学教育研究,无论是对于小学教育事业的发展、学校建设、学生的成长,还是对于小学教师本人来说都具有极其重要的意义。下面仅从教师个体的角度来看,小学教师参与教育研究对于自身的职业生命的意义。

(一) 开展教育研究是从事小学教育的重要工作

毫无疑问,小学教育的中心工作是教学,除教学之外的工作还包括班主任工作、课外活动等,今天我们应该认识到从事教育研究也是小学教师工作的一个重要组成部分。同时,开展教育研究对其他各部分工作有以下几方面的突出贡献:

1. 为其他的工作寻求解决问题的办法

当我们在教学工作、德育工作、班级工作、个别教育等方面遇到困难的时候,我们需要借助研究的力量去创造性地解决问题。

2. 小学教育研究可以提高我们从事其他工作的效率和效果

缺乏教育研究习惯的老师往往坚持以一种"技术思维"来对待日常工作,认为每一种工作都应该严格执行既定的规则和程序,而研究型教师往往对所参与的活动带有一种批判性态度,甚至会做一些实验去改进目前的做法。

3. 小学教育研究可以让小学教师对我们的各项教育工作保持一种敏感态度

长期重复的备课、上课、课后工作容易让一些老师逐渐麻木而无法从教育中找寻新鲜感,从而产生倦怠心理,从事教育研究可以让我们保持对一些教育细节的敏感性,让我们去思考一些新的问题,发现一些新的线索,这无疑会增添教育工作的趣味性和丰富性。

(二) 开展教育研究是改善教育实践的关键举措

传统的教育模式中,教师只是课程与教学的实施者,教育改革是教育专家所关心的问题。今天我们认识到教育长期处于变革之中,教师应该投身到教育变革的热潮中,和教育专家一道携手推进教育的发展。全国著名的语文教育专家、特级教师李吉林就是开展教育研究推动教育实践改善的典范。从个人的角度讲,参与教育研究对改善教师本人的教学活动是有明显作用的。现在流行的教育教学理论各式各样,这些理论往往既有自身的优点又有其局限性,对于小学教师来说,仅仅学习各种理论是不够的,还需要根据自身的情况开展研究与实验。教育研究能够让教师深入了解教学中存在的问题,把握各种各样的教学方法,改善自己的教学行为。叶圣陶先生曾指出,教学效果不好的原因在于没有认真做些研究,对学生的学习情况和发展水平缺乏了解。[①]只有展开教育研究,深入了解学生生存与发展的状况,透彻把握教育的基本规律,才能不断地提升自身教学的质量。

(三) 开展教育研究是小学教师成长的内在需求

作为一种不同于读书学习、参加培训的特殊学习方式,小学教育研究既可以整合读书学习和参加培训的所得,又可以沟通教育理论、教育经验和教育实践。越来越多的小学教师已经意识到,参与教育研究是获得专业成长的快车道。正如苏霍姆林斯基所说:"教师要在繁重的工作中找到乐趣,使天天上课不至于变成一种单调乏味的义务,那就得走上研究这条幸福的道路"[②]。一位小学教师走上了教育研究的道路,就意味着他有了自我提高的要求和参与各种类型的学习的动力,也意味着他能够正视自己教育教学和个人专业成长中的问题,试图通过研究这样一种具有创造力的方式去解决自己所面对的困难,所付出的每一滴汗水和所取得的每一个成果都是他获得专业成长的见证。

教育是一项极其复杂的活动。面对这种复杂,一种思路是将其"简化"为一套工匠手中的操作程序,这往往会带来严重的职业倦怠;另一种思路是将教育既看做科学,同时也看做艺术,通过长期的打磨不断地激活教育者自身的想象力。如果将教学和教育研究真正结合起来,就能够不断激活教师的思维,让教师用不断更新的目光重新审视自己的工作,不断开拓出教师职业的万千气象,这样的努力必将让教师走上一种自主的自我发展之路(见案例10-1)。

三、小学教育研究的特点

小学教育研究属于教育研究中的一类,因此具有教育研究的一般特点:

1. 客观性

教育研究是一种发现规律、探求真理的活动,必须如实地反映客观事物的本质,尽

[①] 中学语文教学研究会会刊.语文教学研究(第一集)[M].北京:教育科学出版社,1980:5.
[②] [苏]B.A.苏霍姆林斯基.给教师的100条建议[M].杜殿坤,编译.北京:教育科学出版社,1984:494.

力去消除主观臆断。这种客观性主要表现在三个方面:研究资料的客观性、研究过程的客观性、研究结果的客观性。

2. 创造性

研究活动关注的是尚未解决的问题或者需要创新解决方法的问题,创造性是一项研究活动的生命力所在。一般而言,在下面任何一个方面有所体现都符合教育研究的创造性特点:研究的问题比较新;研究的思路比较新;研究的视角比较新;研究的方法比较新;使用的材料比较新;研究的结论比较新等。

3. 继承性

尽管教育研究是探求未知的过程,但是开展研究必须要在他人研究的基础上进行。即使是填补空白的研究成果,也需要借鉴已有的理论、方法和资料。当然,这里的继承并不意味着盲目地认同其他人的结论,而是一种批判性的继承。4. 教育性。教育研究和教育教学的目的是一致的,都是寻找有效的途径和方法促进儿童的身心健康、和谐发展。

小学教育研究是一种特殊的教育研究活动,尤其是小学教师所从事的教育研究更是具有独特性,具体表现在以下几个方面。

(一) 研究的问题具有现实性

一般而言,小学教师所开展的小学教育研究通常解决的是自身在教学中遇到的真实问题,研究源于解决工作中实际问题的需要。这一点和科学家及专业研究者所从事的研究大相径庭,专业研究者经常会涉及通过一些实验性和理论性工作获得关于现象和可观察事实的基本原理及新知识的基础性研究,或者在短期内难以产生实践价值的前瞻性研究。而小学教育研究的目的是解决实际的问题。比如一位小学语文老师发现,语文研究性学习的主题选择特别重要但对如何选择合适的主题又感到困难,他带着这样一个问题进入了个人阅读和研究之中。从本质上说这是一个针对"我"面临的现实问题所做的研究,也有一些研究不仅致力解决"我"的个人问题,而且更关注"我们"共同面临的问题。全国知名班主任李镇西认识到推行民主的学校教育具有必要性和艰巨性,于是他通过了多年的实践与研究,在民主教育领域取得了丰硕的成果。小学老师研究具有现实性的问题能够将更多的思考集中在自身的工作之中,保持对教学活动的专注性、反思性和批判性,这是小学教师从事教育研究价值的集中体现。

(二) 研究的内容具有微观性

从事教育研究常常有大题大作、大题小作、小题小作、小题大作四种方式。尽管我们不否定一些小学教师参与了比较大型的研究项目,但从主流上来看,小学教师从事的常常是微观性的研究。当前有人提出了"小课题研究"或"微课题研究",就是一种强调研究内容微观性的精彩提法。所谓"小课题研究"或"微课题研究",其对象可以是某个知识点、某个专题、某个章节,也可以是存在的一个现象、案例。值得注意的是,这里的"小"或"微"并不是说课题价值的"小"或"微"。微观并不是目的,而是一种方式,为了精确、精致和精深,从一个小的切口进入,做出大的学问。一些人因为局限于"微"和"小"导致思路局限,小学教师开展的研究中普遍存在选题不新、思考不深、方法不新、成效不大的问题,这是对微观性的误解。

(三)研究的场所具有自然性

从研究的场所与条件来分,小学教育研究可以分为实验室研究和现场研究。小学教师更多的是从事在教学现场的研究,而且对实验的条件的控制是不严格的。场所的自然性最突出的好处有两个方面,一是不影响学生的正常学习,避免对学生身心发展造成不良影响;二是便于教师坚持研究的基本规范的前提下,在教育教学的实际过程中开展研究。研究场所的自然性即研究过程更接近于真实的教育和教学的过程,这也意味着研究成果推广上的便利性。研究场所的自然性要求从事研究的教师对那些影响到我们研究的因素有所觉察和分析。

(四)研究的过程具有实践性

很多研究活动本身就是教学活动,因此一些研究活动和教学活动具有重合性,即研究的过程本身就是教育教学的过程。在开展教育实验时,我们需要前测和后测,实际上我们日常教学也会存在一些小测验,只是教育实验要求我们更加规范地设计与实施测验。对学生进行问卷调查、访谈或者作品分析这类研究本是小学教师尤其是班主任必须从事的工作,其目的是进一步了解学生,而规范的研究往往帮助我们做得更好。研究的过程具有实践性,突出地表现在研究触动教育教学的持续改进。对于养成了研究习惯的小学老师来说,研究就是一个"发现教育问题—分析教育问题—研究教育问题—发现教育规律"的过程,和从事教学工作中"发现问题—分析问题—解决问题"往往是同一个过程。

(五)研究的成果具有实用性

一些教育管理者和学校领导者往往仅仅以论文数目来评价小学教师的科研成果,这种做法忽视了小学教师所从事的教育研究的特殊性。总体来说,小学教师所取得的研究成果的价值首先体现在改善实践上,在此基础上关注生产新知;其次体现在个人价值上,在此基础上关注成果推广;最后体现在校本价值上,在此基础上关注普遍价值。从这个意义上来讲,小学教师的研究成果可以通过展示课、教学设计、教育叙事、教学案例、教学论文等多种形式体现出来。过于强调成果的理论价值而不关注实用价值,与当前小学教育研究领域中言之无物的论文成灾而卓有实效的实用性研究成果得不到重视有着某种必然的联系。

案例 10-1

教育研究，我好像爱上了你

那一年，我走上了语文教学的讲台，很忐忑，因为我从未读过师范院校，从未接受过语文教学的专业知识的培训。从教十多年来，完全靠的是向前辈学习和自己的摸索实践。对于教育研究，我一直心存畏忌，和它保持着一段遥远的距离，总认为自己做不了这样高端的研究，认为那全是专家们的事。后来参加了许多次的教育培训，听了专家们对教育研究的诠释和解读后，让我对教育研究，对中小学教师开展课题研究有了新的认识，开始用一分羞涩一份勇气慢慢地向它靠拢。就这样，教育研究，就像是我初识的恋人，我们经历了一个慢慢相识的过程，由误会到相识，由相识到相知，直到最终能爱上它。

教育研究，我误会了你。刚开始你悄悄地在我身边，我却视而不见。因为我的偏见和胆怯，总认为搞科研是专家学者们的事，和自己的关系不大，再加上理论的东西空洞抽象，没有实际的操作性，甚至觉得上好课不是靠的理论，应该是实践性知识。许多理论性的书籍被我束之高阁。领导让我参加研修，我都不太乐意。即使在做，也是在应付差事，因为在内心我没有接受你。

教育研究，我重新认识你。在十多年的班主任和教学工作中，由于比较爱思考，爱实践，也取得了丁点的成绩。就开始了许多的经验介绍，也担任学校年级的教研工作。在过程中，我把自己的教学方法和事例进行了总结，但我发现由于自己的理论缺失，在总结上不能很好地提升。有一次，在骨干教师培训会上，导师让我们根据自己的教学确定一个小课题。说实话，我对上一节课不害怕，可对课题真是没有过自己的想法，不知从哪里下手。我向导师请教，导师给了我一个建议："到你的课堂教学中去发现问题，寻找解决问题的办法。"我们进一步分析了一下，在语文课堂上老师提的问题繁杂，一问到底，导致学生缺少学习兴趣，就影响了语文学习的最终效果，让语文课堂变得低效。"语文课堂如何进行有效的提问"是一个非常重要的课题，很值得研究。我决定就以"如何通过有效的问题有层次地指导学生进行品读"为主题进行研究。我对这个课题充满信心。这个课题，不仅是交给导师的一份出色的作业，而且让自己重新认识教育研究，深入研究高效语文课堂。

我发现自己的理论意识太浅薄，其实理论学习是每个人每天都应该做的事情，不管愿不愿意，每天我们都是在理论指导下工作着，我们的每一节课都是在理论的指导下进行着。有了这种认识，我开始读教育理论方面的书籍了。在工作中,我将学到的知识运用到实践当中,让我的教学更加得心应手。

教育研究,我靠近了你。由于有了一定的理论作依托,我对教育研究不再反感。我把"如何通过有效的问题有层次地指导学生进行品读"这个课题带入学校年级组。我积极参与其中,在研究过程中我们搞调查,搞实验,边研究,边改革。我们坚持"课例分析",对课例的每一节课的教学效率和效果通过对老师课堂提问的次数登记、学生回答的人数记载等数据进行分析,认真反思,逐渐总结,不断提升。在整个研究过程中,我不断地寻找问题,开展了"小课题"研究,我和同事的课堂发生了变化,学生的能力得到了很大的锻炼和进步。我撰写了《让我们课堂实在些》《追梦高效课堂》《我对小组长的培训》等论文,获得省、州级一等奖。

教育研究,靠近你,让我有了不小的收获。我们每个人都有自己独特的优势,参加教育研究应该以自己日常教育教学中的问题为研究对象,因为我们对这个内容非常熟悉,而且这样的研究就是在课堂教学中进行的,这正是我们进行课题研究得天独厚的优势。

教育研究,靠近你,最大的收获是让我明白了真正的教育研究并不是研究高深的教育理论,而是带着研究的头脑去解决平时教学过程中遇到的问题,并及时地将发现和解决的方式方法通过反思记录下来,为以后的教学工作服务。

教育研究,我好像爱上了你。和教育研究交上朋友的时间还不算太长,但我有了相见恨晚的感觉。我感觉自己真的有了很大的提升。我学会质疑,学会了批判,学会了学习。我明白了"教而不研则浅,研而不教则空"的道理。我开始做了一名反思者。我反思我的导学案,反思我和同事的课堂,反思我的教学策略与方法,我在反思中悟道。我发现自己不知不觉地在好像爱上了教育研究这个朋友。我会从课堂和班级管理的困惑中去寻找兴奋点,开展"小课题"研究,做真实的研究,做自己的研究,做有感情的研究。

教育研究,爱上你,让我心生无限感激!虽然在这条路上还有坎坷还有挑战,我相信只要我紧握你的手永不放弃,用你的力量温暖我前行的路,用你的思想指引我前行的方向,我就一定会在我挚爱的讲台上收获一望无际的美丽风景。

(湖北省恩施州恩施市实验小学 毛琼)

第二节 小学教育研究的基本环节

小学教育研究是针对教育问题而开展的一种系统的探究性活动,必须遵循一套完整的程序。一般而言,小学教育研究依照"研究问题的确定—文献资料的查阅—研究方案的制订—研究方案的实施—研究成果的呈现—研究成果的评价"等六个基本环节。为了保证一项研究的科学性,一个完整的研究应该同时具备这六个环节,只是在有些情况下有些环节的先后顺序可能会有调整或者某两个环节可能是交错进行的,比如研究的全程都可能穿插着文献资料的查阅过程。

一、研究问题的确定

任何研究都是从问题开始的,产生一个可供研究的问题是小学教育研究的第一步。爱因斯坦曾说:"提出一个问题往往比解决一个问题更为重要,因为解决一个问题也许只是一个数学上或实验上的技巧问题。而提出新的问题、新的可能性,从新的角度看旧问题,却需要创造性的想象力,而且标志着科学的真正进步。"[①]研究问题的确立是极其重要的,因为确定的研究问题将决定研究的成败和研究的价值。吴康宁提出,教育理论的发展或教育实践的改善迫切需要去解释与解决、且研究者本人也有研究欲望与研究热情的问题。[②]

小学教育研究的问题是如何产生的呢?我们在阅读一本教育著作的过程中,通过思考能够发现一些新的问题,但小学教师应该更多地从自身的行动中发现问题。一般而言,小学教育研究的问题主要有以下四个来源:

(1) 来自于教育教学过程中的困惑。比如,教师的理论知识和实际工作的情境之间的差异;教师的工作计划和实施效果之间的差距;自己理想中的学生和实际学生的差异;学生学习过程和学习结果的差异;教育教学过程中的"两难问题"等等。

(2) 来自于具体的教育教学场景。丰富的教育教学场景是教师开展小课题研究重要的选题来源,可喜的场景可以寻找其产生的原因,探寻普遍性的规律,进行理论上的阐释;令人担忧的场景需要开展研究,通过研究解决让人忧虑的教育问题;可悲的场景需要从中发现问题的根源,避免同类事件的再度发生。

(3) 来自于学校或者学科发展的需要。教师应该把个人的发展与学校发展结合在一起,依托学校的平台开展研究,采取校本研究的形式开展(见知识小卡片10-1)。

---

① [美]A.爱因斯坦,L.英费尔德.物理学的进化[M].周肇威,译.上海:上海科学出版社,1979:66.
② 吴康宁.教育研究应研究什么样的问题——兼谈"真"问题的判断标准[J].教育研究,2002(11).

学科发展中一些重大的问题也是值得研究的问题,比如英语教学的情境教学在不同年龄、地区、地域的学生群体(结合自己所执教的对象)中如何实施;又如数学教学中如何发展学生的思维能力或创造力;语文教学如何帮助学生构造自己的精神世界……教师如果能够参与到研究的潮流中对其专业成长大有裨益。

(4) 不同的教育行政部门的规划课题。这类选题首先不是来自于研究的兴趣,但是往往与教育发展的潮流息息相关,社会价值大。

 知识小卡片 10-1

校本研究

"校本研究"在英美等国是伴随着"教师即研究者"运动于 20 世纪 60 年代前后兴起的。当时人们越来越意识到没有学校参与,特别是教师参与的教育科研是无法使教育科研成果很好地在教育实际中加以运用的。在我国,"校本研究"是近年来伴随着基础教育课程改革而兴起的学校教育研究的一种范式。它是以学校存在的突出问题和学校发展的实际需要为选题范围,以学校教师作为研究的主要力量,通过一定的研究程序取得研究成果,并将研究成果直接用于学校教育教学的研究活动。其基本意蕴是:为了学校、在学校中、基于学校。

教育问题不等于教育研究的问题,并不是任何一个问题都可以成为一个小学教育研究的选题,一个恰当的选题往往具备价值性、可行性、创新性科学性和具体性的特点。

1. **价值性**

一般而言,课题的研究价值主要体现在学术价值和社会价值上。学术价值主要体现在提出的问题能否引起他人对某一问题的关注和讨论,研究结果能不能生产新的知识或者发展新的理论。社会价值主要体现在研究的问题能否有利于解决我们实践中面临的问题,对实践活动能起多大的指导作用。

2. **可行性**

可行性是指在主客观条件下,选题能够顺利、高质量地完成。这就意味着某些课题有很重要的研究价值,但是可能因为研究者无法胜任或者客观条件不具备而放弃。如果不顾客观条件盲目选择课题,往往会导致研究工作半途而废或者草草了事。

3. **创新性**

教育研究的创造性往往是从选题的创新性开始的。创新可以是多方面多层次的,可以是研究一个全新的领域或者一个全新的问题,也可以是用新的视角去研究一个"老"问题,也可以是建立一种新的理论,确立一个新的概念,发现一种新的方法。

4. 科学性

科学性是指我们研究的课题应该有实践经验和理论的支持,比如有人提出以艺术为主线的小学课程模式的研究,这样一个课题是和人的全面发展的理论相违背的,必然会导致研究活动劳而无功。

5. 具体性

为了便于后续研究的顺利开展,研究的选题应该能够清晰具体地表达出来。这里的"具体"主要包含两个方面:一是研究的问题具体。比如有人的选题是"小学语文阅读问题研究",这样的表达其实是指一个研究领域,研究者并不清晰自己要解决小学语文阅读中的什么问题。二是表达上的具体。当研究者越能把握自己要研究什么问题的时候,就越能够用准确的语言概括出自己要研究的问题。

二、文献资料的查阅

查阅文献是研究过程的前期工作之一,也是从事研究的基本功之一。在确定了研究的问题之后,查阅文献的主要目的是建立研究基础,即了解我们准备研究的问题其他人已经做了哪些前期工作,取得了什么样的成果,使用了什么样的研究方法,如何界定研究中的关键概念,与研究问题相关的理论有哪些。文献资料的查阅绝对不是一个轻松的工作,它需要在条件允许的范围内充分搜集与研究问题相关的资料,然后在认真阅读材料、透彻了解材料的相关细节、系统把握材料之间内部联系的基础之上对文献的相关信息作出取舍和整理。

文献资料可以分三种:生活资料、成文资料和电子资料。生活资料是最丰富最可靠的资料,比如小学生的作业、日记,老师的教案、笔记、会议记录等。成文资料来自于出版或未出版的成文的书刊或者文稿,比如专著、教材、丛书、文集、论文、研究报告、年鉴、文摘、索引、杂志等。电子资料是从计算机检索或者互联网获得的资料比如录像带、录音片段。

文件检索的过程中,我们往往要考虑四个方面的问题:一是明确检索的方向和要求。具体说,就是文献的主题、时间跨度、地域跨度和载体类型。二是确定检索工具和信息源。具体来说,在自己所熟悉的检索工具(书目、期刊指南、索引、文摘等)和自己能把握的信息源(图书杂志、大众媒体、磁盘、光盘、计算机网络等)中查找文献。三是确定检索途径和方法。一般而言,我们可以采取时间上由古到今的方法即顺查法进行查询,这种方式有利于掌握教育现象发展变化的规律;也可以采取时间上由现在到开端的方式即逆查法进行查询,这种方式有利于迅速获取最新的资料;我们还可以通过查参考文献查找法进行查询,即从研究者研究掌握的文献中所列的文献、附录中的参考文献进行查询,然后再根据查到的文献上的引文和参考文献进一步查询,这种不断深入的查询方式获得的信息比较集中。四是对检索到的文献的加工处理。检索文献的最后一个问题是我们如何对待我们已经获得的文献。一般来说有这么几个需要完成的事情:分类整理、价值鉴定、剔除资料、增补资料、做好笔记(文摘、文献综述等)。

文献综述是就一个学科或者一个主题在一定时期内的研究成果、进展进行系统、全面的叙述和评论。主要涉及的问题有:该领域研究了哪些问题?还有什么问题尚待研究?还有什么问题的研究不够?研究的深入程度如何?运用了哪些研究方法?获得了什么结论?意义何在?等等。文献综述的难点在于一方面要客观反映原作者的观点,另一方面还根据自己的主观构思去对其他人的观点进行分析、整合并进行点评,两者缺一不可。

三、研究方案的制定

制定研究方案是一项研究的计划性环节。一个周密、详细的计划能够确保研究的顺利进行,少走弯路,节省人力、物力和时间,是研究工作取得成效的重要保证。学位论文中的开题报告,实际上就是为研究制订的研究方案。研究方案设计并不是完成一个纸质的方案这么简单,而是明确一系列的前提性工作需要完成。

(一)确立研究类型

小学教育研究的类型是多种多样的,我们必须清晰要选择什么样的研究类型以及研究方法。研究方法的选择我们留待下一节讨论,此处只介绍研究的类型。按照研究成果的作用,可以分成基础研究和应用研究;按照成果是否包含量的关系,可以分成定量研究和定性研究;按照具体研究方法,有实验研究、调查研究、历史研究、行动研究、观察研究等;按照研究的对象可分成个案研究和成组研究;按照研究的时间安排可以分成纵向研究和横断研究。只有在综合考虑研究目的、研究基础、物质条件等多种因素之后,才能选择适当的研究类型和研究方法。

(二)建立研究假设

人们在提出课题之后,会依据已有的理论基础和实际经验,对所要研究的教育现象及规律作出一个初步的假定,这样一个假定就是我们所指的研究假设。假设一旦确定,后续的工作就是一个对假设证实或者证伪的过程。一个优良的假设应该满足一些基本的要求:一是所提的假设应该有一定的理论和事实依据,不能是漫无边际的猜测;二是假设应该揭示两个变量之间的关系;三是假设必须可以测量或者可以通过一定的方法进行检验;四是假设必须清晰、简洁。

(三) 选择研究对象

当研究对象的数量比较少的时候,我们可以将所有的对象都纳入研究的范围。比如某老师在做小学学案研究时可将自己所在的一两个班级作为研究对象。但是,当总体的数量比较大时,我们需要抽取一部分被试作为研究对象,然后通过抽取的样本的状况来推断总体的状况。为了保证样本状况能够很好地代表总体状况,我们应该注意抽样的科学性。首先,明确总体的限定,清晰地知道总体的内涵。其次,样本应该具有总体的性质和特点,尤其要考虑年龄、性别、职业、文化背景、被试自身的素质等因素,比如样本性别的比例最好接近总体中性别的比例。最后,样本容量要适当,理论上样本量越大越好,但实际操作中为省时省力往往要控制样本容量,这就要求根据总体的数量和差异性选择合适的样本容量。

一般的抽样方法有如下三种:

（1）简单随机取样,一般采用抽签和随机数表的方式。

（2）等距随机抽样,在抽取样本时,每隔相等若干个体抽取一个样本,距离的计算方法为:间隔距离 $R=$ 总体个数 N/样本数 n。

（3）分层随机抽样,即根据某种标准,将研究的总体分成若干类,每类就是一层,然后在各层抽取样本,各层的样本数所占总体样本数的比率应该和每一层群体数所占总体数的比率相同。

有了基础性工作以及对文献材料的充分把握之后,可以进入研究方案的撰写工作环节。一份完整的研究方案主要包含以下几部分内容:研究课题的题目,研究课题的目的及意义;研究的对象和范围;研究的方式和方法;预期的研究成果;研究的进度和人员分工;研究的经费及物质条件;研究的参考文献等。当然,研究计划不可能一蹴而就,需要在研究的过程中不断地调整、完善和具体化。

四、研究方案的实施

小学教育研究的对象往往是复杂多变的学生、个性多样的班级或者影响因素众多的教学过程,而且有些研究参与的人员复杂,延续的时间比较长,这就需要研究者能够保持严谨的科学态度,严格执行研究方案。在当前小学科研课题剧增的背景下,大量的科研课题开题阶段轰轰烈烈,后续阶段或者草草了事或者无疾而终的现象比较普遍。这种"科研烂尾工程"的出现提醒着我们,再好的科研课题,再完美的设计,如果执行阶段工作不细致,态度不严谨,只能意味着研究的失败。

五、研究成果的呈现

将获得的研究成果呈现出来无论对于研究者本人还是对于整个教育领域来说都

有重要的意义。一方面,教育研究成果的呈现有利于深化研究;另一方面,如果每一个研究者都能将自己的研究所得进行共享,这些成果会互相碰撞、互相启发,推动更多的小学教师从事更多的研究,必将有力地推动小学教育研究和小学教育事业的发展。

我们必须对研究成果的表述有所要求,这样才能更便于自己和他人的使用。主要体现在:

(1) 规范性。为了便于学术交流和检索,我们应该规范研究成果的格式。

(2) 准确性。研究报告(论文)作为研究结果的呈现,表述的内容应真实、客观,提出的观点应有理有据,结论的提出也应有严密的逻辑依据。

(3) 可读性。一篇高质量的报告应语言流畅、表述简洁、清晰,表达上有新意,有利于研究成果的传播和推广。

六、研究成果的评价

如果缺失对研究成果的评价,就很难保证研究的质量。研究成果的评价不仅仅是对研究成果的鉴定和认可,更是在潜移默化中对研究活动的一种规范和引导。因此,如果让小学教师的头脑中存在一个成果评价的概念和框架,必将有利于我们更有效地去从事小学教育研究。如果我们所从事的研究成为不同级别的科研项目,那么自然会有专家学者对我们研究的成果进行评价。

一般而言,我们主要从科学性、价值性、创新性和可读性四个方面去对研究成果进行评定。科学性是衡量一项教育研究成果最基本的指标,我们通常用能否经得起重复验证来衡量。价值性是指研究成果对教育理论与实践产生影响,高品质的研究就应该追求被人们理解、接受、掌握和运用,有些研究成果的价值需要长时间的检验才能体现出来。创新性主要是指研究的独创性、新颖性和前瞻性,具体包括选题的创新、方法的创新、观点的创新、资料的创新、视角的创新和应用领域的创新等。可读性是对研究成果表达上的要求,包括文字简洁明了、生动形象、科学严谨,便于读者理解和接受。

第三节 小学教育研究的常用方法

"工欲善其事,必先利其器",对于小学教育研究来说每一种研究方法就是一种"器"。小学教师应该熟练掌握一些常用的教育研究方法,根据研究的需要选择恰当的研究方法,甚至学会多种研究方法的综合使用。在长期的教育研究的过程中,可以在一两种研究方法上着力更多,打磨出自己最锋利的"器具",形成自己的研究特色。

一、教育观察法

教育观察法是指研究者根据一定的研究目的,借助一定的仪器设备对处于自然状态的小学教育现象进行有计划的考察和探究,从而获取教育事实、探索教育规律的研究方法。教育观察法中的观察与我们日常生活中的观察活动有着明显的区别,主要表现在教育观察法的三大特质上:

(1) 观察的目的性。即小学教育观察在开展之初我们就有非常明确的观察目的,我们的内心在观察的整个过程中要保持对观察目的的澄明。

(2) 观察的客观性。与日常观察容易受主观态度和经验的影响不同,科学的教育观察追求观察的真实性和客观性。

(3) 观察的计划性。和日常观察的随意性不同,在教育观察中,研究者事先应该对观察做出规划,包括观察的时间、观察的方法、观察的工具、观察的结果分析和记录都应该明确。

最近几年来,课堂观察法引起教师们的广泛关注。所谓课堂观察法是将教育观察法在课堂中成熟运用之后的一种专门化研究方法,同时也是一种改善课堂教学质量的工作方法,是将工作和研究结合起来的典范。下面,我们仅就一般的教育观察法的运用进行探讨。

(一) 教育观察法的特点

教育观察法是小学教育研究中最基本、最普遍的方法,是搜集小学教育研究资料的基本途径。同时,教育观察法往往可以和其他研究方法综合使用或者作为其他研究方法的基础,比如教育实验法和教育行动研究就可能会涉及教育观察。

1. 教育观察法的优点

主要表现在:其一,观察法是一种"自然""直接"的研究方法。研究者可以在日常的工作和生活中进行观察,对被观察者的影响比较小,而且研究者亲自参与观察可以确保研究者能够搜集到直接的具有整体性的资料。其二,观察法可以重复多次进行,从而可以避免观察的表面化和片面化。其三,观察法可以深入考察教育现象,发现教育活动的规律。随着科学技术的发展和观察手段的进步,观察法在探索事物发展变化规律中的作用越来越明显。

2. 应该认识到教育观察法的局限性

首先,一个人在一定的时间内观察到的研究对象和空间范围有限,所以观察研究的样本的数量比较少,得出的结论可能难以推广。其次,在运用教育观察法时,观察者和被观察者容易相互影响。由于新技术的介入,这个问题可以得到一定程度的缓解。最后,观察资料的质量受制于观察者的素质。

(二)教育观察法研究的实施

教育观察法的实施步骤通常包括准备工作、实际观察、观察资料的整理与分析、形成研究结论和撰写观察报告。

1. 准备工作

教育观察法的准备工作是比较复杂的,准备工作的充分与否决定了研究者能否将日常的观察提升到科学观察的层次。在观察之初,我们就要明确观察的内容,要保证其具备可操作性。美国社会学家贝尔斯(R. F. Bales)在研究小群体的互动行为时选择的观察内容包含两大块,分别是社会情感部分(积极情感、消极情感)和工作任务部分(提供情报、获取情报)。在此基础上,他对研究内容又进行了二级分类,每一类有三个小的观察内容(见表10-1)。

确定了观察内容并对其进行分类之后还需要将观察内容操作化,主要包含两方面的工作:

(1)对各类观察内容给出操作性定义。显然,操作性定义是对观察内容的进一步具体化,是一种描述性的阐释。贝尔斯记录群体互动行为标准分类表格中括号内的内容,如"团结",即尊重他人、给予帮助、赞同,准确地限定了"团结"这个观察内容下的具体表现行为。

(2)设计各类观察内容的观察指标。一般有三类指标:定类指标,只标志某种行为的有无,我们常常通过划"√""×"或者写0和1的方式来记录。定序指标标志行为的等级和顺序程度,一般有"总是-常常-一般-较少-从不"这样的程度序列来描述。定比指标的数量化程度最高,直接用数字来记录频次,这些数字能够运算。

表10-1 贝尔斯记录群体互动行为标准分类表[①]

社会情感部分	积极情感	(1) 团结(表示团结,尊重他人,给予帮助,赞同) (2) 轻松(消除紧张,开玩笑,发笑,表示满意) (3) 一致(同意,表示消极接受,理解,参加,让步)
	消极情感	(4) 分歧(不同意,消极拒绝) (5) 紧张(出现紧张) (6) 对抗(表示反对,贬低他人,进行自卫)
工作任务部分	提供情报	(7) 提供情况(提出建议,指导,暗示他人自卫) (8) 发表意见(提出建议,评价,分析,表示感情,愿望) (9) 提出建议(提出方针,指导,重复,阐述,证实)
	获取情报	(10) 打听情况(指导,报导,重复阐述,证实) (11) 听取意见(评价,分析,表示感情) (12) 征求意见(指导,行为,不可能方式)

---

① 裴娣娜.教育研究方法导论[M].合肥:安徽教育出版社,1995:188.

下面进入观察方法选择的环节。根据是否对观察的条件进行控制和改变,可以分为自然观察法和实验观察法;根据观察时是否借助仪器和设备,可以分为直接观察法和间接观察法;根据观察者在观察中是否参与研究对象的活动,可以分为参与性观察和非参与性观察;根据对研究对象行为取样的方式不同,可以分为时间取样观察法和事件取样观察法。研究者可以根据研究的目的和自己的需要灵活选择。

最后是观察记录方法的选择和设计。在观察研究中对观察记录保持高要求,能够提升整个观察过程的科学性水平。观察记录的主要方法有三类:

(1) 描述记录法。即运用文字对观察到的事件或研究对象的行为做全面、客观的记录的记录方法。如果对观察对象长时间的跟踪记录,通过日记的形式表现出来的就是日记描述法。如陈鹤琴对长子陈一鸣进行长达808天的连续追踪观察记录,完成了《儿童心理之研究》。如果观察者只记录那些研究对象表现出的有价值的行为,则称之为轶事记录法。只对某一类型进行观察记录的为系列记录法。如果对研究对象的行为表现作连续的、不间断的记录称之为连续记录法。

(2) 仪器记录法。这种记录方法简便、生动、客观,但难以在观察过程中分析、整理和调整。

(3) 表格记录法。常见的有事件取样记录表、时间取样记录表、行为核对表和等级评定记录表等四种。小学生冲突行为记录表就是事件取样记录表,以事件作为基本单位进行取样观察,所获得的记录是一组事件,便于定性研究(见表10-2)。儿童课堂不良行为观察记录表是一种时间取样记录表,记录的是一名儿童在一节课不同时间段内的不良行为,其结果便于定量研究(见表10-3)。小学生课堂情绪评定表是一种等级评定记录表,不仅可以记载某种行为或现象的发生与否,还可以对表现的程度进行评价,广泛用于社会性发展水平和个性特征进行的观察研究,但因为记录中包含了评价的成分,故记录的难度比较大(见表10-4)。

表 10-2　小学生冲突行为记录表

姓名	年龄	性别	持续时间	发生背景	行为性质	说什么做什么	结果	影响

表 10-3　儿童课堂不良行为观察记录表

儿童编号：　　　　　儿童姓名：　　　　　　　记录员：

行为 时间	粗鲁动作	扰乱别人	噪声	跪	说话	转头	侵犯行为	做其他事
1～5								
6～10								
11～15								
16～20								
……								

表 10-4　小学生课堂情绪评定表

儿童编号：　　　　　儿童姓名：　　　　　　　记录员：

观察评定指标	等级
1. 注意力	A　B　C　D
2. 好奇心	A　B　C　D
3. 忍耐力	A　B　C　D
4. ……	A　B　C　D

2．实际观察

为了保证实际观察的顺利实施,观察者应该遵守观察的基本规范。观察者应该严格依据研究者制定的观察计划行事,如果发现异常情况应如实记录,留待观察完毕后再详细讨论。观察者应该选择最佳方位,合理使用记录仪器,确保不会对被观察者产生干扰。观察者应该边观察边思考边记录,对整个观察场景进行全面的把握,并恰当地进行分类和判断。观察者一定要防止三种主观偏见:一是理论性偏见,某些理论容易对观察者的观察产生影响,而一些异常现象并不符合一般理论。二是角色性偏见,观察者容易因为对被观察对象社会角色的定位而产生偏见,比如认为女孩子更安静。第三种为期待性偏见,常常因为观察者对观察对象已经有了一些了解或者由于其他原因对观察对象有所假想并有了一定的期望值,这也会影响到观察的客观性。

3．观察资料的整理和分析

教育观察法的第三个步骤是资料的整理和分析,即研究者根据研究的目的对收集到的原始资料在全面分析的基础上进行分类整理。对于文字性的资料,要审查补充、归纳分类、提炼摘要、编码加注,运用的是比较、综合等定性的分析方法;对于数据资料,主要是审核质量、剔除、补充、汇总等,采用合理的数理统计方法进行定量分析。

4．形成研究结论和撰写观察报告

教育观察法的最后一个步骤是形成研究结论、撰写观察报告。我们需要在科学理论的指导下，正确运用科学的思维方法，对资料进行深入挖掘，寻找隐藏在现象背后的原因以及现象之间的相互联系，并且通过客观的描述和解释来呈现我们的结论。形成了基本结论之后，就进入了观察报告的撰写环节。

二、教育调查法

通过调查来解决问题的方法古已有之，而最早将调查法用于教育研究的是1910年美国的肯德尔(N. Kendall)主持的为期一周的地区学校制度的调查。

教育调查法即教育调查研究法，是研究者根据研究的目的，在研究计划的指引下，运用问卷、调查表、座谈、访问、测验等手段收集研究对象的有关资料，通过整理和分析研究资料来分析事物现状及其发展变化规律的一种研究方法。从概念上讲，教育调查法由调查和研究两个相互联系的过程构成。但实际运用过程中，许多教师往往只重视其一，结果导致要么收集到资料并未被充分利用，要么结论的支撑材料不充分不可靠。

本节主要介绍问卷调查法和访谈调查法。

（一）问卷调查法

问卷调查法就是运用问卷来搜集资料的一种调查研究方法。

1. 在小学教育研究中，问卷调查法具备的独特优势

（1）收集资料的效率高。在一段时间内可以收集到大量相关的信息，节省人力、物力、财力。

（2）具有很好的匿名性。这样就能够减轻被调查者的心理压力从而更真实地回答问题，从这个角度能够更好地反映出事物的本来面貌。

（3）便于进行定量分析。

2. 问卷调查法存在的先天不足

第一，填写问卷的人必须能够读懂问卷并能理解问题的含义，对于家长、教师来说这个方面的问题不大，但对于低年级的小学生来说，这可能是一个问题。

第二，所获资料的真实性难以评估。因调查问卷是匿名填答，如果填答者错误理解了问卷内容，或者采取了敷衍的态度随意填写甚至提供了虚假信息，调查者对问卷答案的真实性不易辨识。

第三，难以探求现象中的因果关系。问卷调查往往是采用一次调查的形式，这就很难对问题进行反复追问，难以形成资料的关系链，这不利于我们去挖掘某种现象的深层原因。

为了发挥问卷调查法的长处，突破其局限，有必要认真学习问卷设计和分析的有关知识。

1. 问卷的设计

问卷的质量决定了调查结果的科学性程度。一份科学有效的问卷,需要关注下面一些问题:

(1) 问卷的内容结构。一般而言,一份问卷由标题、前言、指导语、问题及问题的答案、结束语等五个部分构成。

① 标题。每一份问卷都应该有一个标题,表述上要精确、简练、明晰,一个合适的题目能够明确地反映调查的目的与内容。当然,对于一些比较敏感或者内容复杂的问卷,可以有意识地选择一些模糊的标题。

② 前言(又称"封面信")。主要是向被调查者说明你的身份、调查的意图。前言虽短,但不可忽视其价值,因为前言写得如何直接关系到你能否说服被调查对象接受你的调查并采取认真的态度完成你的调查。前言中,我们主要需要说明的内容有:一是介绍调查的组织单位或者个人的身份,消除被调查者的疑虑;二是调查的范围和内容,通常可以用一句概括的话加以说明,不要含糊欺骗,比如"这次调查,主要是想了解中小学教师对于高效教学的态度";三是调查的目的,说明调查所得数据的用途,解释清楚有利于增强被调查者的积极性和责任心;四是调查对象的选择方式,合适的选择方式可以消除被调查者的戒备心理。

③ 指导语。其作用是指导被调查者如何填写问卷的语句,包括一系列方法、要求、注意事项。如果指导语不当,可能导致填写中的错误或者出现不利于统计分析的填写。卷首指导语往往是一个总的说明,如:① 请在适合你情况的答案上画"√"。② 如无特殊说明,每一个问题只能选择一个答案。卷中的指导语往往针对某一个题目进行说明,如:若选择 A,请跳过 8~11 题,从第 12 题开始答题。

④ 问题及问题的答案。这是调查问卷的主体部分,具体的问题设计我们将随后进行详细探讨。

⑤ 结束语。这是问卷的最后一个部分,一般由答谢词和问卷回收方式构成。

(2) 问卷的逻辑结构。许多初学者眼中的问卷都是一个个零散的题目聚合在一起。实际上,问卷的题目之间应该有非常严谨的逻辑关系,一份高质量的问卷应是研究者通过建立枝丫图的方式不断地将研究的问题进行分解,直到分解出具体的题目来。通常,我们分成三步去完成:首先将研究的主题分成几个具体的维度;再具体到每一个维度里面通过几个指标来考察;每一个指标对应一个或者多个问题。彭小虎在研究"小学教师工作压力"这一问题时,将主题分成了工作负荷、人际关系、学生管理、心理需求、学校管理五个理论维度。① 在人际关系维度中又确定了家长、领导、同事、学生

---

① 彭小虎.关于小学教师工作压力的调查分析[J].课程•教材•教法,2012(3).

四个指标。然后再去分别拟定题目对这些指标进行考察。问卷设计过程中,一定要关注两个问题:一是维度和指标要周延,即我们的维度应该具备所有的方面,不能有遗漏;二是维度和指标之间要互斥,不同的维度之间不能有交叉的地方。

(3) 问题的陈述。为了保证收集资料的可靠性,我们在陈述问题的过程中一定要注重问题陈述的方式和语言表达的效果。

① 每个问题只能涉及一个方面的具体内容。比如,你的孩子读书和旅行吗?这样一个提问其实涉及了"读书"和"旅行"两个不同的活动,这容易让填答者无所适从或者模糊回答。

② 问题的语言要简明、易懂。一般问题以简单的陈述句和疑问句为主,推测性的语言、多重否定词句、很专业的名词都可能导致被调查者难以准确理解问题的含义。如,你的学习动机属于哪一种?学习动机对于小学生来说就是一个非常难懂的专业术语。

③ 设计者应该保持中立态度,不应该在语言中带有暗示。如:"你认为教师的这种不良行为会对小学生的发展带来什么样的影响?"

④ 要妥善处理与社会规范一致或冲突的问题,避免填答者出现"社会认可效应"。比如"你同意运用体罚来教育孩子吗?"这样的提问方式让被调查者往往依照社会的规范和人们的普遍期望来回答。

(4) 问题的回答形式。问题的回答形式一般有是否式、选择式、排列式、量表式和表格式。其中,选择式的回答形式一定要注意保证答案的周延性和互排性。量表式往往涉及程度的评定,一般分成 1、2、3、4、5 五个等级,这种形式的设计一定要尽可能让选择者明确每个等级之间的程度差距。

(5) 问题的编排。问题的编排除了要考虑上面提到的"问卷的逻辑结构",还需要遵循一些基本的原则。

① 按照人口学问题、行为问题、态度问题的顺序排列。人口学问题往往是性别、年龄、受教育程度、职业、家庭状况、婚姻状况、籍贯这样一类基本情况的问题。行为问题往往是客观存在的,相比于态度问题要更容易回答。

② 先封闭式的问题,后开放式的问题。

③ 先易后难,先概括性的问题后具体细节问题,先一般问题后特殊问题。

2. 问卷的回收和处理

问卷的回收涉及问卷的回收率的问题,问卷回收率的计算方法为:问卷回收率＝收回填答的问卷份数/发放问卷的份数。发放问卷的回收率不应低于 70%,邮寄问卷的回收率不应低于 50%。[①] 因为如果回收率太低,样本就不一定能够代表总体的状

---

① 杨小微.小学教育科学研究方法[M].北京:北京师范大学出版社,1998:134.

况。回收的问卷中有些问卷因填写不完整或者胡乱填写就成为了无效问卷,无效问卷不能纳入处理和分析之列。我们有必要学习如何通过 Excel 或者 SPSS 软件对问卷所获得的数据进行处理和分析。

(二)访谈调查法

访谈调查法是通过与研究对象面对面交流来收集资料的一种研究方法。访谈调查法是和问卷调查法互相补充的一种调查方法,访谈调查法便于收集特殊性的、深入性的研究资料,但是只适合在小范围内进行而且资料的标准化程度比较低,因此我们在实际中常常将两种研究方法配合起来使用。因为在准备阶段和资料整理分析阶段,访谈调查法和问卷调查法以及教育观察法在本质上是相通的。本部分重点介绍访谈的开展。

1. 访谈的准备阶段

在访谈的准备阶段,我们需要做好访谈计划,确定和联系访谈的对象,培训参与访谈和记录的工作人员,但最为重要的是设计访谈的问题。访谈问题的设计主要涉及问题类型的选择、问题的表述和问题的顺序三个方面。

(1)访谈的问题类型主要有封闭性问题和开放性问题。封闭性的问题要求回答者在几种可能的答案中选择,对资料的记录、统计、分析都比较容易,但是不利于了解的深入。开放性的问题由被问者自由回答,甚至有时候可以获得意料之外的重要信息,还能够根据情况做深入的追问,但分析、整理比较困难。

(2)问题的表述应该仔细推敲,做到规范、统一。首先,应该注意语言的清晰、简洁,使问题明确、突出,便于理解。其次,问题的表述应该不带有任何暗示和引导,语气中立。再次,对复杂的问题和专有名词可以给予适当的解释,但是对不同对象的解释应该保持基本一致。

(3)问题顺序的排列应该遵循"漏斗原则"。即从大的问题到小的问题,从一般的开放性的问题到具体的细节性问题。对于一些比较敏感,容易引起害羞、为难的问题尽可能放在最后,保证访谈的顺利进行。

2. 访谈的实施阶段

访谈的实施一般经历访谈前准备、预备性谈话、正式提问、结束谈话等四个环节。

(1)访谈前准备阶段。此阶段我们需要做四个方面的"功课":首先,要充分熟悉访谈的内容和程序,尤其是对提纲中的问题、问题的先后顺序和逻辑结构要了然于胸。其次,尽可能了解访谈对象的一些基本情况,这有利于迅速实现相互沟通顺畅。再次,选择合适的访谈时间和地点。最后,准备好访谈所需要的各种资料,如访谈提纲、介绍信、身份证件、录音工具、记录的笔记本等。

（2）预备性谈话阶段。旨在建立融洽的关系，营造良好的访谈氛围。交流的内容不涉及访谈中的问题，但是会对后续谈话的效果起到重要作用。访谈者应该树立一个真诚、礼貌、坦率、平和的形象，获得对方的信任，有准备地将谈话过渡到访谈内容上。

（3）正式提问。这是一个技巧性很强的工作，是访谈调查的关键步骤。一般而言，只有做到口、耳、眼、手、脑的积极参与，才能顺利完成访谈任务。在访谈中，我们应该注重下面几个方面的修炼：

① 严格根据访谈提纲上的问题和顺序进行访谈；

② 态度诚恳，发问时用语准确、口齿清晰、语气从容、亲切；

③ 提出问题后给予被访问者思考和回答的时间；

④ 认真倾听对方的回答，鼓励其积极表达，不轻易打断对方讲话；

⑤ 每回答完一个问题之后，简要概括对方的答案，确保理解的正确性；

⑥ 对有价值的问题可以进一步追问，获取更充分的信息；

⑦ 对观察者的非语言行为，如表情、语气、姿势、动作仔细观察，判断其表达的真实性；

⑧ 注意处理对话和记录之间的关系，尽可能借助一定的仪器全面记录。

（4）结束谈话。这是正式访谈的最后一个环节，应该对访谈者的配合表示肯定和感谢，必要时应留下联系方式便于访谈者做出一些补充或必要时进行再次访谈。

三、教育实验法

通过实验来研究问题较早出现于自然科学领域，如我国古代的《墨经》中有"针孔成像"、古希腊有阿基米德计量"王冠"含金量。近代以来，实验法被广泛应用到物理学、化学、医学等学科。教育界引入实验法来研究教育问题，比较典型的事件有1768年裴斯泰洛齐创办"新庄"实验学校，拉伊（W. A. Lay）和梅伊曼（E. Meumann）把实验科学的实验模式引入到教育研究中来并提出了实验教育学。

小学教育实验法是研究者在科学理论的指导下，按照自己的目的合理地控制和操纵某些教育因素或条件，观测与所控制的条件相伴随的教育要素或教育现象变化的结果，以此来证实或者证伪假设，从而发现教育规律的一种研究方法。根据实验开展的条件，我们常常把教育实验法分成实验室实验和现场实验，小学教师更多的是采用与真实的教育活动联系更为紧密的现场实验。

（一）实验法的基本原理

小学教育实验的基本目标是判定两个教育因素之间是否具有因果关系。比如，我们要确定"新的教学技巧（如构建'知识导图'的教学技巧）"与"小学生成绩提高"之间是否存在因果关系，就需要借助实验法来实现。显然，在这一对教育因素里，我们会建立一个假设:构建"知识导图"这样一个教学技巧能够有效地促进小学生学习成绩的提高。那么,新的教学技巧是"起因",小学生成绩提高是"结果"。由此,我们就引出了教育实验法的三种变量,即自变量、因变量和无关变量。

自变量是引起其他变量变化的变量,故也称作原因变量,前文例子中的"新的教学技巧"就是一个自变量。因变量则往往是研究所观察、测量的变量,比如前文例子中的"小学生的成绩"。假如上述一位小学教师尝试使用构建"知识导图"的教学技巧,使得学生成绩有了比较明显的变化。但我们并不能确定这样的一个变化就是尝试使用构建"知识导图"的教学技巧的结果,因为也有可能是教师在做这个实验的过程中教学的热情更高或者学生知道教师在做实验学习劲头更足所带来的影响。这些与我们实验的目的没有任何关系的因素被称之为干扰变量或者无关变量。简言之,教育实验法的过程就是操纵自变量,控制无关变量,观测因变量的过程。

(二)小学教育实验设计

在教学教育研究中实验研究法最擅长的领域就是小学教学实验,比如我们可以研究两种教学方法在教学效果上的差距,研究一种学习策略的有效性等,都可以通过实验研究来实现。我们在探讨实验设计的时候主要以小学教学实验为例进行分析。在分析中 X 代表实验处理(即对自变量的操作),O 代表测量(即对因变量的观测)。

1. 单组实验设计

这种设计的基本模式为:

$$X_1 \quad O_1 \quad X_2 \quad O_2$$

这是一种简单的实验设计,选择唯一的一实验组进行教育实验,一般教师会选择自己的班级作为实验班。教师使用第一种教法 X_1 一段时间之后,对学生进行第一次测量 O_1;然后教师使用第二种教法 X_2 一段时间之后,对学生进行第二次测量 O_2;通过对 O_1 和 O_2 的比较来分析两种教法之间的差异。这种实验的科学程度并不高,因为 O_2 的结果实际上是 X_1 和 X_2 共同作用产生的结果;而且 O_1 和 O_2 两次测量通常不可能选择同样的测量工具(如试卷),直接比较显得缺乏说服力。但是其对实验条件的要求比较低,一些教师在也会采取这样一种设计。

2. 等组实验设计

这种实验设计的基本模式为:

$$\frac{X \quad O_1}{O_2}$$

等组实验设计需要选择两个实验组(也可以是三个或者三个以上实验组)进行教育实验,而且保证两个小组起点水平是一样的,我们通常会选择两个平行班或者在一个班级内通过随机的方式平均分成两个小组。其中一个班为实验班,我们采取了一种

新的教学策略 X，一段时间之后进行测量获得结果 O_1；同时用相同的工具测量对照班同期的学生学习结果 O_2，比较 O_1 和 O_2，从而解释新的教学策略的效果。这样一种设计的效度是高于单组实验设计的。当然，这种设计也存在许多问题，比如很难保证两个实验组的学生情况完全一样，在实验中如果采取了不同教师进行教授、学生学习积极性之间的差距、实验组的学生因为知道参与了实验表现出更高的学习热情等无关变量也会干扰实验结果等。

3. 轮组实验设计

这种实验设计的基本模式为：

$$\begin{array}{c|cc} & \text{时间} & \\ \text{组别} & 1 & 2 \\ \hline A & O_1 X_1 O_2 & O_5 X_2 O_6 \\ B & O_3 X_2 O_4 & O_7 X_1 O_8 \end{array}$$

同样一位教师在 A 班先用教法 X_1 进行一个阶段的教学，与此同时在 B 班进行教法 X_2；在第二个阶段，这位老师在 A 班先用教法 X_2 进行一个阶段的教学，与此同时在 B 班进行教法 X_1。我们在比较中可以将"O_1 和 O_2 的差异量"与"O_7 和 O_8 的差异量"进行比较，也可以将"O_3 和 O_4 的差异量"与"O_5 和 O_6 的差异量"进行比较，还可以综合起来比较，避免单组和等组的弊端。轮组实验设计在效度上高于前面两种设计，但是实验的难度和工作量也增加了。

（三）小学教育实验的信度和效度

如何评价一个实验？信度和效度是实验研究成败的关键，也是对实验进行评价的指标。

1. 信度

实验信度是指实验结论的可靠性和前后一致性程度。简单说：如果再重复实验，其结果会与第一次相同吗？如果我们没有理由证明所得出的实验结果是可信的，那么研究将毫无价值。

2. 效度

效度就是实验结果的准确性和有效性程度。实验效度主要包括内部效度和外部效度，实验的内部效度是指实验中的自变量与因变量之间因果关系的明确程度，实验的外部效度是指实验结果能够普遍推论到样本的总体和其他同类现象中去的程度，即实验结果的普遍代表性和适用性。有时提高实验内部效度的措施可能会降低其外部效度，而提高实验外部效度的措施又可能会降低其内部效度。

四、教育行动研究法

行动研究是一种适应于社会领域的实际工作者在实际中开展研究的方法。小学教师可以通过行动研究将日常工作和教育研究很好地结合起来,所以这种研究方法对广大小学老师具有很强的适用性。

(一) 行动研究法的历史

行动研究起源于美国,1933—1945 年,在美国联邦政府印第安人事务管理局局长柯利尔(J. Collier)任职期间,在如何改善印第安人与非印第安人之间关系问题的研究中,创造性地提出了联邦政府印第安人事务管理局实际工作者与其他研究人员共同合作的好方法。此后,1946 年,勒温(K. Lewin)发表《行动研究及少数民族问题》,把这种结合了实际工作者智慧和能力的研究称之为"行动研究"。1953 年,考瑞(S. M. Corey)出版的《改进学校实践的行动研究》一书,第一次系统地把行动研究的定义引入到教育中来,提出"所有的教育上的研究工作,经由应用研究的人来担任,其研究成果才有意义"[①]。

(二) 教育行动研究法的特点

一般而言,小学教育中的行动研究是指小学教师在教育情境中从事研究活动,通过制订计划、搜集资料、分析问题、提出改进方案、付诸实践、体验和反省成果,在研究的基础上推动教育改革、提升个人及学校的教育质量。因此,行动研究的主要特点有:

(1) 由行动者研究,从事研究的人是小学老师而不是专门的研究人员。

(2) 为行动而研究,研究的主要目的是为了解决实际行动中的问题而不是生产教育知识。

(3) 在行动中研究,研究的过程往往也是行动的过程,研究和实际工作相伴随。

(4) 对行动经验加以研究,研究的过程必须对自己的行动进行反思和批判。

(5) 研究的过程是一个螺旋式上升的过程,应不断根据情况调整方案,进而调整自己的行动。此外,行动研究很多时候是在专家的指导下,由学校领导、同事、家长的多方配合进行的。行动研究往往在真实环境中进行,不可能控制条件,容易影响结果的准确性和可靠性,所以我们要谨慎对待行动研究所得出的结论。

(三) 教育行动研究法的实施

教育行动研究一般由一个首尾相衔接的四个步骤构成,即"计划—行动—观察—反思"(见图 10-1)。下面是一位科学老师行动研究的基本过程[②]:

第一个循环:

设想 1——学生认为科学只是回忆事实,而不是探索。怎样才能使学生进行探索是改革课程,还是改变提问策略。看来,应该首先建立新的提问策略。

[①] S. M. Corey. Action Research to Improve School Practices[M]. New York:Bureau of Publications,Teachers College,Columbia University,1953:45—52.

[②] 本案例引自郑金洲. 行动研究:一种日益受到关注的研究方法[J]. 上海高教研究,1997(1).

计划1——把提问的中心转移到鼓励学生为解决问题而寻找答案上来。

行动1——试验提一些让学生说出想法和兴趣的问题。

考察1——用磁带录制几堂课的提问,观察记录情况,并记下有关印象。

反思1——为了使全班按教师的设想走,起初以为需对情景进行控制,但现在看来,对情景的控制会破坏探索性提问。

第二个循环:

修正后的计划2——继续贯彻基本设想和计划,但要减少控制性陈述。

行动2——在几节课中减少控制性陈述。

考察2——用磁带录制提问及控制性陈述,并记下对学生行动的影响。

反思2——学生的探索精神虽然得到了发展,随之而来的问题是如何能使他们步入正轨,让他们相互倾听彼此的回答?

(1) 第一个环节是计划环节。计划环节一般要完成这么几项工作:分析清楚研究者所面临的困惑,明确所要解决的问题;对解决问题的办法作出设想;将设想的解决问题的思路具体成每一步的行动方案。例如我们在科学教学中发现学生将科学学习视作一种"回忆事实",而不是一种"探究行为",这是一个具体的教学问题,引起这个问题的原因是多方面的,有教师行为、学生观念、家长影响、课程编制、评价体制等多种可能性。有老师通过调查、观察等方式提出了"教师提问策略是造成这种现象的重要原因"的假设,并制定了检验假设的计划。

(2) 第二个环节是行动环节,是在真实而不受控制的环境下去落实自己所制定的方案,行动的过程往往会加深我们对于问题的理解,也可能会对最初的计划做出调整。上述老师在实施阶段主要就是提出一些让学生说出想法和兴趣的问题。

(3) 第三个环节是观察环节,这个环节可能需要借助各种工具(比如量表、问卷、测试题等)对整个行动的背景(环境)、过程、结果以及行动者自身的特点进行考察。上述老师在这个环节需要通过磁带录制课堂实况并进行分析和评价。

(4) 第四个环节是反思环节,在观察的基础上整理和描述我们所做的工作,对行动的过程作出解释,对行动的效果进行反思。在反思中,我们可能遇到不理想的状况或者发现新的问题,这将成为我们下一轮行动研究的起点。上述老师在前面的行动中发现情景的控制可能会导致学生将科学学习视作一种"回忆事实",而不是一种"探究行为",因此这个发现成为了第二个循环行动研究的"假设"。

"计划—行动—观察—反思"是任何一个完整的行动研究都必须经历的四个环节,但我们真实的行动研究过程往往比上面描述的过程要复杂得多。比如,"反思"不仅仅是最后一个环节,同时在计划、行动、观察的过程中我们也在不断进行反思;又比如,"计划"并不是一开始就能固定下来的,我们在后续过程中可能要根据行动不断地调整

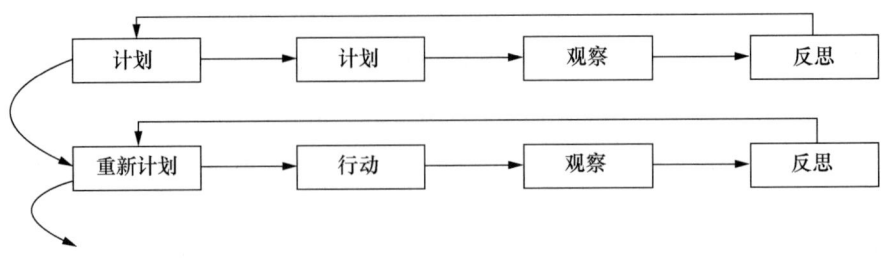

图 10-1　勒温的行动研究模式

计划;此外,"行动"环节可能不仅仅是一套行动,往往可能会有不同的行动通过"行动 1—反思—行动 2—反思—行动 3—……"的形式出现。这一点正说明了行动研究的灵活性和开放性。

五、教育叙事研究法

在小学教育中存在只适合一群人、一类人甚至个别人的规律,存在某类场景甚至特定场景中出现的规律,教育中应当鼓励人们去探求这样一类规律,引导教育走向真实和人性。"教育叙事研究法"作为一种更"接地气"的研究方法,引起了广大小学教师的普遍关注。

(一)教育叙事研究法的含义

教育叙事研究法是研究者通过个体教育生活,搜集和讲述个人教育故事,在解构和重构教育叙事材料过程中对个体行为和经验建构,获得解释性理解的一种研究方法。具体来讲,就是教师作为一种研究者,通过对有意义的校园生活、教育教学事件、教育教学实践、教师个人成长事件、生活教育事件进行描述和分析,从而发掘内隐于这些生活、事件、经验和行为背后的教育思想、教育理论和教育信念,从而发现教育的本质、规律和意义。"教育叙事"在人们通常使用上既可以作为一种研究方法,也可以作为研究成果的类型。

(二)教育叙事研究法的特点

叙事研究法作为一种研究方法应该符合一般研究方法的特点,应该带有强烈的问题意识,这是叙事研究与"讲故事"的最大区别。在开展叙事研究的过程中,我们需要时刻去追求"是什么""为什么""怎么样""怎么办"的问题。在一个完整的叙事研究中,我们有两条清晰的线索:一条所讲述的是内容发展的线索;一条是研究者思维展开的线索。教育叙事研究法是一种事实性、情境性、过程性的研究,是行动者直接融入并成为主体的研究,是一种反思性的研究。通过对事件的叙说,形成教育的自我认识,达到一种自我建构的状态。其旨趣在于重述和重写那些能够导致觉醒和变迁的教师和学生的故事,以引起教师实践的变革。

一项好的教育叙事成果比一般的小学教育研究成果形式更活泼,与日常的思维方式接近,更容易被广大小学教师所接受;教育叙事所包含的信息常常是直接来自于实践的具体信息,有很强的参考价值;好的教育叙事能够再现事件的场景和过程,让读者从多个侧面和维度去认识教育事件。与此相伴的是,叙事研究的结论往往不清晰、不明确,研究成果的可推广性和应用性方面效果一般,也有学者质疑叙事研究的科学性。

(三) 教育叙事研究法的程序

教育叙事研究法一般由五个阶段构成,日常观察—明确主题—呈现案例—分析思考—成果评估,这五个阶段并不是割裂的,在我们真实的研究过程中往往是交错的,但总体上这五个环节缺一不可。

1. 日常观察:情境问题化

在小学教育实践中最为突出的一个问题是教师因为日常工作的繁忙琐碎,逐渐失去了对教育生活的敏感性,恢复敏感性的一个重要途径就是培养问题意识。郑春红老师在《呵护童真》(见案例10-2)中讲述了一个老师误解学生的故事,揭示的也是我们日常教科书和教育观念中常见的一个教育经验——保护童真。这样一个研究之所以能够激发人们的思考从而具备研究价值,是因为它是研究者通过不断提出问题来实现的。一个普通的事件置身于一个问题群中,我们从这些日常的琐事中发现新的意义,这就是叙事研究的价值。和其他研究方法不同的是,一般的研究方法是先有了问题再去搜集研究资料,而叙事研究法是追问已有材料背后的"为什么"。

2. 明确主题:充分提炼案例

一个好的教育叙事研究法应该有一个明确的主题,可以是一个教育道理、教育理论、教育感悟甚至是一个教育思考,这个主题是贯穿整个叙事研究的灵魂。《呵护童真》所要呈现的不仅仅是"我们要用自己的满腔爱心去珍视孩子的童心,去呵护孩子的童真",更为重要的是通过事件浸润哲理,加深我们对这样一个抽象的哲理的认识,激活研究者和阅读者的生活体验。尽管更重要的是我们挖掘出呵护童真这样一个教育感悟的方式,但缺乏了这样一个主题,整个研究也就失去了意义。

3. 呈现案例:重新讲述故事

教育叙事研究法中主题确定以后,就要从事件中选取合适的材料并选择一定的方式将其表达出来,其实此时的表达已经是围绕主题重新理解了的"故事",从教育的角度进行了讲解。在重新讲述的过程中,我们应该把握的原则是:唯真不唯假,尽量保存事件的本来面目,防止"浪漫主义"倾向;唯小不唯大,在事件的选择上通常会选择情节比较简单的事件或者将复杂的事件切割成几个完整的小事件(有时也可以通过几个层次表现出来);唯实不唯空,在表达上力求踏实,不可空发议论,尽量采用白描的手法描述事件的起因、经过和结果。

4. 分析思考:有逻辑的反思

教育叙事不是教学实录,更不是日常生活的记录,研究者应该从不同的角度对提出的问题进行分析和讨论,并提出个人化的体验和见解。这个反思的过程应该是围绕最初问题所展开的思考,我们不仅关注这个事例(现象)是什么,还关注它意味着什么;我们不仅关注(现象)为什么,还关注给我们什么样的启示;我们不仅关注最后的启示是什么,还关注这个启示回归到情境中是如何表现的,我们在面对类似的情境应该如何思考问题。案例10-2中《呵护童真》一文作者的思考并不只是在文章的最后,其实在整个事件发展的过程中,研究者一直在思考,而且将思考的脉络清晰地展现出来,阅读者也会顺着研究者的思考进行再思考。

5. 成果评估:重认叙事的价值

叙事研究法应该通过总结与评价部分来提升研究的质量。一方面关注研究的内在效度,整个研究过程是否真实可信;另一方面应该关注外在效度,思考这个研究在多大意义上可以对同类问题产生启示。

(四) 教育叙事研究法的成果表述

1. 一篇完整的叙事应该具备的七要素

(1) 何时? 时间是教育叙事研究的真实性和客观性的重要保证。

(2) 何人? 叙事关注的是与教育有关的人的活动,尤其是人们在活动中的行为习惯、思维方式、心理状态和价值追求。

(3) 何地? 我们应关注事件发生的环境,这里的环境不仅仅是物理环境,更是一种心理环境。比如在课堂叙事中,课堂的节点和课堂氛围都是我们关注的要素。

(4) 何事? 一个完整的事件应该是由起因、经过和结果构成的,而且事件越具体,就越能为我们的研究创造良好条件。

(5) 何情? 教育叙事应该充分体现"人情"与"人性",在心情中去剖析人物的内心世界。

(6) 何因? 这里的因不是事件本身的起因,而是这个现象背后的根本原因,在研究中应该带着强烈的质疑和求索精神,力图打破直观感受和思维定式,理性地审视深层次的原因。

(7) 何思? 教育叙事虽然是立足经验的,但是我们应力图用理性的思考来整理经验并使之完整和系统化。研究者应该在平时注重提高理论修养,从更高远和更深刻的层次来理解经验。

2. 当前的叙事研究存在问题的突出表现

(1) 故事的内容缺乏典型性,选择的是一些极端事件,这样的叙事可能对于作者本人有特殊的意义,但对于其他人缺乏价值。

(2) 故事的讲述过于简单,缺乏对故事的"深描"。

(3) 反思的深度不够。美国波斯纳(G. J. Posner)提出"成长＝经验＋反思",叙事研究中的故事并不是为了讲故事而讲故事,其价值更在于融入其中的反思。当然,反思必须是从故事之中溢出来的,绝不能写成被大量理论裹挟的论文。

案例 10-2

呵护童真

两个月前初春的一天,在一年级三班的课堂上,许多学生都感冒了。教室里孩子们的咳嗽声和喷嚏声此起彼伏。作为班主任,看着孩子们红红的脸,干裂的嘴,我忍不住嘟囔了一声:"这讨厌的感冒,有点儿来苏水消消毒就好了。"

下午,有我的语文课,由于一点私事耽误了时间,上课铃响了,我才一路小跑匆匆赶到教室。"同学们,打开课本第 16 页,我们开始上课。"这时,我发现一向爱出风头的姜鹏飞一只手提着什么,另一只手在手忙脚乱地翻书。我说:"姜鹏飞,放下你手中的东西好吗?""老师,给你,来苏水来了。"他站起身,高高地举起手来,脸上满是自豪。——原来他手里提着一个大塑料袋,里面装满了水。

"从哪里弄来的?"我大声问道。

"是从我家的饮水机上灌的,全是纯净水。"姜鹏飞立即满脸通红,嗫嚅着说。

全班同学哄堂大笑。这个姜鹏飞,经常在课堂上闹笑话,这次又要搞恶作剧了。我更生气了,几步走到他跟前,把他手中装水的塑料袋扔到了垃圾桶。这时,我意识到耽误的时间太多,就没有再去注意他,调整了思绪,继续上课。

下课了,由于我忙着开会,便把这件事淡忘了。晚饭后,家里的电话响了起来。"你好,是郑老师吗?我是姜鹏飞的妈妈。""您有事吗?""是这样,今天中午姜鹏飞回到家很高兴,还在饮水机边用塑料袋接水,说要带到学校去。还问我,用塑料袋装的水不就是'塑水'吗。我很奇怪,问他要干什么,他说郑老师要用。可是,下午回到家,他却满脸的不高兴,并说您把带水的塑料袋扔到了垃圾桶。这孩子,我也弄不懂他究竟在搞什么,是不是惹您生气了?"

"哦? 我要用?"我一下子就懵了,努力地想着……

蓦地,一想起上午的"来苏水事件",我恍然大悟:来苏水?用塑料袋装水?对于一个七岁的孩子来说,二者之间完全可以画等号! 回想起当时的一幕幕，我明白了，姜鹏飞虽然调皮，但很有上进心，很乐于助人。他当时只不过想为同学们做件好事，却由于我的急促和草率，轻易地挫伤了一颗纯真的童心！感谢姜鹏飞妈妈的提醒，否则……我不敢再想下去。在心里，我一遍遍地责备着自己。

第二天早晨，我一大早就来到了学校，看到顽皮的小鹏飞已经又在教室外玩耍了。我加快脚步走过去，他看到我，一脸的陌生和茫然，很明显地缺少了以往的活泼与亲近。

我蹲下来，用胳膊揽过了他的小肩膀，真诚地说："对不起，鹏飞，昨天的事情，老师错怪你了。"

他眨巴着又黑又亮的大眼睛，歪着头看着我。

我接着说："但是，来苏水不是用塑料袋装水。它是医院里的一种药水，班里感冒的同学多，老师想用它来消消毒。老师错怪了你，诚恳地向你道歉，你能原谅老师吗？"

这时，孩子的小脸上也渐渐露出了笑容，他不好意思地抚摸着脑袋，小声说："没关系，郑老师，我看着你着急，就想帮帮咱班的同学们，可……可我不懂啥叫来苏水。"

"鹏飞，你是一个好孩子，关心集体，乐于助人。但是，平时要注意认真听讲，遵守纪律，和同学们搞好团结，那样，老师和同学都会愿意和你做朋友的。你能做到吗？"

他认真地点了点头，使劲地抱住我，脸上绽放出花儿一样的笑容。

几个月来，这件事一直萦绕在我的心头。面对这些天真可爱的孩子们，我时时告诫自己：如果我们发现了孩子天真的过错，一定要想办法了解缘由，不能轻易地去批评和训斥。因为一次不经意的过错，就可能会挫伤孩子纯真稚嫩的心灵。育人工作责任重大，特别是少儿教育，关系到孩子的一辈子。我们要用自己的满腔爱心去珍视孩子的童心，去呵护孩子的童真。每一位为人师者，都应如此。

资料来源：郑春红.呵护童真[EB/OL].http://www.zbeblog.cn/gxsxzhengchh/archives/135137.aspx,2015-04-28.

本章小结

小学教师成为研究者是当前教育发展的重要趋势。小学教育研究是研究者在遵循一定的基本规范下对教育问题进行的一种系统、周密、持续的探究活动。小学教师从事教育研究是其工作的重要组成部分,也是改善教育实践的关键举措,同时也是教师专业化发展的内在要求。小学教师从事的教育研究,除了具备所有教育研究都具备的客观性、创造性、继承性、教育性之外,还具备研究问题的现实性、研究内容的微观性、研究场所的自然性、研究过程的实践性、研究成果的实用性等特点。

小学教育研究一般由六个基本环节构成:研究问题的确定、文献资料的查阅、研究方案的制订、研究方案的实施、研究成果的呈现、研究成果的评价。一般的研究应该具备这六个基本的环节,当然,可能会根据具体情况略有调整,比如文献资料的查阅可以在整个研究过程中出现。尽可能严格地执行每个环节的规范和要求,有利于确保研究的科学性。

小学教育研究常用的教育研究方法多种多样,各有长短,应根据实际情况选用。教育观察法常和其他研究方法结合使用,如何记录观察的结果是关键问题。教育调查法分成问卷调查法和访谈调查法,问卷调查要注意小学生阅读和理解能力状况;访谈调查的难点在于如何有效地提问与记录,这就要求我们做好充分的准备工作。小学教师开展的教育实验研究通常是现场实验,需要我们随时关注研究的信度和效度。教育行动研究法非常适合于小学教师,但在使用中一定要通过详细的计划、严格的执行、持续的反思来加强这种方法的有效性。教育叙事研究法在使用中应强调"问题意识",否则就失去了其研究的特性。研究方法的掌握并不是一蹴而就的,需要我们在长期的学习和研究的过程中不断提高。

思考与练习

1. 通过中国知网或者其他资源寻找使用了教育观察法、教育调查法、教育实验法、教育行动研究法、教育叙事研究法的小学教育科研成果各一篇,并对研究的成果进行评价。

2. 确立一个选题,可以在学生学习行为(语言)和教师教学行为(语言)中选择一个具体的问题,在一节小学课里开展观察研究,并严格完成观察报告。

3. 围绕一个调查主题,如小学生的阅读习惯、生活习惯、业余生活状况等,设计一份调查问卷,同伴之间可以相互评阅,共同研讨。

4. 回顾自己的小学校园生活,从一个教育研究者的角度完成一项教育叙事研究。

参考文献

[1] 陈桂生.到中小学去研究教育[M].上海:华东师范大学出版社,2003.

[2] 严开宏.小学教育研究方法[M].上海:华东师范大学出版社,2010.

[3] 叶立群.小学教育学[M].北京:人民教育出版社,2000.

[4] 黄济,劳凯声,檀传宝.小学教育学[M].北京:人民教育出版社,2007.

[5] 田本娜.小学教育学[M].福州:福建教育出版社,2005.

[6] 袁振国.教育研究方法[M].北京:高等教育出版社,2000.

[7] 裴娣娜.教育研究方法导论[M].合肥:安徽教育出版社,1995.

后 记

本书是"21世纪教师教育系列教材·初等教育系列"中的一本。基于小学教育专业的特点,本书试图体现以下基本构想:

(1) 遵循科学性与思想性、独特性与系统性、学术性与前沿性、基础性与可读性等原则性要求,体现小学教育的先进理念,强化小学教育的实践性和应用性,既强调系统的小学教育基础知识,又突出小学教育的基本理论和基本观念,力图实现小学教育理论与实践的有机结合。

(2) 以培养未来从事小学教育必备的专业素养为基本目的,紧紧围绕"小学教育"这个核心概念和根本问题,尝试探索小学教育的特定性质、特殊规律和特定价值,引导小学教师或小学教育管理者形成正确的教育观、学校观、学生观、教师观、课程观、教学观、评价观等。

(3) 在撰写体例上,尝试以典型案例或知识小卡片的形式穿插教育案例研讨、一线教育传真、教育经典阅读、教育问题探究、前沿知识拓展等模块,力图体现内容的新颖性和活泼性,突出教材呈现方式的灵活性和可读性,试图改变教材的原有"面貌",提升其吸引力。

本书的编写由田友谊提出基本设想,然后在集体讨论的基础上分工撰写,最后由田友谊统稿完成。承担执笔任务的是(以章节的先后为序):田友谊(第一章、第二章),孙华(第三章),李雪姣(第四章、第九章),曾小丽(第五章、第六章),肖凯(第七章、第十章),曹慧秋(第八章)。

在本书的撰写过程中,我们借鉴和吸收了国内外小学教育的相关理论成果和实践案例,在此特向有关研究者表达诚挚的谢意!感谢华中师范大学教育学院王雯老师的热情引荐,使我们得以有机会与北京大学出版社合作。北京大学出版社的李淑方副编审为本书的出版费心尽力,自始至终关心书稿的进展,不断鞭策,才使本书能够顺利出版,特致以崇高的敬意!由于我们的理论水平有限,实践经验不足,本书肯定还存在着内容或形式上的不足或缺憾,恳请广大专家、学者、读者不吝指教,以便我们不断改进与完善。

田友谊
2014年12月初稿于美国马里兰大学
2015年4月修改稿于华中师范大学

北京大学出版社
教育出版中心 精品图书

全国高校广播电视专业规划教材
电视节目策划教程	项仲平
电视导播教程（第二版）	程晋
电视文艺创作教程	王建辉
广播剧创作教程	王国臣
电视导论	李欣
电视纪录片教程	卢炜
电视导演教程	袁立本
电视摄像教程	刘荃
电视节目制作教程	张晓锋
视听语言	宋杰
影视剪辑实务教程	李琳
影视摄制导论	朱怡
电影视听语言	李骏
影视照明技术	张兴
影视音乐	陈斌
影视剪辑创作与技巧	张拓
纪录片创作教程	潘志琪
影视拍摄实务	翟臣

21世纪信息传播实验系列教材（徐福荫 黄慕雄 主编）
多媒体软件设计与开发	张新华
电视照明·电视音乐音响	蓝辉强 李剑琴 陈海翔
播音与主持艺术（第二版）	黄碧云 睢凌
广告策划与创意	唐佳希 李斐飞
摄影基础（第二版）	张红 钟日辉 王首农

21世纪教育技术学精品教材（张景中 主编）
教育技术学导论（第二版）	李芒 金林
远程教育原理与技术	王继新 张屹
教学系统设计理论与实践	杨九民 梁林梅
信息技术教学论	雷体南 叶良明
网络教育资源设计与开发	刘清堂
学与教的理论与方式	刘雍潜
信息技术与课程整合（第二版）	赵呈领 杨琳 刘清堂
教育技术研究方法	张屹 黄磊
教育技术项目实践	潘克明

全国高校网络与新媒体专业规划教材
文化产业概论	尹章池
网络文化教程	李文明
网络与新媒体评论	杨娟
新媒体概论	尹章池
新媒体视听节目制作（第二版）	周建青
融合新闻学导论	石长顺
新媒体网页设计与制作	惠悲荷
网络新媒体实务	张合斌
突发新闻教程	李军
视听新媒体节目制作	邓秀军
视听评论	何志武
出镜记者案例分析	刘静 邓秀军
视听新媒体导论	郭小平
网络与新媒体广告	尚恒志 张合斌
网络与新媒体文学	唐东堰 雷奕

21世纪特殊教育创新教材·理论与基础系列
特殊教育的哲学基础	方俊明
特殊教育的医学基础	张婷
融合教育导论（第二版）	雷江华
特殊教育学（第二版）	雷江华 方俊明
特殊儿童心理学（第二版）	方俊明 雷江华
特殊教育史	朱宗顺
特殊教育研究方法（第二版）	杜晓新 宋永宁 等
特殊教育发展模式	任颂羔

21世纪特殊教育创新教材·康复与训练系列
特殊儿童应用行为分析（第二版）	李芳 李丹
特殊儿童的游戏治疗	周念丽
特殊儿童的美术治疗	孙霞
特殊儿童的音乐治疗	胡世红
特殊儿童的心理治疗（第二版）	杨广学
特殊教育的辅具与康复	蒋建荣
特殊儿童的感觉统合训练（第二版）	王和平
孤独症儿童课程与教学设计	王梅

21世纪特殊教育创新教材·融合教育系列
融合教育理论反思与本土化探索	邓猛
融合教育实践指南	邓猛
融合教育理论指南	邓猛

融合教育导论（第二版） 雷江华

21世纪特殊教育创新教材（第二辑）
特殊儿童心理与教育 杨广学 张巧明 王芳
教育康复学导论 杜晓新 黄昭明
特殊儿童病理学 王和平 杨长江
特殊学校教师教育技能 昝飞 马红英

自闭谱系障碍儿童早期干预丛书
如何发展自闭谱系障碍儿童的沟通能力
　　　　　　　　　　　　　朱晓晨 苏雪云
如何理解自闭谱系障碍和早期干预 苏雪云
如何发展自闭谱系障碍儿童的社会交往能力
　　　　　　　　　　　　　吕梦 杨广学
如何发展自闭谱系障碍儿童的自我照料能力
　　　　　　　　　　　　　倪萍萍 周波
如何在游戏中干预自闭谱系障碍儿童 朱瑞 周念丽
如何发展自闭谱系障碍儿童的感知和运动能力
　　　　　　　　　　　　　韩文娟 徐芳 王和平
如何发展自闭谱系障碍儿童的认知能力
　　　　　　　　　　　　　潘前前 杨福义
自闭症谱系障碍儿童的发展与教育 周念丽
如何通过音乐干预自闭谱系障碍儿童 张正琴
如何通过画画干预自闭谱系障碍儿童 张正琴
如何运用ACC促进自闭谱系障碍儿童的发展 苏雪云
孤独症儿童的关键性技能训练法 李丹
自闭症儿童家长辅导手册 雷江华
孤独症儿童课程与教学设计 王梅
融合教育理论反思与本土化探索 邓猛
自闭症谱系障碍儿童家庭支持系统 孙玉梅
自闭症谱系障碍儿童团体社交游戏干预 李芳
孤独症儿童的教育与发展 王梅 梁松梅

特殊学校教育·康复·职业训练丛书（黄建行 雷江华 主编）
信息技术在特殊教育中的应用
智障学生职业教育模式
特殊教育学校学生康复与训练
特殊教育学校校本课程开发
特殊教育学校特奥运动项目建设

21世纪学前教育规划教材
学前教育概论 李生兰
学前教育管理学 王雯

幼儿园歌曲钢琴伴奏教程 果旭伟
幼儿园舞蹈教学活动设计与指导 董丽
实用乐理与视唱 代苗
学前儿童美术教育 冯婉贞
学前儿童科学教育 洪秀敏
学前儿童游戏 范明丽
学前教育研究方法 郑福明
外国学前教育史 郭法奇
学前教育政策与法规 魏真
学前心理学 涂艳国 蔡艳
学前教育理论与实践教程
　　　　　　　　　　　王维 王维娅 孙岩
学前儿童数学教育 赵振国

大学之道丛书精装版
美国高等教育通史 [美]亚瑟·科恩
知识社会中的大学 [英]杰勒德·德兰迪
大学之用（第五版） [美]克拉克·克尔
营利性大学的崛起 [美]理查德·鲁克
学术部落与学术领地：知识探索与学科文化
　　　　　　　　　[英]托尼·比彻，保罗·特罗勒尔
美国现代大学的崛起 [美]劳伦斯·维赛
教育的终结——大学何以放弃了对人生意义的追求
　　　　　　　　　[美]安东尼·T.龙曼
世界一流大学的管理之道——大学管理研究导论
　　　　　　　　　　　　　　　程星
后现代大学来临？
　　　[英]安东尼·史密斯 弗兰克·韦伯斯特

大学之道丛书
市场化的底限 [美]大卫·科伯
大学的理念 [英]亨利·纽曼
哈佛：谁说了算 [美]理查德·布瑞德利
麻省理工学院如何追求卓越 [美]查尔斯·维斯特
大学与市场的悖论 [美]罗杰·盖格
高等教育公司：营利性大学的崛起
　　　　　　　　　　　　　[美]理查德·鲁克
公司文化中的大学：大学如何应对市场化压力
　　　　　　　　　　[美]埃里克·古尔德 40元
美国高等教育质量认证与评估
　　　　　　　　　[美]美国中部州高等教育委员会
现代大学及其图新 [美]谢尔顿·罗斯布莱特
美国文理学院的兴衰——凯尼恩学院纪实
　　　　　　　　　　　　　[美]P.F.克鲁格

教育的终结：大学何以放弃了对人生意义的追求	[美]安东尼·T.克龙曼
大学的逻辑（第三版）	张维迎
我的科大十年（续集）	孔宪铎
高等教育理念	[英]罗纳德·巴尼特
美国现代大学的崛起	[美]劳伦斯·维赛
美国大学时代的学术自由	[美]沃特·梅兹格
美国高等教育通史	[美]亚瑟·科恩
美国高等教育史	[美]约翰·塞林
哈佛通识教育红皮书	哈佛委员会
高等教育何以为"高"——牛津导师制教学反思	[英]大卫·帕尔菲曼
印度理工学院的精英们	[印度]桑迪潘·德布
知识社会中的大学	[英]杰勒德·德兰迪
高等教育的未来：浮言、现实与市场风险	[美]弗兰克·纽曼 等
后现代大学来临？	[英]安东尼·史密斯 等
美国大学之魂	[美]乔治·M.马斯登
大学理念重审：与纽曼对话	[美]雅罗斯拉夫·帕利坎
学术部落及其领地——当代学术界生态揭秘（第二版）	[英]托尼·比彻 保罗·特罗勒尔
德国古典大学观及其对中国大学的影响（第二版）	陈洪捷
转变中的大学：传统、议题与前景	郭为藩
学术资本主义：政治、政策和创业型大学	[美]希拉·斯劳特 拉里·莱斯利
21世纪的大学	[美]詹姆斯·杜德斯达
美国公立大学的未来	[美]詹姆斯·杜德斯达 弗瑞斯·沃马克
东西象牙塔	孔宪铎
理性捍卫大学	眭依凡

学术规范与研究方法系列

社会科学研究方法100问	[美]萨尔金德
如何利用互联网做研究	[爱尔兰]杜恰泰
如何撰写与发表社会科学论文：国际刊物指南	蔡今忠
如何查找文献（第二版）	[英]萨莉·拉姆齐
给研究生的学术建议	[英]戈登·鲁格 等
社会科学研究的基本规则（第四版）	[英]朱迪斯·贝尔
做好社会研究的10个关键	[英]马丁·丹斯考姆
如何写好科研项目申请书	[美]安德鲁·弗里德兰德 等
教育研究方法（第六版）	[美]梅瑞迪斯·高尔 等
高等教育研究：进展与方法	[英]马尔科姆·泰特
如何成为学术论文写作高手	[美]华乐丝
参加国际学术会议必须要做的那些事	[美]华乐丝
如何成为优秀的研究生	[美]布卢姆
结构方程模型及其应用	易丹辉 李静萍

21世纪高校职业发展读本

如何成为卓越的大学教师	[美]肯·贝恩
给大学新教员的建议	[美]罗伯特·博伊斯
如何提高学生学习质量	[英]迈克尔·普洛瑟 等
学术界的生存智慧	[美]约翰·达利 等
给研究生导师的建议（第2版）	[英]萨拉·德拉蒙特 等

21世纪教师教育系列教材·物理教育系列

中学物理微格教学教程（第二版）	张军朋 詹伟琴 王恬
中学物理科学探究学习评价与案例	张军朋 许桂清
物理教学论	邢红军
中学物理教学法	邢红军
中学物理教学评价与案例分析	王建中 孟红娟

21世纪教育科学系列教材·学科学习心理学系列

数学学习心理学（第二版）	孔凡哲
语文学习心理学	董蓓菲

21世纪教师教育系列教材

教育心理学（第二版）	李晓东
教育学基础	庞守兴
教育学	余文森 王晞
教育研究方法	刘淑杰
教育心理学	王晓明
心理学导论	杨凤云
教育心理学概论	连榕 罗丽芳
课程与教学论	李允
教师专业发展导论	于胜刚

学校教育概论	李清雁
现代教育评价教程（第二版）	吴钢
教师礼仪实务	刘霄
家庭教育新论	闫旭蕾 杨萍
中学班级管理	张宝书
教育职业道德	刘亭亭
教师心理健康	张怀春
现代教育技术	冯玲玉
青少年发展与教育心理学	张清
课程与教学论	李允
课堂与教学艺术（第二版）	孙菊如 陈春荣

21世纪教师教育系列教材·初等教育系列

小学教育学	田友谊
小学教育学基础	张永明 曾碧
小学班级管理	张永明 宋彩琴
初等教育课程与教学论	罗祖兵
小学教育研究方法	王红艳
新理念小学数学教学论	刘京莉
新理念小学音乐教学法	吴跃跃

教师资格认定及师范类毕业生上岗考试辅导教材

教育学	余文森 王晞
教育心理学概论	连榕 罗丽芳

21世纪教师教育系列教材·学科教育心理学系列

语文教育心理学	董蓓菲
生物教育心理学	胡继飞

21世纪教师教育系列教材·学科教学论系列

新理念化学教学论（第二版）	王后雄
新理念科学教学论（第二版）	崔鸿 张海珠
新理念生物教学论（第二版）	崔鸿 郑晓慧
新理念地理教学论（第二版）	李家清
新理念历史教学论（第二版）	杜芳
新理念思想政治（品德）教学论（第二版）	
	胡田庚
新理念信息技术教学论（第二版）	吴军其
新理念数学教学论	冯虹

21世纪教师教育系列教材·语文课程与教学论系列

语文文本解读实用教程	荣维东
语文课程教师专业技能训练	张学凯 刘丽丽
语文课程与教学发展简史	武玉鹏 王从华 黄修志
语文课程学与教的心理学基础	韩雪屏 王朝霞
语文课程名师名课案例分析	武玉鹏 郭治锋
语用性质的语文课程与教学论	王元华

21世纪教师教育系列教材·学科教学技能训练系列

新理念生物教学技能训练（第二版）	崔鸿
新理念思想政治（品德）教学技能训练（第二版）	
	胡田庚 赵海山
新理念地理教学技能训练	李家清
新理念化学教学技能训练（第二版）	王后雄
新理念数学教学技能训练	王光明
新理念小学音乐教学法	吴跃跃

王后雄教师教育系列教材

教育考试的理论与方法	王后雄
化学教育测量与评价	王后雄
中学化学实验教学研究	王后雄
新理念化学教学诊断学	王后雄

西方心理学名著译丛

儿童的人格形成及其培养	[奥地利]阿德勒
活出生命的意义	[奥地利]阿德勒
生活的科学	[奥地利]阿德勒
理解人生	[奥地利]阿德勒
荣格心理学七讲	[美]卡尔·霍尔
系统心理学：绪论	[美]爱德华·铁钦纳
社会心理学导论	[美]威廉·麦独孤
思维与语言	[俄]列夫·维果茨基
人类的学习	[美]爱德华·桑代克
基础与应用心理学	[德]雨果·闵斯特伯格
记忆	[德]赫尔曼·艾宾浩斯
实验心理学（上下册）	[美]伍德沃斯 施洛斯贝格
格式塔心理学原理	[美]库尔特·考夫卡

21世纪教师教育系列教材·专业养成系列（赵国栋主编）

微课与慕课设计初级教程	
微课与慕课设计高级教程	
微课、翻转课堂和慕课设计实操教程	
网络调查研究方法概论（第二版）	
PPT云课堂教学法	